〈対訳読本〉

ドイツ近代看護の黎明
―フリートナー夫妻の生涯―

榊原正義　河田一郎　川嶋正幸
編 著

時空出版

［備考］

　ドイツ語読本 „Der Beginn der modernen Krankenpflege in Deutschland —Das Leben der Fliedners—" のドイツ語の本文に対応する頁表示は，〈原文＿頁〉として示してある。また，左端に示してある数字 (5, 10, 15, 20) は，ドイツ語の本文の頁ごとに対応する行表示である。

目　　次

まえがき ……………………………………… 2
Ⅰ．序章 ………………………………………… 4
Ⅱ．テーオドーア・フリートナー …………… 5
Ⅲ．フリーデリーケとカロリーネ …………… 9
Ⅳ．フリートナー夫妻とその時代 …………… 13
Ⅴ．カイザースヴェルトとフローレンス・ナイティンゲール …… 15
Ⅵ．母の家とドイツ看護の発展 ……………… 18

まえがき

　本書は，ドイツ語読本 „Der Beginn der modernen Krankenpflege in Deutschland―Das Leben der Fliedners―" よりドイツ語の本文の部分を日本語訳し『〈対訳読本〉ドイツ近代看護の黎明―フリートナー夫妻の生涯―』として刊行したものである。これら2冊で取りあげている内容について，はじめに概説をしておく。

　19世紀初頭，ドイツのデュッセルドルフ近郊のライン河畔にある古い町カイザースヴェルトで，今日の看護・医療・福祉の一つの原点といえる活動が開始された。それは，プロテスタントのルター派牧師テーオドーア・フリートナーとその妻フリーデリーケによって開設されたカイザースヴェルト学園である。テーオドーア・フリートナー牧師は，教会の厳しい財政を諸外国への献金の旅で支え，諸外国での見聞をもとに，女性のための更生施設や幼稚園を開設した。さらに看護婦養成所を開設し，元来は男性の職業とされていた看護を，奉仕する女性ディアコニッセ（婦人執事）による看護へと転換させた。この看護婦養成所では，近代医学の発展に見合った実務的・理論的な知識の教育と，それを病院で実践する看護教育・訓練が行われた。この看護教育・訓練体系がドイツのプロテスタント全地域に看護の復興をもたらし，ドイツ全土の病院制度にも影響を与え，ヨーロッパ大陸における近代看護発展の口火となった。かのフローレンス・ナイティンゲールも，カイザースヴェルト学園に永年あこがれ，ここで見習い看護婦として実地に看護教育・訓練を受けた。これはクリミア戦争での彼女の輝かしい活躍の3年前のことであった。ここでの研鑽が，彼女の描く看護を具体化させ，天職としていく分岐点となった。

　フリートナー夫妻は，その後も裁縫学校，孤児院，女性教師養成所，治療院などを相次いで開設していった。フリーデリーケの死後，後妻のカロリーネらがテーオドーアを助け，カイザースヴェルト学園の事業は世界中に広がった。現在もカイザースヴェルト学園で学んだディアコニッセたちは，世界の各地で目ざましい活躍をしている。

これら2冊による学習は，はじめにドイツ語読本のドイツ語の本文を読解し，自分で日本語訳をされてから，本書の日本語訳を読んでいただきたい。もし，対訳読本である本書を先に通読される場合は，是非ともドイツ語読本のドイツ語の本文を頑張ってこつこつと読解していかれることをお勧めする。ドイツ語読本には，左頁にドイツ語の本文を，右頁に本文読解に必要な文法事項などの解説を載せ，1人でも読解しやすいように配慮し工夫した。また，巻末にはドイツ語の本文から例文を引用しつつ，60頁にわたり文法事項について詳細な解説もした。

　最後に，ドイツ語読本ならびにこの対訳読本の編著にあたり，貴重なご指導ご教示ご支援をいただいた次の方々（敬称略）に感謝の意を表したい。また，参考・引用した主要文献を列記しておく。フリートナー夫妻の生涯，それにカイザースヴェルト学園についてより深く探求する指標となろう。

　　　藤田保健衛生大学衛生学部衛生看護学科教授・
　　　藤田保健衛生大学看護専門学校校長　　　　斎藤悦子
　　　日本医史学会理事・医師　　　　　　　　　長門谷洋治
　　　山梨県立看護大学助教授　　　　　　　　　平尾真智子
　　　日本福音ルーテル高蔵寺教会牧師　　　　　谷川卓三

2000年6月　　　　　　　　　　　　　　　　　　編著者一同

〔主要参考・引用文献〕

* Anna Sticker: Theodor und Friederike Fliedner. R.Brockhaus Taschenbuch Bd.1103, R.Brockhaus Verlag, Wuppertal und Zürich, 1989. おもにこの文献を参考にし一部を引用した。
* Anna Sticker: Theodor Fliedner der Diakonissenvater. Verlag der Diakonissen-Anstalt, Kaiserswerth, 1957.
* Anna Sticker: Die Entstehung der neuzeitlichen Krankenpflege. W.Kohlhammer GmbH, Stuttgart, 1960.
* Martin Gerhart: Theodor Fliedner. Ein Lebensbild, 2 Bände. Verlag der Buchhandlung der Diakonissen - Anstalt, Düsseldorf = Kaiserswerth, 1933(Bd.1)・1937(Bd.2).

〈原文 24 頁〉

Ⅰ．序章

　1904年，ベルリンで世界婦人大会が開催された。イギリス人のベッドフォード・フェンウイック女史は，世界中から集まった聴衆に，次のことを悟らせたのである。すなわち「訓練を受けた看護婦ならば，近代的看護システムの基礎が創設されたのがこの地であったということを思い出さずに，ドイツの地に立つことなどできません。エリザベス・フライが，そして後にはフローレンス・ナイティンゲールが，注目すべき大成功を収めた事業の基礎となった基本原理を学んだのは，まさにカイザースヴェルトだったのです」と。

　カイザースヴェルトで出会ったテーオドーア・フリートナーとフリーデリーケ・ミュンスターは，女性の労働問題がドイツで差し迫った問題となるよりも前に，それに取り組むという使命を授かっていたのである。カイザースヴェルトの施設で，この夫妻は未婚の女性に，さまざまな職業への可能性を開いていった。彼らは，女性たちに働ける能力を身につけさせ，そして女性たちを職業に相応しくさせたのであった。

〈原文 26 頁〉

　さらに，彼らは彼ら独自の教育システムによって，当時はまだたいへん強調されていた身分の違いを，同僚の女性たちの間では取り除き，彼女たちに「母の家」で一種の故郷を提供することに成功した。

　神の召命によって，テーオドーア・フリートナーは古い世界と新しい世界の中を駆けめぐり，最後の瞬間まで愛の奉仕に取

り組んだのである。

〈原文 28 頁〉
Ⅱ．テーオドーア・フリートナー

　テーオドーア・フリートナーは，1800年1月21日タウヌス地方のエプシュタインで生まれた。ヤーコプ・ルートヴィヒ・フリートナー牧師と彼の妻ヘンリエッテ・カロリーネ・フリートナー（旧姓ハインオルト）の息子で，11人の兄弟姉妹の3番目であった。この息子は4歳のとき，賛美歌集によってやすやすと読むことを覚えた。11歳にして，彼は父親に誕生日祝いとして，『イーリアス』の5つの章をギリシア語からドイツ語に翻訳した。彼の熱心に使い込まれたラテン語，ギリシア語，ヘブライ語の辞典，きれいに書き込まれた彼の作文帳やスケッチ・ブックは，その並外れた几帳面さを示している。

　テーオドーアが14歳になるかならぬかの頃に，父親がチフスで亡くなった。父親の友人たちは，秀才だった彼と彼の兄が大学で学ぶことができるように尽力してくれた。それは彼にとって決して楽な生活ではなかったが，澄んだ眼差しで，自分の目標を見つめつつ，彼はイトシュタインのギムナジウムからギーセン大学とゲッティンゲン大学へと続く修行時代を歩んでいった。

　現在も保存されている彼の第3学期のある日課表によれば，朝4時に始まり夜11時に終わる1日19時間の勉強を，この若者は自分の肉体に鞭打って行っていたことがわかる。

〈原文 30 頁〉
　テーオドーア・フリートナーは，大学を終えると，1819年にヘルボルンの牧師補研修所に入った。20歳のときに，彼は神学

試験に合格し，牧師の資格認定を受けた。信仰生活においては，彼はまだ未熟者であった。フリートナーがカイザースヴェルトで牧師の地位を引き受けたとき，彼はちょうど22歳であった。

　彼が新任牧師として就任した2週間後，この地に住み着いたプロテスタントの労働者たちにとって，唯一の働き場所であり，この教会の経済的支えであったペーターゼン絹糸工場兼ビロード工場が操業を停止した。この工場の倒産によって，教会の資産もまた競売に付される恐れが生じた。ラインラントのプロテスタント最高宗務局は，この少数派教会を放棄するつもりであった。にもかかわらず，彼は14ヵ月におよぶオランダ，イギリスへの献金集めの旅によって，4万金マルク以上を集金することができ，そしてその利子で，この教会の存続を確実にすることができた。

　1826年，テーオドーア・フリートナーはデュッセルドルフの裁判所の建物のなかに，超宗派の「ライン・ヴェストファーレン刑務所協会」を創立した。2週間に1度，礼拝をして昼食をすませたあとに，アカデミー通りにある留置所で囚人たちに説教をするために，デュッセルドルフまで片道11 kmの道のりを，2時間かけて歩いて行くことで，彼自身，完全に私的な立場で尽力したのである。

〈原文32頁〉
ライン・ヴェストファーレン刑務所協会のための仕事が，刑期を終えた女性たちの将来の問題に彼を直面させた。彼女たちは，どうやって寝場所や仕事を見つけたらよいのだろうか。彼は暫定的な解決手段として，カトリック，プロテスタントそれぞれが，1箇所ずつ保護施設を設立するという提案をした。だが近隣

の教会で，これに賛同するものは一つもなかった。

　1833年9月17日に，釈放された女性たちのためにプロテスタントによる更正施設がカイザースヴェルトに開設された。

10　フリートナーと彼の妻は，非行化に対する予防策としての少年保護施設の重要性について意見が一致していた。ヨハン・フリードリヒ・オーバァリンがアルザスで行った育児事業について，ライン河畔ではまだ何一つとして知られてはいなかった。しかし，彼はイギリスの諸工業都市で，幼児のための保護活動を体験していた。

15　非行化を防止するために，彼は1835年に裁縫学校を，1836年の初めには幼稚園を開設した。

　1835年10月に，彼は幼稚園の女性教師を養成するために，最初の「幼児教育のためのディアコニッセ」を採用した。これによって，カイザースヴェルトのプロテスタント女性教師養成所
20　の基礎がつくられたのである。彼は早くも1843年には，とくに素質が良く，基礎教育を受けていた数人の若い女性を，小学校の教師や，今日の企業における女子職業訓練学校の先駆けである，実務教育学校の教師として養成している。これによって彼は，女性を自立への道に導いたのであった。

〈原文34頁〉

　1836年10月，彼はこの本部の古い建物に，プロテスタントの看護婦のための養成所を開設した。

　フリートナー夫妻は，早くも1839年1月に，カイザースヴェルト以外の最初の病院であるエルバァフェルトの市民病院を，そ
5　して1839年10月にはフランクフルト・アム・マインの救護施設を引き受けた。

テオドーア・フリートナーはキリスト教による病人看護を普及させたのである。

1849年に彼は、4人のディアコニッセたちを連れて北アメリカに渡り、ピッツバーグでプロテスタントのディアコニッセ母の家の基礎を築いた。

それ以後、女性によるこの慈善の仕事は、アメリカ合衆国全域に広まった。

1851年、彼はベイルートを経由して、エルサレムに行き、カイザースヴェルトの施設の中東支部を開設した。1861年には、25周年の記念祭がカイザースヴェルトで開催された。この時までに、国の内外ですでに25の母の家が存在していた。

テオドーア・フリートナーに対する最後のお召しは、すでに早くから下されていた。すなわち、以前から患っていた肺の疾患と、いくつかの急性の病気が彼の肉体に襲いかかり、彼の行動意欲を低下させていた。1838年には、ひどい天然痘が彼の生命を極めて危険な状態にした。1841年にはチフス、1852年には肺炎になった。1856年、再び肺炎を患った。1857年には激しい、燃えるようなエジプトの砂漠の風によって引き起こされた大喀血が、彼の体力を決定的に奪った。それにもかかわらず、彼は死にそうなほど重病の肉体を、さらに7年持ちこたえさせ、自らの仕事を続けたのである。

〈原文36頁〉

1864年10月4日、テオドーア・フリートナーは、神に召され主のもとへ旅立った。教会は、数多くのディアコニッセを世に送り出したこの開拓者に、次の名誉称号を与えた。

神の恵みにより，
　　使徒的ディアコニッセ職の更新者

〈原文 38 頁〉
Ⅲ．フリーデリーケとカロリーネ

　フリーデリーケ・ミュンスターは，1800 年 1 月 25 日，すなわち彼女の未来の夫が誕生した 4 日後に，ゾルムス・ブラウンフェルス侯爵が居城をかまえるブラウンフェルスで，教師アンドレーアス・ミュンスターとルイーゼ・フィリッピーネ・ミュンスター(旧姓ハルトマン)の娘として誕生した。7 人の兄弟姉妹のうちの最初の子であった。彼女の子供時代を通じて，ナポレオン戦争の動乱は絶え間なく，飢えの苦しみと疫病の危険が，何度となく襲いかかった。彼女の故郷の町の住民は，1813 年だけで 13 人に 1 人の割合で，発疹チフスに生命を奪われている。フリーデリーケの両親は，病人の看護と，困窮と悲惨を和らげる仕事に勇敢に協力していた。1816 年 3 月初め，母親がチフスの犠牲となった。16 歳のフリーデリーケに，大家族の家事と，14 歳から 4 歳までの弟妹たちの世話というたいへんな仕事がのしかかった。やがて，フリーデリーケの父であるアンドレーアス・ミュンスターは，この耐え難い家族状況に終止符を打った。彼は，侯爵夫人の侍女であり，ある開業医の娘であったマグダレーネ・ベトガーと再婚したのである。

　新しい母親として，彼女は思慮深く家事を取りしきったが，弟妹たちが小さいうちは，フリーデリーケの助けは無くてはならないものであった。

〈原文 40 頁〉

　　困難続きの年月は，フリーデリーケのもって生まれた素質を早熟させることに寄与した。彼女の故国は 1582 年以来，改革派に帰依していた。ゾルムス・ブラウンフェルス侯爵家は，何世紀にもわたり，彼らの小さな国の信仰生活に心を砕いてきた。

　　聖書は，彼女がとても幼い頃から日々接していたものであった。彼女の日記と手紙は，「聖書で一杯」だった。聖書の言葉を自分自身の言葉として書きつけるほど，彼女は聖書に基づいて生きていた。彼女の書いたものからは，教えてもらったものや借用されたものではなく，体験し戦い取ったものが語りかけてくる。

　　エネルギッシュな 2 人目の母の存在によって，彼女は家族の中で，次第に自分が不必要だと感じるようになり，新しい信仰覚醒から起こされた事業の一つであるデュッセルタール救護施設で，非行少女たちの教育者として働くことになった。ある重い病が彼女を瀕死の状態にまで追いやった。治りはしたものの，体力が弱っており，彼女はさらに休養しなければならなかった。それから，彼女はデュッセルタールの困難な仕事を喜んで再開した。

　　しかし程なくして，創立者アーデルベルト・フォン・デア・レッケ-フォルマーシュタイン伯爵の権限をめぐり施設内で起こった争いは，彼女に，そして同僚たちにもまた解雇告知をもたらしたのであった。フリーデリーケが，テーオドーア・フリートナーの求婚申し込みを受けとったのは，解雇される 3 日前のことであった。

　　1828 年 4 月 15 日のオーバービールでの結婚式ののち，フリーデリーケは子供を身ごもったが，その願いは叶えられず，彼

女は男の子を死産した。彼らは今一度，子供を得る喜びを叶えようとした。1830年4月23日，フリーデリーケは健康な女の子ルイーゼを産んだ。

〈原文42頁〉
　男の子の死産の前に，カイザースヴェルトの医者は，彼女を2回「瀉血」したが，ルイーゼのお産の前は6回だった。これは当時，女性の産みの苦しみを和らげる方法であった。
5　1833年のさまざまな苦難のただ中で，彼らの結婚5周年の記念日がやってきた。「私たちは，4月15日を，静かにそして神に対する喜びと感謝をもって過ごしました」。彼女の言葉によると，フリーデリーケ・ミュンスターがテーオドーア・フリートナーと出会うまでの道のりは，苦労に満ちた孤独な放浪だった。
10　フリーデリーケは，健康で意志が強く，決断力のあるひとりの女性であった。
　彼女は，自主的で聡明な思考の持ち主であり，人生のさまざまな苦難を克服した大変な気力の持ち主であり，教育に対するすばらしい才能と，たしかに厳しいが，しかし思いやりを持っ
15 て理解する母親のような性質の女性であり，身分の高い人とも低い人ともうまく付き合う女性，女性たちの共同体に健全な基盤を与えるために，テーオドーア・フリートナーのさまざまな計画と真剣に取り組んだ女性であった。
20　カイザースヴェルトの施設は，未婚女性の職業活動に道を切り開いたのである。フリーデリーケ・フリートナー自身，職業を持つ既婚女性で，かつ母でもある初期の一例であった。彼女には彼女自身の家事の心配事があり，母親になること，そして母親であることの困難と苦労に心を痛めていた。彼女の職責の

ために，彼女は自分の子供たちを幼稚園に預けていたのである。

〈原文44頁〉

　フリーデリーケの14年間の結婚生活は波瀾万丈であった。この間，彼女は12人の子供を身ごもった。そのうち，彼女が育てたのは5人だけで，7人は死産するか，あるいは生きてゆく力をもっていなかった。その当時としては，そのような運命は特別なことではなかった。フリートナー自身，過酷な母親の運命という言葉を用いながら，しばしば妻を慰めている。

　1842年4月22日，フリーデリーケは早産した後に他界した。フリーデリーケ・フリートナーの死後，彼女の生き方は，従順で奉仕に身を捧げるディアコニッセの模範，そして同時に看護婦の模範として伝えられ始めた。彼女のさまざまな自主的決断や堅実な指導力のことは，もはや話題にされなかった。この点に，19世紀における女性ディアコニーが発展した原因も，当時のドイツの看護が職業となるために困難な戦いをしなければならなかった原因もある。

　1843年5月29日，テーオドーア・フリートナーは，彼の2人目の妻となるカロリーネ・ベルトーと再婚した。彼女はただちに母の家の職務を引き受けることになった。

　カロリーネ・ベルトーは，フリーデリーケより11年という決定的な年月の後に生まれたのであった。彼女は，解放戦争の苦難とその理想とを体験していなかったのである。カロリーネは港湾貿易都市ハンブルクの名門の出身であり，フリーデリーケのように活発な改革派教会の伝統の出ではなかった。

〈原文46頁〉

　カロリーネは，1人の女の子以外はみな男の子という8人の子

供を産んだが，生き残る力がなかったのはそのうち1人だけであった。7番目の子供，カール (1853年8月30日生) の名付け親は，フローレンス・ナイティンゲールであった。フリートナーの死後も，彼女は娘婿のユーリウス・ディッセルホフを支えながら19年間にわたり職務を続けた。

彼女が72歳で職務を娘のミーナの手に委ねたとき，ディアコニッセたちは，ドイツおよび外国で約190の職業の分野で活躍していた。1892年4月14日，カロリーネは81歳で亡くなった。

〈原文48頁〉

Ⅳ．フリートナー夫妻とその時代

テーオドーア・フリートナーとフリーデリーケ・ミュンスターが経験を積んでいた数年間は，ドイツにとって重要な過渡期であった。すなわち，ビーダーマイヤー時代から工業技術の時代へと移る時期である。テーオドーア・フリートナーが1822年に，タウヌス地方のエプシュタインの彼の家族を訪ねたとき，鉄道も蒸気船も存在せず，郵便馬車は値の張る交通手段であった。そういう訳で，彼は徒歩で旅をしたのだった。今日，鉄道で約210 kmの距離に，彼は4日間を費やしたのであった。

1823年にテーオドーア・フリートナーが，献金集めの旅でイギリスへ渡ったとき，彼はドイツより工業が2世代分進んでいる国を知ったのである。興奮して，彼は次のように書いている。「照明で町中が照らされるのは，素晴らしい眺めだ。ガス灯のとても快い光によって街路は明るい。このガス灯は，半円の中に全部で6個から8個の管があって，街路のあらゆる方向へと光を放っている」。

当時，故郷のドイツでは，獣脂ろうそくや薄暗い石油ランプ

が居間や台所を照らしていた。通りも小道も夜になると，人気もなく暗くひっそりしていた。そのため人々は，「鶏たちと同じ時刻に床についた」のである。

〈原文 50 頁〉
　世界の近代工業の中心地であり近代商業の中心地であったロンドンは，ビーダーマイヤー時代のドイツから来たこの旅人に，強烈な印象を与えた。
　だが彼は，イギリスで時代の進歩した面ばかりではなく，そのいろいろな苦悩の面，すなわち産業プロレタリアートの発生，幅広い階層が貧窮化し，犯罪へと追いやられていたこと，女性の苦悩や子供たちの危機も目にしていたのである。刑務所での酷い収容状況を改善しようとするクエーカー教徒の努力に，彼は注目した。ここで活動しているのが女性たちであることに，彼は深く感動した。女性たちの先頭に立っていたのは，当時すでに有名だったクエーカー教徒のエリザベス・フライだった。残念ながら彼女が病気であったために，彼は彼女と面会することはできなかった。
　その代わりに，彼は偉大な社会改革思想家ロバート・オーウェンを訪問することができた。オーウェンは，すでに1809年に一つの壮大な社会改革政策を構想していた。とくに労働者の子弟を教育しようとするオーウェンの努力は，フリートナーの心をとらえた。この時代，ヨーロッパ大陸では，工業化にともなう社会問題は，まだまったく現れてきてはいなかった。テーオドーア・フリートナーは，どこでもそして何事からも学ぶ素質と心構えとを兼ね備えていた。
　彼は精力的に，寄宿学校や養護学校，救貧院，孤児院や病院，

刑務所や囚人更生のための諸団体，聖書教会，宣教師養成所などの伝道団体諸施設といった慈善施設を訪問した。このような外国体験を通して，彼はあらゆる新しい理念に驚くべき先見の明を持って接する，来るべき時代の先駆者へと変わったのである。

〈原文52頁〉

しかしながら，彼は決して近代的なものに陶酔し虜となっていたわけではなかった。故郷ドイツで始まりつつあった工業化のさまざまな苦難の中で，彼は全力を尽くしてこれらに立ち向かえという神のお召しを聞いたのであった。

〈原文54頁〉

V．カイザースヴェルトと
フローレンス・ナイティンゲール

1815年まで，カイザースヴェルトはライン河右岸の飛び地としてケルン大司教管轄に属しており，かつてはとても有名だったが，当時は貧しいカトリックの一都市にすぎなかった。

1777年，クレーフェルト出身でプロテスタント教徒の工場主
5 クリスティアン・ペーターゼンは，落ちぶれたカイザースヴェルトに絹糸工場の導入を試みた。彼は北側の累壁に接して，牧師館，教会，学校からなるプロテスタントの教会センターを建てた。テーオドーア・フリートナーがカイザースヴェルトに任じられたとき，この教会の信者は20家族，1人暮らしの未亡人が数人，そして近郊にも数家族，それに加えてさらに数人の個
10 人を数えた。全部で1450人の住民のうち1280人がカトリック信者であり，プロテスタント信者は120人，またたいていは商

人であったが，50人のユダヤ人が暮していた。

　1840年5月8日，エリザベス・フライはドイツ旅行の締めくくりとしてカイザースヴェルトを訪問した。彼女の関心は，刑期を終えた女性たちのための更生施設に向けられていた。病院と幼児教師養成所を視察したあと，エリザベス・フライは牧師館に集まった人々の前で感謝の言葉を述べた。このとき，フリーデリーケは女主人役として，彼女を丁重にもてなしたのであった。

〈原文56頁〉

　1850年7月31日，フローレンス・ナイティンゲールが，エジプトからの帰途，永年の憧れの地であったカイザースヴェルトにやって来た。はじめてキドロンを見た巡礼者のような気持ちで，彼女にとってはナイル河よりいとしいライン河を，彼女は眺めたのだった。

　このとき，彼女はカイザースヴェルトで14日間学ぶことができ，そしてディアコニッセの施設を導いている教育理念に彼女は感動したのであった。フリートナーの願いで，彼女はディアコニッセの事柄について英文で書き記した。「フリートナー牧師はその仕事を一つ屋根の下の二つのベッドから始めたのであって，空中楼閣をもってしたのではなかった」と，その英文の導入部は締めくくられている。

　さらにもっと徹底的に看護を習得するために，フローレンス・ナイティンゲールは翌年，再度カイザースヴェルトを訪問した。3ヵ月間，彼女は見習い看護婦として看護婦服を身につけ，謙虚さ，礼儀正しさ，献身と愛とをもって働いた。看護婦たちについて，彼女は後にこう述べている。「そこで目にした以

上の気高い振る舞いや純粋な献身には，出会ったことがありません。ディアコニッセたちの多くが農家の娘にすぎなかったのですから，それだけにそれは，なおさら注目すべきことだったのです。当時，その階層には教育を受けた女性など１人もいなかったのです」。大きな尊敬の念をもって，彼女はテーオドーア・フリートナー牧師とその妻カロリーネを見つめていたのである。

　フローレンス・ナイティンゲールが1851年10月8日にカイザースヴェルトに別れを告げる際に，彼女はフリートナーに祝福の言葉を請うた。このディアコニッセの父は，祝福の言葉を述べながら，このイギリス人の門下生の頭に両手を置いて，

〈原文58頁〉
ディアコニッセの派遣被服式の際に唱えるのと同じ文句を唱え，彼にも彼女にもまだよく分かってはいなかった，将来待ち受けている仕事に対して彼女を聖別したのであった。

　クリミア戦争終結後，フローレンス・ナイティンゲールは故国で陸軍保険医療制度に携わり，その後，地域看護制度を充実させ，イギリスの看護医療をすべて基礎から改めた。彼女は，1861年の統計ではまだ「使用人」として記載されていた女性看護職員の地位を，資格を持った看護婦という尊重される地位にしたのである。

　フリートナー牧師の逝去の知らせを聞いたとき，彼女は「私にはまるで１人の父を失ったように思われた」とカイザースヴェルトに弔文を送った。彼女はすでに名声の絶頂にあったが，これによって，テーオドーア・フリートナーを父のごとき友とし，指導者とした人々の列に加わったのである。

〈原文 60 頁〉

Ⅵ．母の家とドイツ看護の発展

　1842年にフリーデリーケ・フリートナーが早逝し，さらにフリートナーの2人目の妻となったカロリーネが，責任者としてこれまでとは正反対の立場をとったことによって，カイザースヴェルトの施設では内的に亀裂を生じた。外的には，ますます増え続ける友人たちや後援者たちのグループに支えられ，カイザースヴェルトの事業は4大陸に拡大していた。フリートナーは，アメリカのピッツバーグ，エルサレム，コンスタンティノープルそしてアレクサンドリアに建物を建てた。

　ディアコニッセの務めと看護の職務はしっかりと結び合わされたが，このことは長期的にみると両者にとってマイナスとなった。ディアコニッセにとって本来必要な資格とは，無私の奉仕と生涯を捧げる覚悟であった。その限りない有用性によって，ディアコニッセは母の家の奉仕活動に多大な成果をもたらすことができた。しかし，迅速な医学の進歩を要求する声が高まりつつあるにもかかわらず，専門教育は，とりわけ看護においてますます後退していった。

　この誤った方向への展開が頂点に達したのは世紀転換期の頃であった。いまや母の家ディアコニーは多くの人員を擁していた。増大する需要を満たすために，有能な看護婦として働いてはいるが，ディアコニッセの務めが必要とする宗教上の召命を受けていない女性たちもまた採用されていた。母の家ディアコニーは，

〈原文 62 頁〉

そしてこれと一緒にこの新しい看護は，女性の目覚めに端を発

し台頭しつつあった女性運動と対立することになった。

　キリスト教色の強いドイツ社会では,「母の家なき看護は不可能である」というスローガンは的を射ていた。ドイツでは赤十字の看護会も,存続するためには母の家の方針を受け継がねばならなかった。1903年にドイツ看護婦協会(BOKD)がベルリンに創設された。無所属の私設看護婦アグネス・カルルも,世間一般の職業としての看護に道を切り開くことを,神から与えられた使命と考えていた。ドイツ帝国の首都ベルリンで1904年に開催された世界婦人大会で,アグネス・カルルはイギリス人のベッドフォード・フェンウィック女史からフリーデリーケ・フリートナーという名前を聞いた。

　イギリスにおける看護の改革者であり,国際看護婦協会(ICN)の共同設立者であったフェンウィック女史は,世界中から集まった聴衆に,次のことを悟らせたのである。すなわち「訓練を受けた看護婦ならば,近代的看護システムの基礎が創設されたのがこの地であったということを思い出さずに,ドイツの地に立つことなどできません。エリザベス・フライが,そして後にはフローレンス・ナイティンゲールが,注目すべき大成功を収めた事業の基礎となった基本原理を学んだのは,まさにカイザースヴェルトであったのです」と。彼女たちはその基本原理を,

〈原文64頁〉
その後わが国イギリスが必要としていたものに適応させたのです。わが国はこの基本原理をさらに,広大なアメリカ合衆国に伝えました。訓練された女性の職業として,看護が存在するところでは,それがどこであれフリーデリーケ・フリートナーと

いう名前は，誉れ高く追憶され，深く尊敬されねばなりません」。歴史的な諸事実に強い関心を持っていたアグネス・カルルにとって，この指摘は彼女の仕事の基礎となった。「急激に時代の変化した結果として，たとえ表面的には外観を異なるものとしていても，この職業組織は，その根本理念において，カイザースヴェルトがこのように世界的に重要な地位に押し上げたものと，ことごとく結びついています。社会の貧困に対する援助こそ，フリートナーが努力したことであったのです」。

　アグネス・カルルは国際看護婦協会（ICN）の会長として，1912年ケルンで大規模な大会を企画した。

　この大会には，23ヵ国から924人の女性が参加した。この事実は職業的連帯の強さを証明した。看護が抱えるさまざまな今日的な問題がここで討議された。アグネス・カルルとカイザースヴェルトの母の家は，大会の締めくくりとして「近代看護の発祥の地への巡礼」を企画した。ライン汽船アルベルトゥス・マグヌス号は，500名の参加者を大聖堂の街ケルンからバルバロッサの小邑カイザースヴェルトに運んだ。

〈原文66頁〉

　母の家のディアコニッセたちに好意的に歓迎され，参加者たちは整然とグループに分かれて敷地内の案内を受けた。イギリスからの参加者たちは，感謝と尊敬の印として，古い墓地にあるフリーデリーケ・フリートナーの墓に月桂冠を供えた。

〈編著者〉

榊原正義(さかきばら・まさよし)　　藤田保健衛生大学

河田一郎(かわだ・いちろう)　　　　道都大学

川嶋正幸(かわしま・まさゆき)　　　日本大学

《対訳読本》
ドイツ近代看護の黎明
——フリートナー夫妻の生涯——

二〇〇〇年六月二九日	第一刷発行
二〇一二年四月一日	改訂第一版第一刷発行
二〇一四年四月一日	改訂第二版第一刷発行
二〇一七年四月一日	改訂第三版第一刷発行
二〇一八年四月一日	改訂第四版第一刷発行

編著者　榊原正義
　　　　河田一郎
　　　　川嶋正幸
発行者　藤田美砂子
発行所　時空出版
　　　　〒112-0002　東京都文京区小石川四-一八-三
　　　　電話　東京〇三(三八一二)五三二三
印刷所　創基

ISBN4-88267-030-5
© 2000 Printed in JAPAN
落丁、乱丁本はお取替え致します

〔許可なく複製・転載することならびに部分的にコピーすることを禁じます〕

温度と生命システムの相関学

Advances in Thermo-Biosystem Research

温度と生命システムの相関学

岩手大学21世紀COEプログラム事業 編

東海大学出版会

Advances in Thermo-Biosystem Research

Edited by Iwate University 21st Century COE Program
Tokai University Press, 2009
Printed in Japan
ISBN978-4-486-01834-6

まえがき

　寒い夏は，東北の農民にとって恐ろしい災厄であった．
　　「……サムサノナツハオロオロアルキ……」
（ちくま文庫　宮沢賢治全集10, 『雨ニモマケズ手帳』から）
　農民や農学への深い理解と愛情に満ちた作品を残し，自らも農業指導者として活動した宮沢賢治は，寒い夏の怖さを上のように表現している．
　春から夏にかけて，東北地方の太平洋側では「やませ」とよぶ冷たく湿った東よりの風が吹くことがある．すると，沿岸部を中心に気温が下がり，霧が発生しやすくなり，低温と日照不足によって，水稲などの農作物に甚大な被害をおよぼす場合がある．そのため，この冷害克服は，東北地方の農業者の苦闘の歴史でもあった．
　岩手大学農学部の前身である盛岡高等農林学校の開校式で初代校長の玉利喜造は，
　　「東北は寒地なれば寒地相当の農業法を組織すべきものなるに，従来関西，西南の温暖地方に於けるが如き農法に準拠して何等特異の点なきが如し……（中略）……我が農林学校は農林未開の地の中心にあれば，特に其病根の救治研究に怠らざるべし（後略）」
と述べている．
（岩手大学農学部百年史，岩手大学農学部編　2002年刊より）
　冷害克服が，当時の東北地方の農業研究者にとって大きな課題であったこと，また岩手大学農学部が建学において，地域農業の課題解決を重視する実践，実学重視を理念としていたことが判る．
　ところで，文部科学省は，2002年度より，わが国の大学が，世界トップレベルの大学と伍して教育および研究活動を行っていくためには，第三者評価にもとづく競争原理により競争的環境を一層醸成し，国公私を通じた大学間の競い合いがより活発に行われることが重要であるとして，21世紀COEプログラムをスタートした．このプログラムは，わが国の大学に世界最高水準の研究教育拠点を学問分野ごとに形成し，研究水準の向上と世界をリードする創造的な人材育成を図るため，大学からそれぞれの計画を公募し審査，選考のうえ重点的な支援を行い，もって，国際競争力のある個性輝く大学づくりを推進すること

を目的とするものであった.

　岩手大学では，農学と工学の研究者が協力して大学が位置する寒冷環境を最大限に活用し，寒冷環境下での生物の生存戦略に焦点を絞って，熱（温度）環境に対する生命システム応答の可塑性や多様性について革新的な学問領域「熱 - 生命システム相関学」の創成を目的とする野心的なプログラムを立ち上げ，2004年から5年間にわたり実施された．このプロジェクトは，国際的に高い評価を得ている成果を基盤として，植物の耐寒性，低温適応を中心に地域性のある課題を取り上げ，工学と農学の研究者が一体となって先端的な学術分野の開拓の拠点を形成しようとするものである．

　本書『温度と生命システムの相関学』は，この21世紀COEプロジェクトの中心メンバーと若手研究者との協同によってプロジェクトの成果として生み出されたもので，植物の耐寒性，低温適応を中心に当該分野の最先端の科学を概観できるものとなっている．21世紀COEプロジェクトの代表であった上村松生教授による序章「生命システムの温度応答反応から学ぶもの」は，同教授らが主張する新領域「温度と生命システムの相関学」の基盤が簡潔に記述されている．

　本文は，6部よりなり，細菌や動植物などを対象に，多様な生物の温度システムについて，生物科学とシステム工学の両面から様々に論じている．第I部「生物の発熱制御」では，岩手大学の特色ある研究といえるザゼンソウの発熱システムについて生物科学とシステム工学的研究の両面から論じている．第II部では，多様な生物の温度センサーについて，細菌と脊椎動物やショウジョウバエを例に示されている．第III部は，植物の温度傷害とその回避メカニズムを，第IV部では，温度に対する生物の巧みな生存戦略の機構を，植物および昆虫について紹介している．第V部は，線虫 C. エレガンスにおける温度情報と化学情報の統合と，温度走性と神経回路のシミュレーションを通じて，温度応答のシステム生物学を展開している．第VI部は，本書のまとめともいうべきもので，「熱 - 生命システム相関学」により得られる生命像と研究の今後の展開が論じられている．

　本書を通じて，私たちは，生物の温度環境に対する対応機構に関する研究の現状を知ることができる．同時に，寒冷地に立地する大学研究者が，地域に根

ざした21世紀COEプロジェクトの下に研究を展開し，基礎研究において優れた成果をあげた事実，あわせて将来が期待される若手研究者が本プロジェクトを通じて確実に成長しつつあることを確認することができる．今後さらにこれらの研究が発展して，先人たちが苦闘を続けてきた低温との闘いに立ち向かう農業科学技術が生み出されることを期待している．

「……だんだん暖かくなってきてたうとう普通の作柄の年になりました．

……たくさんのブドリのお父さんやお母さんたちはたくさんのブドリやネリといっしょにその冬を明るい薪と暖かい食物で暮らすことができたのでした．」

(ちくま文庫　宮沢賢治全集8，『グスコーブドリの伝記』から)

鈴木昭憲

目次

まえがき　v

序章　生命システムの温度応答反応から学ぶもの　　　　　上村松生　1

第I部　生物の発熱制御 ――――――――――――――――― 5

第1章　ザゼンソウの発熱システム　　　松川和重・恩田義彦・伊藤菊一　6
1. ザゼンソウの発熱現象　6
2. 植物の熱産生機構　8
3. AOXの活性調節機構　9
4. ザゼンソウの熱産生因子AOXの機能解析　10
5. ザゼンソウ肉穂花序における脱共役活性の検出　17
6. ザゼンソウの恒温性におけるAOXとUCPの量的変動　20
7. 哺乳動物発現系を用いたSrAOXの発現と機能解析　22
8. 生物の熱産生システムの理解に向けて　27
9. おわりに　29

第2章　ザゼンソウ発熱システムの工学的解析と応用
　　　　　　　　　　　　　　　　　　　　　　伊藤孝徳・長田　洋　33
1. ザゼンソウ発熱システムの数理工学的解析　33
2. ザゼンソウ発熱システムの工学的応用　43
3. おわりに――"かたい"機械から"やわらかい"機械へ――　46

第II部　生物の温度センサー ―――――――――――――― 49

第3章　生物による温度センサーの分子機構　稲葉（伊東）靖子　50
1. 二成分制御系を介した温度センシング　50
2. 大腸菌の温度センシング　54
3. DNA，RNA，タンパク質の構造変化による温度センシング　61
4. おわりに　67

第4章　動物における温度センサーの進化　　齋藤　茂・新貝鉚蔵　72
1. 哺乳類の温度感覚機構　72
2. 哺乳類のthermoTRPイオンチャネルの性質および生理的な役割　74
3. 脊椎動物のthermoTRPホモログのレパートリーの多様性およびその進化過程　77
4. ニシツメガエルTRPV4遺伝子の適応進化　81
5. ショウジョウバエthermoTRPの温度環境への順応行動における役割　83
6. 今後の展望　85

第Ⅲ部　温度傷害とその回避メカニズム ―――――― 89

第5章　植物細胞における寒冷適応分子機構　　　　南　杏鶴・上村松生　90
1. 植物の寒冷適応機構　90
2. モデル植物シロイヌナズナを用いた寒冷適応機構解明へのアプローチ　92
3. 凍結傷害における細胞膜の役割　94
4. 細胞膜の構造と機能性ドメインとしてのマイクロドメインの役割　99
5. シロイヌナズナ細胞膜マイクロドメインの網羅的解析　102
6. 最後に　109

第6章　低温誘導性タンパク質の機能とその作用機構
中山克大・大川久美子・稲葉丈人　117
1. 植物の低温馴化　117
2. 低温馴化で誘導される親水性タンパク質とその役割　118
3. 低温ストレスと葉緑体　126
4. おわりに　133

第7章　凍結ストレスと植物の耐凍性　　　　山﨑誠和・河村幸男　139
1. 氷点下における植物中での水の存在様式　139
2. 凍結ストレスと細胞膜の凍結傷害様式　143
3. 植物の耐凍性と機械的ストレス耐性　148
4. おわりに　158

第8章　植物細胞における冷温傷害機構とその数理的解析　　河村幸男　163
1. はじめに　163
2. 過去の報告の実験の問題点　165
3. 水素イオン集積過程の数式モデル　166
4. PPiもしくはATP依存的水素イオン集積能の温度特性　170
5. PPiもしくはATP依存的な水素イオン集積過程の低温処理後の変化　171
6. 結論と今後　173

第Ⅳ部　温度に対する生物の生存戦略 ―――――― 175

第9章　植物の生殖システム：低温下の遺伝子発現および発現制御機構
金子芙未・藤岡智明・諏訪部圭太・渡辺正夫　176
1. イネ耐冷性の品種間差異　176
2. small RNAによる遺伝子発現制御　183
3. 生殖とエピジェネティクス　187
4. おわりに　190

第10章　リンドウの生存戦略：越冬芽の耐寒性と休眠

堤　賢一・日影孝志・斎藤靖史　192
1．リンドウ越冬芽の遺伝子には環境変化がプログラムされている？　192
2．W14およびW15の遺伝子構造と品種・系統でみられる多型　194
3．W14/W15遺伝子は対立遺伝子である　196
4．W14/W15対立遺伝子型から耐寒性を予測できるか？　196
5．W14/W15遺伝子座の特異な発現様式―対立遺伝子間不均等発現―とその意義　198
6．品種・系統識別マーカーとしてのW14/W15対立遺伝子の有用性　198
7．おわりに　199

第11章　植物の環境応答の遺伝学的解析　　　　　　　　　　　藤部貴宏・寺内良平　202
1．低温応答の遺伝学的解析　202
2．作物における低温適応の遺伝学的解析　204
3．イネの耐冷性，低温発芽性育種の現状　207

第12章　ウイルス感染に対する植物の抵抗性と発熱

高橋　翼・吉川信幸　212
1．ウイルス感染に対する植物の抵抗性　212
2．ウイルス感染によって生じる発熱反応　215
3．アグロインフィルトレーションを利用したトランジェント発現系による過敏感反応と発熱反応の誘導　215
4．過敏感反応と発熱　218
5．発熱組織での抵抗性関連遺伝の発現　221
6．N遺伝子抵抗性を打破するTMV-Obヘリカーゼ領域の発現による発熱　221
7．ウイルス感染に伴う発熱反応とは？　223
8．おわりに　224

第13章　昆虫の休眠越冬の分子機構　　　　　　　　　楊　平・石黒慎一・鈴木幸一　227
1．ヤママユ休眠における長期低温受容と覚醒の機構　227
2．ヤママユ越冬における耐寒の機構　233
3．コガタルリハムシ休眠における高温耐性　235
4．コガタルリハムシ休眠における抗微生物戦略　238
5．コガタルリハムシの摂食行動を支えるタンパク質　239
6．地球温暖化のモデル生物としてのコガタルリハムシ　242

第Ⅴ部　温度応答のシステム生物学　247

第14章　線虫C.エレガンスにおける温度情報と化学情報の統合

安達良太・新貝鉎蔵　248
1．線虫C.エレガンスとは？　248
2．線虫の感覚受容　249

3．線虫の温度に対する応答　251
　　　4．線虫の行動の可塑性　253
　　　5．化学情報と温度情報の統合　255
　　　6．おわりに　261

　第15章　C.エレガンスにおける温度走性と神経回路のシミュレーション
　　　　　　　　　　　　　　　　　　　　　　　　　　新貝鉚蔵・松岡知洋　265
　　　1．走性行動　265
　　　2．ランダムウォークを用いた行動モデル—多数の虫の分布　266
　　　3．神経回路モデル　271

第Ⅵ部　熱-生命システム相関学より得られた生命像と今後の展開 — 283

　第16章　温度環境に対する生命システムのしたたかさ　　　河村幸男　284
　　　1．温度変化に対する生命のロバストネス　284
　　　2．生命ロバストネスの研究　289
　　　3．おわりに　293

　第17章　様々な温度環境に生きる生命の理解に向けて　　　稲葉丈人　295
　　　1．様々な生物の「生き様」を解明する　295
　　　2．様々な生物の「生き様」を利用する　297
　　　3．おわりに　298

　あとがき—生命システムの温度応答反応の先にあるもの—　渡辺正夫　299

専門用語　301
学名検索　315
和名検索　317
事項検索　319

　　　　　　　　　　　　　　　　　　　　　　　　　　　装丁　中野達彦

序章

生命システムの温度応答反応から学ぶもの

上村松生

　岩手大学は，十和田・八幡平国立公園に近い風光明媚な岩手県盛岡市に位置している．北上川沿いの内陸にある盛岡市は，最低気温が−15℃程度まで下がる厳しく長い冬を有している．さらに，真冬の寒さだけではなく，春先の遅霜や晩秋の早霜による農作物の被害もたびたび受けてきた．また，夏期には太平洋から吹きつける東風（やませ）の影響による低温と日照不足により，激しい冷害にもたびたび遭遇してきた．このような環境の中で，岩手大学は低温による農作物への被害を軽減し，そこに生活する人々の暮らしを豊かにするために，100年以上の長きにわたって絶えず研究を続け，その成果を世の中に発信し続けている．

　私たちは，そのような研究の長い歴史のうえに立ち「熱−生命システム相関学」という新しい分野を創成することを提案し，平成16年度に文部科学省21世紀COEプログラム（革新的学術分野）として採択された．その後，本プログラムは，生命システムが低温環境をどのように受け取り，その情報をどのように細胞内に伝え，どのようにして低温条件で生存しているのかについて，生物学的なアプローチと工学・情報学的なアプローチを組み合わせて，新たな視点で生命システムが持っている巧妙な適応戦略機構を理解することを目的に進められてきた．

　生物は，私たちがまだ理解できていない，未解明の興味深い現象をふんだんに持っている．たとえば，皆さんは以下の質問に答えられるだろうか？
- どのように生物は寒さを感じているのだろうか？
- なぜ，氷点下の気温で体内の水が凍っても植物は生きられるのだろうか？
- なぜ，寒さに強い植物と弱い植物が存在するのだろうか？
- なぜ，自ら熱を出す植物が存在するのだろうか？
- どのように生物は季節を感じているのだろうか？
- 北に棲む昆虫には南に生きる昆虫にはみられない特別な仕組みが存在する

のだろうか？
- 冬が厳しい地域では異種の生物が協力し環境に適応する仕組みは存在しないだろうか？

このような質問に答えられたらどんなにすばらしいであろうか．冬に野外で生きる動植物を見ながら，彼らの生活の様子に想像力を働かすことはできるが，もう少し具体的に，そして，正確に低温環境で生きられる仕組みを理解し，可能であれば，得られた知識を私たちの暮らしに利用できるようになれば，もっと自然が近くなってくる．しかし，残念ながら，私たちはこれらの質問に対する明確な答えを持ち合わせていない．たとえば，「植物がどのように凍結するか」，あるいは「凍結するとどのように死んでいくのか」，という研究は，Hans Molischによって1897年に最初の報告が出版されている（ちなみに，Molischは日本にもなじみが深く，東北大学理学部植物学教室の初代教授を務めたこともある）[1,2]．それ以降，多くの研究者が上記の質問に答えようと精力的に研究を進め，かなり理解が進んできているが，全貌を解き明かすまでには到底いたっていない．

私たちは上記の質問の答えを見つけることを目標にして，岩手大学21世紀COEプログラムを推進してきた．本書は，COEプログラム担当者が5年間の研究成果をもとに，生命システムの低温環境に対して示す巧妙な戦略的適応機構を書き記したものである．ここで注目していただきたいことは，本書の多くの章が若手研究者（COE特任准教授，博士研究員，大学院生など）によって執筆されたことである．COEプログラムの主要な目的の1つは，プログラム該当研究分野において，世界をリードする創造的な人材育成を図ることである．私たちのCOEプログラムは，その目的を十分達成したことを読み取っていただきたい．

寒冷地に生息する植物は，興味深い生存戦略を有している．岩手大学21世紀COEプログラムでは，熱を産出する植物，ザゼンソウの発熱機構を解明するプロジェクトを進めてきた（第I部）．ザゼンソウは開花時のある時期において，周囲の気温が零下になっても花の一組織が20°C内外の温度を数日間保つことができる．しかも，周囲温度が昼夜で変動してもほぼ一定の体温を保っており，哺乳類のような恒温性を示す非常に興味深い性質を持っている．その仕組みを研究し，温度を感知して発熱量を調整する精密なメカニズムを調べ，産業的に利用する試みもはじまっている．

発熱量を調整して体温を一定に保つには，周囲の温度を正確に感知し，その情報を細胞の中に伝える必要がある．温度は熱エネルギーという物理量で考えることができ，生物はその物理量を生物学的な信号として細胞内に伝達することになる．そのために必要なのが，細胞の温度センサーである．多くの研究者は生物が温度を感知するための物質に興味を持ち，センサーの同定を目指して研究を行ってきた．現在までに，植物を除く，動物や微生物ではセンサーが同定されている（第II部）．これらの先行研究にヒントを得て，植物の温度センシング機構も明らかになる日もそう遠くないであろう．

　いったん種子が落ちたらその場所で一生をすごす植物は，様々な環境因子に応答して生存するための巧妙な仕組みを持っている（第III部）．植物を取り巻く環境因子の中でも低温は，植物の分布限界を決める非常に重要な因子であることが知られている．日本のほとんどが属す温帯域に生育する植物は，多くの場合，冬の間に凍結温度まで気温が低下しても生きられる仕組みを持っている[3,4]．そして，生存可能な最低温度は植物にごとに遺伝的に決定されている．近年の分子生物学の進展や多種多様な解析技術の開発によって，植物が持つ低温環境で生存するメカニズムに関する理解が急速に進んだ．さらに，低温で発生する傷害を防いだり，あるいは発生した傷害を修復する仕組みについても理解が進んでいる．

　生存を脅かす直接的な要因としての低温に限らず，生物は一生の様々な成長・発生段階において低温の影響を受けている（第IV部）．低温に当たると生殖に影響が出る場合もあるし，低温（日長が短くなることも関連している場合がある）に遭遇しないと花芽の形成と開花が起こらない場合もある．また，同じ種であっても，低温を感知した場合に，うまく対応策が取れるものと取れないものも存在する．また，異なった生物の相互作用によって生物内で熱環境が変わることも知られている．さらには，外の温度や日長の変化を感知して，新たに産出される物質も多く知られている．その中には，私たちの生活の中で利用可能なものが存在するかもしれない．生物がどのように低温を感知して適応しているのかを様々な技術を使って理解できたら，より低温に適応した作物品種の育成や低温環境下で生物が生産する物質の利用など，私たちの暮らしに大きな影響を与えるであろう．

　生物がどのように低温に応答して，自分たちの生活を維持していくのかを理解することは，決してやさしいことではない．その理由の1つは，私たちの研

究対象となっている生物が非常に複雑な仕組みを持っていることにある．実験室の中では，どうしてもより単純な実験系を組んで，1つ，あるいは，2，3の因子について研究をすることになり，野外で起こっている事象を完璧に説明することは到底望めない．このような困難さを少しでも克服するのがモデル生物を利用した実験系であろう．動物，植物，微生物，それぞれにいくつかのモデル生物が知られている．私達のプロジェクトでは，蓄積された多くの情報と扱いやすさというモデル生物の利点を活かしていくつかの研究を行ってきた（第Ⅴ部）．実際にモデル生物を使用して実験室で行う研究（ウェットな研究）だけではなく，データベース上に蓄積された情報を利用したシミュレーション研究（ドライな実験）も進めている．

　岩手大学21世紀COEプログラムは，平成21年3月を持って終了する．しかし，私たちが目指す「生命システムがどのように外界の温度（熱エネルギー）情報を細胞の中に伝えて応答しているのか」を理解する研究は，まだまだ多くの解決していない点が残されている（第Ⅵ部）．「この5年間でどこまで理解できたのか？」を検証し，「今後はどのような方向性を持って研究を進めていったらよいのか？」を再構築することは非常に重要なステップである．私たちは，いま，生命システムが持っている環境適応機構の理解と応用に向けて，第1ステージから第2ステージに進もうとしている．

引用文献

1） Molisch, H. 1897. Untersuchungen über das Erfrieren der Pflanzen. (Reprinted in English in *CryoLetters* 3: 332-390, 1982).
2） ハンス モーリッシュ（瀬野文教訳）．2003．植物学者モーリッシュの大正ニッポン観察記．草思社．
3） 酒井　昭．1982．植物の耐凍性と寒冷適応―冬の生理・生態学―．学会出版センター．
4） 酒井　昭．1995．植物の分布と環境適応―熱帯から極地・砂漠へ―．朝倉書店．

第 I 部

生物の発熱制御

第1章

ザゼンソウの発熱システム

松川和重・恩田義彦・伊藤菊一

　一般に，植物は発熱能力を持たず，その体温は外気温とともに変動するものと考えられている．しかしながら，ある種の植物には積極的な発熱によりその体温を外気温よりも大きく上昇させることができるものが存在する．ここでは，寒冷地の湿地に自生するザゼンソウ Symplocarpus renifolius の発熱システムに関わる最近の研究の進展について概説する．

1. ザゼンソウの発熱現象

　早春に花を咲かせるザゼンソウは，サトイモ科（Araceae）の発熱植物である．これまでの研究から，同植物における肉穂花序は，20°C 程度に発熱していることが明らかとなっている[1]．図1は，発熱期のザゼンソウおよび肉穂花序の構造と高感度赤外線カメラによる観察像である．発熱期にあるザゼンソウにおいては，発熱器官である肉穂花序は，仏炎苞に覆われている（図1A）．仏炎苞を垂直方向に切断すると，中に楕円形の肉穂花序および花序柄が観察できる（図1B）．また，発熱期の肉穂花序の表面には，多くの柱頭が観察される．肉穂花序を縦断方向に切除し（図1C），その縦断面の温度分布を高感度赤外線カメラで観察すると（図1D），肉穂花序を囲んでいる小花とよばれる組織が，他の組織よりもより高い温度を示すことから，発熱担当細胞群は肉穂花序の小花に存在することが示唆される．

　ザゼンソウの発熱現象の興味深い特徴は，単に肉穂花序が発熱するだけではないことにある．図2は，群落地に自生するザゼンソウ肉穂花序温度（Ts）の時系列データである．氷点下を含む外気温（Ta）が大きく変動する寒冷環境下にもかかわらず，雌期（stigma）とよばれる発達ステージの肉穂花序温度は，20°C 程度で一定に保たれている（発熱期）．このような恒温性は，肉穂花序の発育ステージが進みその表面に花粉の噴出が観察されはじめる両性期において消失し，さらにステージが進み肉穂花序全体が花粉に覆われる雄期（male）においては発熱が終了し，肉穂花序温度は外気温の変化に連動するようになる．

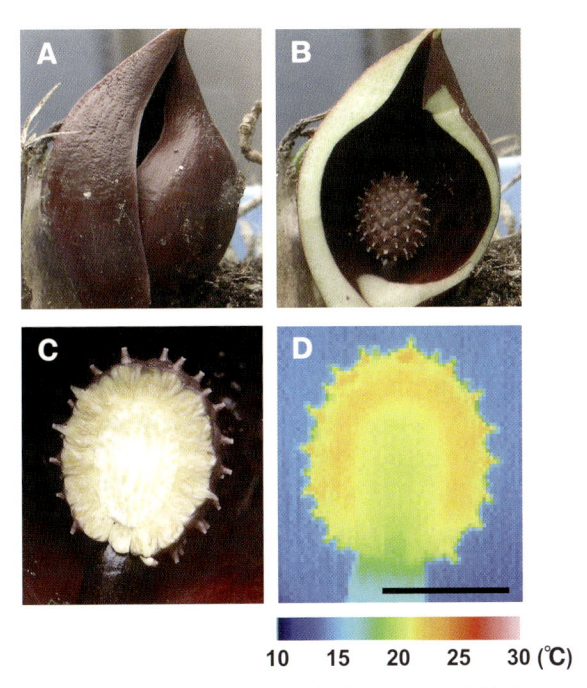

図1 ザゼンソウ発熱期の肉穂花序縦断面の高感度赤外線カメラによる解析（Onda *et al.*, 2008を改変）．
A〜C：ザゼンソウの構造的特徴．円筒型の器官が発熱期の肉穂花序である．A：ザゼンソウ．
B：発熱レベルと発達ステージを調べるために仏炎苞を一部切除した．C：肉穂花序の縦断面．
D：高解像度赤外線カメラによる写真Cの熱画像．右下にサーモグラフィー解析の温度スケールを示した．スケールバーは1 cm．

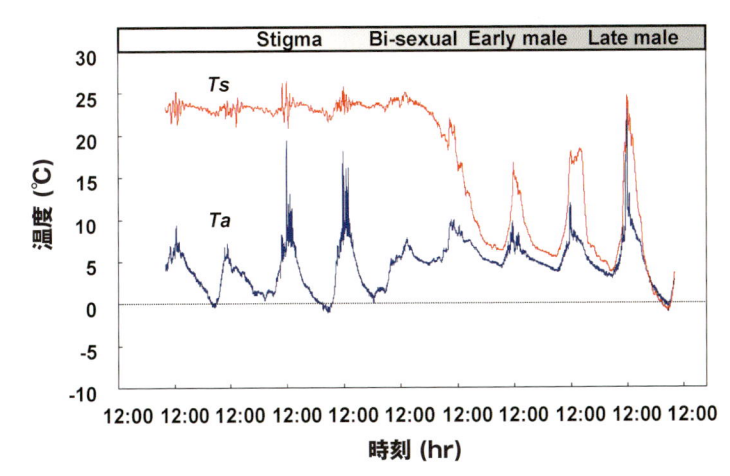

図2 ザゼンソウの発熱現象（Onda *et al.*, 2008を改変）．群落地に自生するザゼンソウ肉穂花序温度（Ts）と外気温（Ta）の時系列データ．

第1章 ザゼンソウの発熱システム ● 7

現在のところ，このような恒温性を有する発熱植物としては，他にもハス *Nelumbo nucifera*[2]，および，ヒトデカズラ *Philodendron selloum*[3] が報告されている．これらの植物の発熱期間は2〜3日程度であるのに対し，ザゼンソウは1週間程度の比較的長期の恒温性を持続する[1]．一方，一過的な発熱を示す植物としては，ドラゴン・リリー *Dracunculus vulgaris*[4]，ブードゥー・リリー *Sauromatum guttatum*[5]，デッドホース *Helicodiceros muscivorus*[6]，ククーピント *Arum maculatum*[7] などのサトイモ科植物，および，ソテツやスイレンなどサトイモ科以外の植物が報告されている[8]．

2．植物の熱産生機構

　植物の熱産生機構については，従来からシアン耐性呼吸酵素（alternative oxidase：AOX）が中心的な役割を果たしていると考えられている．同酵素はミトコンドリア内膜に局在する膜タンパク質であり，呼吸鎖電子供与体であるユビキノール（還元型ユビキノン）を酸化し，酸素を水へ還元する末端酸化酵素として機能する（図3）．同酵素はシアン感受性末端酸化酵素であるチトクロームオキシダーゼ（cytochrome c oxidase：complex IV）とは異なり，プロトンの膜間腔への輸送を伴わないことから，膜電位形成には関与しない．したがって，AOXが機能すると，通常膜電位形成に用いるはずのエネルギーが余剰し，それが熱として放逸されると考えられている[9]．

　発熱植物の熱産生機構の研究対象としては，一過的な発熱を行うブードゥー・リリーが古くから解析されてきた．1937年に van Herk は，同植物の付属体下部に存在する雄花が産生する水溶性物質に一過的な発熱を引き起こす活性を見出した[10,11]．この "Calorigen" と命名された水溶性物質の正体は，長い間不明であったが，1980年代後半に，Raskin らがサリチル酸（2-hydroxybenzoic acid）であることを突き止めた[5]．さらに，当該植物の内在性のサリチル酸の濃度を詳細に解析した結果，発熱前の付属体におけるサリチル酸含量は一過的に100倍にも上昇し，発熱後にはもとのレベルにまで低下することが明らかとなり，サリチル酸が同植物の発熱誘導における重要な情報伝達物質であることが示唆された[12]．さらに，McIntosh らは，サリチル酸による発熱誘導前後におけるAOX経路の活性化の程度を検討した結果，サリチル酸の投与により同経路がおよそ4倍にも上昇していることを見出した[13]．そこで，AOX 遺伝子の転写産物およびタンパク質の発現を解析した結果，転写産物の蓄積は，サリチル

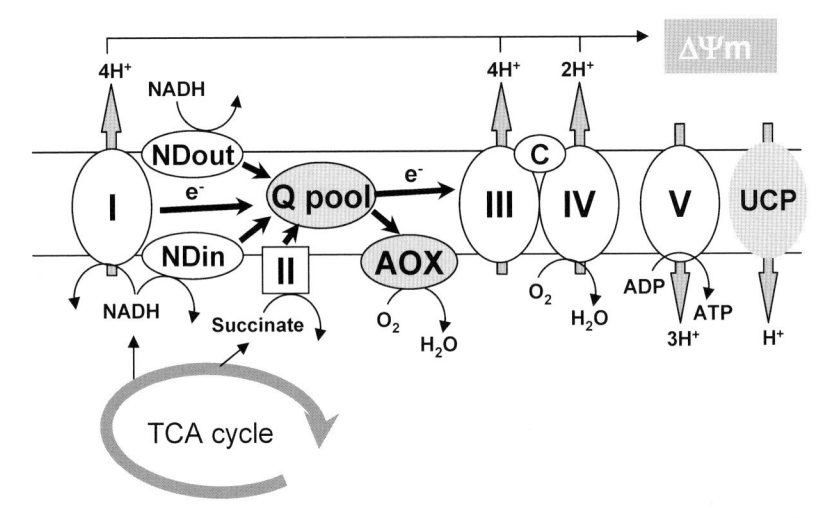

図3 植物の電子伝達系. I: complex I, II: complex II, III: complex III, IV: complex IV, V: complex V, NDout: rotenone-insensitive outer NADH dehydrogenase, NDin: rotenone-insensitive inner NADH dehydrogenase, AOX: alternative oxidase, UCP: uncoupling protein, Q pool: ubiquinone pool.

酸添加8時間後から急激に増大し，16時間から24時間の間に最大レベルを示すことが判明した[13]．一方，当該植物からAOXを抗原として作成したモノクローナル抗体により検出されるAOXタンパク質レベルは，サリチル酸添加16時間後に増大し，48時間後にはほぼ消失することが明らかとなり，サリチル酸による発熱誘導にAOXが密接に関連していることが強く示唆された[13]．これらの知見は，サリチル酸の添加によって新しく生成されたAOXタンパク質によってシアン耐性呼吸経路の賦活化が起きていることを示唆しており，ブードゥー・リリーの発熱現象においては，サリチル酸によるAOX遺伝子およびタンパク質発現量の増大が熱産生に寄与していると考えられる．

3．AOXの活性調節機構

植物AOXの活性調節機構については，サリチル酸による転写調節だけでなく，タンパク質レベルの活性調節が重要である．非発熱植物を用いた研究から，AOXタンパク質は酸化還元制御によってAOX活性を有する酸化型（covalently associated dimer）と不活性な還元型（non-covalently associated dimer）の可逆的な変換が起こり得ることが示されている[14]．さらに，還元型のAOXタンパク質は，α-ケト酸と制御システイン残基（Cys I）との間で，チオヘミアセタール

不活型（酸化型）：
covalently
associated dimer

活性型（還元型）：
non-covalently
associated dimer

ピルビン酸

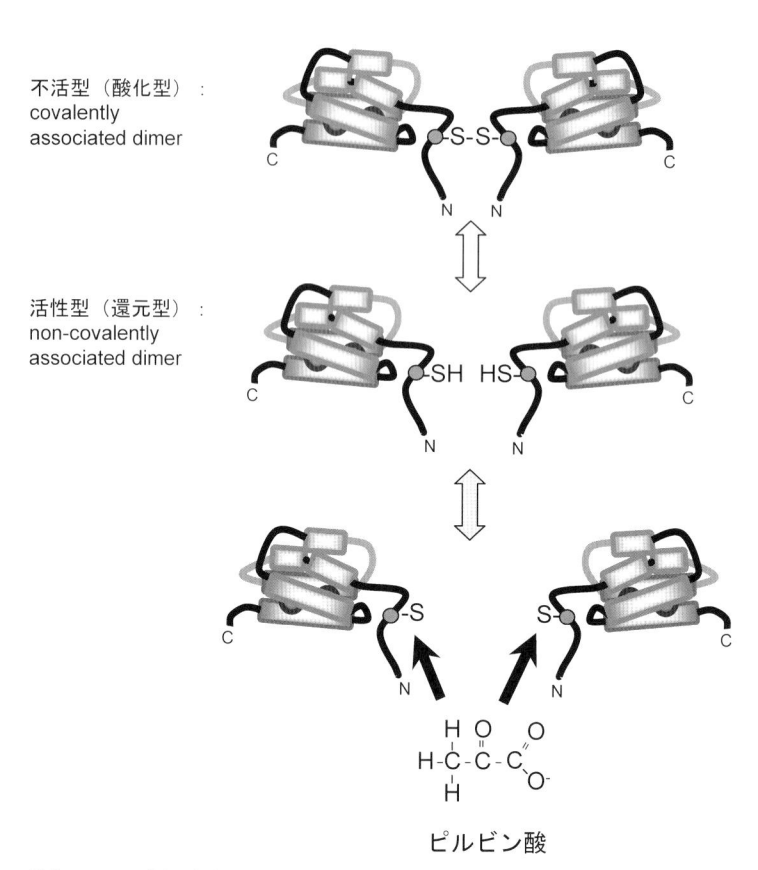

図4　植物AOXの活性調節機構とザゼンソウAOXの比較．上段：covalently associated dimer，中段：non-covalently associated dimer．下段：non-covalently associated dimerにおけるピルビン酸によるアロステリックな活性化．

結合を介してAOX活性を増大できることが明らかになっている（図4）[15-17]．

4．ザゼンソウの熱産生因子AOXの機能解析

これまでに，ザゼンソウの単離ミトコンドリアにおいては，シアン耐性呼吸が存在することが示唆されていたが[18]，分子レベルでの詳細はまったく不明であった．そこで，ザゼンソウにおける熱産生の分子機構を明らかにするために，発熱中の肉穂花序の全RNAからAOX関連遺伝子を同定した（DDBJ Accession No. AB183695）[19]．同定したSrAOXは，植物AOX間においてよく保存された2つのExxHモチーフを有していた．このモチーフは，AOXタンパク

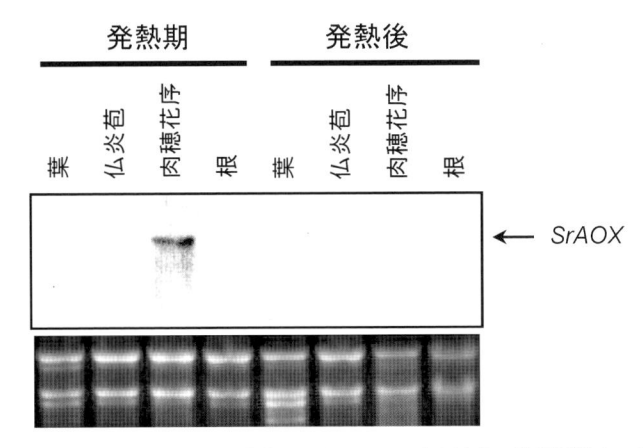

図5 発熱中および発熱後のザゼンソウ肉穂花序における SrAOX 転写産物の発現解析(Onda et al., 2007を改変).葉,仏炎苞,肉穂花序および根由来の全 RNA($5\,\mu g$)は SrAOX の全長 cDNA をプローブとしてノーザンハイブリダイゼーションに供した.EtBr 染色による rRNA のバンド強度をローディングコントロールとした.

表1 発熱期のザゼンソウ肉穂花序由来の精製ミトコンドリアの呼吸速度(Onda et al., 2007を改変).

Sequential Additions	O_2 uptake
	$nmol\ O_2\ min^{-1}\ mg^{-1}\ protein$
NADH	532.7 ± 34.5
+ ADP	650.1 ± 37.9
+ KCN	494.6 ± 25.8
+ n-propyl gallate	8.6 ± 1.1

酸素消費速度は O_2 電極を用いて以下に示した化合物を連続的に添加して測定した.1 mM NADH, 0.5 mM ADP, 0.5 mM KCN, 100 mM n-propyl gallate.データは平均 ± S.D.($n=3$).

質の活性中心である di-iron center における鉄イオンの配位に重要な役割を果たすことが推定されている[20].同定した SrAOX の転写産物は,発熱中の肉穂花序に特異的に蓄積していることが明らかとなり(図5),ザゼンソウの器官および時期特異的な発熱現象における本因子の重要性が示唆された.次に,発熱中の肉穂花序小花から単離したミトコンドリアのシアン耐性呼吸に関する詳細な解析を行った(表1).呼吸基質として NADH を添加するとロテノン不感受性 NADH dehydrogenase(図3,NDout)を介した酸素消費がはじまる.その後 ADP を添加すると1.2倍程度酸素消費の増大が起こる.これは,ADP が ATPase(複合体Ⅴ)の基質であるために,膜電位の低下が誘導され酸素消費活性が亢進するからである(state2-state3 transition).さらに,チトクロームオキシダーゼ(複合体Ⅳ)の阻害剤である0.5 mM シアンの添加は,わずかに14

表2 ザゼンソウ発熱期の肉穂花序ミトコンドリアにおけるAOXを介するNADH酸化への Mono-, di-, tri-carboxylic organic acidsの効果（Onda et al., 2007を改変）.

Organic acids	Relative AOX activity
Without organic acids	1.00
Mono-carboxylic acids	
Pyruvate	2.07 ± 0.05
Pyruvate*	1.87 ± 0.14
Lactate	1.02 ± 0.01
PEP	1.19 ± 0.01
Propionate	0.99 ± 0.02
Acetate	0.97 ± 0.04
Gly	1.05 ± 0.05
Ala	1.03 ± 0.04
Crotonate	0.91 ± 0.01
Acrylate	0.96 ± 0.01
Acetoacetate	0.71 ± 0.02
Di-caroxylic acids	
α-Ketoglutarate	1.49 ± 0.05
α-Ketoglutarate*	1.10 ± 0.00
Succinate	1.22 ± 0.04
Malonate	0.98 ± 0.01
Fumarate	1.19 ± 0.00
Oxalate	0.90 ± 0.01
Tartrate	1.01 ± 0.01
L-Malate	1.04 ± 0.02
D-Malate	0.94 ± 0.03
Tri-carboxylic acid	
Citrate	0.86 ± 0.00
Isocitrate	0.89 ± 0.01

AOX活性はmyxothiazol不感受性，n-PG感受性呼吸として測定された．各有機酸（10 mM）の添加によって影響されたmyxothiazol存在下のAOX呼吸を示した．終濃度1 mMを添加した有機酸をアスタリスク（*）で示した．値は同一ミトコンドリアを使った3連の実験結果の平均値± S.D. を示す．2〜3回の独立に調製されたミトコンドリアによる典型的な結果を示した．

〜24％の酸素消費を阻害するのみであり，その後に添加したAOX特異的阻害剤である n-propyl gallate（n-PG）によって当該シアン耐性呼吸は，完全に抑制されることが明らかとなった．一方，非発熱植物のミトコンドリアにおける酸素消費は，ほとんどがシアン感受性呼吸であることが知られている（ダイズ子葉：81％，老根：96％）[17]．これらの結果は，発熱植物と非発熱植物におけるAOX capacityにかなり大きな違いがあること，および，ザゼンソウ肉穂花序小花の温度制御におけるシアン耐性呼吸の重要性を示唆している．

前述したように，SrAOXにおいては制御システイン残基（Cys I）が保存され

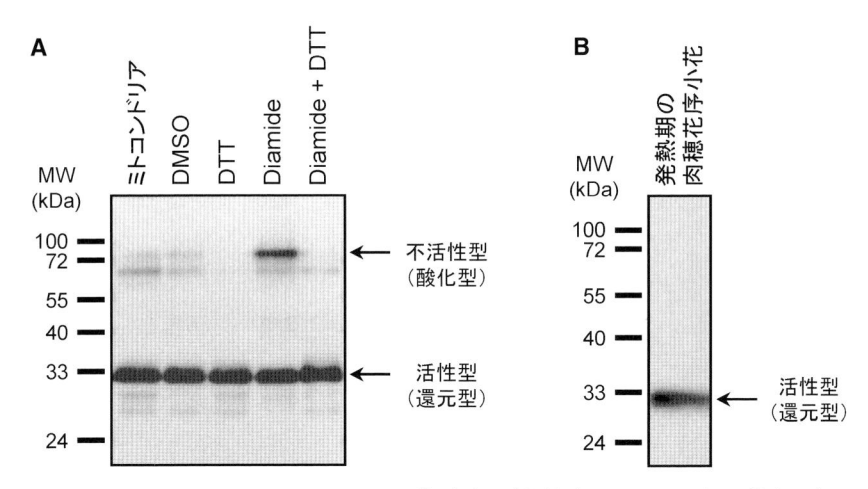

図6 ザゼンソウミトコンドリア AOX タンパク質に与える酸化剤（diamide）および還元剤（DTT）の効果（Onda et al., 2007を改変）．A：発熱中の肉穂花序から精製したミトコンドリアに20 mM DTT，3 mM diamide あるいは両薬剤を連続的に氷上で処理した．サンプルは非還元型 SDS-PAGE に供した後 AOX 特異抗体によってウエスタンブロッティングを行った．10 μg のサンプルは還元剤を含まないサンプルバッファーで調製した．B：発熱期の肉穂花序小花における SrAOX の発現解析．サンプリング直後に急速凍結させた発熱期の肉穂花序の全細胞抽出物を非還元条件下で SDS-PAGE に供した後 AOX 特異抗体によってウエスタンブロッティングを行った．パネルの左に分子量マーカーを示した．

ていることから，α-ケト酸によって活性調節を受けることが予想される（図4）．そこで，単離ミトコンドリアを用いてピルビン酸などの α-ケト酸を含む20種類の有機酸がシアン耐性呼吸活性におよぼす効果を検討した結果（表2），ピルビン酸のみがより低濃度（1 mM）で高い呼吸活性の増大（1.9〜2.1倍）を誘導できることが明らかとなった．これらの結果は，ピルビン酸が SrAOX 活性を増大することが可能な内因性の活性化因子の候補の1つであることを示唆している．一方，前述したように，制御システイン残基（Cys I）の存在はジスルフィド結合を介した可逆的な制御系もまた有していることを示唆している（図4）．

そこで，SrAOX がジスルフィド結合を介した可逆的な制御系を有するかどうかを明らかにするために，非還元型 SDS-PAGE の後に AOX 特異抗体（AOA抗体）を用いたウェスタンブロッティングを行ったところ（図6A），パーコール密度勾配遠心法によって精製した発熱期のザゼンソウ単離ミトコンドリアにおける SrAOX タンパク質の大部分は，活性型（還元型）として存在していることが明らかとなった（図6A，ミトコンドリア，DMSO）．また，還元剤 DTT（ジチオスレイトール）処理は，わずかに存在する不活型（酸化型）の分子種

を消失させるが（図6A, DTT），ジスルフィド結合を誘導する酸化剤diamide処理では，一部の活性型（還元型）SrAOXが不活型（酸化型）の分子種へと変換されることが明らかとなった（図6A, Diamide）．その後，DTT処理によって再び活性型（還元型）へと可逆的に変換される（図6A, Diamide + DTT）．加えて，diamide量を増大させても不活型（酸化型）分子種の量的増大は起きない．このことから，本実験で使用した単離ミトコンドリアは，2 mMピルビン酸存在下で調製されたために，ピルビン酸がジスルフィド結合を形成するシステイン残基に結合し，diamideによる酸化を抑制した可能性が考えられる．

そこで，ピルビン酸を使用しないバッファー条件下でミトコンドリアを調製し，同一の実験を行ったが，酸化型の割合に大きな影響を示さないことが明らかとなった．これらの結果は，同定したAOX遺伝子の他にも，いくつかの非発熱植物（トマト，トウモロコシ）が有するシステイン残基を欠失したAOX分子種の存在を示唆する．そこで，活性中心の構造を規定するために植物AOX間において高度に保存されているExxHモチーフ領域を含むプライマーを用いた3'-RACE解析を行ったが，発熱中の肉穂花序には他のAOX分子種は検出されないことが判明し，diamideによる酸化処理に耐性がある別のAOX分子種が存在する可能性は低いと考えられる．

この現象を説明し得るメカニズムは不明であるが，可能性として次のことが考えられる．1つは，ミトコンドリア内膜において，AOXはいくつかの機能的・構造的状態を有する可能性，もう1つは，*in vivo*においてすでに還元型AOXが部分的にピルビン酸とチオヘミアセタール結合を形成し，AOXタンパク質の酸化を保護していた可能性である．一方，*in vivo*においてSrAOXが活性型（還元型）で存在するかどうかを明らかにするために，発熱中の肉穂花序小花の凍結粉末から調製した全細胞抽出物を非還元型SDS-PAGEに供し，ウェスタンブロッティング解析を行った結果，発熱中のザゼンソウ肉穂花序小花においては，活性型（還元型）の分子種として発現していることが判明した（図6B）．これらの結果は，ザゼンソウの発熱期の肉穂花序小花ミトコンドリアに存在するSrAOXタンパク質は，*in vivo*においてピルビン酸応答型の活性を有する還元型（non-covalently associated dimer）分子として発現していることを示しており，ザゼンソウの熱産生制御においては，ジスルフィド結合を介した酸化還元制御系よりもむしろピルビン酸によるSrAOXの活性調節機構が重要な役割を果

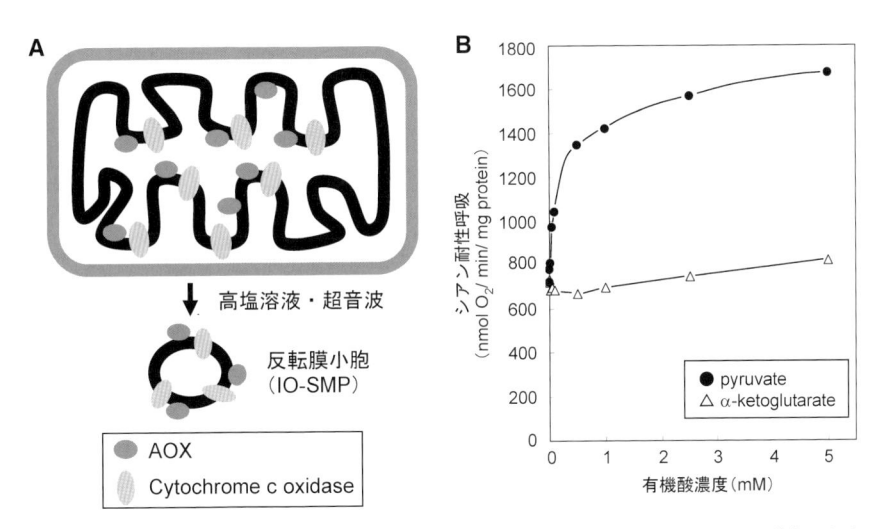

図7 反転亜ミトコンドリア膜小胞（IO-SMP）を用いたザゼンソウ AOX を介する NADH 酸化におけるピルビン酸および α-ケトグルタル酸の効果（Onda et al., 2007を改変）．A：反転亜ミトコンドリア膜小胞はミトコンドリアを高塩溶液中で超音波処理することによって調製した．B：反転亜ミトコンドリア膜小胞におけるシアン耐性呼吸経路は 0.5 mM KCN の存在下の酸素消費速度として様々なピルビン酸，α-ケトグルタル酸の濃度下において測定した．呼吸基質として 1 mM NADH を用いた．

たしている可能性が考えられる．

　一般に，ミトコンドリアにおける外因性の有機酸による AOX 活性を増大する効果は，マトリックス側に局在する代謝酵素やミトコンドリア内膜の透過性などの影響を受けることが知られている[17]．そこで，AOX 活性におけるより正確なピルビン酸の濃度効果を解析するために，反転亜ミトコンドリア膜小胞（inside-out submitochondrial particles：IO-SMP）を調製し（図7A），シアン耐性呼吸に対するピルビン酸の濃度依存的効果を解析した．その結果，SrAOX 活性を2倍にするピルビン酸濃度はおよそ50 μM であることが明らかとなった（図7B）．また，α-ケトグルタル酸の SrAOX 活性に与える効果は小さいものであった．これらの結果は，発熱中のザゼンソウ肉穂花序小花ミトコンドリアに内在する SrAOX 活性の増大には，ピルビン酸が最も効果的かつ直接的な活性化因子であることを示している．

　最近，Crichton らによって一過的な熱産生を示す発熱植物ブードゥー・リリーの AOX が常時活性型分子であることが示され[21]，様々な生物種の AOX タンパク質の一次構造の比較から，ピルビン酸調節に関わる7アミノ酸残基を含む

	Region 1	Region 2	Region 3	Region 4
	*	*		
Group 1				
● SrAOX	SHWGI RWSCFR	RYGCRA	IENVPA	HYQGHELKKSPA
AtAOX1a	SYWGV KWNCFR	RYGCRA	IENVPA	HYQGRELKEAPA
StAOX	SYWGV RWACFR	RYGCRA	IDNVPA	HYQGHQLKEAPA
NtAOX1	SYWGV KWNCFR	RYGCRA	IENVPA	HYQGQQLKDSPA
GmAOX3	SYWGI PWNCFM	RYGCHA	VENVPA	HHQGKELKEAPA
LeAOX1a	SYWGV KWNCFR	RYGCRA	IENVPA	HYQGQQLKDSPA
Group 2				
LeAOX1b	SYWGV KWNSFR	RHMCHA	FENSPA	QCQGHELKGYPA
Group 3a				
● SgAOX	SYWAV RWTCFR	RYACRA	IQDCPA	HYQDLELKTTPA
Group 3b				
● DvAOX	SYWGI RWTCFR	RYACRA	IQDSPA	HYQGLELKTTPA
	101-105 119-124	169-174	287-292	333-344

図8 ザゼンソウAOXにおけるピルビン酸制御に関わるアミノ酸残基の比較（Onda *et al*., 2007を改変）. ピルビン酸活性化型 AOX 配列（Group 1），S122型 LeAOX1b（Group 2），常時活性化型 SgAOX（Group 3a），発熱植物 D. vulgaris 由来 DvAOX（Group 3b）の推定アミノ酸配列．AOX 活性の制御に関与するアミノ酸残基は白抜きで示した．また，4つの異なった領域（Region 1～4）に分割した．Group 2の Region 1～3におけるヒドロキシル基を含むアミノ酸は灰色の影付で示した．アミノ酸配列の下に示した数字はSrAOXアミノ酸配列の位置を示す．＊はそれぞれCys IとCys IIの位置を示す．発熱植物は●で示した．太字によって示したアミノ酸残基はザゼンソウSrAOXにユニークである．*S. renifolius* AOX（SrAOX: NCBI accession number BAD83866.1），*A. thaliana* AOX1a（AtAOX1a: Q39219），*S. tuberosum* AOX（St AOX: 2208475A），*N. tabacum* AOX1（Nt AOX1: AAC60576.1），*G. max* AOX3（GmAOX3: AAB97286.1），*L. esculentum* AOX1a（LeAOX1a: AAK58483.1），*S. guttatum* AOX（SgAOX: P22185），*D. vulgaris* AOX（DvAOX: BAD51465.1）.

4つの領域の重要性が報告されている．ブードゥー・リリーはザゼンソウとは異なり一過的な発熱を示す植物であるため，両植物のAOXタンパク質一次構造を比較することにより，恒温性に重要な領域に関する情報を得ることができる可能性がある．そこで，もう1つの恒温性を示さない発熱植物であるドラゴン・リリーを含む植物AOXの配列比較を4領域に着目して解析した結果，ドラゴン・リリー DvAOXとブードゥー・リリー SgAOXは，同じGroup 3に属したが，ザゼンソウSrAOXは，ピルビン酸によって応答するGroup 1に属することが明らかとなった（図8）．興味深いことに，ドラゴン・リリーのDvAOXにおいては，SgAOXの常時活性化型に重要なRegion 3のシステインがセリンに置換されており，DvAOXのα-ケト酸への応答性が異なっている可能性が考えられ，今後のより詳細な解析が待たれる．一方，ザゼンソウSrAOXに特異

的なアミノ酸残基を検索した結果，これら4領域に3つのザゼンソウ特異的アミノ酸残基が存在することがわかった（図8，太字）．ザゼンソウ肉穂花序におけるピルビン酸を介した熱産生制御におけるこれらのアミノ酸残基の機能に関する研究は，今後の興味深い課題である．

5．ザゼンソウ肉穂花序における脱共役活性の検出

　ミトコンドリアにおける脱共役活性は，哺乳動物の非ふるえ熱産生を担当する褐色脂肪細胞（BAT）が有する高い呼吸活性において必須の役割を果たしている[22]．BAT脱共役活性は脱共役タンパク質（uncoupling protein 1：UCP1）とよばれるミトコンドリア内膜に存在する6回膜貫通型のタンパク質により触媒され，その機能は，呼吸基質の酸化によって生じたプロトン勾配を，ATP合成を介さずに解消することによって，プロトン勾配が有する自由エネルギーを熱として放逸すると考えられる．実際に，UCP1の発現をノックアウトしたマウスでは，体温低下が起きることが明らかとなっているが[23]，植物のUCPの熱産生への関与やその生理的役割については現在のところ十分な理解は得られていない[24]．

　ザゼンソウUCPの機能や役割については，2つのUCP分子種（SrUCPaとSrUCPb）が単離同定されていたが[25]，その熱産生における機能や役割については多くの点が不明のままであった．哺乳動物のUCP1による脱共役活性は，単離ミトコンドリアに対する外因性の遊離脂肪酸の添加によって活性化されることから[22]，発熱中のザゼンソウから調製したミトコンドリアを用いて，リノレン酸（LA）による脱共役活性の増大が起きるかどうかを検討した結果，LAは濃度依存的に酸素消費速度の増大を伴う膜電位の低下を誘導し（図9A），さらに，5 μM LAの添加は，ミトコンドリア内膜のプロトン透過速度を大きく亢進させていることが明らかとなった（図9B）[26]．これらの結果は，発熱中のザゼンソウ肉穂花序小花由来のミトコンドリアにおいては，リノレン酸誘導型のUCP活性が存在していることを示唆している．

　では，ザゼンソウにおいてはAOXとUCPという2つの熱産生因子が同時に機能しているのだろうか？　非発熱植物であるトマトの成熟過程においては，AOXとUCPが共発現しているが，同時に機能しているとは考えられていない[27]．なぜならば，UCPの活性化因子である遊離脂肪酸は，AOX活性を未同定のメカニズムを介して阻害するからである[29]．そこで，ザゼンソウにおいてAOX活

A

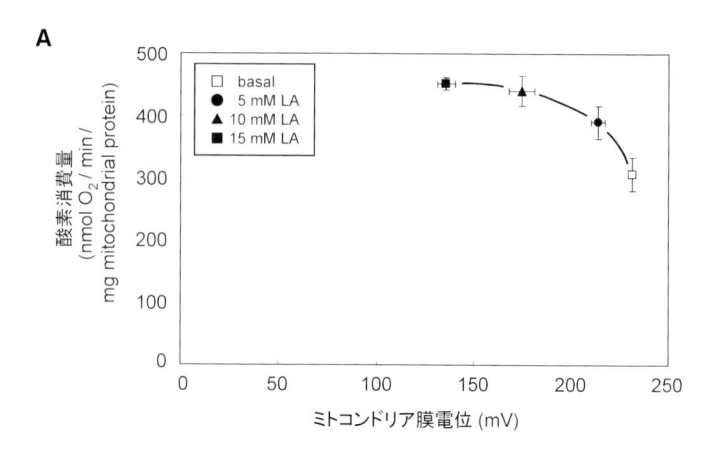

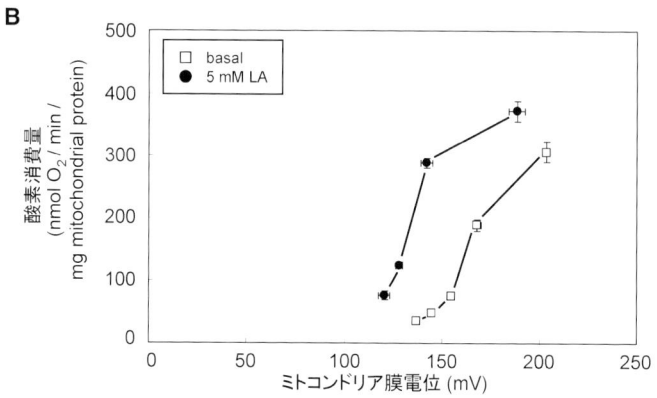

縦軸: 酸素消費量 (nmol O$_2$ / min / mg mitochondrial protein)
横軸: ミトコンドリア膜電位 (mV)
凡例: □ basal, ● 5 mM LA, ▲ 10 mM LA, ■ 15 mM LA

B

縦軸: 酸素消費量 (nmol O$_2$ / min / mg mitochondrial protein)
横軸: ミトコンドリア膜電位 (mV)
凡例: □ basal, ● 5 mM LA

図9 ザゼンソウ発熱期の小花由来のミトコンドリアにおけるリノレン酸（LA）のプロトン伝導度の活性化（Onda *et al.*, 2008を改変）．1 mM NADH を呼吸基質として，1 μM オリゴマイシン（ATP synthase 阻害剤），0.1 μM ナイジェリシン（K$^+$ イオノフォア，ΔpH を一定値にする），6 μM カルボキシアトラクチロシド（adenine nucleotide translocase 阻害剤），n-PG（AOX 阻害剤）存在下で測定を行った．LA によるプロトン伝導度の活性化の程度は呼吸速度と膜電位を同時測定することによって解析した．A：LA 濃度依存的なプロトン透過度の増大．呼吸速度と膜電位が一定値になった後 LA（0〜15 μM）を添加していき LA の終濃度を増大させた．B：プロトン透過度における 5 μM LA の効果を KCN の滴定によって測定した．

性と UCP 活性が同時に機能できるかどうかを明らかにするために，チトクローム呼吸経路およびシアン耐性呼吸経路におけるリノレン酸の効果を検討した．その結果，リノレン酸は，チトクローム呼吸経路を濃度依存的に活性化し，シアン耐性呼吸を濃度依存的に抑制することが明らかとなった（図10）．さらに，低濃度の0.15 mM ピルビン酸の添加は，シアン耐性呼吸経路を活性化することによって，リノレン酸によるシアン耐性呼吸の抑制効果を軽減させることが明

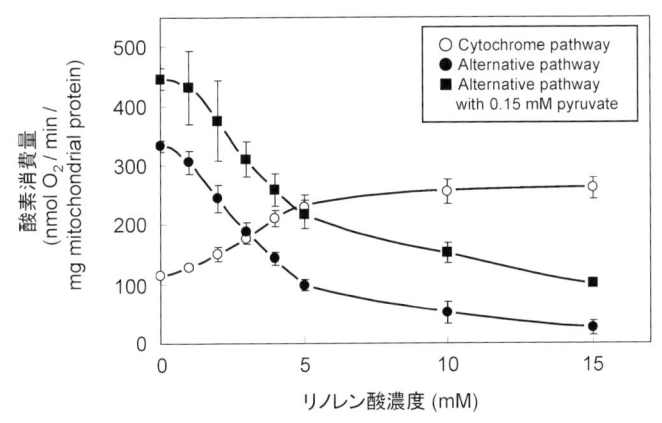

図10 ザゼンソウ発熱期小花由来のミトコンドリアのチトクローム呼吸経路およびシアン耐性呼吸経路におけるリノレン酸(LA)の効果(Onda et al., 2008を改変).精製ミトコンドリアを用いて,チトクローム呼吸経路はn-PG存在下でBSAを含まない(16.5 μM ピルビン酸を含む)アッセイバッファーで測定した.また,シアン耐性呼吸経路は0.5 mM KCN存在下で測定した.呼吸速度が一定値になったときにLAを段階的に増大させた.

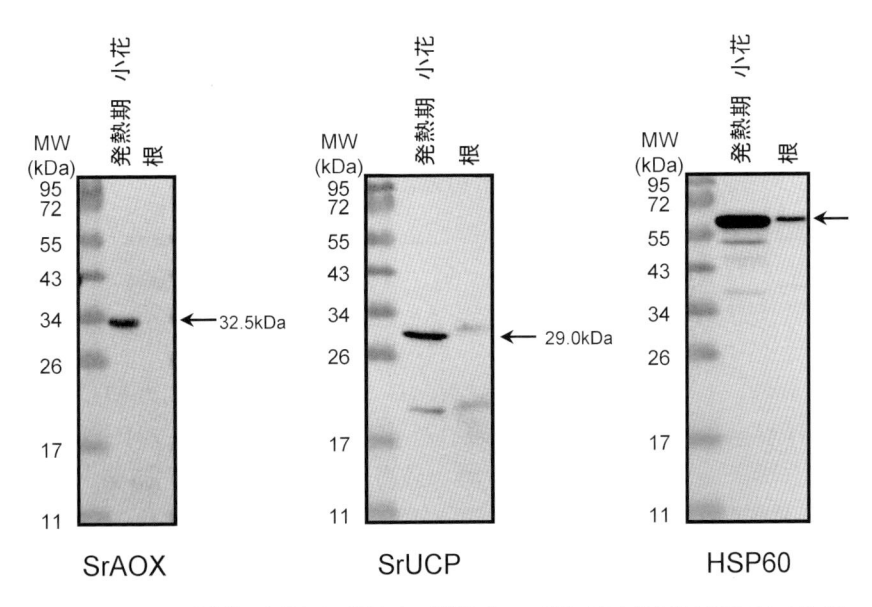

図11 ザゼンソウの発熱期の小花および根由来の精製ミトコンドリアにおける発熱因子のウエスタン解析(Onda et al., 2008を改変).精製したミトコンドリアタンパク質をSDS-PAGEによって分離後PVDF膜に転写しパネル下に示したタンパク質に対する抗体でインキュベートした.各タンパク質の予想される位置を矢印によって示した.パネルの左に分子量マーカーを示した.

第1章 ザゼンソウの発熱システム 19

らかとなった．これらの結果は，低濃度のリノレン酸存在下においては，AOX 活性と UCP 活性は同時に機能できることを示唆している．

　ザゼンソウから同定された 2 つの UCP 関連遺伝子に共通なアミノ酸配列を抗原とした UCPcab と名づけたペプチド抗体を作成し，発熱中のザゼンソウ肉穂花序小花およびザゼンソウ根の精製ミトコンドリアを用いてウェスタンブロッティングを行うと，肉穂花序小花由来のミトコンドリアにおいては，分子質量 29 kDa のタンパク質が検出される（図11）．最近，Ito-Inaba らは *in vitro* で合成した SrUCPa（推定分子質量：32.6 kDa）が，SDS-PAGE において UCPcab 抗体で検出される 29 kDa のバンドと同程度の移動度を示すことを見出すとともに[28]，大腸菌で合成した SrUCPa タンパク質を抗原として作成したポリクローナル抗体に結合するタンパク質をアフィニティ精製すると，発熱期のザゼンソウ肉穂花序小花ミトコンドリアから得られたタンパク質には，SrUCPa 特異的なペプチド断片が含まれていることを報告しており，ミトコンドリアに内在する脱共役活性は，6 回膜貫通型の SrUCPa が担っていると結論している[29]．

6．ザゼンソウの恒温性における AOX と UCP の量的変動

　外気温が時々刻々と変動する野外において，肉穂花序温度を一定に保つためには，積極的な呼吸活性（発熱量）の調節が必要である．外気温の変化によって引き起こされる肉穂花序温度の変化は，およそ 60 分を周期として回復することから，正確な温度制御因子として作用する時間依存的な発熱振動機構が内在すると考えられている[30]．本モデルによると，恒温性の維持においては，発熱因子の量的変動が予想される．そこで，肉穂花序における発熱量を変動させた際の単離ミトコンドリアにおける AOX および UCP の発現量の変動を解析した（表 3 および図12）．発熱中の"双子"のザゼンソウ植物体を恒温器に運び，環境温度を変化させ（Group A：10.3℃→23.1℃ および Group B：8.3℃→24.9℃），発熱量の異なるサンプルを得た．以前 Seymour により見積もられた CO_2 放出速度を上記の温度変化に適用すると[31]，肉穂花序からの CO_2 放出速度は 34%（Group A），および 40%（Group B）の低下であった．2 つの独立した実験（Group A および B）においても，両タンパク質の発現量には，大きな差異は観察されなかった．加えて，SrAOX の酸化型，還元型の量的変動も外気温に影響されていないことが明らかとなり，外気温の変化と連動した発熱量の調節には，発熱因子の量的変動および AOX タンパク質の酸化還元制御を介した調

表3 様々な発熱レベルにおける発熱因子の発現解析に用いたザゼンソウ肉穂花序の特徴.

	Group A		Group B	
Ta (°C)	10.3	23.1	8.3	24.9
Ts (°C)	21.8 ± 1.8	25.2 ± 0.9	22.1 ± 1.3	26.8 ± 1.2
Spadix mass (g)	4.0 ± 1.4	3.8 ± 1.6	4.7 ± 1.4	5.2 ± 1.7
CO_2 production (μmol s^{-1} g$^{-0.67}$)	0.29	0.19	0.30	0.18

'双子'の発熱期ザゼンソウを以下に示した外気温（Ta）に設定した恒温器に設置した．肉穂花序温度が安定した後片方の肉穂花序を切除し，すぐにミトコンドリア精製を行った．最初のサンプリング後 Ta を以下に示した温度にまで徐々に増大させた．残りの肉穂花序も温度が安定した後に切除し，すぐにミトコンドリアを精製した．実験は2つの独立した植物グループ（Group A, B）で行った．データは平均 ± S.D.（Group A: n = 8, Group B: n = 11）．CO_2 放出速度は M_{CO_2} = −0.0077Ta + 0.368 31）から算出した．

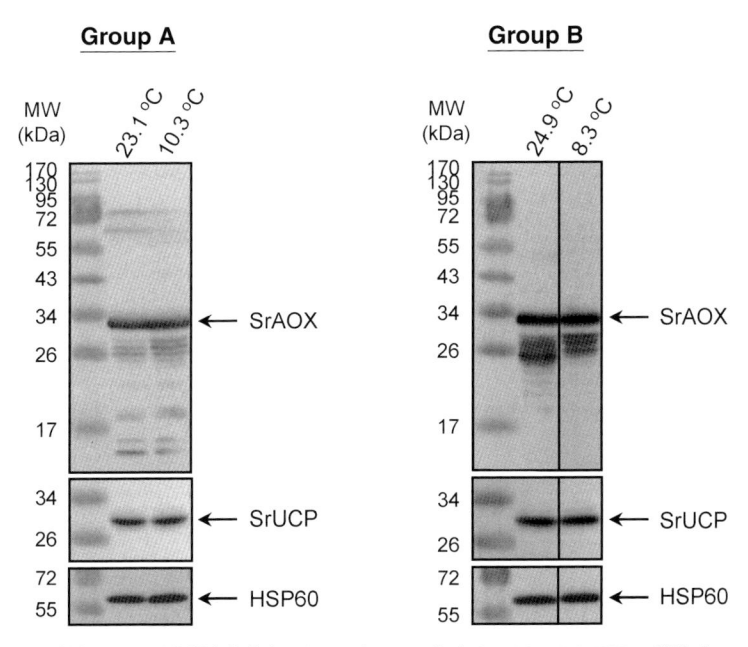

図12 様々な外気温下の発熱期肉穂花序ミトコンドリアにおける SrAOX & SrUCP の発現プロファイル（Onda *et al.*, 2008を改変）．肉穂花序のサンプリングをした後，還元剤非存在下でただちに調製した精製ミトコンドリアを SDS-PAGE で分離し PVDF 膜に転写後，AOA, UCPcab, HSP60 抗体でインキュベートした．外気温はパネルの上段に示した．右に各タンパク質の位置を矢印によって示した．左に分子量マーカーを示した．

節系よりも，発熱因子の活性化因子を介した活性調節系が重要な役割を果たしていることが示唆された．

7．哺乳動物発現系を用いた SrAOX の発現と機能解析

　AOX は，植物，カビ，原生動物には存在するが，ヒトを含む哺乳動物ゲノムには存在しないことが明らかとなっている[32]．これまでに，AOX 活性を評価する発現系としては，分裂酵母（ゲノムに AOX を持たない）[33]，および，ヘム欠損を持つ大腸菌 SASX41B[34] を用いた機能解析系があったが，哺乳動物細胞における AOX 発現系の構築はなされていなかった．
　一般に，AOX は N 末端にミトコンドリア移行配列（MTS）を有し，ミトコンドリアに移行した後に，MPP（mitochondrial processing peptidase）によって成熟型 AOX に変換される．そこで，ヒト COX VIII ミトコンドリア移行配列を SrAOX の成熟型配列に連結したキメラ遺伝子を構築するとともに（AOX），ネガティブコントロールとして，AOX の活性中心である di-iron center の鉄イオンの配位に重要なグルタミン残基をアラニンに置換した点変異体（E217A）を作成し（図13A）[20]，これらプラスミドを一過的にヒト培養ガン HeLa 細胞に発現させた結果，いずれも推定分子質量32 kDa の成熟型 AOX としてミトコンドリアに蓄積することが明らかとなった（図13B）[35]．そこで，HeLa 細胞にシアン耐性呼吸経路が付与されているかどうかを検討したところ（図14），コントロールとして空ベクターを発現した細胞および E217A 発現細胞の呼吸活性は，シアン感受性であったが，AOX 発現細胞の呼吸活性は，シアン耐性を有し，かつ，AOX 特異的阻害剤である n-PG に感受性であることが明らかとなった．これらの結果は，HeLa 細胞のミトコンドリアにおいて機能的に発現した SrAOX が，同細胞にシアン耐性呼吸を付与することが可能であることを示している．前述のように，ザゼンソウミトコンドリアのシアン耐性呼吸は1 mM ピルビン酸の添加によって呼吸活性が2倍程度に増大することが明らかとなっている（表2）[19]．そこで，HeLa 細胞のシアン耐性呼吸における1 mM ピルビン酸の効果を検討した結果，グルコース培養細胞と比較して，ガラクトース培養細胞において呼吸活性の増大の程度が大きいことがわかった（グルコース：1.5 ± 0.2倍，ガラクトース：1.9 ± 0.1倍）（図14）．そこで，これら2つの細胞における外因性のピルビン酸による AOX を活性化させる効果の違いを明らかにするために，AOX を導入したグルコース培養細胞からミトコンドリアを精製し，シアン耐性呼吸経路における1 mM ピルビン酸の効果を検討した（図15）．その結果，1 mM ピルビン酸によるシアン耐性呼吸を活性化する程度は，前述

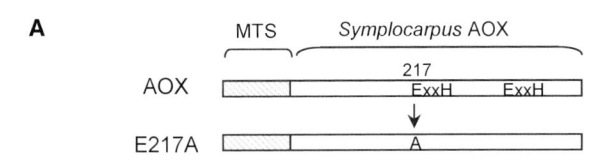

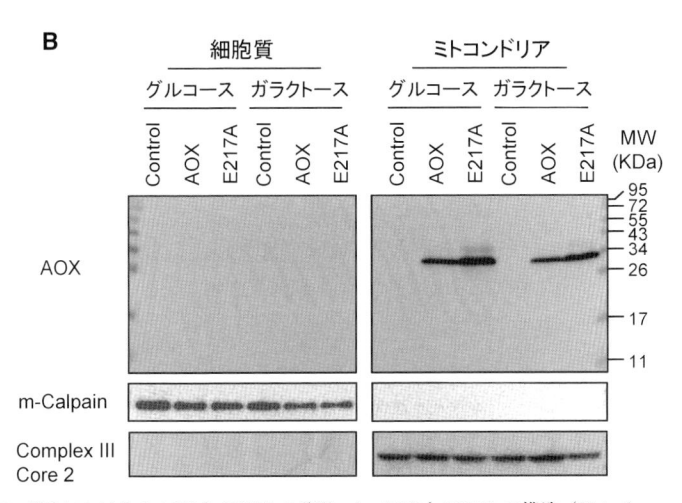

図13 HeLa 細胞における SrAOX と E217A の発現．A：AOX と E217A の構造（Matsukawa *et al.*, 2009 を改変）．B：ウエスタンブロッティングによる発現解析．分画した20 μg タンパク質を非還元型 SDS-PAGE によって分離後 PVDF 膜に転写し，パネル左に示したタンパク質に対する抗体でインキュベートした．パネルの右に分子量マーカーを示した．

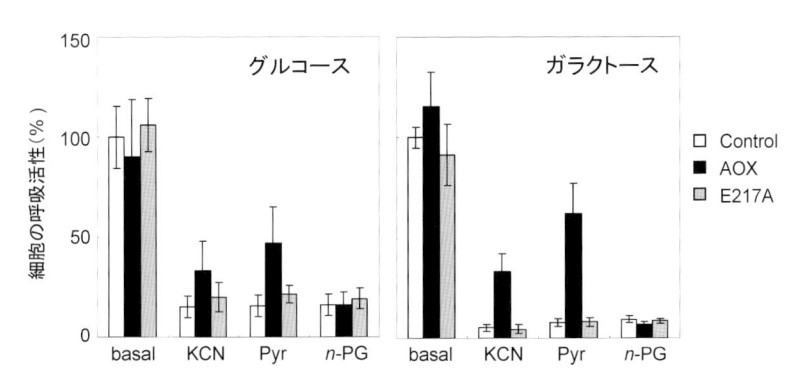

図14 HeLa 細胞の内在性の酸素消費速度（Matsukawa *et al.*, 2009を改変）．コントロール（空ベクター），AOX, E217A プラスミドをグルコースあるいはガラクトース培養細胞にトランスフェクトし，細胞の酸素消費量は37℃ のピルビン酸を含まない培地中で測定した．KCN: 1 mM potassium cyanide, Pyr: 1 mM potassium pyruvate, *n*-PG：0.1 mM *n*-propyl gallate．コントロールプラスミドを発現する細胞の basal の呼吸活性（nmol O_2/min/10^7 cells）を100％としたときの相対値で表した．

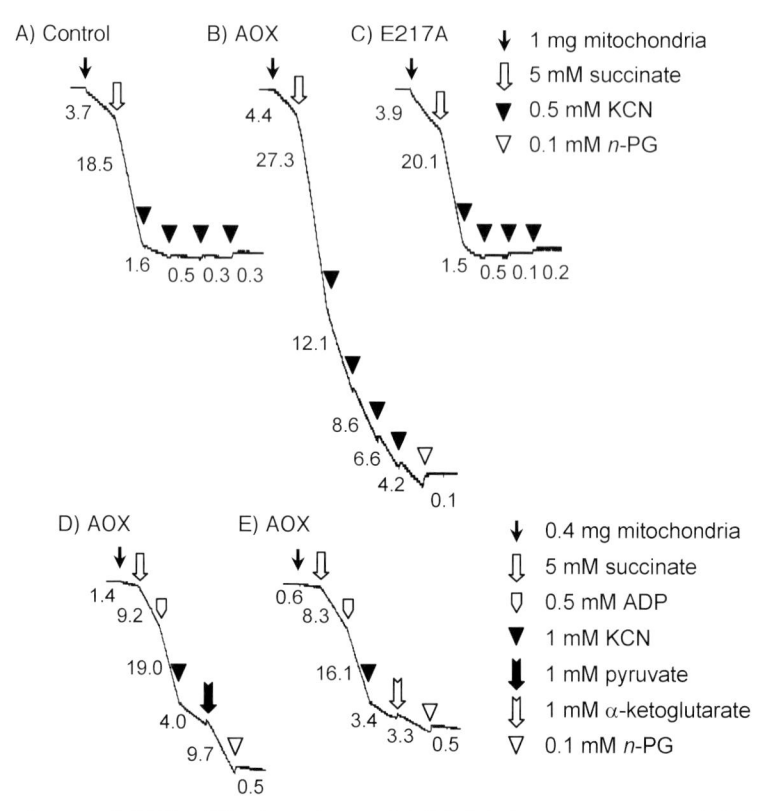

図15 グルコース培養細胞の単離ミトコンドリアの酸素消費速度（Matsukawa et al., 2009を改変）．コントロール（空ベクター），AOX,E217Aプラスミドをグルコースあるいはガラクトース培養細胞にトランスフェクトし，細胞の酸素消費量は37℃のピルビン酸を含まない培地中で測定した．

の細胞を用いた呼吸活性の解析結果とは異なり，単離ミトコンドリアにおけるシアン耐性呼吸は2倍程度に活性化されることが明らかとなった（図16D）．また，1 mM α-ケトグルタル酸の添加は，シアン耐性呼吸を活性化しなかった（図15E）．これらの結果は，私たちが構築したHeLa細胞におけるAOX発現系が，ザゼンソウ由来ミトコンドリアで観察されたピルビン酸特異的な活性調節系をうまく再現していることを意味している．一方，グルコースおよびガラクトースにおける培養条件の違いによるピルビン酸応答性の差異は，グルコース培養細胞とガラクトース培養細胞の間で細胞内ピルビン酸のプール量に違いがある可能性を示唆している．そこで，ピルビン酸を含む8種類の有機酸量をガスクロマトグラフィー・マススペクトロメトリー（GC/MS）を用いて定量的な

測定を行った結果，グルコース培養細胞のピルビン酸含量は，ガラクトース培養細胞のピルビン酸量よりも4倍程度高いことが判明した[35]．それは，グルコース培養細胞とガラクトース培養細胞との間におけるピルビン酸プール量の違いが，細胞レベルでの外因性のピルビン酸のシアン耐性呼吸の効果に影響していることを示唆している．

　これまでの非発熱植物を用いた研究から，AOXの生理的な役割の1つとして，活性酸素種（ROS）の産生を抑制する機能が提案されている．環境ストレスなどによる呼吸鎖機能が阻害あるいは低下する条件下においては，ユビキノールの過還元状態が引き起こされることによって，ユビキノールからROSが産生することが知られている．AOXはユビキノール酸化を触媒する機能を介して，ユビキノールの過還元状態を抑制する．実際に，タバコ培養細胞を用いて，AOXを過剰発現させた細胞では，呼吸鎖複合体III阻害剤であるアンチマイシンAによって生じるROSが抑制されることが報告されている[36]．したがって，HeLa細胞におけるAOX発現系においても，アンチマイシンAによるROS産生の抑制が期待されることになる．ガラクトース培養細胞は，終濃度0.01 μg/ml（18.2 nM）のアンチマイシンAの処理により十分に呼吸が阻害されるが（図16A），そのROS産生レベルは，ガラクトースにより培養したHeLa細胞において有意に高いことが判明した（図16B）．これらの条件下で，シアン耐性呼吸経路の付与がアンチマイシンAによるROS産生を抑制できるかどうかを検討した結果（図16C），ガラクトース培養細胞においては，AOXの発現によりアンチマイシンA誘導性のROS産生を抑制できることが明らかとなった．この効果はコントロールやE217A発現細胞で認められない．さらに，AOXの阻害剤であるn-PGで前処理することによって，AOX発現細胞でもROS産生が大きく増大することが判明した．一方，グルコース培養細胞では，もともとROS産生の程度が小さく，AOXの発現はROS発生量において大きな影響を示さなかった（図16C）．これらの結果は，HeLa細胞のミトコンドリアにおいて，SrAOXの機能的な発現によって付与されるシアン耐性呼吸経路が，アンチマイシンAによって惹起されるROS産生を抑制する機能を有していることを示唆しているとともに，呼吸鎖阻害によって生じる有害なROSの発生を抑制するツールとして，AOXの哺乳動物細胞への導入が有効である可能性を示唆している．

　一般に，呼吸鎖関連遺伝子異常は，ミトコンドリア病とよばれるきわめて多

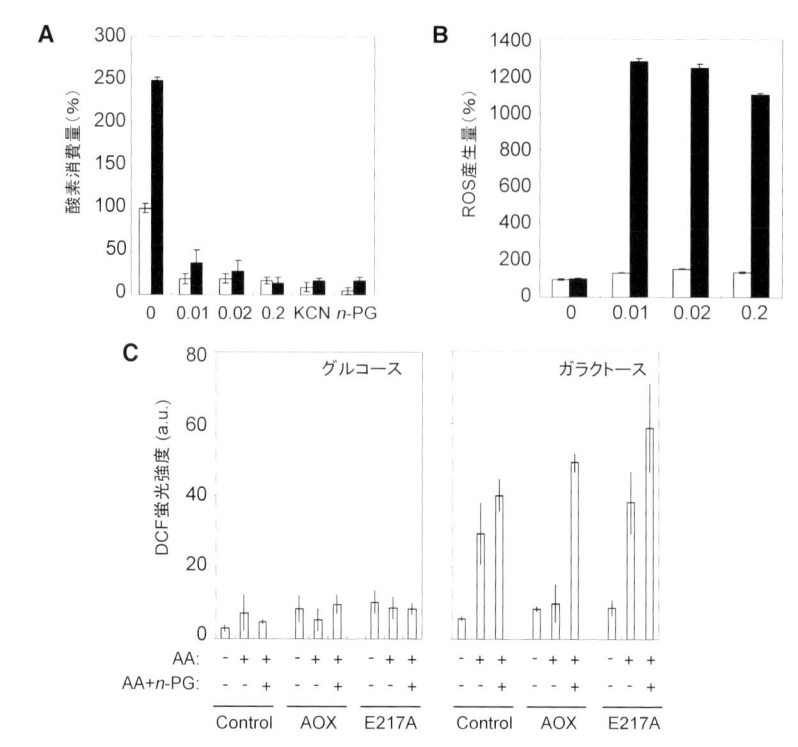

図16 グルコースおよびガラクトース培養HeLa細胞の酸素消費量およびROS産生におけるアンチマイシンA（AA）の効果（Matsukawa *et al*., 2009を改変）．A：グルコースおよびガラクトース培養した細胞の酸素消費量を様々な濃度のAAで処理した．AAで処理後KCN（1 mM potassium cyanide）およびn-PG（0.1 mM n-propyl gallate）を連続的に加え酸素消費量を測定した．白棒はグルコース培地で培養した細胞．黒棒はガラクトース培地で培養した細胞．グルコース培地で培養した細胞のAA非存在下の呼吸活性（15.8 nmol O_2/min/10^7 cells）を100％としたときの相対値で表した．B：グルコースおよびガラクトース培養した細胞のAAによるROS産生．白棒はグルコース培地で培養した細胞．黒棒はガラクトース培地で培養した細胞．グルコース培地で培養した細胞のAAのROS産生量を100％としたときの相対値で表した．C：AOXを発現するグルコースおよびガラクトース培養した細胞におけるAAによるROS産生．縦軸は相対的なDCF蛍光強度を示す．

彩な病態を示す病気を引き起こす．特に，脳，心臓，筋肉などのATP要求性の高い臓器に対し重篤な障害が現れることが知られている[37]．呼吸鎖は，ミトコンドリアコードおよび核コードされた多くのタンパク質によって生み出される複合体であるため，原因の特定や診断が極めて困難であるとされる[37]．しかしながら，AOXが単一酵素として有しているユビキノール酸化活性は，呼吸鎖複合体IIIおよびIVの機能異常によって生じるユビキノンの過還元状態を中和し，電子の流れを回復させることを可能にするため，ミトコンドリア病の原因の特

定や診断に利用できる可能性がある．また，呼吸鎖から生じる ROS の産生は，ガンや老化，細胞死などにも関係することから，哺乳動物での AOX の機能解析は，多方面での研究に発展することが期待される．

　また，SrAOX をガラクトース培養細胞で発現させた結果，SrAOX がアンチマイシン A による ROS 産生を抑制する機能を有することが判明しただけでなく，グルコース培養細胞においては，アンチマイシン A による ROS 産生の程度が小さくなることが明らかとなった．この理由として，以下の原因が考えられる．1 つは，ガン細胞は，通常の酸素濃度においても機能的なミトコンドリアを有するにもかかわらず，多量のグルコースを乳酸へと変換して ATP を合成していることが知られている（ワールブルグ効果あるいは好気的解糖系）[38]．したがって，ミトコンドリアの electron flux も小さく，ROS の産生速度もまた小さくなった可能性が考えられる．もう 1 つの可能性は，解糖系が抗酸化機能を有している可能性である．解糖系の最終産物であるピルビン酸は，抗酸化機能を有していることが知られている[39]．また，解糖系の中間体はペントースリン酸経路を介して，抗酸化ペプチドであるグルタチオンのリサイクルに必須な NADPH プールの維持にも関与している[40]．さらに，最近の報告では，幹細胞やガン細胞に特異的な PKM2（pyruvate kinase M2 isoform）の発現が細胞内のピルビン酸プールの増大と関係していることが報告されている[41]．これら解糖系が有する抗酸化機能が，幹細胞やガン細胞が有するロバストな細胞増殖に一役買っているかもしれない．

8．生物の熱産生システムの理解に向けて

　哺乳動物と植物の熱産生システムは大きく異なるものである．哺乳動物の非ふるえ熱産生機構においては，温度低下に対する応答は，様々な器官や細胞が協調的に作動することが判明しており，脳において受容された低温刺激は，交感神経系を介し，発熱担当細胞である褐色脂肪細胞（BAT）の UCP1 を活性化することが知られている[22]．具体的には，交感神経から放出されたノルアドレナリン（NE）が褐色脂肪細胞内に存在する多くの脂肪滴（TG）の分解を促進し，生じた遊離脂肪酸が UCP1 を活性化するとともに，ミトコンドリアの β 酸化における呼吸基質として発熱反応に寄与していると考えられている（図17，褐色脂肪細胞）[42]．

　一方，動物とは異なり神経系を持たないザゼンソウにおいては，温度変化に

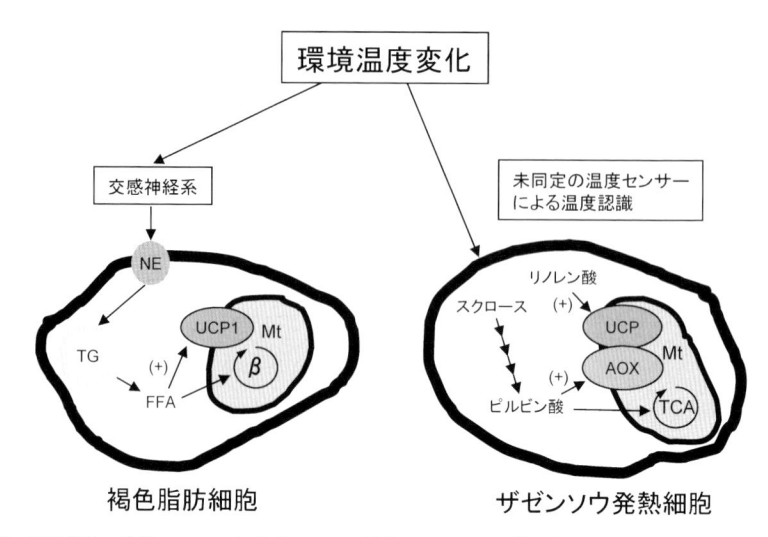

図17 哺乳動物の発熱システムとザゼンソウの発熱システムの比較．哺乳動物の発熱システムにおいては，環境温度情報は褐色脂肪細胞の脱共役タンパク質（UCP1）の活性が細胞内で生成される遊離脂肪酸によって亢進されるとともに，脂肪酸はミトコンドリアのβ酸化によって呼吸基質へと変換される．一方，ザゼンソウにおいては肉穂花序に内在する未同定の温度センサーによる温度認識がおこり SrAOX あるいは SrUCP が活性化される．SrAOX 活性がピルビン酸などのα-ケト酸によって活性化されるとともに，ピルビン酸は TCA 回路によって酸化され呼吸基質へと変換される．SrUCP はリノレン酸などの遊離脂肪酸によって活性化される．TG：triacylglycerol, NE norepinephrine, FFA：free fatty acid.

対する応答は，細胞レベルで自律的に制御されていると考えられている（図17，ザゼンソウ発熱細胞）．ザゼンソウ発熱細胞には，AOX および UCP という2つの発熱因子が内在することから，両者を統合し説明できる新たな熱産生システムのモデルを構築することは挑戦的な試みであるが意義深いものである．

先述したとおり，脂質を発熱基質とする BAT においては，その代謝過程で生じる遊離脂肪酸が発熱因子である UCP1 の活性を高く維持するうえで重要な機能を有している．一方，ザゼンソウは炭水化物を基質として発熱が行われることが判明しているが[43]，解糖経路の産物であるピルビン酸が AOX を賦活化できることは，発熱の基質となる代謝系が当該細胞における発熱因子の機能的使い分けを決定している可能性を示唆しており[44]，非常に興味深い．むろん，この仮説を明らかにするためには，ザゼンソウにおける AOX および UCP の活性化メカニズムのより詳細な解析のみならず，ザゼンソウ以外の発熱植物の熱産生メカニズムのより深い理解が必要である．

一方，ザゼンソウの恒温性を保証する温度センサーの実体も興味のあるとこ

ろである．本植物の肉穂花序においては，±0.03℃/分の温度変化を認識できる温度センシング機構の存在が示唆されているが[30]，その分子メカニズムはまったく不明のままである．しかしながら，ザゼンソウにおいて機能しているAOXやUCPといった呼吸制御に関わる活性は，この温度センサーの支配下にあることは疑いようがない．その意味では，ザゼンソウにおける発熱因子群のより深い理解が必要であることは論を待たない．

9．おわりに

寒冷地の湿地に自生し，早春に花を咲かせるザゼンソウの発熱現象の記述は，1974年に遡ることができるが[45]，その発熱システムの解析ははじまったばかりである．1個体について見るならば，1年のうち1週間程度の発熱期間しか有さない野生植物ザゼンソウを対象とする研究は容易ならざる部分も存在するが，その精密な温度制御システムに直に触れた者であれば誰もがそのユニークな現象の虜になるだろう．わが国でつぼみを膨らませようとしているザゼンソウを含む発熱植物を対象とした研究が今後とも発展し，その発熱システムの全貌が明らかになることを期待している．

謝辞　本研究の一部は，岩手大学21世紀COEプログラムと科学研究費補助金（基盤研究（B），萌芽研究）の研究助成の下で行われた．

引用文献

1) Ito, K., Onda, Y., Sato, T., Abe, Y. & Uemura, M. 2003. Structural requirements for the perception of ambient temperature signals in homeothermic heat production of skunk cabbage (*Symplocarpus foetidus*). *Plant, Cell and Environment*, 26: 783-788.
2) Watling, J. R., Robinson, S. A. & Seymour, R. S. 2006. Contribution of the alternative pathway to respiration during thermogenesis in flowers of the sacred lotus. *Plant Physiology*, 140: 1367-1373.
3) Nagy, K. A., Odell, D. K. & Seymour, R. S. 1972. Temperature regulation by the inflorescence of Philodendron. *Science*, 178: 1195-1197.
4) Seymour, R. S. & Schultze-Motel, P. 1999. Respiration, temperature regulation and energetics of thermogenic inflorescences of the dragon lily *Dracunculus vulgaris* (Araceae). *Proceedings of the Royal Society B: Biological Sciences*, 266: 1975-1983.
5) Raskin, I., Ehmann, A., Melander, W. R. & Meeuse, B. J. D. 1987. Salicylic acid: a natural inducer of heat production in Arum lilies. *Science*, 237: 1601-1602.
6) Seymour, R. S., Gibernau, M. & Ito, K. 2003. Thermogenesis and respiration of

inflorescences of the dead horse arum *Helicodiceros muscivorus*, a pseudo-thermoregulatory aroid associated with fly pollination. *Functional Ecology*, 17: 886-894.
7) Wagner, A. M., Krab, K., Wagner, M. J. & Moore, A. L. 2008. Regulation of thermogenesis in flowering Araceae: the role of the alternative oxidase. *Biochimica et Biophysica Acta*, 1777: 993-1000.
8) Seymour, R. S. 2001. Biophysics and physiology of temperature regulation in thermogenic flowers. *Bioscience Reports*, 21: 223-236.
9) Wagner, A. M. & Moore, A. L. 1997. Structure and function of the plant alternative oxidase: its putative role in the oxygen defence mechanism. *Bioscience Reports*, 17: 319-333.
10) van Herk, A. W. H. 1937. Die chemischen vorgänge im Sauromatum-Kolben. II. *Proceedings of the Koninklijke Nederlandse Akademie van Wetenschappen*, 40: 607-614.
11) van Herk, A. W. H. 1937. Die chemischen vorgänge im Sauromatum-Kolben. III. *Proceedings of the Koninklijke Nederlandse Akademie van Wetenschappen*, 40: 709-719.
12) Raskin, I., Turner, I. M. & Melander, W. R. 1989. Regulation of heat production in the inflorescences of an Arum lily by endogenous salicylic acid. *Proceedings of the National Academy of Sciences of the United States of America*, 86: 2214-2218.
13) Rhoads, D. M. & McIntosh, L. 1992. Salicylic acid regulation of respiration in higher plants: Alternative oxidase expression. *The Plant Cell*, 4: 1131-1139.
14) Umbach, A. L. & Siedow, J. N. 1993. Covalent and noncovalent dimers of the cyanide-resistant alternative oxidase protein in higher plant mitochondria and their relationship to enzyme activity. *Plant Physiology*, 103: 845-854.
15) Millar, A. H., Wiskich, J. T., Whelan, J. & Day, D. A. 1993. Organic acid activation of the alternative oxidase of plant mitochondria. *FEBS Letters*, 329: 259-262.
16) Rhoads, D. M., Umbach, A. L., Sweet, C. R., Lennon, A. M., Rauch, G. S. & Siedow, J. N. 1998. Regulation of the cyanide-resistant alternative oxidase of plant mitochondria. Identification of the cysteine residue involved in α-keto acid stimulation and intersubunit disulfide bond formation. *The Journal of Biological Chemistry*, 273:30750-30756.
17) Millar, A. H., Hoefnagel, M. H. N., Day, D. A. & Wiskich, J. T. 1996. Specificity of the organic acid activation of alternative oxidase in plant mitochondria. *Plant Physiology*, 111: 613-618.
18) Berthold, D. A. & Siedow, J. N. 1993. Partial purification of the cyanide-resistant alternative oxidase of skunk cabbage (*Symplocarpus foetidus*) mitochondria. *Plant Physiology*, 101:113-119.
19) Onda, Y., Kato, Y., Abe, Y., Ito, T., Ito-Inaba, Y., Morohashi, M., Ito, Y., Ichikawa, M., Matsukawa, K., Otsuka, M., Koiwa, H. & Ito, K. 2007. Pyruvate-sensitive AOX exists as a non-covalently associated dimer in the homeothermic spadix of the

skunk cabbage, *Symplocarpus renifolius*. *FEBS Letters*, 581: 5852-5858.
20) Berthold, D. A., Andersson, M. E. & Nordlund, P. 2000. New insight into the structure and function of the alternative oxidase. *Biochimica et Biophysica Acta*, 1460: 241-254.
21) Crichton, P. G., Affourtit, C., Albury, M. S., Carré, J. E. & Moore, A. L. 2005. Constitutive activity of *Sauromatum guttatum* alternative oxidase in *Schizosaccharomyces pombe* implicates residues in addition to conserved cysteines in α-keto acid activation. *FEBS Letters*, 579: 331-336.
22) Cannon, B. & Nedergaard, J. 2004. Brown adipose tissue: function and physiological significance. *Physiological reviews*, 84: 277-359.
23) Enerbäck, S., Jacobsson, A., Simpson, E. M., Guerra, C., Yamashita, H., Harper, M. E. & Kozak, L. P. 1997. Mice lacking mitochondrial uncoupling protein are cold-sensitive but not obese, *Nature*, 387: 90-94.
24) Sweetlove, L. J., Lytovchenko, A., Morgan, M., Nunes-Nesi, A., Taylor, N. L., Baxter, C. J., Eickmeier, I. & Fernie, A. R. 2006. Mitochondrial uncoupling protein is required for efficient photosynthesis. *Proceedings of the National Academy of Sciences of the United States of America*, 103: 19587-19592.
25) Ito, K. 1999. Isolation of two distinct cold-inducible cDNAs encoding plant uncoupling proteins from the spadix of skunk cabbage (*Symplocarpus foetidus*). *Plant Science*, 149: 167-173.
26) Onda, Y., Kato, Y., Abe, Y., Ito, T., Morohashi, M., Ito, Y., Ichikawa, M., Matsukawa, K., Kakizaki, Y., Koiwa, H. & Ito, K. 2008. Functional coexpression of the mitochondrial alternative oxidase and uncoupling protein underlies thermoregulation in the thermogenic florets of skunk cabbage. *Plant physiology*, 146: 636-645.
27) Sluse, F. E., Almeida, A. M., Jarmuszkiewicz, W. & Vercesi, A. E. 1998. Free fatty acids regulate the uncoupling protein and alternative oxidase activities in plant mitochondria. *FEBS Letters*, 433: 237-240.
28) Ito-Inaba, Y., Hida, Y., Ichikawa, M., Kato, Y. & Yamashita, T. 2008. Characterization of the plant uncoupling protein, SrUCPA, expressed in spadix mitochondria of the thermogenic skunk cabbage. *Journal of Experimental Botany*, 59: 995-1005.
29) Ito-Inaba, Y., Hida, Y., Mori, H. & Inaba, T. 2008. Molecular identity of uncoupling proteins in thermogenic skunk cabbage. *Plant and Cell Physiology*, 49: 1911-1916.
30) Ito, K., Ito, T., Onda, Y. & Uemura, M. 2004. Temperature-triggered periodical thermogenic oscillations in skunk cabbage (*Symplocarpus foetidus*). *Plant and Cell Physiology*, 45: 257-264.
31) Seymour, R. S. 2004. Dynamics and precision of thermoregulatory responses of eastern skunk cabbage *Symplocarpus foetidus*. *Plant, Cell & Environment*, 27: 1014-1022.
32) McDonald, A. E. 2008. Alternative oxidase: an inter-kingdom perspective on the function and regulation of this broadly distributed 'cyanide-resistant' terminal

oxidase. *Functional Plant Biology*, 35: 535-552.
33) Albury, M. S., Affourtit, C., Crichton, P. G. & Moore, A. L. 2002. Structure of the plant alternative oxidase: Site-directed mutagenesis provides new information on the active site and membrane topology. *The Journal of Biological Chemistry*, 277: 1190-1194.
34) Kumar, A. M. & Söll, D. 1992. *Arabidopsis* alternative oxidase sustains *Escherichia coli* respiration. *Proceedings of the National Academy of Sciences of the United States of America*, 89: 10842-10846.
35) Matsukawa, K. Kamata, T. & Ito, K. 2009. Functional expression of plant alternative oxidase decreases antimycin A-induced reactive oxygen species production in human cells. *FEBS Letters*, 583: 148-152.
36) Maxwell, D. P., Wang, Y., & McIntosh, L. 1999. The alternative oxidase lowers mitochondrial reactive oxygen production in plant cells. *Proceedings of the National Academy of Sciences of the United States of America*, 96: 8271-8276.
37) Rötig, A., Lebon, S., Zinovieva, E., Mollet, J., Sarzi, E., Bonnefont, J. P. & Munnich, A. 2004. Molecular diagnostics of mitochondrial disorders. *Biochimica et Biophysica Acta*, 1659: 129-135.
38) Gogvadze, V., Orrenius, S. & Zhivotovsky, B. 2008. Mitochondria in cancer cells: what is so special about them? *Trends in Cell Biology*, 18: 165-173.
39) Desagher, S., Glowinski, J. & Prémont, J. 1997. Pyruvate protects neurons against hydrogen peroxide-induced toxicity. *The Journal of Neuroscience*, 17:9060-9067.
40) Townsend, D. M., Tew, K. D. & Tapiero, H. 2003. The importance of glutathione in human disease. *Biomedicine & Pharmacotherapy*, 57: 145-155.
41) Christofk, H. R., Vander Heiden, M. G., Harris, M. H., Ramanathan, A., Gerszten, R. E., Wei, R., Fleming, M. D., Schreiber, S. L. & Cantley, L. C. 2008. The M2 splice isoform of pyruvate kinase is important for cancer metabolism and tumour growth. *Nature*, 452: 230-233.
42) Matthias, A., Ohlson, K. B. E., Fredriksson, J. M., Jacobsson, A., Nedergaard, J. & Cannon, B. 2000. Thermogenic responses in brown fat cells are fully UCP1-dependent: UCP2 or UCP3 do not substitute for UCP1 in adrenergically or fatty acid-induced thermogenesis. *The Journal of Biological Chemistry*, 275: 25073-25081.
43) Seymour, R. S. & Blaylock, A. J. 1999. Switching off the heater: influence of ambient temperature on thermoregulation by eastern skunk cabbage *Symplocarpus foetidus*. *Journal of Experimental Botany*, 50: 1525-1532.
44) Ito, K. & Seymour, R. S. 2005. Expression of uncoupling protein and alternative oxidase depends on lipid or carbohydrate substrates in thermogenic plants. *Biology Letters*, 1: 427-430.
45) Knutson, R. M. 1974. Heat production and temperature regulation in eastern skunk cabbage. *Science*, 186: 746-747.

第2章

ザゼンソウ発熱システムの工学的解析と応用

伊藤孝徳・長田　洋

　早春の雪深い湿地帯に群生するザゼンソウは，サトイモ科の植物にみられる特徴の1つである雌雄異熟性により雌雄の性表現を変化させることが知られているが，前章に述べられたように，雌の時期においては，氷点下を含む急激な気温の変化にもかかわらず，自ら発熱することによってその温度を20～25℃程度に維持する"恒温性"を有することが観察される．このことは，ザゼンソウの肉穂花序には体温の発熱レベルや発熱のタイミングを統御するシステム－発熱システム－なるものが存在するということを意味する．このようなザゼンソウの持つユニークな特徴に関する解析は，植物の発熱制御に関わる生体メカニズムの理解という生物学的意義だけにとどまらず，生体システムを模倣した新しい温度制御アルゴリズムの開発と応用など，工学的にも非常に興味深い研究であり，分野横断・融合的な研究領域の1つのモデルケースとなり得るものと考えられる．そこで，本章は，前章とは視点を変え，ザゼンソウにおける発熱システムの数理工学的な解析方法について解説するとともに，本解析によって明らかにされたザゼンソウの肉穂花序における発熱制御システムとその応用について紹介する．

1．ザゼンソウ発熱システムの数理工学的解析

(1) ザゼンソウ肉穂花序の体温にみられる振動現象

　生体をシステムとして数理工学的に理解するためには，多くのデータを収集し，そのデータを様々な視点から詳細に解析することにより，研究対象とする生物の発する信号＝"声"を聞くことが重要であると考えられる．ザゼンソウ発熱システムに関する研究においても，恒温植物ザゼンソウの発するこのような"声"を聞き分けるため，日本国内の様々な群生地に生育するザゼンソウの肉穂花序から網羅的に収集された体温時系列データを詳細に解析した．なお，解析対象となるザゼンソウの体温は，サーミスタ温度センサーをザゼンソウの発熱部位である肉穂花序に挿入し，サンプリング周期1分でおよそ3000点（約2日分）のデータを収集した．また，解析には，センサーを肉穂花序に挿入したことによる傷害等の影響を排除するために，24時間以上そのままの状態を維持し，同植物の体温状態が安定になったことを確認した後のデータを用いてい

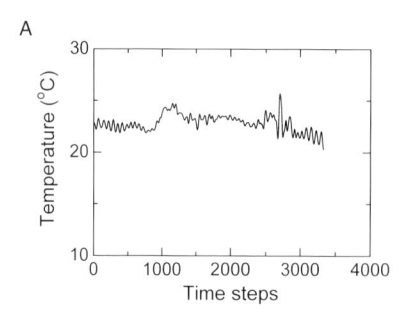

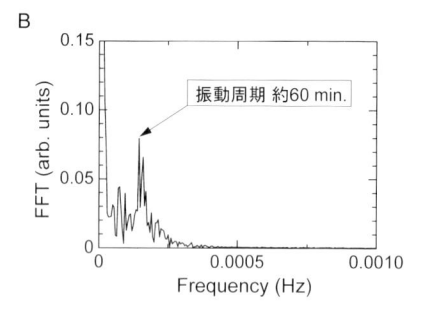

図1 ザゼンソウ肉穂花序の体温時系列データ（A）に対するフーリエ変換の結果（B）．ザゼンソウ肉穂花序の体温は約60分を主たる周期として振動していることが明らかとなった．ここでは，フーリエ変換の計算アルゴリズムとして高速フーリエ変換（Fast Fourier Transform：FFT）を用いた．

る．その結果，図1Aおよび前章の図2に示されるように，ザゼンソウの体温は複雑に揺らぎながらほぼ一定に維持されていることが観察された[1,2]．時系列データにみられるこのような振動現象は，その時系列データを構成するシステムの動的な振る舞い＝ダイナミクスによって生成されるものである．

時系列データが示す複雑な振動は，フーリエ変換（fourier transform）を用いて解析できる．フーリエ変換とは，ある信号波形が与えられたとき，周波数や振幅など，その信号波形の特徴を知ることができる方法の1つであり，以下の数式にしたがって定義される[3]．

$$F(\xi) = \int_{-\infty}^{\infty} x(t) \exp(-2\pi i \xi t) dt \tag{1}$$

ここで，$x(t)$ は与えられた信号波形の時系列データ，t は時間，ξ は周波数を表す．フーリエ変換による解析の結果，ザゼンソウ肉穂花序における体温振動の主たる周波数 ξ_0 は，およそ 2.7×10^{-4} Hz であることが明らかとなった（図1B）．このことから，ザゼンソウ肉穂花序における体温は約60分（＝$1/\xi_0$）の周期で振動するダイナミクスによって制御されていると考えられる．

（2）ザゼンソウ発熱システムのカオス時系列解析

時系列データにみられる複雑な振動現象から，その時系列データを支配するダイナミクスの特徴を解析する手法としてカオス時系列解析がある[4-9]．この手法を用いると，観測によって得られる時系列データを支配するダイナミクスを，大きく3つに分類することができる．1つは周期的（準周期的）なダイナミク

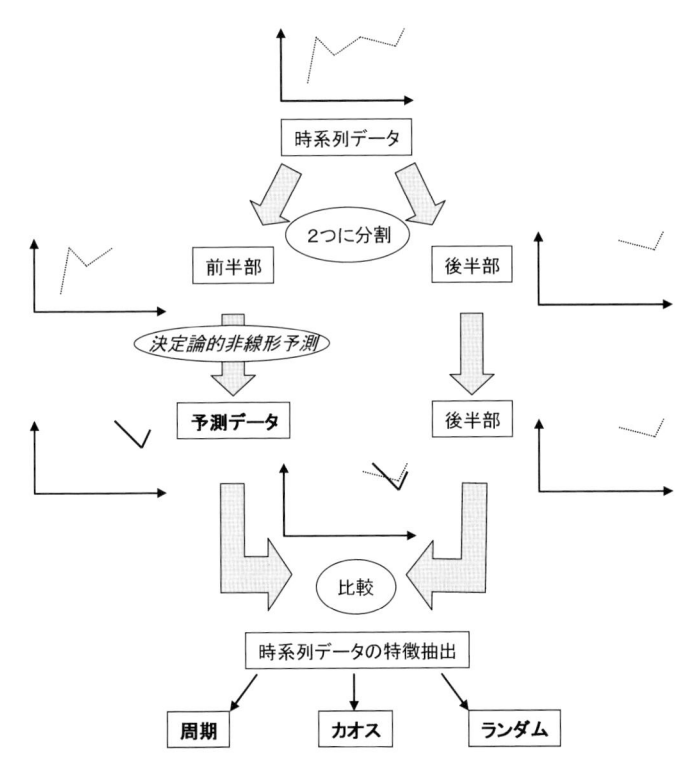

図2 カオス時系列解析の流れ．解析対象の時系列データを2つに分割し，前半部の時系列データに対して決定論的非線形予測を適用して予測データを作成する．得られた予測データと後半部のデータを比較し，予測精度によって時系列データの特徴を分類する．

ス，もう1つはランダム（確率論的）なダイナミクス，3つ目は決定論的なカオスに従うダイナミクスである．ランダムな事象とは，サイコロを振るような操作に相当し，どんな規則性も持たない事象である．ある程度のランダム性は許されるとしても，完全にランダムなダイナミクスではシステムとしては成立し得ない．また，ここでいうカオスとは混沌という意味ではなく，秩序とあいまいさの両方の特徴を兼ね備えた現象のことであり，一見複雑で不規則だと思われるようなデータの裏に，規則性が隠されているような現象を示すものである．

　ザゼンソウ肉穂花序における体温の時系列データが，これら3つの内のどのダイナミクスに支配されるかは，カオス時系列解析手法の1つである決定論的非線形予測手法（局所線形近似法）により調べることができる[4-8]．この手法は，

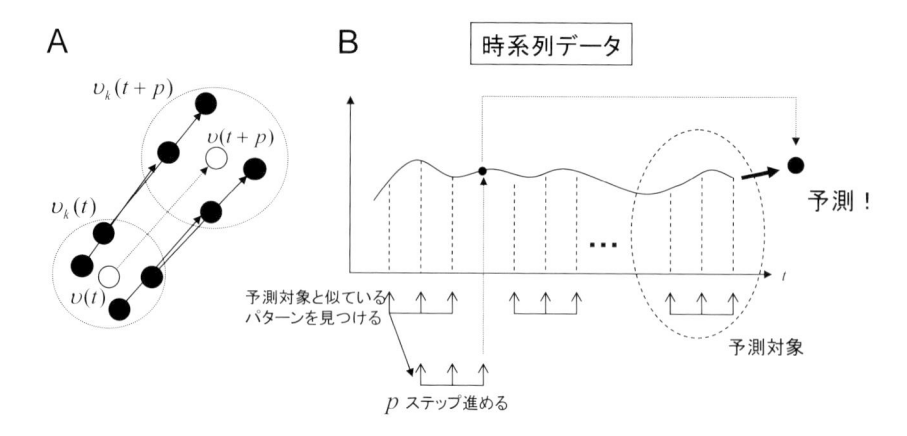

図3 1次元時系列データに対する局所線形近似手法の適用．ある点の近傍点は p ステップ後もその点の近傍にあると考えられるので，予測対象とする時系列のパターンと似たパターンを過去の時系列データから探索し，得られた過去のパターンの次のステップが予測対象の次のステップになるとして予測を行う．

対象となる時系列データを2つに分割し，前半部分のデータを用いて後半部分のデータの予測時系列データをつくり，実際に得られている後半部分の時系列データと予測時系列データとの間の相関係数すなわち予測精度によってダイナミクスの分類を行うものであり，データ点数が比較的少ない時系列データに対しても信頼のできる解を得ることができるという特徴を持つ（図2）[4,5]．

時系列データが周期やカオスのような決定論的なダイナミクスにしたがうとすると，与えられたデータの中のある点 $v(t)$ の p ステップ後の予測データ点 $v(t+p)$ は，$v(t)$ の周囲にある点 $v_k(t)$ の p ステップ後の点 $v_k(t+p)$ の近傍にあるということを利用して計算される（図3A）．時系列データに対しては，まず，前半部分のデータにおける最後のデータのパターンと最も似ているパターンを過去のデータから探し出し，そのデータの p（$p: 1, 2, \cdots\cdots, N/2$．ここで N は得られていた時系列データに含まれる全データ点数）ステップ先を，以下の数式を用いて計算することにより生成される（図3B）[5]．

$$v(t+p) = \frac{\sum_{k=1}^{M} \exp(-d_k) v_k(t+p)}{\sum_{k=1}^{M} \exp(-d_k)} \quad (2)$$

ここで，$d_k = |v_k(t) - v(t)|$ は，予測対象点 $v(t)$ とその周囲の点 $v_k(t)$ との間

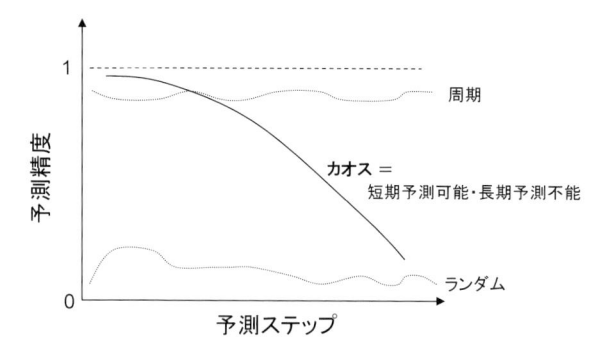

図4 典型的時系列データに局所線形近似手法を適用した結果．グラフの横軸は予測ステップ，縦軸は相関係数を表す．周期関数は予測ステップによらず相関係数は常に1に近い値，ランダムデータでは予測ステップによらず相関係数は常に低い値である．決定論的カオスに対する予測精度は短い予測ステップに対しては1，長い予測ステップでは徐々に減少する．

のユークリッド距離を表す．M は $v_k(t)$ の数である．解析対象の時系列データが周期的なダイナミクスに支配される場合，短期予測はもちろん長期予測であっても完全に予測可能であり，予測精度は予測ステップの長さに関係なく高い値（≈ 1）で一定となる．また，解析対象がランダムであった場合は，決定論的なダイナミクスは存在しないため上記のような予測は不可能であり，予測ステップの長さによらず予測精度はつねに0に近い値となる．そして，解析対象が決定論的カオスによって支配される場合には，決定論的カオスの特徴の1つである短期予測可能性と長期予測不可能性により，短い予測ステップであれば予測可能であり予測精度は高い値を示すが，長期になると予測困難となり，予測ステップを長くするにしたがって予測精度は0に近づく（図4）[4,5]．

決定論的非線形予測手法を用いて，ザゼンソウの肉穂花序における温度の時系列データを解析した結果を図5に示す．ザゼンソウの肉穂花序における温度の時系列データを支配するダイナミクスの特徴は，予測ステップの短いところでは予測精度が非常に高く（短期予測可能），予測ステップを長くするにしたがって予測精度が低くなる（長期予測不可能）という典型的な決定論的カオスにしたがうダイナミクスの特徴と一致する[6-8]．しかしながら，ここで用いた決定論的非線形予測手法では，ランダムの一種である非整数ブラウン運動（fractional brownian motion：ハースト指数 $0 < H < 1$，$H = 0.5$ のときは通常のブラウン運動＝白色ノイズになる）のような有色ノイズをカオスとして誤判定してしまうことがあると知られている．そこで，Tsonis と Elsner によって提案

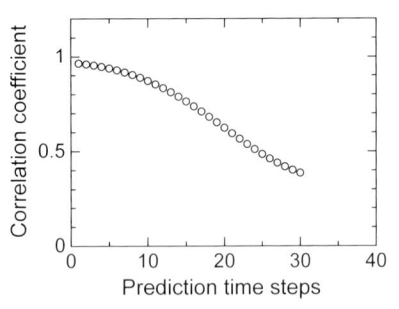

図5 ザゼンソウ肉穂花序の体温時系列データに局所線形近似法を適用した結果．局所線形近似法により予測された時系列データの予測精度は短期の予測ステップでは非常に高く長期予測になると徐々に0に近づく．これは決定論的カオスに対する結果と一致する．

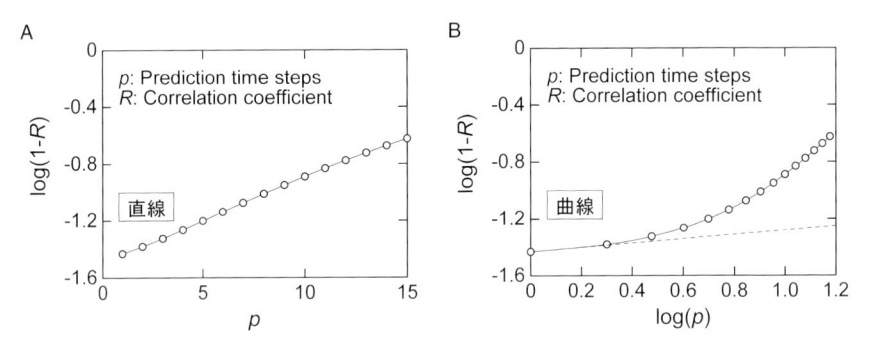

図6 ザゼンソウ肉穂花序の体温時系列データに対してTsonisとElsnerの方法を適用した結果．ザゼンソウ肉穂花序の体温時系列データの予測精度は指数関数的に変化することが明らかとなった．

された方法[9]「初期値変化に対する時系列の変位が，決定論的カオスにおいては時間ステップに対して指数関数的に拡大され，非整数ブラウン運動では時間ステップのベキ乗に比例して拡大することを利用した方法」を用いて，ザゼンソウの肉穂花序における温度の時系列データが決定論的カオスによって支配されるのか，あるいは非整数ブラウン運動にしたがうのかを識別した．その結果，ザゼンソウの肉穂花序における温度の変動は，非整数ブラウン運動のようなランダムな現象とは異なる現象であることが判明し（図6），同植物の体温制御システムは決定論的カオスに支配されるダイナミクスを持つことが明らかとなった[6-8]．これは，恒温植物の体温振動にカオス性が存在することをはじめて示唆した重要な知見であると同時に，ザゼンソウ肉穂花序における体温制御システムには規則性が存在し，数学的に記述することが可能であることを示唆している．

(3) ザゼンソウ発熱システムのダイナミクス

時系列データからシステムのダイナミクスを考察するには，アトラクター解析と相関次元解析が有効である．

アトラクターとは，時系列データのもととなるシステムのダイナミクスを幾何学的に表現したものであり，そのシステムを表す方程式の解軌道に対応する（図7）[10]．3次元空間にザゼンソウの体温時系列データのアトラクターを再構築すると，円筒状の非常に複雑且つユニークな軌道を描くアトラクター（ストレンジアトラクター）が得られた（図8）．ここで得られたアトラクターは，ザゼンソウ肉穂花序の体温時系列データより得られた特徴的なアトラクターであることから，"Zazen attractor" と名づけられている[6-8]．

相関次元とは，システムのダイナミクスそのものの次元を示し，相関積分によって図9に示されるように計算される[11]．再構成されたアトラクター上の点をvとすると，相関積分 $C^m(r)$ は，

$$C^m(r) = \lim_{N \to \infty} \frac{1}{N^2} \sum_{\substack{i,j=1 \\ i \neq j}}^{N} H(r - v(i) - v(j)) \tag{3}$$

となる．$H(x)$ はヘビサイド関数と呼ばれ，

$$H(x) = \begin{cases} 1 \, (x \geq 0) \\ 0 \, (x < 0) \end{cases} \tag{4}$$

で定義される．ここで，r は超球の半径である．相関積分 $C^m(r)$ が r の適当な領域で，

$$\log_2 C^m(r) \propto v(m) \log_2 r \tag{5}$$

の関係にあるときのスケーリング指数 $v(m)$ を相関指数といい，m を増加させていったときに $v(m)$ が飽和し漸近する値が，系の相関次元 D_2 となる．相関次元は，対象とする時系列データを支配するダイナミクスの持つ自由度に相当する．ダイナミクスの自由度は，時系列データを生じさせる過程に含まれる変数の個数，言い換えると，時系列データを決定する方程式に現れる変数の個数に対応する．したがって，ダイナミクスの自由度を求めることは，そのダイナミクスが支配するシステムを構成する要素の個数を決定することにつながる．

ザゼンソウ肉穂花序の体温時系列データに対して相関次元解析を行った結果，

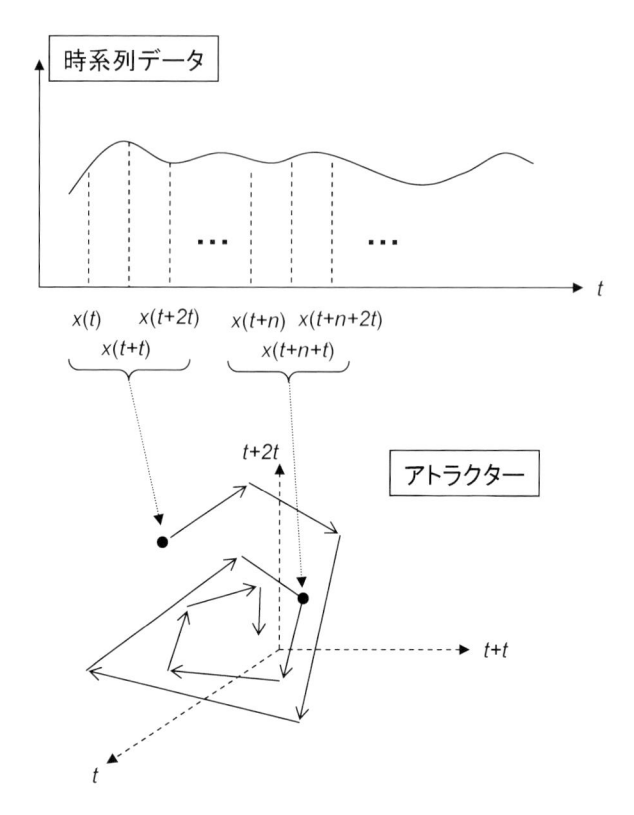

図7 時系列信号から状態空間にアトラクターを再構成する方法．時系列信号 $x(t)$ からある時間間隔（遅れ時間）τ だけ離れた点の組 $\{x(t), x(t+\tau), x(t+2\tau)\}$ をつくり，それらを成分として $x(t)$，$x(t+\tau)$，$x(t+2\tau)$ を軸とする空間にプロットしていくことによって描かれる軌道がアトラクターとなる．

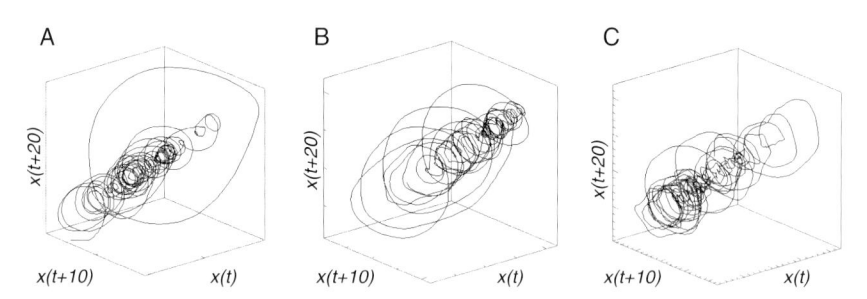

図8 ザゼンソウのアトラクター．ザゼンソウの肉穂花序における体温の時系列データに対してアトラクター解析を実行した結果．岩手県雫石（A），栃木県大田原市（B），長野県白馬村（C）の群生地におけるザゼンソウのアトラクターを表す．すべてのアトラクターが円筒状のらせん軌道を描き非常に良く似た形状を示した．これらのアトラクターは"Zazen attractor"と名づけられている．

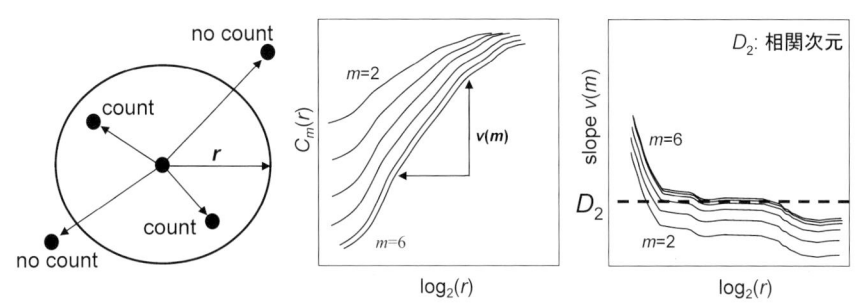

図9 相関次元解析．m 次元空間に再構成されたアトラクターに対し，ある半径 r を持つ超球を考えその超球に含まれる点の数の対数と超球の半径 r の対数とが比例関係にあるとき，その比例定数を相関指数 $v(m)$ といい，次元 m を増加させることにより相関指数が飽和しある値に漸近していくとき，その値 D_2 相関次元となる．

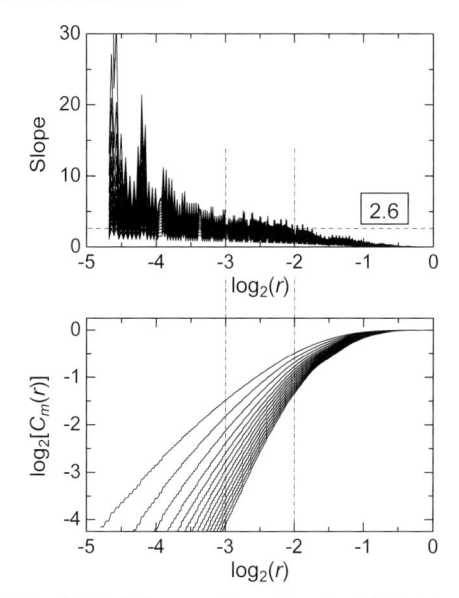

図10 ザゼンソウ肉穂花序の体温時系列データに対して相関次元解析を実行した結果．ザゼンソウ肉穂花序の体温制御システムを支配するダイナミクスの次元はおよそ2.6という結果になっている．

その自由度はおよそ2.6であることが明らかとなった（図10）[6]．これは，ザゼンソウ肉穂花序における体温制御が，大きな2つの要素と，それらと従属関係にあるような1つ以上の要素との相互作用によって実現され得ることを示唆している．これらの重要な知見をもとに，ザゼンソウ発熱システムのダイナミクスを計算機上に構築すると，図11のようなモデルを考えることが可能である．このモデルでは，2つの要素として，2つの水の流れ α，β を考える．これら

第2章　ザゼンソウ発熱システムの工学的解析と応用 ● 41

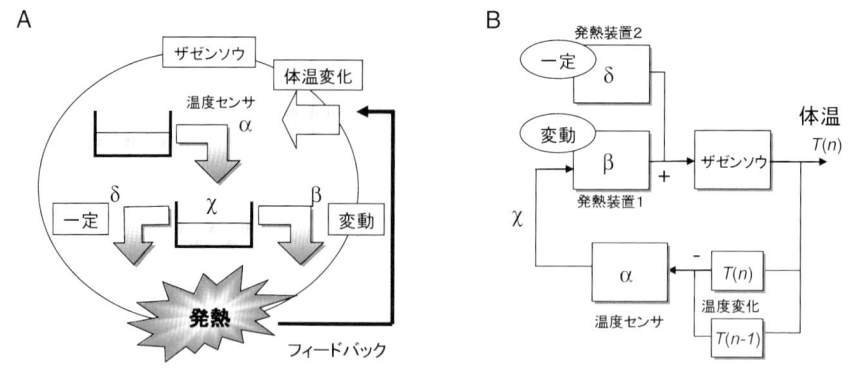

図11 ザゼンソウ発熱制御システムのモデル．ザゼンソウ発熱制御システムのモデル（A）と，そのブロック線図（B）．カオス時系列解析の結果から，ザゼンソウ発熱制御システムは2次元以上3次元未満の低次元ダイナミクスによって表すことが可能であることが示唆された．図で示されたモデルはシステム表現の1つの形であり，2次元以上3次元未満のダイナミクスを表現するモデルは他にも考えられる．

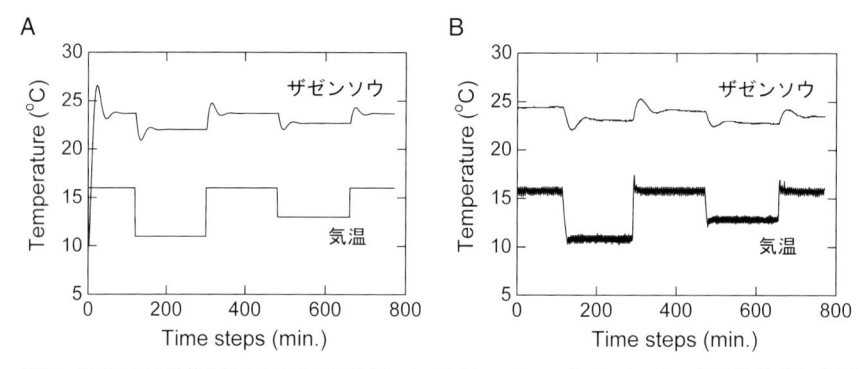

図12 ザゼンソウ発熱システムのモデルを用いたコンピューター・シミュレーションの結果（A）と実際のザゼンソウの体温変動（B）との比較．同モデルは実験室系でのザゼンソウの体温変動を非常に良く模倣することに成功している．このことから，同モデルによってザゼンソウ発熱システムを表現することが可能であると考えられる．

には蛇口がついており，その開き具合は，つねに一定量の水流を流すδという要素を持つ水槽χの水量により調節される．すなわち，αとβ，およびそれらに従属し相互作用するχとδという関係が成立する（図11A）．このモデルを，ザゼンソウ発熱システムの工学的応用を視野に入れたブロック線図で表すと図11Bのように記述することが可能である[12,13]．ここで示したモデルおよびブロック線図は仮説の1つではあるが，これまでのコンピューター・シミュレーションによる研究から，実験室系におけるザゼンソウの体温振動を非常に良く再現可能であることが示されている（図12）[12]．

2. ザゼンソウ発熱システムの工学的応用

　ザゼンソウ発熱システムのようなシンプルな制御機構が，どの程度の制御性能を達成できるのか？　ということは，工学的にも大変興味深い．ザゼンソウ発熱システムは，生物が行う制御であるため，以下に示す特徴が備わっていることが期待できる．

- 省エネルギー：根に蓄えられた有限のエネルギー源により長期間発熱するため，高いエネルギー効率を達成できる制御系であること．
- 演算量が少ない：植物という限られたリソースで動作するため，メモリを多用するような複雑な演算はしていない．
- 安定性：発熱が生殖に関与していると考えられるため，多少の環境変化があっても制御特性が劣化しない．

　ここでは，ザゼンソウ発熱システムの安定性に関する評価と工学的応用に関して，同システムの制御アルゴリズム（実行手順，ディジタル制御ではコンピューター・プログラムに相当する）の制御性能を，温度制御をはじめとした各種制御においてもっとも広く用いられている制御アルゴリズムである，PID制御[14]と比較して紹介する．

　PID制御（Proportional-Integral-Derivative control）は，フィードバック制御の一種であり，次式に示すように，操作量Yを出力値と目標値との偏差Zから，比例（P：右辺第1項），積分（I：右辺第2項）および微分（D：右辺第3項）操作を用いて算出する．

$$Y = K_P Z + K_I \int Z dt + K_D \frac{dZ}{dt} \tag{6}$$

ここで，K_P, K_I, K_Dは，それぞれ比例ゲイン，積分ゲイン，微分ゲインとよばれる定数であり，制御対象に応じて適宜調節する．

　一方，ザゼンソウの制御アルゴリズムは，図11Bをもとにすると，以下の式で記述できる．

$$T_s(t) = T_0 + \frac{1}{\lambda}[\eta A \Delta T_s(t) - Q_{ex}(t)] \tag{7}$$

ここで，T_sはザゼンソウの現在の体温，T_0は基礎体温（一定），ΔT_sは一定間

隔での体温変化量，Q_{ex} は体温と外気温との温度差に比例した熱量，λ は熱伝導率，η はエネルギー変換率，A はフィードバック係数である．なお，T_s は出力値に，$A\Delta T_s$ は操作量に，T_0 は目標値にそれぞれ相当する．

　制御アルゴリズムの制御性能を評価する場合のもっともオーソドックスな方法は，インディシャル応答法（ステップ応答法）を利用することである．この方法は，ステップ状に変化させた目標値に対する出力値の追従性から制御性能を評価するものである．図13は，ザゼンソウ制御およびPID制御に対するインディシャル応答のコンピューター・シミュレーション例を示す．なお，シミュレーション条件を以下に示す．

・操作量（電気信号）を出力値（発熱量）に変換する素子（制御対象：発熱体）は1次遅れ要素とした．1次遅れ要素とは，次式で表されるように，時間の経過により出力が徐々に飽和に向かう特性を示す要素であり，発熱体などを模擬した要素として一般的に利用される．シミュレーションでは，変数 b は固定し，変数 a をパラメータとした．

$$y(t) = b(1-e^{-t/a}) \tag{8}$$

・各制御アルゴリズムの定数は，制御対象の変数 $a = 1$ としたときに最適な制御を行うよう調節した．

　同図より，制御対象が $a = 1$ の場合は，両者の応答にはほとんど差がないことがわかる．一方，制御対象が $a = 1.5 \sim 2$ へと変化した場合（発熱体の応答が遅くなった場合に相当），両者の応答にははっきりとした差があらわれる．ザゼンソウ制御では，a が大きくなると応答時間（目標値に達するまでの時間）がわずかに長くなるだけであるが，PID制御では，オーバーシュートが現れて応答時間も著しく長くなる．

　PID制御におけるこのような制御特性の劣化は，ある程度予想されていたものである．PID制御は，その構造から，線形モデル以外には制御性能を保証できない．すなわち，制御対象の特性などが変化する非線形モデルに対しては，その制御性能が劣化してしまうのは仕方がないのである．むしろ，ザゼンソウ制御における非線形モデルへの高い安定性（ロバスト性）に注目すべきである．高いロバスト安定性を求める制御理論として $H\infty$ 制御理論[15]がある．同理論は制御対象の変化を外乱として扱い，そのノルム（振幅に相当）に着目して伝達関数を評価することで安定化を図っている．しかし，位相情報を利用していな

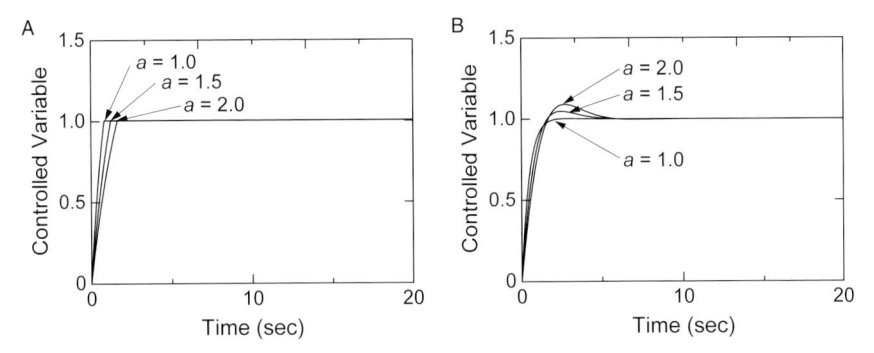

図13 コンピューター・シミュレーションによるザゼンソウおよびPID制御アルゴリズムの制御性能比較．A：ザゼンソウ制御のインディッシャル応答特性，B：PID制御のインディッシャル応答特性．縦軸は出力値（無次元）を示す．なお目標値は1，制御対象は一次遅れ系（変数aをパラメータとしている）．

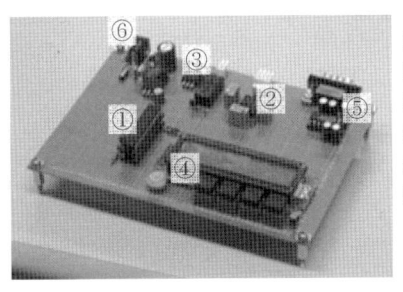

①：マイクロコンピューター
②：温度センサ端子および信号増幅回路
③：制御信号出力回路および端子
④：液晶表示器および入力キー
⑤：通信回路および端子
⑥：電源回路および端子

図14 ザゼンソウ発熱制御アルゴリズムを搭載した温度制御装置外観．同アルゴリズムは大変シンプルであるため，そのプログラムの基本部分は約50行程度（C言語）であり，また，動作周期は10 msと高速である．

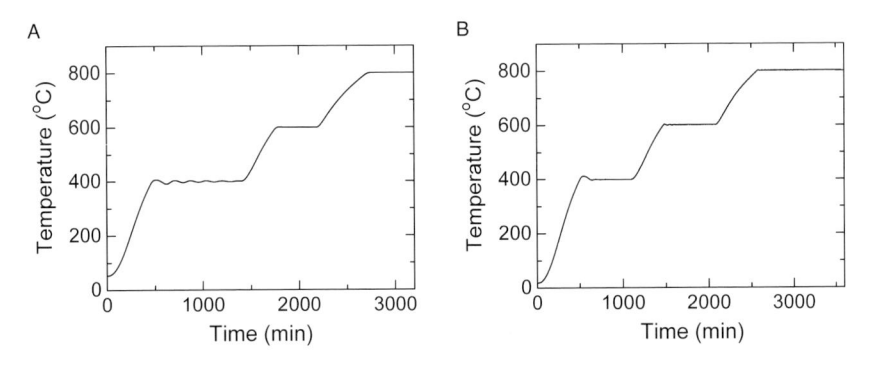

図15 電子回路によるザゼンソウおよびPID制御アルゴリズムの制御性能比較．A：ザゼンソウ制御による目標温度400℃～800℃への応答．B：PID制御による目標温度400℃～800℃への応答．

いため，ロバスト安定ではあるがその応答速度が犠牲となる．一方，ザゼンソウ制御は安定性と応答速度を高いレベルで両立しており，制御性能を維持したままロバスト安定を得ることができる可能性を有している．

　以上のように，ザゼンソウ制御は，シミュレーションでは，PID制御と比較しても遜色ない優れた応答特性を示した．しかし，シミュレーション結果と現実とは一致しない場合が多い．そこで，実際にマイクロコンピューターと電子回路により温度制御システムを構成して，その制御性能を検証した．図14は，ザゼンソウ制御アルゴリズムを搭載した温度制御装置の試作機外観を示す．図15は，電気炉を制御対象とした場合の（目標値：400℃〜800℃）ザゼンソウ制御とPID制御の応答特性を示す．なお，両者とも，目標値を600℃としてそれぞれの係数を調節した．同図より，目標値600℃以上では，両者の制御性能はほとんど同等であることがわかる．しかし，目標値400℃においては，ザゼンソウ制御の方がPID制御に比べてすばやく振動を収束できていることがわかる．これは，シミュレーション結果と同様に，ザゼンソウ制御の適応温度範囲が広く，ロバスト性が高いことを意味している．

　ザゼンソウ制御が持つこのような制御特性は，従来の温度制御装置では比較的困難であった制御対象に対するパラメータの調節を容易とし，熟練者以外でも良好な制御性能を達成することを可能としており，実用的にも有用な特性であるといえる．そこには生命の持つ"しなやかさ"を感じることができる．

3．おわりに—"かたい"機械から"やわらかい"機械へ—

　18世紀後半の産業革命以降，科学技術は目覚しい発展をとげてきた．これまで人間社会を支えてきたこのような技術においては，その技術を構築するシステムの各部分・各要素がきっちりと構成されており，それらが互いに連携・連動して動作することにより，入力に対して一定の決まった出力が得られている．これは，例えるならば"かたい"機械であるといえよう．このような機械によって人間の生活は劇的に変化し，数多くのすばらしい恩恵を受け，今日の繁栄が築き上げられてきた．しかしながら，近年，環境破壊やそれにともなう地球温暖化など，進歩を続けてきた科学技術の前には多くの問題が山積していることも事実である．一方，21世紀の科学の傾向として，生物が本来持っている能力やその応用に注目が集まりつつある．そこで，本章のように工学的視点に立って眺めてみると，生物を1つのシステムまたは機械としてとらえることがで

きる．生物を機械としてとらえたとき，それを構成し動作させる要素は，タンパク質あるいは酵素反応機構であると考えられる．しかしながら，タンパク質や酵素反応などは，きっちりと動作する機械のような"かたい"イメージとはかなり掛け離れているように思われる．それにもかかわらず，ザゼンソウ肉穂花序の体温制御のように，生物は"かたい"機械にも匹敵する非常に優れた能力を発揮することができる．

　生物学と工学を連携・融合させた研究分野における目標の1つは，このような生物，すなわち自然によって創造された巧妙かつしなやかな機械="やわらかい"機械を工学的デバイスとして実現することである．もともと生物の中に備わっている性質を解明し利用することで，これまでの"かたい"機械では困難であった省エネ・低環境負荷および高安定性を可能とし，自然・人にやさしいテクノロジーが実現できるのではないだろうか．生物のような"やわらかい"機械は，人と自然そしてテクノロジーとをシームレスに接続し，医療・福祉分野への応用も視野に入れた産業・工業の新しいステージへのステップアップに寄与するとともに，現在，人類の抱えている多くの問題を解決する1つの糸口となる可能性を秘めているかもしれない．このような観点から，岩手大学21世紀COEプログラムのテーマの1つである農・工連携のような分野横断・融合的研究は，これからの科学技術の発展において重要な役割の一翼を担っていくと期待される．

謝辞　本研究の一部は，岩手大学21世紀COEプログラムと科学研究費補助金（基盤研究（B））および新エネルギー・産業技術総合開発機構（NEDO）平成18年度産業技術研究助成事業による研究助成の下で行われた．

引用文献
1) Ito, K., Onda, Y. *et al.* 2003. Structural requirements for the perception of ambient temperature signals in homeothermic heat production of skunk cabbage (*Symplocarpus foetidus*). *Plant, & Cell Environment.*, 26: 783-788.
2) Ito, K., Ito, T. *et al.* 2004. Temperature-Triggered Periodical Thermogenic Oscillations in Skunk Cabbage (*Symplocarpus foetidus*). *Plant & Cell Physiology.*, 45: 257-264.
3) Press, W. H., Flannery, B. P. *et al.* 1988. NUMERICAL RECIPES in *C*. *Cambridge University Press.*
4) Sugihara, G. & May, R. M. 1990. Nonlinear forecasting as a way of distinguishing

chaos from measurement error in time series. *Nature*, 344: 734-741.
5) 池田　徹・山田泰司・小室元政．2000．カオス時系列解析の基礎と応用（合原一幸編）．産業図書．
6) Ito, T. & Ito, K. 2005. Nonlinear dynamics of homeothermic temperature control in skunk cabbage, *Symplocarpus foetidus*. *Physical Review E*, 72: 051909.
7) 伊藤孝徳・伊東靖子・伊藤菊一．2006．ザゼンソウの発熱制御システム．化学と生物．
8) 伊藤孝徳・伊藤菊一．2007．発熱植物ザゼンソウに見出された非線形体温制御システム．*BRAIN TECHNO NEWS*,119．
9) Tsonis, A. A. & Elsner, J. B. 1992. Nonlinear prediction as a way of distinguishing chaos from random fractal sequences. *Nature*, 358: 217-220.
10) Eckmann, J. P. & Ruelle, D. 1985. Ergodic theory of chaos and strange attractors. *Reviews of Modern Physics*, 57, 617-656
11) Grassberger, P. & Procaccia, I. 1983. Measuring the strangeness of attractors. *Physica D*, 35, 189-208.
12) Takahashi, K., Ito, T. et al. 2007. Modeling of the thermoregulation system in the skunk cabbage, *Symplocarpus foetidus*. *Physical Review E*, 76: 031918.
13) Takahashi, K., Ito, T. et al. 2008. An algorithm for temperature control in the skunk cabbage, *Symplocarpus foetidus, Biotechnology & Biotechnological Equipment*, 22: 959-963.
14) 山本重彦・加藤尚武．2005．PID制御の基礎と応用．朝倉書店．
15) 木村英紀．2000．H∞制御．コロナ社．

第II部

生物の温度センサー

第3章

生物による温度センサーの分子機構

稲葉(伊東)靖子

　生物は,温度の変化をどのように感知しているのであろうか? 温度の変化は細胞に多様な影響を与えることが知られており,この非特異的影響が温度受容機構の解析を困難なものとしてきた.それでも最近のサイエンスの進歩により,4大生物ともいわれる動物,昆虫,植物,微生物の中で,植物をのぞく3つの生物において重要な温度センサーが見つかっている.とりわけ温度センシングに関するバクテリアの研究は,研究の歴史が長いだけあり分子レベルでの理解が圧倒的に進んでいる.そこで,本章では,モデル生物の代表格であるバクテリアに焦点を絞り,その温度受容機構について紹介したい.

1. 二成分制御系を介した温度センシング

(1) 枯草菌の温度センシング (DesK-DesR)

　低温による膜流動性の低下は細胞機能に様々な支障をきたす.したがって,温度の変化によらず膜の流動性を一定に保つ仕組みがあれば,細胞をつねに正常に機能させることが可能となる.よく知られているのは,膜脂質を不飽和化して低温環境における膜流動性の低下を防ぐという仕組みである.このような仕組みにより低温環境に適応している例は,バクテリア,魚類,植物など,変温性の多くの生物において数多く報告されている.その一例として,枯草菌 *Bacillus subtilis* では,不飽和化酵素 (Δ5 lipid desaturase) をコードする *des* 遺伝子の発現が低温ストレスを受けた細胞内で一過的に上昇し,膜脂質を構成する脂肪酸が不飽和化されることが知られている[1,2].Δ5 lipid desaturase は,細胞膜を構成する飽和脂肪酸を酸化して,5位の炭素に不飽和結合を導入する.枯草菌では,*des* 遺伝子が不飽和化酵素をコードする唯一の遺伝子であり,そのシンプルさゆえに,不飽和脂肪酸合成の理解がよく進んでいる[3].本項では,枯草菌がいかにして温度を感知し,*des* 遺伝子の発現を誘導しているのかについて,そのメカニズムを紹介する.

　バクテリアにおけるゲノム構造の1つの特徴として,機能的に関連する遺伝子どうしが近傍にまとまって存在するという特徴がある.このゲノム構造の特

徴に着目して，Aguilarらが*des*遺伝子周辺の配列を調べたところ，*des*遺伝子下流にヒスチジンキナーゼをコードする*desK*とレスポンスレギュレーターをコードする*desR*が連なった二成分制御系オペロン*desKdesR*が見つかった[4]．二成分制御系は，様々な環境シグナルを膜貫通型の受容体であるヒスチジンキナーゼが細胞膜上でセンシングし，そのシグナルを細胞内の応答性因子であるレスポンスレギュレーターが受け取り伝えていくというシステムである．そこで，彼らはDesKが低温をセンシングして，DesRが低温シグナルを細胞内部に伝えることにより，*des*遺伝子の発現が低温により一過的に上昇してくるのではないかと考えた．

彼らはまず，*desKdesR*を欠損した枯草菌を作成して，野生株と比べて*des*プロモーターの低温誘導性に違いがあるかどうかを調べた．*des*プロモーターの低温誘導性については，ゲノム上の*des*プロモーター下流に*β*-galactosidaseをコードする*lacZ*遺伝子を挿入して，低温（25℃）へのシフトに伴って*β*-galactosidase活性が誘導されるかどうかを指標に検討した．その結果，野生株では*des*プロモーターの低温誘導性がみられたが，*desKdesR*欠損株では*des*プロモーターの低温誘導性が失われていた．さらに，この*desKdesR*欠損株にプラスミドで*desKdesR*を相補してやると*des*プロモーターの低温誘導性は回復したが，*desR*のみをプラスミドで相補しても*des*プロモーターの低温誘導性は回復しなかった．以上のことから，*des*プロモーターの低温誘導性には，*desK*と*desR*の両方が必要であることが明らかとなった．また，*des*プロモーターに対するDesRの結合活性については，ゲルシフトアッセイやDNase Iフットプリンティングアッセイによりdy*R*が実際に*des*プロモーターに結合することが確かめられている．

*des*遺伝子の発現レベルは，低温にシフトしてから約30分で最大（発現の誘導）となり，その後急激に減少（発現の収束）する[2]．彼らはこの*des*遺伝子発現の収束機構についても調べた．野生株と*des*遺伝子欠損株における*des*プロモーターの活性を，先に述べたように，*β*-galactosidaseの活性を指標として調べると，野生株では低温にシフトしてから約4時間は活性が上昇していったが，その後急速に活性が収束した．これに対して変異株では，低温シフト後，4時間が経過してもまったく活性が収束しなかった．一方，この変異株の生育環境に脂肪酸を添加して，菌体表層に取り込ませた脂肪酸による*β*-galactosidase活性の変化を調べると，飽和脂肪酸では活性の収束は回復しな

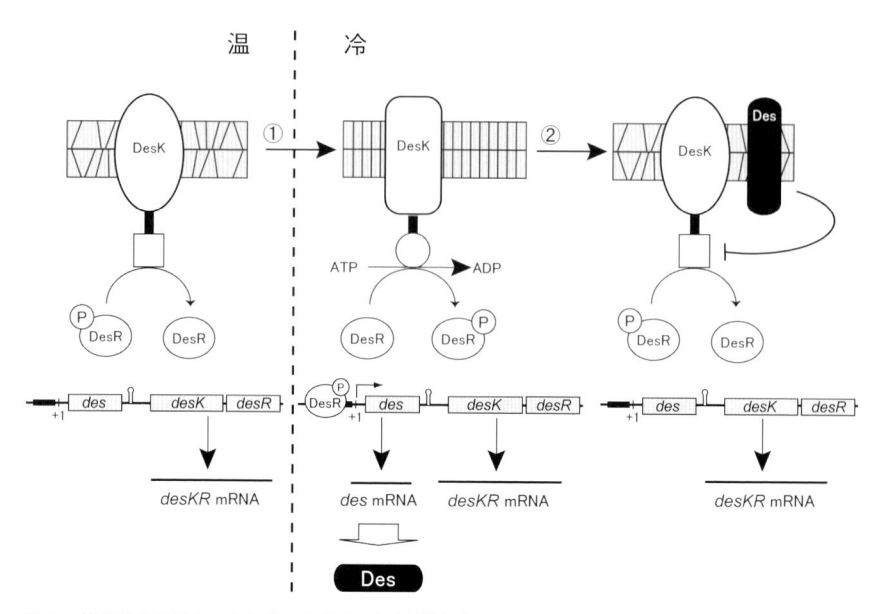

図1 枯草菌の低温センシング・シグナル伝達機構（Aguilar et al., 2001を改変）．37℃の温度条件下ではヒスチジンキナーゼ DesK のホスファターゼ活性によりレスポンスレギュレーター DesR の活性は抑えられている．低温へのシフトにともない膜流動性が低下する（①）と DesK が活性化され，DesK のキナーゼ活性により DesR がリン酸化され活性化する．DesK はホスファターゼ活性とキナーゼ活性の両方を持つことが知られている．リン酸化されて活性型となった DesR は des プロモーターに結合して des 遺伝子のコードする Δ5 lipid desaturase の発現を誘導する．生成した Δ5 lipid desaturase は細胞膜上で飽和脂肪酸を酸化することにより不飽和脂肪酸を生成する（②）ので膜の流動性が高まり低温環境に適応する．不飽和脂肪酸が十分に合成されると今度は不飽和脂肪酸がネガティブレギュレーターとして働いて des mRNA の発現を抑える．

かったが，不飽和脂肪酸を添加した際には顕著な活性の収束が観察された．以上のことから，Δ5 lipid desaturase により生成した不飽和脂肪酸がネガティブレギュレーターとして des 遺伝子発現を調節していることが明らかとなった．

　枯草菌の低温センシング・シグナル伝達機構を図1に示す．37℃では，ヒスチジンキナーゼ DesK のホスファターゼ活性により，レスポンスレギュレーター DesR の活性は抑えられている．低温へのシフトにともない，膜流動性が低下すると DesK が活性化され，DesK のキナーゼ活性により DesR がリン酸化され活性化する．DesK はホスファターゼ活性とキナーゼ活性の両方をもつことが知られている[5]．リン酸化されて活性型となった DesR は，des プロモーターに結合して des 遺伝子のコードする Δ5 lipid desaturase の発現を誘導する．Δ5 lipid desaturase は，細胞膜上で飽和脂肪酸を酸化することにより不飽和脂

肪酸を生成する．不飽和脂肪酸が十分に合成されると，今度は不飽和脂肪酸がネガティブレギュレーターとして働いて des mRNA の発現を抑える．

（2）シアノバクテリアの温度センシング（Hik33-Rre26）

シアノバクテリアは，光化学系ⅠとⅡを持ち，酸素発生型の光合成を行うため，葉緑体の祖先と考えられているバクテリアである．枯草菌と同様に，シアノバクテリアは膜脂質を不飽和化することにより低温環境に適応する仕組みをもっている．一連の研究により，低温にさらされたシアノバクテリアでは，不飽和化酵素（Δ12 desaturase, Δ15 desaturase, Δ6 desaturase）をコードする遺伝子（desA, desB, desD）の発現が誘導されることが知られている[6]．さらに，1997年に完了したシアノバクテリアの全ゲノム解読[7,8]により，43個のヒスチジンキナーゼ遺伝子の存在が明らかとなっていた[9]．

Suzuki らは，シアノバクテリア Synechocystis sp. PCC 6803に含まれるこれら43個すべてのヒスチジンキナーゼ遺伝子に，スペクチノマイシン耐性遺伝子を挿入した欠損変異株を作成して，desaturase 遺伝子の低温誘導性に関わっているヒスチジンキナーゼの探索を行った[10]．彼らは，野生株と各ヒスチジンキナーゼ欠損株（ΔHik）に，desB プロモーターの下流にルシフェラーゼ遺伝子 luxAB をつないだプラスミド pdesB-lux を導入して，ルシフェラーゼ活性を指標に desB プロモーターの低温誘導性を比較した．すると，ΔHik19およびΔHik33の各欠損変異株において desB プロモーターの低温誘導性が観察されなかったことから，hik19 および hik33 は，desB プロモーターの低温誘導性に関与していることが示唆された．ノーザンブロット解析により，ΔHik19およびΔHik33の各欠損変異株は，desB の他に desD の低温誘導性にも影響を与えていることが示された．Hik33は2つの膜貫通ドメインをもっているのに対して，Hik19は膜貫通ドメインを1つも持っていないことから，Hik33のほうが上流にあることが予想された．彼らはその後，野生株とΔHik33株における低温応答遺伝子群の発現プロファイルに関してマイクロアレイデータをもとにした比較を行い，Hik33の支配下にある遺伝子群を同定した[11]．その結果，35個の低温誘導性遺伝子のうち，21個の遺伝子の発現が顕著に抑えられたのに対して，残りの14個の遺伝子の発現には影響がなかったことから，シアノバクテリアにはHik33以外の低温シグナル伝達経路が存在することが予想された[12]．一方で，Espinosa らは，シアノバクテリア PCC 7942株の NblS（PCC 6803株の Hik33

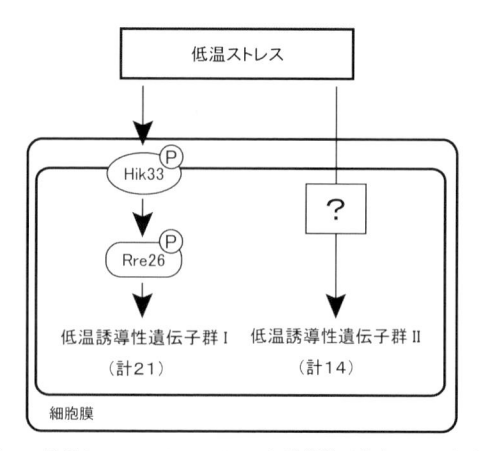

図2　シアノバクテリアの低温センシング・シグナル伝達機構（鈴木，2007を改変）．低温により膜の流動性が低下するとヒスチジンキナーゼHik33はリン酸化された活性化状態へと変化する．Hik33が活性化するとRre26がリン酸化により活性化して一連の低温応答遺伝子群（Iグループ）の発現を誘導する．シアノバクテリアではHik33とは別の低温センシング機構の存在も示唆されており，こちらの経路で残りの低温応答遺伝子群（IIグループ）の発現が誘導されると考えられている．

に相当する）に結合するレスポンスレギュレーター SipA を，酵母ツーハイブリッド法による変異株ライブラリーのスクリーニングにより同定した[13]．なお，シアノバクテリア PCC 6803 株では，SipA は Rre26 に相当する．

　これまでに明らかとなったシアノバクテリア二成分制御系を介した低温センシング・シグナル伝達機構を図2に示す．低温により膜の流動性が低下すると，ヒスチジンキナーゼ Hik33 のタンパク質コンフォメーションが変化して，リン酸化された活性化状態へと変化する．Hik33が活性化すると，Rre26がリン酸化により活性化して，一連の低温応答遺伝子群の発現を誘導する．すでに述べたように，シアノバクテリアでは，Hik33とは別の低温センシング機構の存在も示唆されている[12]．

2．大腸菌の温度センシング

(1) 温度走性に関与する感覚レセプター（Tsr/Tar/Trg/Tap）

　大腸菌の温度走性は古くから知られており，1970年代以降から精力的な研究がなされてきた[14]．温度の変化は，生体膜の流動性やタンパク質の構造など多様な細胞機能に影響を与えることが知られており，この非特異的影響が温度受容機構の解析を困難なものとしている．この点についてはシンプルなモデル生

物大腸菌でも同様であるが，遺伝学的な解析を中心とした膨大な研究背景をベースに，大腸菌では温度走性に関わる膜貫通型レセプターの同定やシグナル伝達経路の解明など，温度感覚の分子機構を理解するうえで先駆的な研究がなされてきた．なお，大腸菌の温度センシングには細胞膜の相転移は影響しないと考えられている[15]．

大腸菌の生育環境上に15℃から35℃の温度勾配をかけてやると，大腸菌は試行錯誤を繰り返しながら35℃のほうに向かって進んでいく．試行錯誤といっても，大腸菌の運動性には「タンブリング」とよばれる方向転換運動と「スムーズ・スイミング」とよばれる直進運動の2種類しかないため，両者を上手に組み合わせて適切な方向へ移動することになる．たまたま誤って15℃の方向へ進んでしまった場合にはタンブリングにより方向転換をして35℃のほうへ進路を修正するが，正しく35℃の方向に向かっている場合にはスムーズ・スイミングによる直進運動によりそのまま真っ直ぐに進んでいく（図3A）．この2種類の泳ぎのパターンはべん毛の回転方向と対応しており，もともと左巻きらせんであるべん毛を左回転（反時計回り）させるとべん毛が束ねられて菌は直進するが，べん毛が右回転（時計回り）すると束がほどけるため菌は方向転換する[16]．

大腸菌の温度センサーとしては，4種類の感覚レセプター（Tsr/Tar/Trg, Tap）が同定されている．これらは互いに相同性が高く，いずれも特定の化学物質，温度変化，pH変化を認識できる多機能センサーである．モノマーは分子量約60 kDaの2回膜貫通型ポリペプチドであり，刺激物質（リガンド）の有無にかかわらずホモダイマーを形成する．レセプター下流の温度シグナル伝達経路は，いわゆるヒスチジンキナーゼとレスポンスレギュレーターからなる二成分制御系を介して進行する．原理的には，これら下流のシグナル伝達経路における各成分の活性も温度により変化し得るが，4種類の感覚レセプターをすべて欠失した株は温度応答を示さなくなることから，確かにこれらの感覚レセプターが温度センシング機能を有していると考えられる[17]．

遺伝学的な解析により，Tsr, Tar, Trgは「温レセプター」，Tapは「冷レセプター」として機能することが示されている[18-20]．ここで，「温レセプター」とは温度上昇に対してスムーズ（CCW），下降に対してタンブル（CW）のシグナルを出すレセプターのことであり，逆に，「冷レセプター」とは温度の下降に対してスムーズ（CCW），上昇に対してタンブル（CW）のシグナルを出

すレセプターのことである（図3B）．通常の条件下で菌は温かい方向へ移動するが，これはTsrとTarの発現量がTrgとTapを上回っており，TsrとTarが主なレセプターとして機能しているためである．興味深いことに，TsrとTarはともに温レセプターであるが，菌が誘因物質（Tsrはグリシン，Tarはアスパラギン酸）に適応した後は温度変化に対して異なるシグナルを出すようになる．たとえば，菌がグリシンに適応するとTsrの温度センシング機能は弱まり，菌がアスパラギン酸に適応するとTarは温レセプターから冷レセプターへと変化する[20]．グリシンやアスパラギン酸など誘因物質への適応は，各レセプターの細胞質内ドメインにおけるメチル化を引き起こし，これが各レセプターの温度機能を変化させる[21]．

　Nishiyamaらは，Tarのメチル化部位（QEQE）の翻訳後修飾（脱アミド化・メチル化・脱メチル化）と温度センサーの関係を詳細に解析した[22]．まず，Tarのメチル化部位QEQEは，このままだと温度感受性がないが，CheBによる不可逆的な脱アミド化によりEEEEになると温レセプターとして機能するようになる．さらに，EEEEのメチル化が進行してEmEmEmEm（Emはメチル化されたGlu残基）となると，今度は冷レセプターとして働くことが示された（図3B）．なお，この機能逆転のためには，わずか1残基のメチル化で十分であることも見出した．

　Tarによる温度センシング・シグナル伝達機構を図3Cに示す．メチル化されていないTarは，温度上昇に対してスムーズ（CCW），温度下降に対してタンブル（CW）のシグナルを出す．一方，アスパラギン酸との結合によりメチル化されたTarは，温度上昇に対してタンブル（CW），温度下降に対してスムーズ（CCW）のシグナルを出す．タンブル（CW）のシグナルが出されるとCheAがリン酸化され，リン酸基をCheYに受け渡す．リン酸化型CheYはべん毛モーターのスイッチ複合体に結合してべん毛を右に回転させる．スムーズ（CCW）のシグナルが出されるとCheAは不活性化し，CheYはリン酸化されない．非リン酸化型CheY（デフォルト状態）は，べん毛モーターのスイッチ複合体に結合できないので，べん毛は左に回転したままになる．

　最近，Salmanらは，生育ステージの違いにより，菌が温度勾配に対して異なる応答を示すことを見出した[23]．菌体密度が低い場合（2×10^8 cells cm^{-3}未満）は，Tsrの発現量がTarを上回っているので，温度応答はTsrに依存するが，菌体密度が高い場合（2×10^8 cells cm^{-3}以上）は，培地中に分泌された

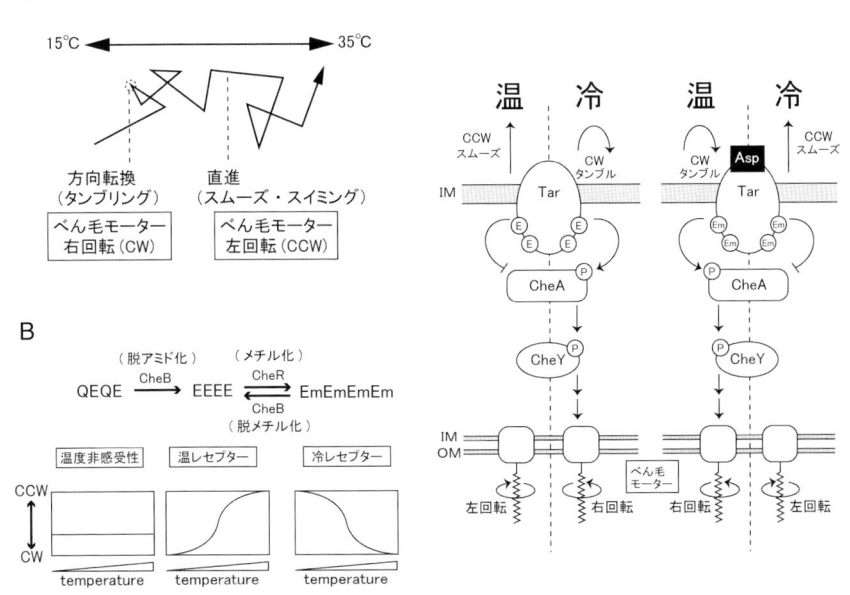

図3 大腸菌の温度走性（西山ら，1999を改変）．A：大腸菌の生育環境上に15℃から35℃の温度勾配をかけてやると大腸菌は試行錯誤を繰り返しながら35℃の方に向かって進んでいく．B：Tarの翻訳後修飾による温度センシング機能の変化．Tarはメチル化部位がQEQEのままだと温度非感受性であるが，脱アミド化によりEEEEになると温レセプターとして機能するようになり，メチル化によりEmEmEmEmになると冷レセプターとして機能する．C：Tarによる温度センシング・シグナル伝達機構．メチル化されていないTarは温度上昇に対してスムーズ（CCW），温度下降に対してタンブル（CW）のシグナルを出す（左）．一方，アスパラギン酸との結合によりメチル化されたTarは温度上昇に対してタンブル，温度下降に対してスムーズのシグナルを出す（右）．いずれにせよTarによりタンブルのシグナルが出されるとCheAがリン酸化されリン酸基をCheYに受け渡す．リン酸化型CheYはべん毛モーターのスイッチ複合体に結合してべん毛を右に回転させるためタンブルの動きを見せる．一方でTarによりスムーズのシグナルが出されるとCheAの不活性化によりCheYはリン酸化されない．非リン酸化型CheY（デフォルト状態）はべん毛モーターのスイッチ複合体に結合できないので，べん毛は左に回転したままとなる．

グリシンによりTsrがメチル化されTsrの温度応答性が失われるため，温度応答はTarに依存するようになる．大腸菌は，生育環境に合わせてTsrの発現量やメチル化状態を制御することにより，個体数を調整していると考えられる．

（2）低温ショックタンパク質（cold shock protein: CspA）

　大腸菌を37℃から10℃あるいは15℃の低温環境へシフトすると，低温ショックタンパク質CSP（cold shock protein）とよばれる一群のタンパク質が一過的に誘導される[24]．7.4 kDaの低分子量タンパク質であるCSPは，5本の逆

平行βストランドからなるβバレル構造をとり，一本鎖RNAおよび一本鎖DNAに結合するが，二本鎖DNAには結合しない．大腸菌や枯草菌をはじめとする様々なバクテリアのCSPにおいて，ヌクレオチド結合に関与する2つのアミノ酸モチーフ（RNP1とRNP2）が同定されている．3次元構造解析により，これらのモチーフを構成する塩基性アミノ酸や芳香性アミノ酸が，ヌクレオチド配列の認識に関わっていることが示されている[25]．

　CSPは様々なバクテリアで研究がなされてきたが，大腸菌では特によく研究されている．大腸菌のCSPファミリーには，CspAからCspIまで9種類のCspタンパク質が同定されており，それらの中で，CspEとCspCは生理的な温度条件下で常時発現しており，CspDは貧栄養ストレス条件下で発現する．一方で，それ以外のCspA,CspB,CspG,CspIは低温により著しく発現が誘導される．これら4つのタンパク質は定常状態でも発現しているが，低温ショックによりその発現量が2～4倍に増加する．特に主要なメンバーであるCspAは，低温ショックを受けた細胞内での蓄積量が全可溶性タンパク質の13%にもなる．細胞内におけるCspAの最大濃度は100 μM程度と見積もられている．大腸菌の生理的な温度条件下（37℃）では，CspAのmRNAは不安定であるが，それでもCspAはつねに発現しており，このとき細胞内濃度は約50 μM程度と見積もられている．一般的に，低温誘導性の遺伝子は，生理的な温度条件下（大腸菌の場合，37℃程度）でも常時発現しており，細胞内において代謝調節などの役割を担っていると考えられている[25]．

　低温によるCspAの発現誘導モデルを図4に示した．細胞が低温にさらされると，mRNAが二次構造をとりやすくなる．CspAはRNAシャペロンとしての活性を持つため，二次構造を形成した2本鎖RNA（dsRNA）を巻き戻して1本鎖（ssRNA）とする．CspAのおかげで二次構造をとらずにすんだmRNAは，RNaseによる分解を回避して安定した濃度を保つことができる．興味深いのは，CspAが自身をコードするmRNAの上流域に結合して，その翻訳効率を高めている点である．つまり，CspAの低温による発現誘導は自身により調節されているのである．CspAが"低温センサー"として議論されることは少ないが，本項で述べてきたように，大腸菌の生理的温度条件下（37℃）でも常時発現しており，尚かつ低温ショックにより自身のmRNAに直接結合してその翻訳効率を高めている点を考慮すると，CspAそのものを低温センサーとしてとらえることも可能と思われる．

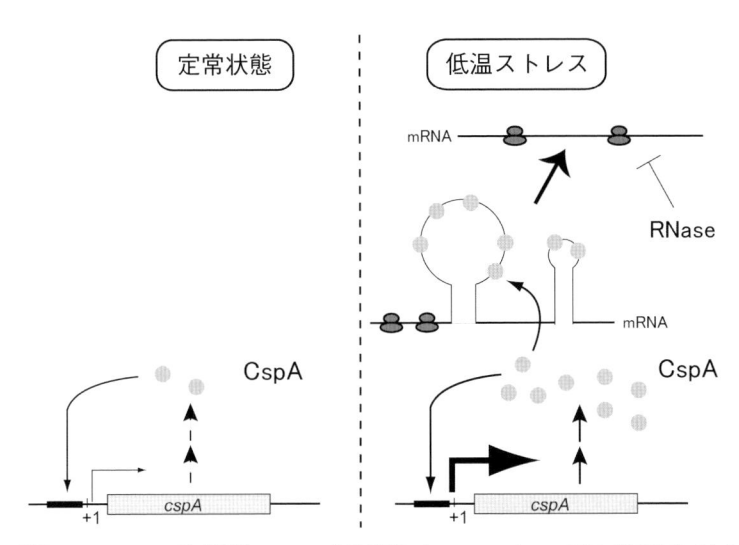

図4 低温による CspA の発現誘導モデル．定常状態において CspA の mRNA は不安定であるが，それでも CspA は低レベルで発現している．細胞が低温にさらされると CspA が自身をコードする mRNA の上流域に結合してその翻訳効率を高める．CspA は低温により二次構造を形成した2本鎖 RNA（dsRNA）に結合しこれを巻き戻して1本鎖（ssRNA）とする働きがあるため，CspA のおかげで二次構造をとらずにすんだ mRNA は RNase による分解を回避して安定した濃度を保つことができる．

（3）熱ショックタンパク質（heat shock protein: DnaK）

　熱ショックを受けた細胞内では，一群の熱ショックタンパク質 HSP（heat shock protein）の発現が誘導され，誘導された HSP（主に分子シャペロンとプロテアーゼ）は，熱ショックにより変性したタンパク質を修復もしくは除去することで，熱によるダメージから細胞を守る．このような低温から高温への温度変化に対する"熱ショック応答"は，原核生物から高等生物にいたるまで普遍的に保存された適応機構である．中でも，大腸菌の熱ショック応答は特によく研究され，その全体像はかなり明らかになってきている[26, 27]．

　大腸菌の生育温度を30℃から42℃に急激にシフトさせると，一群の HSP の合成が誘導される．この誘導は一過性のもので，温度シフト後約5分で最大値に達するが，その後急速に収束して42℃における安定な合成レベルへと移行する．誘導される HSP は分子シャペロン（GroEL/GroES，DnaK/DnaJ/GrpE など）やプロテアーゼ（Lon，FtsH など）などで構成されており，熱ショックによって変性したタンパク質を修復・除去することにより，熱ショックから細胞を守る．この HSP 合成の一過的な誘導には，RNA ポリメラーゼの σ サブ

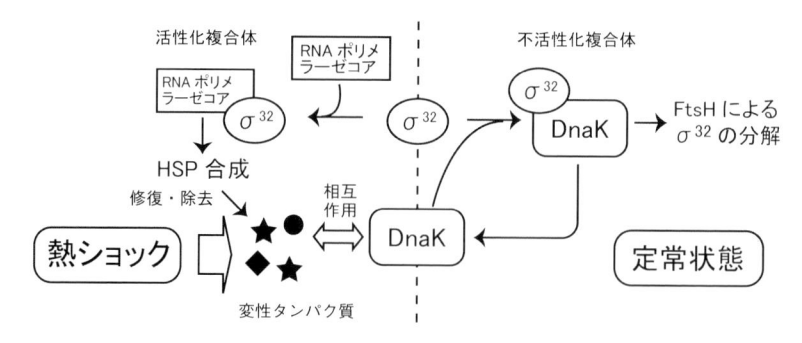

図5 大腸菌熱ショック応答モデル（瀧田ら，1999を改変）．定常状態ではσ^{32}の多くはDnaKとの結合により不活性化され最終的にFtsHによる分解を受ける．熱ショックにより細胞内に多くの変性タンパク質が蓄積するとそれらがDnaKと相互作用してDnaKとσ^{32}の相互作用を競合的に阻害する．生成したフリーのσ^{32}はRNAポリメラーゼコアとの結合が可能になりHSPが誘導される．誘導の収束は分子シャペロンやプロテアーゼからなるDnaKをはじめとするHSPが変性タンパク質を修復・除去することによりフリーのDnaKが生じDnaKによるσ^{32}に対する負の制御が回復することで行われる．

ユニットの1つであるσ^{32}による転写レベルの制御が要求される．HSPをコードする遺伝子のほとんどは，σ^{32}によって認識されるプロモーター（熱ショックプロモーター）を持っており，細胞内におけるσ^{32}の量と活性が調節されることで，HSP遺伝子の転写量が調節される．

　大腸菌熱ショック応答モデルを図5に示す．定常状態では，σ^{32}の多くはDnaKとの結合により不活性化され，最終的にFtsHによる分解を受ける．熱ショックにより細胞内に多くの変性タンパク質が蓄積すると，それらがDnaKと相互作用してDnaKとσ^{32}の相互作用を競合的に阻害する．生成したフリーのσ^{32}はRNAポリメラーゼコアとの結合が可能になり，HSPが誘導される．誘導の収束は，分子シャペロンやプロテアーゼからなるDnaKをはじめとするHSPが変性タンパク質を修復・除去することによりフリーのDnaKが生じ，DnaKによるσ^{32}に対する負の制御が回復することで行われる．このように，DnaKは変性タンパク質を熱ショックのシグナルとして感知している．すなわち，"熱ショックセンサー"として機能しているのではないかと考えられる．なお，このDnaKシャペロンシステムによる熱ショック応答の制御機構は，大腸菌のみならず真核生物でもみられ，普遍的に保存された細胞の適応機構と考えられている．

3．DNA，RNA，タンパク質の構造変化による温度センシング

（1）赤痢菌の温度センシング（DNA温度センサー：*virF*）

　バクテリアがヒトの体内に侵入すると，37℃付近の高温環境にさらされることになる．前項の大腸菌では37℃が生理的な温度環境であったが，多くの病原性バクテリアにとっては37℃というのは高温環境に相当する．これらの病原性バクテリアは，そうした生育温度の変化を認識して，染色体やプラスミドDNAにコードされる様々な病原性遺伝子の発現を誘導する．

　赤痢菌においては，低分子量のDNA結合タンパク質H-NS（heat stable or histon-like nucleoid structuring）proteinが一群の病原性遺伝子（*virF*，*virB*，*virG*など）の発現において重要な役割を担っている．H-NSが*virF*プロモーターに作用して*virF*の発現を誘導すると，それが引き金となって*virB*や*virG*など一連の病原性遺伝子の発現が誘導されていく[28,29]．赤痢菌のみでなく，病原性大腸菌においても同様のメカニズムで感染が成立することが報告されている[30]．そこで，赤痢菌から見出された*virF*プロモーター下流に*lacZ*遺伝子をつないだ*virF-lacZ*を大腸菌野生株で発現させて*virF*プロモーター活性の温度依存性を調べると，*lacZ*は37℃では誘導されるが，30℃では誘導されなかった．一方で，*virF-lacZ*を大腸菌の*h-ns*欠損株に導入して同様の実験を行うと，*lacZ*は温度によらず誘導された．このことから，H-NSが温度に依存した*virF*遺伝子の発現調節に関与していることが示された[31]．

　H-NSがいかにして温度依存性の*virF*遺伝子発現を調節しているのかについては長らく議論が分かれていたが，Falconiらは，*in vitro*の実験により，*virF*をコードする遺伝子上流のDNA構造が32℃を境に大きく変化することを見出した[32]．*virF*遺伝子上流のDNA構造は図6Aに示したように湾曲状になっており，その湾曲部分を挟むようにしてH-NS結合サイトIとIIがある．結合サイトIは，*virF*プロモーターサイト（−10および−35）とオーバーラップしている．彼らは，図6Aに示した4つの異なるDNAフラグメント（サイトIIのみを含む*virF*-A（−345/−124，222 bp），サイトIのみを含む*virF*-B（−135/＋104，239 bp），サイトIとIIの両方を含む*virF*-A＋B（−345/＋104，449 bp），*virF*遺伝子上流と同様のDNA湾曲構造を持つ*hns*プロモーター領域（317 bp））を，PCRにより調製した（図6A）．調製した各DNAフラグメントを非変性ポリアクリルアミドゲルにより4℃あるいは60℃で分離すると，す

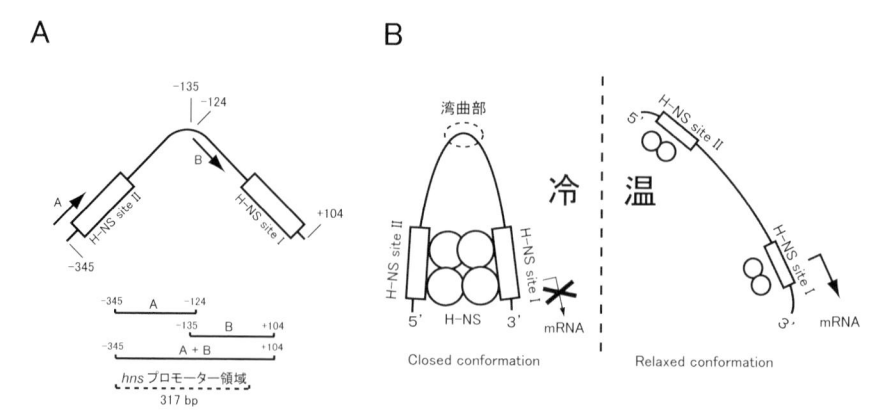

図6　温度に依存した virF mRNA の発現調節機構（Prosseda et al., 2004を改変）．A：virF 上流域の DNA 湾曲構造（上）と実験で使用した DNA コンストラクト（下）．B：virF の発現調節機構．32°C 未満の低温下では virF 上流の DNA 構造が H-NS との結合が可能な状態になっている．その結果 H-NS が virF 上流に結合して virF mRNA の合成が抑制される．一方で32°C を上回る高温下では virF 上流の DNA 構造が崩れて H-NS が結合できなくなるため，その結果 virF mRNA が合成されるようになる．

べてのフラグメントにおいて60°Cでは実際の分子量に相当する位置に泳動されたが，4°Cでは実際の分子量とは異なる位置に泳動された．この泳動のずれは，virF-A + B において顕著であった．さらに4〜60°Cの範囲内で温度をシフトさせると，virF-A + B における泳動のずれは，4〜32°Cの低温域において顕著であり，32°Cを超えると，60°Cでの結果と同様に，実際の分子量とほぼ同じ位置に泳動されるようになった．さらに Falconi らは，30°C あるいは37°C における H-NS に依存した virF プロモーター活性を，virF 遺伝子上流（virF-A + B）から virF 遺伝子までをコードするプラスミド DNA を用いて in vitro で検討したところ，30°C において H-NS に依存した virF mRNA 合成の顕著な抑制が観察されたが，37°C では見出されなかった．一方で，H-NS 結合サイト II を欠く virF 遺伝子上流（virF-B）から virF 遺伝子までをコードするプラスミド DNA を用いて同様の実験を行うと，30°C での H-NS による virF プロモーター活性の抑制レベルは，virF-A + B を用いた場合に比べて顕著に小さかった．Falconi らの行ったこれら一連の in vitro 実験により，virF をコードする遺伝子上流の DNA 構造が32°C を境に大きく変化して，H-NS に依存した virF の発現を調節していることが示された．

彼らの実験により，virF 上流の DNA 構造が温度により変化することが示されたが，DNA の構造がどのように変化するのであろうか？　大腸菌をはじめ

とする多くのバクテリアにおいて，温度によるDNAのスーパーコイル構造の変化が，主として遺伝子の発現を調節していると考えられているが，*virF*上流のDNAスーパーコイル構造においては，温度による顕著な変化は見出されていない．そこで最近彼らは，*virF*上流の塩基配列をランダムに置換して変異型DNAを作成し，野生型DNAと比べて構造がどのように異なっているかを調べたところ，H-NSサイトIとH-NSサイトIIのほぼ真ん中に変異が挿入されると，*virF*上流DNAの湾曲構造が低温下において維持できなくなること，これらの変異型DNAは低温下においてもmRNAへの転写が行われることが明らかとなった[33]．したがって，*virF*上流のDNA構造は，湾曲部における折れ曲がりの程度が温度により変化することが示唆された．

以上の結果をもとに，*virF*の発現調節機構を図6Bに示す．32℃未満の低温下では，*virF*上流のDNA構造はH-NSとの結合が可能な状態になっている．その結果，H-NSが*virF*上流に結合して，*virF* mRNAの合成が抑制される．一方で，32℃を上回る高温下では，*virF*上流のDNA構造が崩れてH-NSが結合できなくなり，その結果，*virF* mRNAが合成されるようになる．

(2) リステリアの温度センシング（RNA温度センサー：*prfA*）

リステリアは食品を介してヒトに感染する病原菌であり，5〜45℃の温度帯での生育が可能である．主に，免疫疾患の患者や妊婦などに重篤な感染を引き起こす．リステリアの病原性遺伝子は主にヒトの体温に近い37℃で発現が最大となり，30℃ではほとんど発現していない．リステリアがヒトの体温に近い37℃付近で多くの病原性遺伝子の発現を誘導することはよく知られているが[34]，「37℃」という温度をいかにして認識して病原性を発揮しているのかについては長らく不明であった．

2002年にJohanssonらは，PrfAをコードするmRNAの上流領域が温度センサーとして機能していることを明らかにした[35]．PrfAは転写調節因子であり，LLO，PlcB，PlcAなど一連の毒素タンパク質の発現を誘導することが知られている．彼らは，20℃において*prfA*のmRNAが発現してくるにもかかわらず，PrfAタンパク質が合成されていないことに着目して，その分子メカニズムを調べていった．彼らは，*prfA*上流の115 basesからなるlong UTRから*prfA*のcoding領域までを含むプラスミドplis35と*prfA*のcoding領域がT7プロモーターから発現するプラスミドpET28a-prfAをそれぞれ大腸菌に導入して，30℃

と37℃におけるPrfAタンパク質の発現を調べた．その結果，*prfA*上流のlong UTRを含む大腸菌（plis35）では，30℃における発現が低いレベルに抑えられたが，*prfA*上流のlong UTRを含まない大腸菌（pET28a-prfA）では，30℃と37℃におけるPrfAタンパク質の発現レベルに違いがみられなかった．また，大腸菌ゲノム上にはPrfAをコードする遺伝子がない．以上のことから，*prfA*上流のlong UTRそのものが温度センシングに重要であることが示唆された．

次に彼らは，強固な二次構造を形成する「*prfA* mRNA上流のlong UTR（以後，prfA-UTR mRNAとする）」に，二次構造を不安定にするような塩基置換を行ったところ，通常はPrfAタンパク質が合成されない30℃の条件下でも，PrfAタンパク質が合成されるようになった．したがって，prfA-UTR mRNAの二次構造が，PrfAタンパク質発現の温度制御に重要であることが示された．非変性ポリアクリルアミドゲル電気泳動による解析から，これら変異型prfA-UTR mRNAは，30℃において野生型prfA-UTR mRNAよりも遅れて泳動されたが，37℃では野生型の泳動度と同じであったことから，変異型prfA-UTR mRNAの二次構造は，30℃において野生型とは異なっていることが示された．*in vitro*タンパク質合成実験において，これらの野生型および変異型prfA-UTR mRNAのタンパク質合成効率を比較すると，30℃における合成効率は変異型の方が高くなっていた．さらに彼らは，二次構造をゆるくした変異型prfA-UTR mRNAに別の塩基置換を入れて再び強固な二次構造を形成するような変異体（compensatory mutant）を作成して解析を行ったところ，PrfAタンパク質の合成効率や非変性ポリアクリルアミドゲル電気泳動における泳動度は，野生型と同程度になった．以上のことから，prfA-UTR mRNAの二次構造そのものが，温度によるPrfAタンパク質の発現を制御していることが明らかとなった．

温度に依存したPrfAタンパク質の発現調節機構を図7に示した．prfA-UTR mRNAは，低温条件下では強固な二次構造を形成しており，リボソームを介したタンパク質合成が行われないが，高温条件下では二次構造が解消されてリボソームの結合が可能となり，PrfAタンパク質が合成されるようになる．つまり，PrfAのmRNAが，高温下における活性化状態（PrfAが翻訳される状態）と低温下における不活性化状態（PrfAが翻訳されない状態）を左右するスイッチ（RNA温度センサー）として機能している．興味深いことに，prfA-

冷 | 温

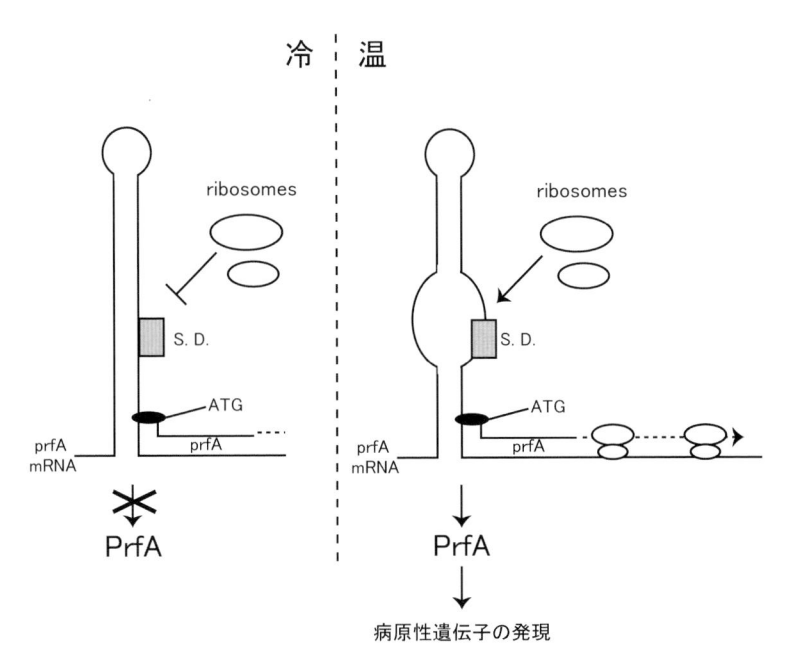

図7 温度に依存したPrfAタンパク質の発現調節機構（Johansson *et al*., 2002を改変）．prfA-UTR mRNA（*prfA* mRNA上流のlong UTR）は低温条件下では強固な二次構造を形成しておりリボソームを介したタンパク質合成が行われないが，高温条件下では二次構造が解消されてリボソームの結合が可能となりPrfAタンパク質が合成されるようになる．

UTRとGFPとの融合タンパク質が37℃では蛍光を発するが，30℃では蛍光を発しない[35]．したがって，RNA温度センサー *prfA* は，厳密な発現制御が要求される毒素遺伝子のクローニングや酵素タンパク質の発現を行う際のプロモーターとして，有用な候補である．なお，RNAレベルでの温度センシング機構に関しては，ここで紹介した *prfA* の他に，*Y. pestis* のlcrF mRNA[36]，大腸菌rpoHのcoding領域[37]，根粒菌heat shock geneのプロモーター領域[38]などが知られており，バクテリアにおいては普遍的な機構として知られている[39]．

（3）サルモネラの温度センシング（タンパク質温度センサー：TlpA）

サルモネラ *Salmonella typhimurium* には，TlpAとよばれるタンパク質温度センサーがある．371アミノ酸からなるTlpAのN末端側にはDNA結合ドメインがあり，C末端側には温度センシングに重要な α-helical-coiled coil（以下，コイルドコイル）構造がみられる．コイルドコイル構造を持つタンパク質には，

遺伝子発現や転写因子など，重要な生理的役割を有しているものが多い．実際に，TlpA も自身のプロモーターに結合して遺伝子発現の調節を行っている．TlpA は，28℃ などの低温下ではプロモーターに結合して *tlpA* 遺伝子の発現を抑えているが，徐々に温度を上げていくと TlpA タンパク質の構造変化により *tlpA* プロモーターから少しずつ解離して，*tlpA* 遺伝子の発現レベルが高くなる．そして，42℃ などの高温下では，TlpA は完全にプロモーターから外れて *tlpA* 遺伝子の発現が最大となる[40]．

当初，*tlpA* プロモーター領域における DNA や RNA の構造変化が温度による影響を受けていると考えられたが，サルモネラの *tlpA* 欠損株に *tlpA* プロモーターの下流に *lacZ* をつないだプラスミド（pRHTF01）を発現させても，プロモーターの活性は温度により変化しなかった．ところが，同じ株に *tlpA* のプロモーターと *tlpA* の coding 領域，その下流に *lacZ* をつないだプラスミド（pRHTF02）を発現させると，温度の上昇にともなって *lacZ* の発現は上昇した．さらに，*tlpA* 欠損株に pRHTF02に含まれる *tlpA* 遺伝子内の DNA 結合ドメインを欠損させたプラスミド（pRHTF03）を発現させると，変異型 TlpA タンパク質は蓄積したが温度による *tlpA* プロモーター活性の変化はみられなくなった．以上のことから，温度をセンシングしているのは，*tlpA* のプロモーター領域ではなく，TlpA タンパク質そのものであり，TlpA タンパク質の構造が温度による影響を受けて *tlpA* の発現が調節されているのではないかと考えられた[40]．

温度による TlpA の構造変化は，コイルドコイルドメイン内で起こることが *in vitro* 実験で示されている．精製した TlpA タンパク質の各温度における構造を CD スペクトルで解析すると，低温（25℃）ではしっかりとした α ヘリックス構造をとっているが，高温（55℃）にシフトするにつれて α ヘリックスの含量が少なくなる．TlpA タンパク質を25℃と55℃の各温度で5分間ずつ連続的に処理すると，α ヘリックスレベルが高い状態と低い状態とが温度を変えるごとに交互に現れるので，TlpA タンパク質の構造変化は可逆的であることがわかる．ゲルシフトアッセイにより TlpA タンパク質がターゲット DNA に結合する際の温度（22℃，37℃，43℃）による影響を調べると，結合活性は22℃でもっとも高く，温度が高くなるにつれて活性が弱まった[40]．

TlpA による温度に依存した *tlpA* 発現調節機構を図8に示す[41]．35℃ 未満の低温下では，TlpA が安定したオリゴマーを形成して *tlpA* プロモーターに結合するため，*tlpA* の発現が抑えられる．徐々に温度を上げていくと，TlpA タン

< 35°C ⟷ 35°C 〜 42°C ⟷ 42°C <

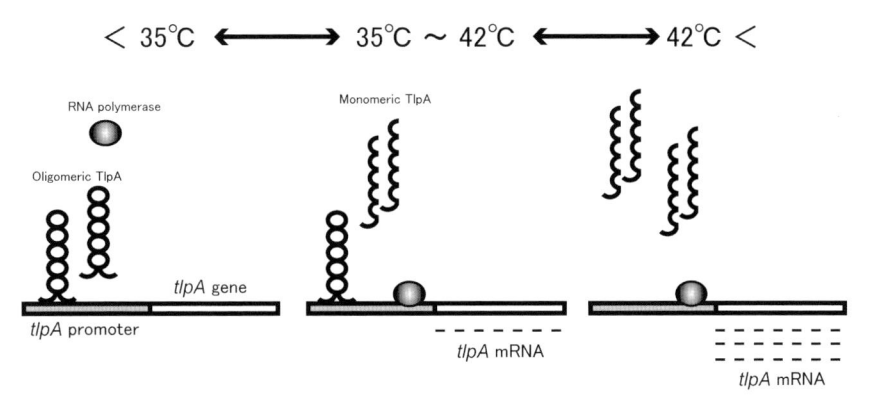

RNA polymerase
Monomeric TlpA
Oligomeric TlpA

tlpA gene
tlpA promoter
tlpA mRNA
tlpA mRNA

図8 温度に依存した tlpA 遺伝子の発現調節機構（Eriksson *et al*., 2002を改変）．35°C 未満の低温下では TlpA が安定したオリゴマーを形成して tlpA プロモーターに結合するため tlpA の発現が抑えられる．徐々に温度を上げていくと，TlpA タンパク質の構造が変化（α ヘリックス含量が低下）してモノマー化した TlpA タンパク質が少しずつ tlpA プロモーターから離れていき tlpA 遺伝子が発現するようになる．そして42°C を上回る高温下ではすべての TlpA タンパク質が tlpA プロモーターから完全に離れるため tlpA 遺伝子の発現レベルが最大となる．

パク質の構造が変化（α ヘリックス含量が低下）して，モノマー化した TlpA タンパク質が少しずつ tlpA プロモーターから離れていき，tlpA 遺伝子が発現するようになる．そして，42°C を上回る高温下ではすべての TlpA タンパク質が tlpA プロモーターから完全に離れるため，tlpA 遺伝子の発現レベルが最大となる．

TlpA のようにコイルドコイル構造を持つタンパク質は珍しくない[42,43]．ところが，温度変化に応答して遺伝子の発現調節を行っているタンパク質は，TlpA の他には，真核生物における熱応答因子 HSF（heat shock transcription factor）のみが知られている[44,45]．ただし，HSF が生理的条件下では DNA から離れており，温度が上がると三量体化して DNA に結合するのに対して，TlpA は生理的条件下ではつねに DNA に結合しており，温度が上がると DNA から離れてしまう．同じコイルドコイルドメインを有しているにもかかわらず，TlpA と HSF では機能がまったく異なっていることから，その遺伝子の起源や原子レベルでの構造解析に興味がもたれるところである．

4．おわりに

これまで述べてきたように，バクテリアは様々な戦略により温度の変化に対応している．枯草菌やシアノバクテリアにおける二成分制御系を介した温度セ

ンシング機構についてはご存知の方が多いかもしれない．二成分制御系はバクテリアのみでなく酵母やカビそして植物にも保存されていることから，後者の真核生物において同様の温度センシング機構があるかどうかは興味のあるところである．大腸菌の温度センシング機構として最初に紹介した Tar や Tsr の研究は，生物による温度センサー研究の走りといってもよいであろう．細胞質ドメインのメチル化により「温レプター」から「冷レプター」へと変化する Tar の分子機構は，分子レベルでの巧妙なスイッチ機構として驚嘆せざるを得ない．低温ショック応答タンパク質 CspA および高温ショック応答タンパク質 DnaK については，温度センサータンパク質として扱われることは通常あまりない．しかしながら，両者ともに定常状態において一定レベルで発現しており，温度の変化を受けて自身の発現レベルを高める方向に働くことから，広義の温度センサーとして本章に含めた．最後に紹介した DNA，RNA，タンパク質の構造変化による温度センシング機構は，多くの病原細菌において見出されており，本章でも紹介したように，*in vivo* のみならず *in vitro* の研究が大変よく行われている．転写・翻訳レベルでの温度センシング機構の報告は真核生物では少ないが，本機構がバクテリアのみならず生物に普遍的な機構であるかどうかは興味がもたれるところである．

　本章で取り上げた一連の温度センサーに関して，各論に関する優れた総説は数多くあるが，本章のように1つの総説としてまとめて取り上げたのは筆者の知る限りこれがはじめてである．こうして見てくると，体のつくりがシンプルなバクテリアといえども，実に様々な温度センサーがあることに気づく．近年の温度センシングに関する研究の主流は，動物や昆虫で見出されている TRP であるが，バクテリア研究で明らかとなった数多くの知見を温ねる（たずねる）ことは，これからの温度センシング研究に何らかのヒントをもたらすはずである．

謝辞　本研究の一部は，岩手大学21世紀 COE プログラムと科学研究費補助金（若手（B））および新エネルギー・産業技術総合開発機構（NEDO）平成18年度産業技術研究助成事業による研究助成の下で行われた．

引用文献
1）Aguilar, P. S., Cronan, J. E. Jr. *et al.* 1998. A *Bacillus subtilis* gene induced by cold

shock encodes a membrane phospholipid desaturase. *Journal of Bacteriology,* 180: 2194-2200.
2) Aguilar, P. S., Lopez, P. *et al.* 1999. Transcriptional control of the low-temperature-inducible des gene, encoding the $\Delta 5$ desaturase of *Bacillus subtilis. Journal of Bacteriology,* 181: 7028-7033.
3) Aguilar, P. S. & de Mendoza, D. 2006. Control of fatty acid desaturation: a mechanism conserved from bacteria to humans. *Molecular Microbiology,* 62: 1507-1514.
4) Aguilar, P. S., Hernandez-Arriaga, A. M. *et al.* 2001. Molecular basis of thermosensing: a two-component signal transduction thermometer in *Bacillus subtilis. The EMBO Journal,* 20: 1681-1691.
5) Albanesi, D., Mansilla, M. C. *et al.* 2004. The membrane fluidity sensor DesK of *Bacillus subtilis* controls the signal decay of its cognate response regulator. *Journal of Bacteriology,* 186: 2655-2663.
6) Los, D. A. & Murata, N. 2004. Membrane fluidity and its roles in the perception of environmental signals. *Biochimica et Biophysica Acta,* 1666: 142-157.
7) Kaneko, T., Tanaka, A. *et al.* 1995. Sequence analysis of the genome of the unicellular cyanobacterium *Synechocystis* sp. strain PCC6803. I. Sequence features in the 1 Mb region from map positions 64% to 92% of the genome. *DNA Research,* 2: 153-166.
8) Kaneko, T., Sato, S. *et al.* 1996. Sequence analysis of the genome of the unicellular cyanobacterium *Synechocystis* sp. strain PCC6803. II. Sequence determination of the entire genome and assignment of potential protein-coding regions. *DNA Research,* 3: 109-136.
9) Mizuno, T., Kaneko, T. *et al.* 1996. Compilation of all genes encoding bacterial two-component signal transducers in the genome of the cyanobacterium, *Synechocystis* sp. strain PCC 6803. *DNA Research,* 3: 407-414.
10) Suzuki, I., Los, D. A. *et al.* 2000. The pathway for perception and transduction of low-temperature signals in *Synechocystis. The EMBO Journal,* 19: 1327-1334.
11) Suzuki, I., Kanesaki, Y. *et al.* 2001. Cold-regulated genes under control of the cold sensor Hik33 in *Synechocystis. Molecular Microbiology,* 40: 235-244.
12) 鈴木岩根. 2007. シアノバクテリアの環境ストレスの検知機構と環境応答. 蛋白質核酸酵素, 52: 571-577.
13) Espinosa, J., Fuentes, I. *et al.* 2006. A novel type of protein from *Synechococcus* sp. PCC 7942, binds to the kinase domain of NblS. *FEMS Microbiology Letters,* 254: 41-47.
14) Maeda, K., Imae, Y. *et al.* 1976. Effect of temperature on motility and chemotaxis of *Escherichia coli. Journal of Bacteriology,* 127: 1039-1046.
15) Miller, J. B., Koshland Jr, D. E. 1977. Membrane fluidity and chemotaxis: effects of temperature and membrane lipid composition on the swimming behavior of *Salmonella typhimurium* and *Escherichia coli. Journal of Molecular Biology,* 111:

183-201.
16) 西山宗一郎・本間道夫・川岸郁郎. 1999. 大腸菌温度センサーの構造と機能. 生物物理, 39: 223-228.
17) 坂野聡美・田島寛隆・川岸郁郎. 2007. 細菌のセンサー：環境変化の感知とべん毛運動制御. 細胞工学, 26: 903-908.
18) Maeda, K. & Imae, Y. 1979. Thermosensory transduction in *Escherichia coli*: inhibition of the thermoresponse by L-serine. *Proceedings of the National Academy of Sciences of the United States of America,* 76: 91-95.
19) Nara, T., Lee, L. *et al.* 1991. Thermosensing ability of Trg and Tap chemoreceptors in *Escherichia coli. Journal of Bacteriology,* 173: 1120-1124.
20) Mizuno, T. & Imae, Y. 1984. Conditional inversion of the thermoresponse in *Escherichia coli. Journal of Bacteriology,* 159: 360-367.
21) Nara, T., Kawagishi, I. *et al.* 1996. Modulation of the thermosensing profile of the *Escherichia coli* aspartate receptor tar by covalent modification of its methyl-accepting sites. *Journal of Biological Chemistry,* 271: 17932-17936.
22) Nishiyama, S. I., Umemura T. *et al.* 1999. Conversion of a bacterial warm sensor to a cold sensor by methylation of a single residue in the presence of an attractant. *Molecular Microbiology,* 32: 357-365.
23) Salman, H. & Libchaber, A. 2007. A concentration-dependent switch in the bacterial response to temperature. *Nature Cell Biology,* 9: 1098-1100.
24) Thieringer, H. A., Jones, P. G. *et al.* 1998. Cold shock and adaptation. *BioEssays,* 20: 49-57.
25) Horn, G., Hofweber, R. *et al.* 2007. Structure and function of bacterial cold shock proteins. *Cellular and Molecular Life Sciences,* 64: 1457-1470.
26) Arsene, F., Tomoyasu, T. *et al.* 2000. The heat shock response of *Escherichia coli. International Journal of Food Microbiology,* 55: 3-9.
27) 瀧田高志・小椋　光. 1999. 大腸菌の熱ショック応答―分子シャペロン DnaK と FtsH プロテアーゼによる制御―. 生物物理, 39: 295-300.
28) Rimsky, S. 2004. Structure of the histone-like protein H-NS and its role in regulation and genome superstructure. *Current Opinion in Microbiology,* 7: 109-114.
29) Dorman, C. J. 2004. H-NS: a universal regulator for a dynamic genome. *Nature Reviews Microbiology,* 2: 391-400.
30) Maurelli, A. T. & Sansonetti, P. J. 1988. Identification of a chromosomal gene controlling temperature-regulated expression of *Shigella virulence. Proceedings of the National Academy of Sciences of the United States of America,* 85: 2820-2824.
31) Prosseda, G., Fradiani, P. A. *et al.* 1998. A role for H-NS in the regulation of the *virF* gene of *Shigella* and enteroinvasive *Escherichia coli. Research in Microbiology,* 149: 15-25.
32) Falconi, M., Colonna, B. *et al.* 1998. Thermoregulation of *Shigella* and *Escherichia coli* EIEC pathogenicity. A temperature-dependent structural transition of DNA modulates accessibility of *virF* promoter to transcriptional repressor H-NS. *The*

EMBO Journal, 17: 7033-7043.
33) Prosseda, G., Falconi, M. *et al.* 2004. The *virF* promoter in *Shigella*: more than just a curved DNA stretch. *Molecular Microbiology,* 51: 523-537.
34) Cossart, P. & Lecuit, M. 1998. Interactions of *Listeria monocytogenes* with mammalian cells during entry and actin-based movement: bacterial factors, cellular ligands and signaling. *The EMBO Journal,* 17: 3797-3806.
35) Johansson, J., Mandin, P. *et al.* 2002. An RNA thermosensor controls expression of virulence genes in *Listeria monocytogenes. Cell,* 110: 551-561.
36) Hoe, N. P. & Goguen, J. D. 1993. Temperature sensing in *Yersinia pestis*: translation of the LcrF activator protein is thermally regulated. *Journal of Bacteriology,* 175: 7901-7909.
37) Morita, M. T., Tanaka, Y. *et al.* 1999. Translational induction of heat shock transcription factor sigma 32: evidence for a built-in RNA thermosensor, *Genes and Development,* 13: 655-665.
38) Chowdhury, S., Ragaz, C. *et al.* 2003. Temperature-controlled structural alterations of an RNA thermometer. *Journal of Biological Chemistry,* 278: 47915-47921.
39) Narberhaus, F., Waldminghaus, T. *et al.* 2006. RNA thermometers. *FEMS Microbiology Reviews,* 30: 3-16.
40) Hurme, R., Berndt, K. D. *et al.* 1997. A proteinaceous gene regulatory thermometer in *Salmonella. Cell,* 90: 55-64.
41) Eriksson, S., Hurme, R. *et al.* 2002. Low-temperature sensors in bacteria. *Philosophical Transactions of the Royal Society B: Biological Sciences,* 357: 887-893.
42) Gillingham, A. K. & Munro, S. 2003. Long coiled-coil proteins and membrane traffic. *Biochimca et Biophysica Acta,* 1641: 71-85.
43) Liu, J., Zheng, Q. *et al.* 2006. A seven-helix coiled coil, *Proceedings of the National Academy of Sciences of the United States of America,* 103: 15457-15462.
44) Goodson, M. L. & Sarge, K. D. 1995. Heat-inducible DNA binding of purified heat shock transcription factor 1. *Journal of Biological Chemistry,* 270: 2447-2450.
45) Larson, J. S., Schuetz, T. J. *et al.* 1995. In vitro activation of purified human heat shock factor by heat. *Biochemistry,* 34: 1902-1911.

第4章

動物における温度センサーの進化

齋藤　茂・新貝鉚蔵

　温度感覚により得られる体表や体内の温度情報は，動物にとって有害な温度からの逃避や，生存に適した温度環境の選択，また，体温調節による温度環境への順応に欠かせない．脊椎動物では，温度は末梢神経の温度受容体（温度センサー）により感受され，神経が活性化され脳に情報が伝えられる[1,2]．温度受容体は温度感受性イオンチャネルであり，哺乳類では複数の温度感受性イオンチャネルが同定されている．これらの温度感受性イオンチャネルは，温度だけでなく他の物理的な感覚刺激や様々な化学物質の受容にも関っており，多様な感覚センサーとして機能している[1-4]．温度環境の順応に温度感覚が必須であることから，進化の過程で新たな環境に適応する際や生息地の温度環境が変化した際にも，温度感覚機構の変化が大きな役割を果たしてきたと考えられる．そのため，温度感覚に直接的な影響を与える温度受容体のレパートリーや各々の温度受容体の機能の進化過程を調べることは，生物の温度環境への適応進化を解明するうえで重要である．本章では，最初に哺乳類の温度感受性イオンチャネルの生理的な特性について概説し，次に温度感受性イオンチャネルホモログ遺伝子のレパートリーの多様性およびその進化過程について脊椎動物を中心に解説する．また，最後にショウジョウバエの温度環境への順応行動において温度受容体が果たす役割について紹介する．

1. 哺乳類の温度感覚機構

　哺乳類などの神経系が発達した動物では，温度は感覚神経により感知され，情報が脳に伝えられる．感覚神経は脊髄の各節の背側から伸び全身に張り巡らされている．感覚神経の細胞体は脊髄の近くに位置し，後根神経節を形成し，細胞体から伸びる一方の軸索は脊髄に結合し，もう一方は長く伸張し皮膚などの末梢組織に達する（図1A）[1,2]．後根神経は，受容する感覚刺激の種類により，低閾値機械受容器，固有受容器，侵害受容器に分けることができる[1]．侵害刺激は痛みとして感知される生物にとって有害な強い感覚刺激であり，たとえば，高温や低温，強い機械刺激や化学的刺激などが含まれる．侵害受容器には単独の侵害刺激を受容するものと，複数の侵害刺激を受容するものが存在する．つまり，強い機械刺激，高温や低温などを痛みとして感知する神経が存在する．また，有害でない暖かい温度や涼しい温度を感知する感覚神経の存在も

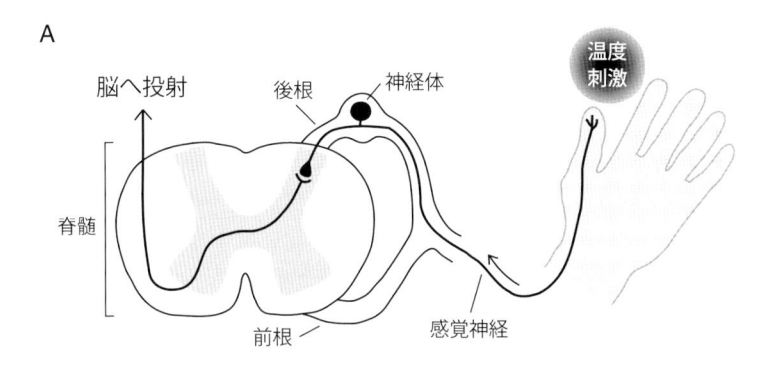

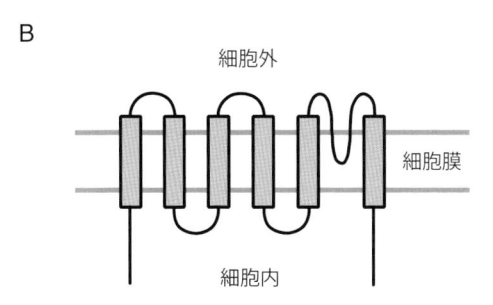

図1 温度感受機構および transient receptor potential イオンチャネルの推定立体構造の模式図．A：脊髄断面および感覚神経の模式図．感覚神経は脊髄の背側の後根から脊髄に連絡する．感覚神経の神経体は脊髄の近くに存在して後根神経節を形成し，一方の軸索は脊髄に結合し他方は長く伸長して末梢組織に張り巡らされている．温度は皮膚などの末梢組織に位置する感覚神経の末端で感知され，電気シグナルに変換され脊髄を介して脳に伝えられる．前根から運動神経が出る．B：transient receptor potential イオンチャネルは6つの膜貫通ドメインを持つと考えられている．5番目と6番目の膜貫通ドメイン間のループ領域は疎水性アミノ酸残基が多くイオンを透過する孔を形成しNおよびC末端領域は細胞内に位置する立体構造が予測されている．

示唆されている．感覚神経は温度などの物理的な刺激や化学的刺激を電気信号に変換し，電気信号が脊髄を通して脳に伝えられる（図1A）．物理的または化学的な刺激を電気信号に変換する機構において，引き金の役割を果たす因子は受容体とよばれる．温度感覚における受容体はイオンチャネルであり，温度刺激によりチャネルが開き，陽イオンが神経内に流入することがきっかけとなり電流が生じる．

最初の温度受容体は1997年にはじめて発見され，温度変化によりイオンを通す孔の開閉が調節される温度感受性の陽イオンチャネルであることが報告された．興味深いことに，温度受容体の発見はトウガラシの辛味刺激の受容体を探索する研究がきっかけだった[5]．トウガラシに含まれる辛味刺激物質であるカ

プサイシンは後根神経節を活性化することが知られていたため，この神経節に発現する遺伝子の中からカプサイシンの受容体が探索され，1つのイオンチャネルが同定された．このイオンチャネルは vanilloid receptor subtype (VR1) と名づけられた（カプサイシンは vanillyl 基を持つ化学物質である）．辛味刺激が熱い感覚を引き起こすことから，辛味と温度が同一の分子により受容されるのではないかという予測のもとに，温度の変化に対するイオンチャネルの活性が調べられた．その結果，VR1は高温（43℃以上）でも活性化され，細胞内にカルシウムなどの陽イオンを流入させる温度受容体であることがはじめて示された．VR1の発見を皮切りに，その後，アミノ酸配列の類似性を頼りにして温度感受性イオンチャネルが次々に同定され[1-4]，温度感覚の分子機構の研究が著しく進展した．

2．哺乳類の thermoTRP イオンチャネルの性質および生理的な役割

現在では，ヒト，マウス，ラットにおいて9種類の温度感受性イオンチャネルが同定されている[1-4]．これら9種類のイオンチャネルは，アミノ酸配列の類似性により transient receptor potential (TRP) 遺伝子ファミリーに分類されている[1-4]．それぞれの TRP イオンチャネルは，文献により様々な名称がつけられ混乱したために，アミノ酸配列の類似性にもとづき統一的な命名法が提唱された[6]．現在では，9種類の温度感受性 TRP (thermoTRP) イオンチャネルは，更に3つのサブファミリーに分けられている．TRPV1～TRPV4の4種類が TRP vanilloid サブファミリーに，TRPM2，TRPM4，TRPM5，TRPM8の4種類が TRP melastatin サブファミリーに，TRPA1が TRP ankyrin サブファミリーにそれぞれ分類されている[1-4]．ちなみに，前述のVR1はTRPV1に改名された．ヒトにおけるアミノ酸配列の長さは，TRPV1～TRPV4では729～871残基，TRPM2，TRPM4，TRPM5，TRPM8では1104～1408残基，TRPA1は1120残基である．TRPイオンチャネルは6つの膜貫通ドメインを持ち，5番目と6番目の膜貫通ドメイン間のループ領域は疎水性アミノ酸残基が多く，イオンを透過する孔を形成し，NおよびC末端領域は細胞内に位置する立体構造が予測されている（図1B）[1,4]．また，TRPは4量体としてイオンチャネルを構成すると考えられている．中央の膜貫通ドメインを含む領域は，異なるTRPサブファミリーのイオンチャネル間でアミノ酸配列の保存性が高い．一方，N末端およびC末端領域の長さは異なり，アミノ酸配列の変異性も高く，サブファ

ミリーごとにドメイン構造が異なる[1,4]．TRPVサブファミリーでは，N末端側の領域にアンキリンリピートドメイン（タンパク質－タンパク質相互作用に関与すると考えらており，多く種類のタンパク質に存在する）を3，4個持っており，TRPA1には15個もある．また，TRPVやTRPM8においては，6番目の膜貫通ドメインのC末端側近傍に，TRPドメインとよばれる6残基のアミノ酸配列が保存された部位が存在する．

　9種類のthermoTRPはそれぞれ異なる特性を有しており，受容する物理的，化学的な刺激の種類が異なっている（表1）．各種のthermoTRPを発現させた培養細胞を用いた実験により，TRPV1，TRPV2は高温域[5,7]，TRPV3，TRPV4，TRPM2，TRPM4，TRPM5は暖かい温度[8-14]，TRPM8[15,16]，TRPA1[17]は低温で活性化されることが示されている（表1）．これらのうち，TRPM2，TRPM4，TRPM5以外の6種類は，感覚神経の神経体が存在する後根神経節において発現している[1-4]．さらに，TRPV1とTRPV2は侵害性の高温を受容する感覚神経に発現することが示唆されている．TRPV1，TRPV3，TRPV4，TRPM8においては，それぞれの遺伝子欠損マウス（たとえば，TRPV1遺伝子欠損マウスの場合は，TRPV1遺伝子が破壊されているため正常なTRPV1イオンチャネルを発現しない）も作成され，温度感受性が調べられている．その結果，それぞれのthermoTRP遺伝子欠損マウスは，培養細胞を用いた実験で決定された活性化温度域と矛盾しない温度域の感受性に異常が認められており，生体内における温度感覚の受容体であることが示されている[18-21]．一方，TRPA1に関しては実際に温度受容体であるかどうか議論が分かれている．培養細胞を用いた実験により，TRPA1は低温で活性化されると報告されたが[17]，その後に，別の研究グループはTRPA1には温度感受性が認められないと報告した[22]．また，異なる2つのグループにおいてTRPA1欠損マウスが作成され，低温感受性に異常があるかどうか調べられた．一方のグループは低温感受性に異常を見出したが[23]，他方のグループは温度感受性においてTRPA1欠損マウスと野生型の間に明瞭な差異が認められないことを報告した[24]．TRPA1が温度受容体であるかどうかを確定するにはさらなる研究が必要である．

　thermoTRPは，温度以外の物理的な感覚刺激や様々な化学物質の受容にも関与している（表1）．高温を受容するTRPV1は酸によっても活性化され[5]，TRPV1が複数の侵害刺激の受容に関わっていることが示唆されている．また，暖かい温度を受容するTRPV4は低浸透圧や機械刺激の受容にも関わってい

表1 哺乳類thermoTRPの各種の性質（Patapoutian et al., 2003および富永，2006を参考にした）.

受容体	活性化温度（℃）	温度以外の活性化因子	発現する組織
TRPV1	>43	酸，トウガラシの辛味成分[1]，ニンニクの辛味成分[2]，脂質，エタノール	感覚神経，脳，皮膚，舌，膀胱
TRPV2	>52	機械刺激	感覚神経，脳，脊髄，肺，肝臓，脾臓，大腸
TRPV3	>39〜32	樟脳，オレガノの主成分[3]，タイムの主成分[4]，2-アミノエトキシジフェニルボレート（2-APB）	感覚神経，脳，脊髄，皮膚，胃，大腸
TRPV4	>35〜27	低浸透圧，脂質，機械刺激	感覚神経，脳，皮膚，腎臓，肝臓，心臓，脂肪，肺，内耳
TRPM2	>36	環状ADPリボース，β-NAD$^+$，ADPリボース	脳，膵臓
TRPM4	暖かい温度	カルシウムイオン	心臓，肝臓
TRPM5	暖かい温度	カルシウムイオン	味蕾細胞，膵臓
TRPM8	28〜25>	メントール，イシリン	感覚神経，前立腺
TRPA1	<17	機械刺激，ワサビの辛味成分[5]，シナモンの辛味成分[6]，オレガノの主成分，ニンニクの辛味成分，イシリン	感覚神経，内耳

1）カプサイシン，2）アリシン，3）カルバクロール，4）サイモール，5）アリルイソチオシアネート，6）シナモンアルデヒド．

る[25]．前述したように，高温の受容体であるTRPV1は辛味刺激物質であるカプサイシンにより[5]，また，低温を受容するTRPM8は冷涼な感覚を引き起こすメントールにより活性化され[15,16]，これらの化学物質が温度感覚を引き起こす原因が分子レベルで説明されている．また，その他にも，TRPV3, TRPA1は様々な香辛料やハーブに含まれる刺激物質の受容体であることが報告されている[1-4]．TRPM2遺伝子は膵臓で発現し，インシュリンの分泌に関与している[12]．一方，TRPM5遺伝子は舌の味蕾細胞において発現しており，甘み感覚のシグナル伝達に関わっている[8]．同じ濃度の砂糖水でも，暖かい温度のほうが冷たいものよりも甘みが強く感じられるが，これは甘み受容体のシグナル伝達において，甘み受容体の下流で働くTRPM5が暖かい温度で活性化され，シグナル強度を増強するためであることが示唆されている．

このように，TRPは温度だけでなく様々な感覚刺激に関わっており，その発現も感覚神経や脳に限らず体中の様々な組織で認められる[1-4]．さらに，1種類のthermoTRPが複数の物理的，化学的な感覚刺激の受容に関与することは，それぞれの感覚が独立したものではなく，他の感覚と関連していることを

示している．たとえば，トウガラシを食べると辛いだけでなく熱いとも感じる不思議な現象が TRPV1 の研究により分子レベルで説明されたことなど，私たちが日常的に感じる感覚に直結していることが，TRP イオンチャネル機能の研究の魅力である．

3．脊椎動物の thermoTRP ホモログのレパートリーの多様性およびその進化過程

TRPV や TRPM のように，同一のサブファミリーに複数の thermoTRP が含まれることは，これらの遺伝子が進化の過程で遺伝子重複により新たに生まれ，その後，アミノ酸配列を変化させて異なる性質を獲得してきたことを示している．thermoTRP のレパートリーや機能の変化は，温度感覚や他の感覚に直接的な影響を与えることから，適応進化にも大きな役割を果たしてきたと考えられる．それでは，哺乳類の thermoTRP 遺伝子は進化過程のいつごろに誕生したのだろうか．また，異なる環境に生息する脊椎動物種間で thermoTRP の種類や数に違いはあるのだろうか．

近年，脊椎動物では多くの生物種のゲノム配列が決定され，データベースが公開されている．そこで，私たちは，多様な脊椎動物種のゲノム配列データからヒトの9種類の thermoTRP のオーソログ遺伝子を収集し，比較を行った[26]．オーソログ遺伝子とは，祖先種に存在した1つの遺伝子が種分化によって分かれ異なる生物種に保存されている遺伝子同士であり，たとえば，ヒトとマウスの TRPV1 遺伝子はオーソログ遺伝子である．表2に各生物のゲノム配列に存在する thermoTRP ホモログのレパートリーをまとめた．ヒト，マウス，ラットなどの哺乳類とニワトリでは，ニワトリにおいて TRPM4 遺伝子が失われていることを除けば，各 thermoTRP 遺伝子は1コピーずつ存在し，遺伝子のレパートリーはほぼ保存されている．一方，ニシツメガエルは TRPM5 を失っているものの，哺乳類が保有するほとんどの thermoTRP を保持している．TRPV4 遺伝子が6コピーに，TRPM8 遺伝子が2コピーに増加しており，ニシツメガエルは他の脊椎動物種に比べ多くの thermoTRP ホモログを保有していることがわかった．しかし，前述の通り thermoTRP は複数の感覚刺激の受容に関るため，これらの thermoTRP ホモログのすべてが温度感受性であるのかどうかは不明である．魚類は TRPV2，TRPV3，TRPM8 のオーソログ遺伝子を持っていない．また，魚類の種間において TRPV1，TRPM4，TRPA1 遺伝子の

表2 脊椎動物のthermoTRPホモログのレパートリー（Saito et al., 2006を改変）．

種（学名）	TRPV 1 2 3 4	TRPM 2 4 5 8	TRPA 1
ヒト（Homo sapiens）	1 1 1 1	1 1 1 1	1
マウス（Mus msuculus）	1 1 1 1	1 1 1 1	1
ラット（Rattus norvegicus）	1 1 1 1	1 1 1 1	1
ニワトリ（Gallus gallus）	1 1 1 1	1 0 1 1	1
ニシツメガエル（Xenopus tropicalis）	1 1 1 6	1 1 0 2	1
ゼブラフィッシュ（Danio rerio）	1 0 0 1	1 3 1 0	2
トラフグ（Fugu rubripes）	2 0 0 1	1 1 1 0	1

コピー数が異なっている．哺乳類において温度感覚に関わるthermoTRP（TRPV1〜TRPV4，TRPM8，TRPA1）に着目すると，魚類では3種類の遺伝子が共通して失われている．水中では環境の気温差が陸上に比べ大きくないことが予想される．魚類と陸上脊椎動物のthermoTRP遺伝子ホモログのレパートリーの違いは，陸上と水中における温度環境の違いに関連しているのかもしれない．現時点では，魚類のthermoTRPの活性化温度域は実験的に調べられていないため，上記の仮説には実験的な検証が必要である．

脊椎動物種間ではthermoTRP遺伝子ホモログのレパートリーに多様性があるが，これらの遺伝子はどのようにして進化してきたのだろうか．脊椎動物に近縁な原索動物であるホヤのゲノム配列からはTRPA1のオーソログ遺伝子が見つかっている[27]．また，TRPA1はショウジョウバエや線虫のゲノム配列にも存在しており，TRPA1遺伝子の進化的な起源は動物の進化過程の初期にまで遡ることができる[28]．これに関連して，TRPA1は，マウスでは低温で活性化されるのに対して，キイロショウジョウバエでは暖かい温度で活性化されることから，動物の進化過程において受容する温度が変化したという興味深い仮説が提唱された[28]．しかし，その後に，前述の通り，マウスのTRPA1が実際に低温で活性化されるかどうかについて相反する結果が報告されたことから，この仮説にはさらなる検証が必要である[17,22-24]．分子系統解析により，脊椎動物のほとんどのthermoTRPは脊椎動物の進化過程において生じたことが示唆されている[27]．

脊椎動物のthermoTRPの進化過程を推定するために，TRPV遺伝子の系統樹を作成したところ（図2），TRPV3，TRPV4，およびTRPV1とTRPV2の祖先遺伝子は，陸上脊椎動物と硬骨魚類の共通祖先にはすでに備わっていたことがわかった．図2に示したTRPV遺伝子の系統樹では，TRPV3とTRPV4が

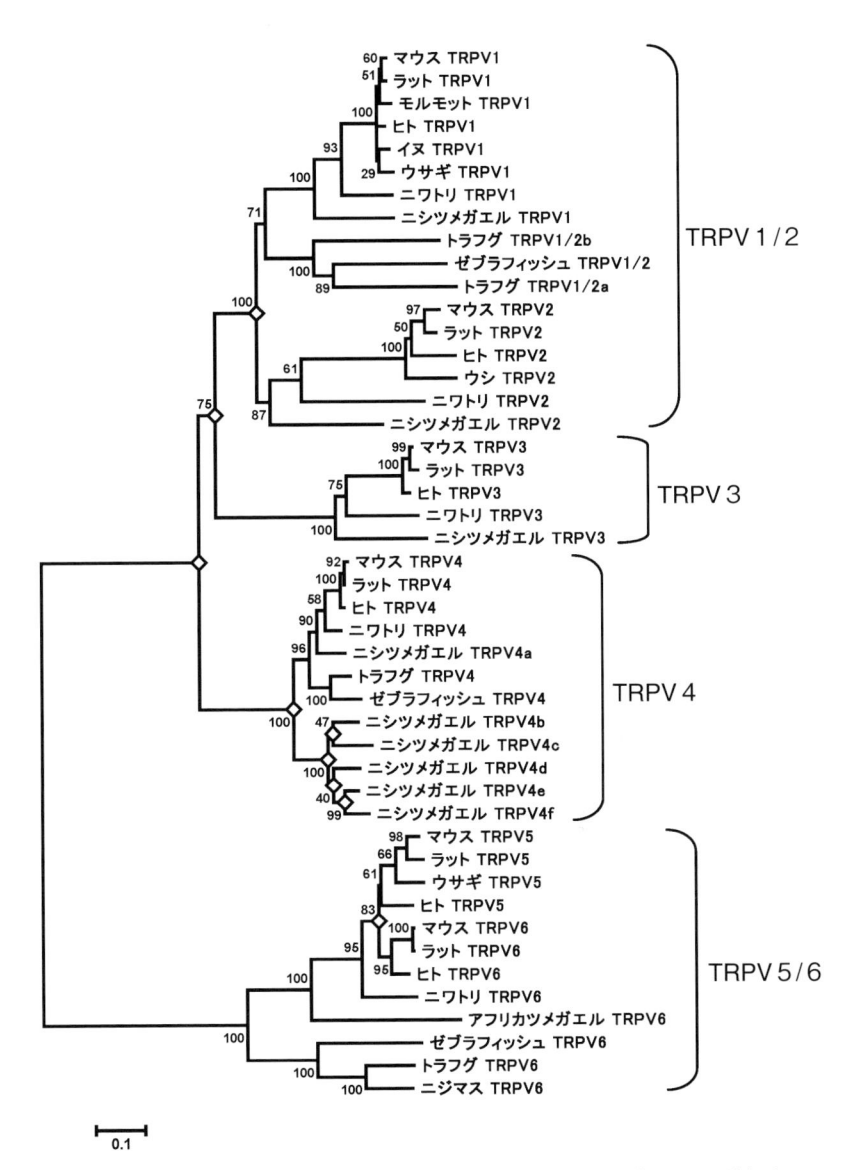

図2 脊椎動物のTRPV遺伝子の系統樹(Saito *et al.*, 2006を改変).脊椎動物のTRPV遺伝子のアミノ酸配列をアライメントし,各アミノ酸配列ペアの置換数を推定して系統樹を再構築した.水平方向の枝の長さは各枝で生じたアミノ酸置換数に対応しており,系統樹の下に示したスケールバーの数字は座位ごとのアミノ酸置換数を示している(たとえば,0.1の場合は100アミノ酸残基当たり10個のアミノ酸置換が生じたことを示している).系統樹の作成に用いたアミノ酸配列の長さは392残基.各枝の上または下の数字は枝の統計的な信頼値(ブートストラップ値)を表しており,0から100の値を取り,100に近いほど信頼性が高い.遺伝子重複が生じた時期を菱形で示した.

第4章 動物における温度センサーの進化 ● 79

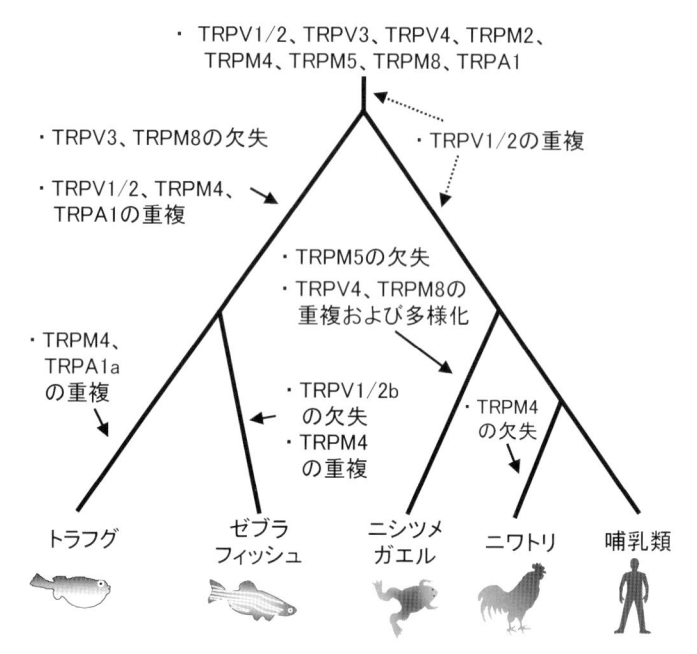

図3 脊椎動物の thermoTRP ホモログの進化過程（Saito et al., 2006を改変）．TRPV,TRPM,TRPA 遺伝子を用いて系統解析を行い遺伝子の出現時期や各系統で生じた遺伝子重複／欠失イベントを推定した．明確に時期を推定できなかった TRPV1/2 の遺伝子重複は点線の矢印で示した．TRPV1 と TRPV2 を生み出した遺伝子重複が硬骨魚類と陸上脊椎動物の祖先種で起きた場合は TRPV2 遺伝子が硬骨魚類の系統で失われたことになる．

TRPV1 と TRPV2 の分岐より早い時期に生じている．TRPV1/2 のグループには魚類の TRPV 遺伝子が含まれることから，TRPV3 と TRPV4 は硬骨魚類と陸上脊椎動物の祖先種にはすでに備わっていたことが示された．また，TRPV3 のグループには魚類の TRPV3 遺伝子が含まれないことから，魚類の系統ではこの遺伝子が失われたことがわかる．次に，TRPV1/2 のグループの中では，陸上脊椎動物の TRPV1 と TRPV2 が分岐した後に，硬骨魚類の TRPV1/2 遺伝子が陸上脊椎動物の TRPV1 と分岐している．これは，TRPV1 と TRPV2 の遺伝子重複が硬骨魚類と陸上脊椎動物の共通祖先で生じたことを支持している．しかし，陸上脊椎動物の TRPV1 と硬骨魚類の TRPV1/2 をまとめている枝の統計的な信頼性はあまり高くないために，TRPV1 と TRPV2 の遺伝子重複が硬骨魚類と分岐した後に，陸上脊椎動物の祖先種で生じた可能性も残されており，この遺伝子重複の時期は明確に決定できない．そのため，魚類においては TRPV1/2 遺

伝子として表記した．同様に，TRPM遺伝子においても系統樹を作成し，遺伝子重複や欠失の時期の推定を行ったところ，TRPM8遺伝子は脊椎動物と硬骨魚類の共通祖先において生じたが，その後，魚類の系統で失われたことがわかった．

図3にthermoTRP遺伝子ホモログの脊椎動物における進化過程を示した[26]．現生の哺乳類が保有する9種類のthermoTRP遺伝子のほとんどは，原索動物であるホヤと分岐した後に，脊椎動物の祖先種において形成されたことが明らかとなった．つまり，哺乳類の温度感覚の遺伝的な基盤は温度受容体については脊椎動物の進化過程の初期に形成され，その後，各系統で遺伝子重複，欠失を繰り返すことにより，現生の脊椎動物種は多様なレパートリーを保有するにいたったことが示された．では，thermoTRPのレパートリーの変化は，進化の過程で適応的な役割を実際に果たしたのだろうか．

4．ニシツメガエル TRPV4遺伝子の適応進化

脊椎動物のthermoTRPホモログのレパートリーの多様性において，ニシツメガエルのTRPV4遺伝子のコピー数の増加は顕著であり，適応的な進化をしてきた可能性がある．TRPV4遺伝子は，調べたほとんどの脊椎動物種で1コピーずつ保持されており，他のTRPV遺伝子に比べて脊椎動物種間でアミノ酸配列の保存性が高い．一方，ニシツメガエルはTRPV4遺伝子を6コピーも保有している（今後はTRPV4a～TRPV4fと表記する）[26]．ゲノム配列上では，TRPV4b～TRPV4fは他の遺伝子を挟むことなく直列に配置されており，そこから離れてTRPV4aが位置している．図2に示したアミノ酸配列を用いて作成されたTRPV遺伝子の系統樹では，TRPV4aは他の脊椎動物のTRPV4のグループに含まれ，各生物種の遺伝子の分岐の順番は脊椎動物種の分岐の順番と一致している．一方，TRPV4b～TRPV4fは異なるグループを形成している．DNA配列を用いて系統樹を作成すると，ニシツメガエルのTRPV4a～TRPV4fは高い信頼性により支持される1つのクラスターを形成することから，6コピーの遺伝子重複はニシツメガエルにいたる系統で生じたことがわかる（図3）．

図4に脊椎動物種のTRPV4遺伝子のアミノ酸配列を用いて作成した系統樹を示した[26]．ニシツメガエルのTRPV4aとTRPV4b～TRPV4fが分岐した後にTRPV4b～TRPV4fの系統で枝が長くなっており（枝の水平方向の長さはアミノ酸置換が起こった数に対応している），アミノ酸置換速度が上昇したことが

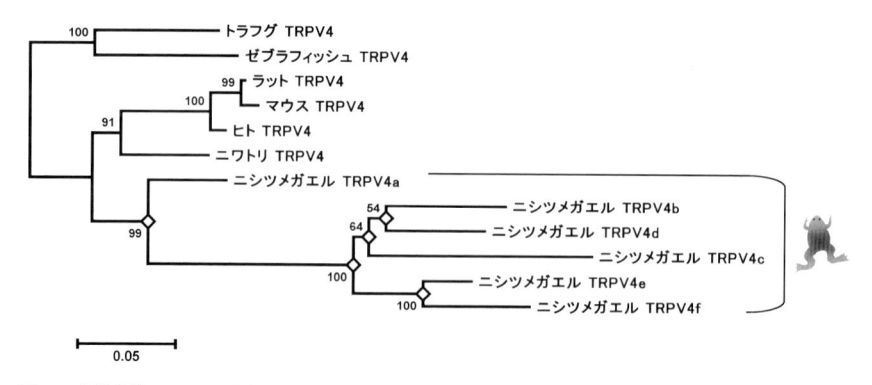

図4 脊椎動物のTRPV4遺伝子の系統樹（Saito *et al.*, 2006を改変）．脊椎動物のTRPV4遺伝子のアミノ酸配列を用いて作成した．魚類TRPV4遺伝子を外群に用いている．遺伝子重複が生じた時期を菱形で示した．

示された．これは，TRPV4b～TRPV4fが機能を失い偽遺伝子化したか，または，何らかの新たな機能を獲得した可能性を示している．ニシツメガエルのゲノム配列から推定されたTRPV4b～TRPV4fのタンパク質コード領域中には，停止コドンやフレームシフトを起こす塩基置換は存在しない．また，TRPV4b～TRPV4fのアミノ酸配列にはアンキリンリピートドメイン，膜貫通ドメイン，ポアループドメインなど他の脊椎動物のTRPVイオンチャネルに保存されるドメイン構造が維持されている．これらのことは，TRPV4b～TRPV4fが偽遺伝子ではなくイオンチャネルとしての機能を維持していることを支持している．

ニシツメガエルのTRPV4aは，他の脊椎動物のTRPV4遺伝子と全域に渡ってアミノ酸配列が類似していることから，遺伝子重複後にTRPV4aが元の機能を保持しつつ，TRPV4b～TRPV4fの祖先遺伝子がアミノ酸配列を変化させ異なる機能を獲得し，その後に遺伝子重複を繰り返すことによりコピー数を増やしたと考えられる．哺乳類において，TRPV4イオンチャネルは暖かい温度，低浸透圧，機械刺激の受容に関わることが報告されている[9, 10, 25]．両生類が水陸両方の環境に適応していること，また，皮膚が乾燥に対して敏感であることを考慮すると，TRPV4b～TRPV4fは多様な浸透圧センサーとして機能しているのかもしれない．しかし，現在のところ，TRPV4b～TRPV4fがどのような機能を持っているかはわかっていない．今後，ニシツメガエルのTRPV4イオンチャネルの性質を実験的に調べることにより，遺伝子の多様化に伴う機能の分化について興味深い知見が得られると期待される．

5．ショウジョウバエ thermoTRP の温度環境への順応行動における役割

　TRP はヒトやげっ歯類など主に脊椎動物において温度受容体として同定されてきたが，脊椎動物以外の動物でも温度受容体としての役割を担っていることがわかっている．ここ数年で，節足動物であるキイロショウジョウバエにおいて複数の TRP イオンチャネルが温度受容体として同定され，温度環境に対する適応行動に関して温度受容体が果たす役割が詳細に解析されている[29]．キイロショウジョウバエでは，現在，3種類の thermoTRP が報告されており，それらはすべて TRPA サブファミリーに含まれ，それぞれ TRPA1，Pyrexia，Painless とよばれている．

　TRPA1は，前述した通り哺乳類の TRPA1のオーソログ遺伝子である．キイロショウジョウバエの TRPA1は，培養細胞に発現させた場合に24〜29℃において活性化されることが示されている[28]．また，TRPA1の発現を抑制したキイロショウジョウバエでは温度走性行動に異常が認められる．ショウジョウバエは約24℃の温度を好み，一方で，高温から逃避する．温度勾配を形成したプレート上において，31〜35℃の領域に幼虫を置くと，野生型のキイロショウジョウバエはより低い温度域に移動する．ところが，TRPA1の発現が抑制されたキイロショウジョウバエでは，野生型にみられる高温の逃避行動が弱くなることが報告されている[30]．一方，55℃ほどの温度に保温した棒をショウジョウバエの幼虫に当てると，野生型のキイロショウジョウバエは回転してのたうちながら棒から忌避する行動をとる．この忌避行動については，TRPA1の発現を抑制したキイロショウジョウバエでも正常であり[30]，TRPA1は高温の忌避行動にはかかわっていない．このように，TRPA1は温度走性行動に重要な役割を果たしているが，高温の忌避行動には関与していない．高温の忌避行動に関与しているのは Painless である．Painless は，培養細胞に発現させた場合に約43℃の高温で活性化され[31]，有害な高温の忌避行動に関わることが知られている[32]．野生型のキイロショウジョウバエの幼虫は，46℃ほどに保温した棒を当てると棒から忌避する行動を1秒以内にとるが，一方，Painless 遺伝子を欠損したキイロショウジョウバエの幼虫においてはこの忌避行動が遅延される．また，Painless は高温以外にも強い機械刺激の受容にも関わっており，個体に有害な強い機械刺激から逃れることに役立っている．Pyrexia は培養細胞にお

いて約40℃の高温で活性化され，高温耐性に関わることが示されている[33]．キイロショウジョウバエを40℃の温度環境に曝した場合に，Pyrexia遺伝子を欠損させたキイロショウジョウバエでは，野生型のものに比べ麻痺する個体の割合が高いことが報告されている．一方，Pyrexiaはショウジョウバエの温度選択性には強くかかわっていない．温度勾配を形成した環境において，Pyrexia遺伝子を欠損させたキイロショウジョウバエと野生型のものが好む温度域には大きな違いが観察されないことから[33]，Pyrexiaの主な生理的な役割は高温ストレスの防御反応であると考えられている．

　上記の3種類のthermoTRPは暖かい温度または高温の受容体であるが，低温の感受に関与する2種類のTRP遺伝子も同定されている[34]．これらの遺伝子はTRPとTRPLと呼ばれ，以前から視覚のシグナル伝達に関わることが知られていた．キイロショウジョウバエの幼虫は，温度勾配が形成された環境において低温（約20℃以下）の温度域からも逃避する．TRPまたはTRPL遺伝子を欠損した個体では低温を逃避する行動が弱くなる[34]．一方，視覚のシグナル伝達に関わるTRPまたはTRPL以外の遺伝子を欠損したキイロショウジョウバエでは低温の逃避行動が正常であることから，TRPとTRPLは視覚のシグナル伝達経路とは異なる経路を利用して温度受容に関わることが示唆されている．TRPおよびTRPLが他のthermoTRPのように直接温度により活性化されるのかどうかは調べられておらず，温度受容体であるかは不明である．

　動物の進化過程の初期に脊椎動物と分岐した節足動物であるショウジョウバエにおいてもTRPが温度受容体であることは，TRPが原始的な動物において温度受容体としての役割を持ちはじめたことを示唆している．一方，哺乳類の9種類のthermoTRPのほとんどは原始的な脊椎動物において新たに生じた遺伝子であること，また，ショウジョウバエのPainlessやPyrexiaのオーソログ遺伝子を哺乳類が持っていないことは，異なる動物種が進化の過程で新しいthermoTRPを生み出し，独自の温度受容体レパートリーを獲得してきたことを示唆している．異なる生物種間の温度受容体レパートリーの多様性を生み出してきた要因を解明することは興味深い．今後，異なる生物種間でthermoTRPの機能の比較が進むことにより，thermoTRP遺伝子の変化と環境適応の関連性が明らかになることを期待している．

6．今後の展望

　温度感受性 TRP チャネルが最初に発見されてからまだ10年ほどしか経ていないこともあり，thermoTRP の進化学的な研究はあまり進んでいない．thermoTRP ホモログのレパートリーが脊椎動物種間において多様であることが示されたが，生物種間のレパートリーの差異が環境適応にどのように関連しているのかはわかっていない．上記に示したニシツメガエルの TRPV4 遺伝子のように，コンピューターを利用したゲノム配列のデータマイニングやアミノ酸/塩基配列の分子進化学的な比較解析により，適応的に進化した可能性のある thermoTRP ホモログ遺伝子を見つけることができる．しかし，1種類の thermoTRP は複数の組織に発現し，また，複数の感覚刺激の受容に関わることから，どのような環境要因に関連して進化してきたのかを明らかにするには，発現する組織を特定し，また，イオンチャネルの性質を電気生理学的な手法により実験的に調べる必要がある．また，研究対象の生物が生息する環境，生態や行動なども考慮にいれて研究する必要がある．今後，異なる専門分野の研究手法を複合的に利用することにより，thermoTRP が生物の適応進化に果たした役割が明らかになることが期待される．

謝辞　本研究の一部は，岩手大学21世紀 COE プログラムと科学研究費補助金（若手（B））の研究助成の下で行われた．

引用文献

1) Patapoutian, A., Peier, A. M. *et al.* 2003. ThermoTRP channels and beyond: mechanisms of temperature sensation. *Nature reviews. Neuroscience,* 4: 529-539.
2) 富永真琴．2006．温度を感じるしくみ―受容体分子の発見―．総研大ジャーナル，10: 40-45.
3) 富永真琴．2004．温度受容の分子機構― TRP チャネル温度センサー―．日本薬理学雑誌，124: 219-227.
4) Bandell, M., Macpherson, L. J. *et al.* 2007. From chills to chilis: mechanisms for thermosensation and chemesthesis via thermoTRPs. *Current Opinion in Neurobiology,* 17: 490-497.
5) Caterina, M. J., Schumacher, M. A. *et al.* 1997. The capsaicin receptor: a heat-activated ion channel in the pain pathway. *Nature,* 389: 816-824.
6) Montell, C., Birnbaumer, L. *et al.* 2002. A unified nomenclature for the superfamily of TRP cation channels. *Molecular Cell,* 9: 229-231.

7) Caterina, M. J., Rosen, T. A. *et al.* 1999. A capsaicin-receptor homologue with a high threshold for noxious heat. *Nature,* 398: 436-441.
8) Talavera, K., Yasumatsu, K. *et al.* 2005. Heat activation of TRPM5 underlies thermal sensitivity of sweet taste. *Nature,* 438: 1022-1025.
9) Guler, A. D., Lee, H. *et al.* 2002. Heat-evoked activation of the ion channel, TRPV4. *The Journal of Neuroscience,* 22: 6408-6414.
10) Watanabe, H., Vriens, J. *et al.* 2002. Heat-evoked activation of TRPV4 channels in a HEK293 cell expression system and in native mouse aorta endothelial cells. *The Journal of Biological Chemistry,* 277: 47044-47051.
11) Peier, A. M., Reeve, A. J. *et al.* 2002. A heat-sensitive TRP channel expressed in keratinocytes. *Science,* 296: 2046-2049.
12) Togashi, K., Hara, Y. *et al.* 2006. TRPM2 activation by cyclic ADP-ribose at body temperature is involved in insulin secretion. *The EMBO Journal,* 25: 1804-1815.
13) Xu, H., Ramsey, I. S. *et al.* 2002. TRPV3 is a calcium-permeable temperature-sensitive cation channel. *Nature,* 418: 181-186.
14) Smith, G. D., Gunthorpe, M. J. *et al.* 2002. TRPV3 is a temperature-sensitive vanilloid receptor-like protein. *Nature,* 418: 186-190.
15) McKemy, D. D., Neuhausser, W. M. *et al.* 2002. Identification of a cold receptor reveals a general role for TRP channels in thermosensation. *Nature,* 416: 52-58.
16) Peier, A. M., Moqrich, A. *et al.* 2002. A TRP channel that senses cold stimuli and menthol. *Cell,* 108: 705-715.
17) Story, G. M., Peier, A. M. *et al.* 2003. ANKTM1, a TRP-like channel expressed in nociceptive neurons, is activated by cold temperatures. *Cell,* 112: 819-829.
18) Lee, H., Iida, T. *et al.* 2005. Altered thermal selection behavior in mice lacking transient receptor potential vanilloid 4. *The Journal of Neuroscience,* 25: 1304-1310.
19) Caterina, M. J., Leffler, A. *et al.* 2000. Impaired nociception and pain sensation in mice lacking the capsaicin receptor. *Science,* 288: 306-313.
20) Moqrich, A., Hwang, S. W. *et al.* 2005. Impaired thermosensation in mice lacking TRPV3, a heat and camphor sensor in the skin. *Science,* 307: 1468-1472.
21) Dhaka, A., Murray, A. N. *et al.* 2007. TRPM8 is required for cold sensation in mice. *Neuron,* 54: 371-378.
22) Jordt, S. E., Bautista, D. M. *et al.* 2004. Mustard oils and cannabinoids excite sensory nerve fibres through the TRP channel ANKTM1. *Nature,* 427: 260-265.
23) Kwan, K. Y., Allchorne, A. J. *et al.* 2006. TRPA1 contributes to cold, mechanical, and chemical nociception but is not essential for hair-cell transduction. *Neuron,* 50: 277-289.
24) Bautista, D. M., Jordt, S. E. *et al.* 2006. TRPA1 mediates the inflammatory actions of environmental irritants and proalgesic agents. *Cell,* 124: 1269-1282.
25) Liedtke, W., Choe, Y. *et al.* 2000. Vanilloid receptor-related osmotically activated channel (VR-OAC), a candidate vertebrate osmoreceptor. *Cell,* 103: 525-535.
26) Saito, S. & Shingai, R. 2006. Evolution of thermoTRP ion channel homologs in

vertebrates. *Physiological genomics,* 27: 219-230.
27) Okamura, Y., Nishino, A. *et al.* 2005. Comprehensive analysis of the ascidian genome reveals novel insights into the molecular evolution of ion channel genes. *Physiological genomics,* 22: 269-282.
28) Viswanath, V., Story, G. M. *et al.* 2003. Opposite thermosensor in fruitfly and mouse. *Nature,* 423: 822-823.
29) Vriens, J., Owsianik, G. *et al.* 2004. Invertebrate TRP proteins as functional models for mammalian channels. *Pflugers Archiv : European journal of physiology,* 449: 213-226.
30) Rosenzweig, M., Brennan, K. M. *et al.* 2005. The Drosophila ortholog of vertebrate TRPA1 regulates thermotaxis. *Genes and Development,* 19: 419-424.
31) Sokabe, T., Tsujiuchi, S. *et al.* 2008. Drosophila painless is a Ca^{2+}-requiring channel activated by noxious heat. *The Journal of Neuroscience,* 28: 9929-9938.
32) Tracey, W. D., Jr., Wilson, R. I. *et al.* 2003. painless, a Drosophila gene essential for nociception. *Cell,* 113: 261-273.
33) Lee, Y., Lee, J. *et al.* 2005. Pyrexia is a new thermal transient receptor potential channel endowing tolerance to high temperatures in *Drosophila melanogaster. Nature Genetics,* 37: 305-310.
34) Rosenzweig, M., Kang, K. *et al.* 2008. Distinct TRP channels are required for warm and cool avoidance in *Drosophila melanogaster. Proceedings of the National Academy of Sciences of the United States of America,* 105: 14668-14673.

第III部

温度傷害とその回避メカニズム

第5章

植物細胞における寒冷適応分子機構

南　杏鶴・上村松生

　植物は，生存にとって不利な環境にさらされても，動物のように容易に逃げることができない．そのため，植物は外界の環境変化にすみやかに応答して適応するための生存戦略を備えている．植物が気温や湿度，日照や日長の変動などの環境ストレスから身を守る仕組みは，適応と馴化に分けることができる．適応（adaptation）とは，進化の過程で獲得され遺伝的に決定された抵抗機構であり，砂漠域に生育するサボテンなどを例にとるとわかりやすいだろう．一方，馴化（acclimation）は，個々の生物が外部の環境条件変化に応答し，形態学的・生理学的状態を変化させ，通常では耐えられない環境ストレスへの耐性を獲得することである．植物は，このような環境に対する適応・馴化機構により，高地や寒冷地域，砂漠などの厳しい環境下にまで分布を拡大している．事実，南極大陸においても多くのコケ植物と2種類の種子植物の自生が確認されている．本章では，植物が持つ環境適応能力，特に，私たちが住んでいる日本を含む温帯地域に生育する植物の冬の寒さに備えた低温馴化機構に注目し，筆者らによる研究結果を交えて紹介していきたい．

1．植物の寒冷適応機構

　寒帯や亜寒帯，および温帯域に生育している植物は，つねに真冬の寒さに耐えられるわけではない．植物は秋から冬にかけての気候変化に伴う日長や気温の低下を敏感に感受し，代謝反応を徐々に変化させることによりこれから訪れる氷点下の凍結温度で生き残るための準備をする．このような植物の応答機構を低温馴化（cold acclimation）機構とよび，この過程では，代謝レベルでの変化に伴う一次代謝物（核酸・タンパク質・脂質・炭水化物など）や二次代謝物の蓄積変動がみられる．さらに，含水量の低下および細胞壁の肥厚，成長が停止する休眠などの様々な生理学的・形態学的な応答が起こり，これら一連の変化が凍結耐性（耐凍性：freezing resistance (tolerance)）の増大と密接に関係していると考えられている（図1）[1,2]．

　「植物が凍結に耐える」ということはどういうことなのだろうか？　多くの植物では，凍結温度にさらされると細胞の導管や細胞外（アポプラスト）領域に氷晶が形成される（細胞外凍結：extracellular freezing）．その後，温度が低下

低温の認識

低温

シグナル伝達

- 細胞内Caイオンの一過的な増加
- 活性酸素の発生
- アブシジン酸（ABA）の増加
- タンパク質リン酸化・脱リン酸化シグナル伝達
- イノシトールリン脂質シグナル伝達

生理学的変化（代謝産物の蓄積変化）

- 低温誘導性転写因子を介した遺伝子発現変化
- タンパク質の合成・分解
- 細胞内浸透濃度の上昇（可溶性糖など適合溶質の蓄積や含水量の低下）
- 細胞壁・細胞膜の組成変化
- 氷核形成阻害物質の蓄積
- 親水性タンパク質（LEA）や不凍タンパク質の蓄積
- 代謝活性・酵素活性の変化

ストレス応答

- 光合成や呼吸活性の低温適応
- 活性酸素発生の制御と消去系の活性化
- 生体膜の安定化・流動性の維持
- 水分収支の改善（気孔開閉調節、根の吸水能の向上）
- 細胞内凍結の抑制（凝固点の低下　氷核成長の抑制）
- 栄養成長の停止・種子休眠・芽の休眠
- 生体膜物質輸送の維持（膜結合酵素の構造特性、低温失活防止）

凍結耐性（耐凍性）の獲得

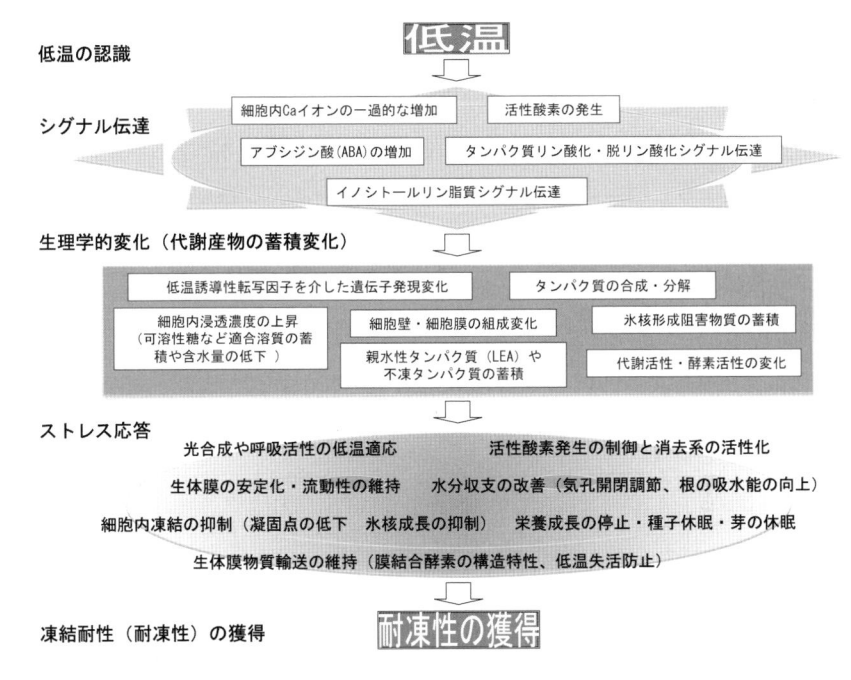

耐凍性の獲得

図1　植物の耐凍性獲得過程.

するにしたがって細胞外に形成された氷が成長し，細胞外の水ポテンシャルの減少に伴った水のエネルギー勾配によって細胞内の水が細胞外へ移動する．温度が低下するほど細胞内から細胞外への水の移動量が大きくなり，-5℃および-10℃ではそれぞれ2.7および5.4オスモル（Osm）相当の浸透圧を細胞が受けることになり，脱水された細胞は収縮し変形する．したがって，細胞外凍結の際に細胞にかかる凍結ストレスとは，温度の低下によるストレスに加え，細胞外凍結による脱水，高浸透圧および機械的ストレスが組み合わさった複合的ストレスであることがわかる．植物が細胞外凍結状態で生存するためには，凍結下で起こる様々なストレスによって生じ得る細胞の損傷を未然に防がなければならない．

　植物細胞が凍結に耐える様式には，細胞外凍結に加えて，器官内の水を積極的に器官外へ移動させて凍結脱水する器官外凍結（extraorgan freezing）様式をとるものが樹木の花芽や越冬芽などで観察されている[3]．また，厚い細胞壁で覆われている樹木の木部柔細胞では，深過冷却（deep supercooling）機構に

よって細胞外に氷ができても脱水が起こらず,最大−40℃程度まで細胞内水分が液体状態を保ったまま安定的に凍結を回避するものも知られている[4]。いずれの場合も,未凍結の細胞内に存在する水溶液の過冷却状態が打破されると,細胞内に氷晶が形成されることがある(細胞内凍結:intracellular freezing)。細胞内凍結が起こると細胞の微細構造が破壊され細胞は致死的なダメージを受けるため,細胞内凍結の発生は全力で防ぐ必要がある.

凍結に耐えられるようになった低温馴化後の植物細胞では,アミノ酸や可溶性糖などの適合溶質が細胞質に蓄積する[5,6]。適合溶質の蓄積は細胞内の浸透濃度を上昇させ,凍結下での水ポテンシャルの変化による脱水ストレスの緩和や細胞内凍結の抑制を促す.また,可溶性糖や,低温馴化過程で蓄積するLEA (late-embryogenesis abundant) タンパク質とよばれる親水性タンパク質の中には,凍結脱水時に生体膜やタンパク質と結合する性質を有し,異なる生体膜間での膜融合の抑制やタンパク質の変性を防ぐ安定化剤としての機能も示唆されている.氷核の成長抑制や水の凝固点を下げる効果を持つ不凍タンパク質を蓄積する植物種も存在し,より低い凍結温度下で過冷却状態を維持する機能が示唆されている.さらに,氷核形成阻害活性を持つ物質の蓄積,活性酸素除去酵素の活性化や抗酸化作用を持つポリアミンの蓄積,また,細胞壁を厚くすることにより凍結下で起こる脱水変形ストレスを緩和する戦略をとる植物も存在する[2,7]。このように植物の凍結耐性機構は多様であり,植物の種類だけでなく成長段階や組織,器官によっても異なり,凍結温度の低下速度の影響も受ける.近年では,モデル植物を使った遺伝子レベルから植物の低温馴化機構および凍結耐性の仕組みを解明しようとするアプローチが行われている.

2. モデル植物シロイヌナズナを用いた寒冷適応機構解明へのアプローチ

被子植物シロイヌナズナ(白犬薺 *Arabidopsis thaliana* L.)は,カラシ *Brassica juncea* L. やナノハナ *Brassica rapa* L.,ダイコン *Raphanus satius* L. などと同じアブラナ科(Brassicaceae)に属している(図2).シロイヌナズナは2000年12月に全ゲノムが解読された最初の植物であり,染色体数は5本,ゲノムサイズは1.25億塩基対,遺伝子数は約2万8000個である[8,9]。ちなみに,2004年にゲノム解読が終了したイネ *Oryza sativa* L. は染色体数12,ゲノムサイズは3.90億塩基対,遺伝子数は約3万1000個であり[10,11],シロイヌナズナの染色体数が少なく,ゲノムサイズも小さいという特徴が見て取れる.それ以外にも,世代交

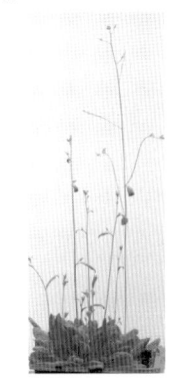

図2　植物の低温馴化．A：シロイヌナズナ植物体（23℃4週間生育）の写真．B：低温馴化未処理および低温馴化処理7日後の植物体を－2℃から－14℃まで凍結処理（冷却速度2℃/1時間）し，融解後の植物体の再成長を評価したもの．未処理では－6℃程度で枯死してしまうが，低温馴化処理を行うと－10℃以下の温度域まで凍結させても細胞は死滅しない．

代が2ヵ月程度と短いこと，遺伝学的なツールが整備されていること，また，手軽に遺伝子ノックアウト体が入手できることなどの特徴をあわせ持ち，植物科学の基礎研究を行ううえでは欠かせない植物として世界中で広く普及している．

シロイヌナズナの低温馴化機構に関する研究は1980年代後半からはじまった．Gilmourらは，わずか1日の低温（4℃）処理によってシロイヌナズナ植物体の凍結耐性が上昇することや，低温処理期間に新規の遺伝子発現やタンパク質の蓄積変化が起こることを報告している[12]．1997年には，この植物から低温誘導性転写因子である *CBF* ファミリーが単離され[13,14]，さらに，*CBF* ファミリーに属する *CBF1* の過剰発現体では低温応答性遺伝子の発現レベルの上昇をともなった凍結耐性の増大が起こることが示された[15]．現在では，CBF転写因子群の上流を制御する転写因子ICE1やICE1を翻訳後修飾（SUMO化：small ubiquitin-like modifier）するSIZ1などの因子も同定され，CBFを介した複雑な低温応答性遺伝子発現機構の上流因子が次第に明らかになっている[16〜19]．

一方で，DNAマイクロアレイによる網羅的な遺伝子発現解析（トランスクリプトーム解析）では306個の低温応答性遺伝子が同定され[20]，*CBF* ファミリー以外の低温応答性転写因子の存在も示唆されている．また，低温誘導性遺伝子には，低温処理に伴う一過的な細胞内カルシウムイオンの上昇によって誘導さ

れるもの[21]や，植物ホルモンのアブシジン酸（ABA）や乾燥ストレスによって制御される遺伝子と共通するものが存在する[22]．このような植物における低温応答性遺伝子発現機構の上流域の解明，および低温シグナル伝達経路と他の環境ストレス応答シグナル伝達機構とのクロストークに関する研究も非常に興味深い．

突然変異誘発剤であるエチルメタンスルフォン酸（EMS）処理によって凍結耐性が増加したシロイヌナズナ変異体 *eskimo1* や凍結耐性が減少した変異体 *sfr*（*sensitive to freezing mutant*）などが単離されている[23,24]．また，ストレス誘導性遺伝子 *rd29A* のプロモーターにルシフェラーゼ（LUC）の融合遺伝子を導入したトランスジェニック植物を EMS 処理し，LUC 活性による発光の程度を指標にした作出方法では，ストレス処理によって導入遺伝子の発現量が低くなる *los*（*low expression of osmotically responsive*）や高くなる *hos*（*high expression of osmotically responsive*）などの変異体が多数作出された[25]．現在では，これら原因遺伝子の同定および，低温応答性遺伝子の機能解析に関する研究が多数報告され，遺伝子レベルでの低温馴化機構の解析が進んでいる．

さらに，質量分析法の開発や改良に伴い，低温馴化過程で変動するアミノ酸や糖（スクロース・ラフィノース）の合成経路における酵素遺伝子の発現変動と代謝中間産物の網羅的解析（メタボローム）を組み合わせた代謝経路のプロファイリング研究が進んでいる[26〜28]．また，低温馴化過程におけるタンパク質の発現および蓄積変動を網羅的に調べたプロテオーム解析例も多く報告されている[29〜32]．今後，このような網羅的解析［ゲノム（遺伝子），トランスクリプトーム（転写産物），プロテオーム（タンパク質），メタボローム（代謝），およびフェノーム（表現型）解析］をふまえたうえでシロイヌナズナの豊富な遺伝学的ツールを利用することにより，低温馴化過程における生理学的現象の全体像が次第に明らかになることが予想される．

3．凍結傷害における細胞膜の役割

凍結ストレスによって引き起こされる植物の凍結傷害の1つに細胞膜の透過性の増加があり，細胞内からイオンなどの電解質が漏出することが知られている[33]．このことから，細胞外と細胞内を隔てる細胞膜は凍結傷害の初期発生部位として古くから注目されており，凍結傷害の原因として細胞外凍結による塩濃度の影響，脱水収縮や細胞外氷晶による機械的ストレスによる膜の変形や膜

タンパク質の変性などが提唱されてきた．細胞膜は，リン脂質，ステロール，スフィンゴ脂質からなる脂質二重層とタンパク質によって構成されている．細胞膜脂質は，低温下における膜の流動性を決定する要因であることから，低温馴化過程における細胞膜脂質組成に関して多くの植物を用いて解析が行われてきた（クワ Morus bombycis Koidz.[34]，ライムギ Secale cereale L.[35〜38]，オートムギ Avena sativa L.[38]，キクイモ Helianthus tuberosus L.[39]，ジャガイモ Solanum tuberosum L. and Solanum commersonii Dun.[40]，シロイヌナズナ[41]，コムギ Triticum aestivum L.[42]）．

細胞膜を構成する各々の脂質の成分比は植物や組織ごとに異なっており，低温馴化過程における脂質成分の変動も植物種により様々である．しかし，全脂質に対するスフィンゴ脂質の割合の減少や不飽和脂肪酸を持つリン脂質の増加などの共通点を見出すことができる[43]．Steponkus らは，低温馴化過程で凍結耐性の増大が低い春まきオートムギと高い秋まきライムギの細胞膜脂質成分を比較することにより，細胞膜の脂質変化と凍結耐性との関連性について議論している（図3A）．そこでは，遊離ステロール（FS），アシルステリルグルコシド（ASG），スフィンゴ脂質のグルコセレブロシド（CER）の組成比の違い，リン脂質/CER 比の違いなどを両種間での相違点としてあげている（図3B）．

細胞膜に起こる凍結傷害として，細胞壁を酵素的に取り除いた球状のプロトプラスト細胞を用い細胞外凍結時の脱水収縮ストレスを模倣した高浸透溶液と低浸透溶液の系による顕微鏡観察結果から，3つの傷害パターンが提唱されている（図3C）[44,45]．以下にそれらについて概説する．

1）Expansion-induced lysis（EIL）—低温未処理（低温馴化前）の細胞で観察—
高浸透溶液にさらされた（細胞外凍結時を模倣）細胞は脱水収縮する．このとき，細胞膜の一部が細胞質側に陥没したものと考えられる小胞（endocytotic vesicle）が多数観察される．細胞を低浸透溶液（融解時を模倣）に戻すと，吸水に伴って細胞が膨張する過程で小胞は細胞膜に戻ることができず細胞は破裂する．

2）Loss of osmotic responsiveness with endocytotic vesiculation and hexagonal II（HII）phase（LOR-HII）—低温未処理（低温馴化前）の細胞で観察—
Endocytotic vesicle を形成しながら脱水収縮した細胞は，より強い脱水ストレスを受けると細胞膜とオルガネラ膜の異常接近によって生じるヘキサゴナ

ルII相（脂質膜が逆ミセル構造）が細胞膜上で観察される（図3D）．その後，細胞を低浸透溶液にさらしても，細胞は膨張することができない．
3）Loss of osmotic responsiveness with exocytotic extrusions and the fracture-jump lesion（LOR-FJL）—低温馴化処理後の細胞で観察—

凍結（脱水）によって細胞は収縮するが，Endocytotic vesicle は観察されず，それに変わって，細胞膜の外側に細胞膜由来の突起物（exocytotic extrusion）が観察される．細胞が障害を受ける温度あるいは脱水ストレスにさらされると，膜傷害として2つ以上の膜系の融合した構造体 fracture-jump lesion（FJL）が観察される（図3D）．この場合，細胞は低浸透溶液処理あるいは融解処理過程で膨張することができない．

以上述べたように，低温馴化前のプロトプラストでは（凍結）脱水過程で endocytotic vesicle が形成される．細胞の脱水収縮時に細胞内に形成されるこの小胞は，一度形成されると融解（膨張）時に細胞膜に戻ることができない．このため，細胞外氷晶の融解過程で起こる細胞の膨張時に細胞膜の表面積がもとに戻らなくなり，細胞膜は破裂してしまう．一方，低温馴化したプロトプラスト細胞では，exocytotic extrusion ができる．細胞膜表面に付着した突起物のようなこの構造体は可逆的に細胞膜へ戻ることができ，細胞外の浸透濃度差による細胞の表面積の変化に対しても柔軟に対応することができる．Yamazaki らの研究では，低温馴化したシロイヌナズナから単離されたプロトプラストの凍結過程で，細胞膜由来の endocytotic vesicle と酷似した小胞（FIV：freeze-induced vesicular structure）を観察している[46]．ところが，この小胞は低温馴化処理前の細胞で観察される endocytotic vesicle とは異なり，融解後の吸水過程で可逆的に細胞膜へ戻ることができ，細胞は融解後の吸水ストレスにも耐えることができる．Endocytotic vesicle 様の性質を有するこの小胞構造体に関しては，今後より詳細な解析が必要である．

凍結脱水による細胞の収縮に伴い，細胞膜はオルガネラ膜と異常接近を起こす．異常接近に伴う水和斥力により水和性の高い膜タンパク質が水和性の比較的低い膜脂質と相分離を起こし，膜上には膜内粒子の欠如した領域（Aparticulate ドメイン，APドメイン）が生じる．さらに脱水が進むと，APドメインに共存していた異なる脂質間においても相分離が起こり，低温馴化前の細胞ではHII相へ，低温馴化した細胞ではより低い低温域でFJL相をとる（図3D）．

A 植物体の葉の凍結耐性（LT_{50}：50％生存率）の比較

	秋まきライムギ		春まきオートムギ	
	低温馴化未処理	低温馴化4週間	低温馴化未処理	低温馴化4週間
凍結耐性（LT_{50}）	$-6\,°C$	$-20\,°C$	$-2\,°C$	$-8\,°C$

B 植物体の細胞膜構成脂質の組成比較

脂質の種類	秋まきライムギ		春まきオートムギ	
	低温馴化未処理	低温馴化4週間	低温馴化未処理	低温馴化4週間
	mol% of total lipids			
ステロール類				
・遊離ステロール（FS）	38.1±1.3	41.1±1.2	8.4±0.2	8.3±0.4
・アシルステリルグルコシド（ASG）	2.9±0.3	1.4±0.2	27.3±2.0	22.0±1.2
・ステリルグルコシド（SG）	5.6±0.4	3.5±0.5	5.6±0.8	6.6±0.7
グルコセレブロシド（CER）	16.4±1.0	10.5±0.5	27.2±1.0	24.2±0.5
リン脂質類（PL）	38.6±1.5	43.3±1.3	28.8±1.3	36.8±1.5
その他	0.4	0.2	2.7	2.1
PL/CER比	2.23	4.12	1.05	1.52

C 単離プロトプラストにおいて凍結傷害が発生する温度

膜傷害の種類	秋まきライムギ		春まきオートムギ	
	低温馴化未処理	低温馴化4週間	低温馴化未処理	低温馴化4週間
Expansion-Induced Lysis（EIL）	-2 to $-6\,°C$	N.D.	-2 to $-4\,°C$	N.D.
LOR-HII*	$> -6\,°C$	N.D.	$> -4\,°C$	N.D.
LOR-FJL**	N.D.	$> -20\,°C$	N.D.	$> -10\,°C$

*Loss of Osmotic Responsiveness and Hexagonal II phase
**Loss of Osmotic Responsiveness and Fracture-jump Lesion
N.D. Not detection

D 膜の異常接近による膜傷害

脂質二重膜の不安定化

逆ミセル中間体

Hexagonal II (HII) phase
$Z > 1.2$
$T \geq T_{bh}$

Fracture-jump Lesion (FJL)
$Z < 1.2$
$T \leq T_{bh}$

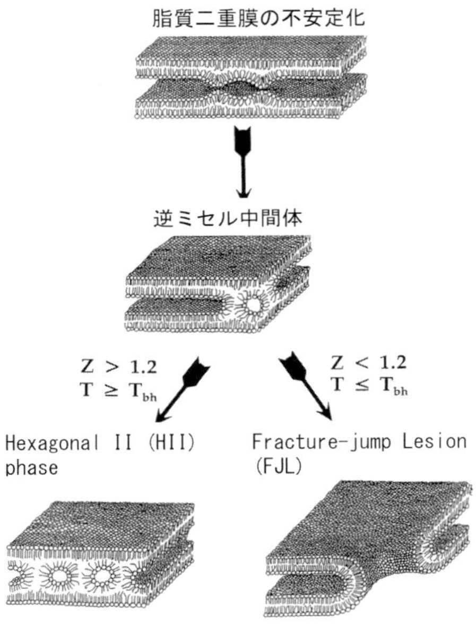

Z：ラメラ相/HII相の脂質極性基の表面積の割合
T_{bh}：ラメラ相からHII相への相転移温度

図3 低温馴化処理および低温馴化処理（4週間）した秋まきライムギと春まきオートムギにおける比較（Steponkus et al. 1993を改変）。A：植物体の葉の凍結耐性（LT_{50}：50％生存率）の比較。B：植物体の細胞膜構成脂質の組成比較。C：単離プロトプラストにおいて凍結傷害が発生する温度。D：膜の異常接近による膜傷害。

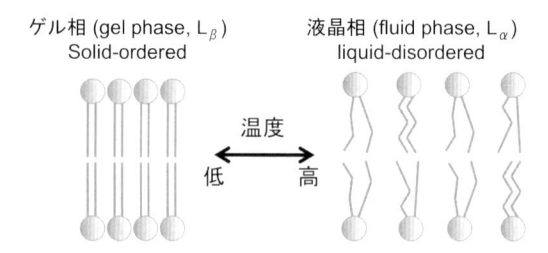

図4 脂質二重膜の相転移．脂質二重層は，温度の低下により物性が液晶相からゲル相へ変化する（相転移）．複数の脂質の混合系では，各々の脂質の相転移温度に依存してゲル相と液晶相が共存する相分離（phase separation）状態としてそれぞれの領域（ドメイン）に分かれる．
ゲル相（L_β）：規則正しく直角に脂肪酸が密着している．
液晶相（L_α）：脂肪酸部分が液体に近い状態で自由運動をとる．

　これら細胞膜の傷害の原因が細胞膜脂質組成に起因していると推測し，プロトプラストに様々な膜脂質成分を含んだ人工膜脂質（リポソーム）を融合させて凍結耐性を調べた実験がある[47]．細胞膜の主要リン脂質であるホスファチジルコリン（PC）の不飽和脂肪酸分子種を含んだ人工膜脂質（リポソーム）を低温処理前に単離したライムギのプロトプラストと融合した場合，凍結耐性が上昇するとともに，不可逆的な傷害を引き起こす endocytotic vesicle が観察されず，低温馴化した細胞でみられる可逆的な exocytotic extrusion 構造が観察された．低温馴化後のライムギの細胞膜では不飽和 PC 分子種が増加することから，低温馴化過程で起こるリン脂質の不飽和化が膜傷害の抑制と強く相関することを示している．

　また，細胞膜リン脂質の不飽和脂肪酸の増加は，膜の相転移温度を上昇させ，低温下における膜の流動性の低下を抑制する（図4）．さらに，相転移温度の高いスフィンゴ脂質が低温馴化過程で減少することも膜の流動性の低下を防ぎ，脂質間における相分離状態を起こりにくくしているものと考えられる．実際，スフィンゴ脂質の CER を含んだリポソームの実験では，HII 相の形成や膜融合が起こりやすいことが示されている[43]．このように，低温馴化過程で起こる細胞膜脂質成分の変動は，各々の成分の効果だけではなく，総合的な脂質変動の効果と相まって，凍結耐性の増大に貢献しているものと考えられる．

　さらに，シロイヌナズナでは凍結処理における LOR-HII の発生が低温馴化過程で細胞質に蓄積する可溶性糖（スクロース）によって抑制されることも報告されている[48]．おそらく，可溶性糖が脱水時に起こる細胞膜とオルガネラ膜の異常接近に対してクッションのように作用する，あるいは，膜表面に結合して

いた水と置き換わることにより脱水による膜の変成を防ぎ，膜傷害の発生を抑えているのだろう．また，細胞膜を構成するもう1つの主要成分である細胞膜タンパク質の存在も考慮する必要がある．水和性の高い細胞膜タンパク質は，脱水下で起こる脂質二重膜の異常接近を抑制する機能を持つと考えられる．さらに，低温馴化過程では細胞膜タンパク質の組成変動もみられる[29]ことから，個々の低温応答性膜タンパク質の機能的性質の側面から凍結耐性獲得機構を評価する必要性もある．

4．細胞膜の構造と機能性ドメインとしてのマイクロドメインの役割

GorterとGrendel[49]によって1925年にはじめて脂質二重層としての生体膜モデルが提唱されて以来，膜を構成する脂質とタンパク質の構造について様々な仮説が提唱されてきた[50]．1935年，細胞膜は外側がタンパク質によって覆われている脂質二重層構造であるというモデルがDanielliとDavsonにより発表された[51]．1959年には，Robertsonが透過型電子顕微鏡によって脂質二重層仮説を裏付け，単位膜仮説を提唱した[52]．そして，1972年，SingerとNicholsonによる流動モザイクモデル（fluid mosaic model）が発表される[53]．これは「生体膜は脂質二重層（lipid bilayer）の中にタンパク質がモザイク状に存在し，タンパク質はその脂質の海を自由に拡散している」というものである．現在では，このモデルに，膜脂質と膜タンパク質の相互作用（MouritsenとBloomによるMattress Model[54]）や膜構成成分のクラスター形成などを考慮し，改良されたものが普及している．

JainとWhiteは，1977年に，生体膜は流動性が少ない固い領域と流動性の高い領域に分かれ，それぞれの膜構成成分に特徴づけられた領域によって生体膜が分割されているというプレートモデルを発表した[55]．膜の非対称性や生体膜構成成分に不均一性（極性）があることは古くから知られており，動物の上皮細胞の頂端部側と側底部側には極性があり，頂端部側にスフィンゴ脂質が富んでいることが示されていた．1988年にSimonsとvan Meerは，イヌ腎臓由来MDCK細胞の小胞輸送に関与するトランスゴルジネットワーク（TGN）上にスフィンゴ脂質に富んだプラットフォームが存在し，小胞輸送のための小胞化や膜融合装置に関わるタンパク質が存在しているという説をはじめて提唱した[56]．1997年には，SimonsとIkonenによってさらに改善された脂質ラフトモデルが発表された[57]．この改善モデルを要約すると，「細胞膜上にはスフィンゴ脂質と

ステロールに富む微小領域（マイクロドメイン）が存在し，そこには小胞輸送タンパク質やシグナル伝達に関わる特異的なタンパク質が局在し，機能性ドメインとして存在している」ということである．

　一般に細胞膜脂質の数パーセントを占めるスフィンゴ脂質は，膜脂質の大半を占めるリン脂質と比較して融点が高く，また，ステロールとの親和性が高く互いに会合しやすいという物理的特性を持つ．このことから，細胞膜上のスフィンゴ脂質はステロールとともに，リン脂質からなる比較的流動的な液晶相とは分離して存在し，流動性が抑制された秩序液晶相（liquid-ordered phase：Lo）として微小ドメインを形成すると考えられている．リポソームを使った脂質の混合膜系の実験では，脂質二重層を構成する各々の脂質分子の相転移温度（phase transition temperature）に依存して形成される領域（ドメイン）が共存し，リン脂質とは異なるスフィンゴ脂質とステロールに富んだ Lo 相が観察されている[58]．このことからも，スフィンゴ脂質からなるドメインの存在が提唱されている．

　スフィンゴ脂質やコレステロールに富んだマイクロドメインは，スフィンゴ脂質の性質により界面活性剤に不溶性の細胞膜（detergent-resistant plasma membrane：DRM）画分として生化学的に単離される．DRM 画分に存在するタンパク質の解析により，シグナル伝達や細菌・ウイルスの感染，膜輸送，小胞輸送，細胞接着の場としてのマイクロドメインの機能が示唆されている．

　これまで，DRM 画分として生化学的に単離された成分がマイクロドメイン構成因子であることを前提として研究が行われてきた．その一方で，実際の生体膜上にスフィンゴ脂質に富むマイクロドメインが存在するかどうかが疑問視されてきた．近年では，DRM 画分から同定された脂質やタンパク質を用いた免疫染色法だけでなく，一分子蛍光観察法や蛍光共鳴エネルギー移動法，全反射顕微鏡や原子間力顕微鏡などを用いて，生体膜上におけるマイクロドメインの観察がさかんに行われている．その結果，直径数十から数百ナノメートルのドメインとして大きさや形を流動的に変えるマイクロドメインの存在が証明されている[59]．

　細胞膜上のスフィンゴ脂質やコレステロールに富んだマイクロドメインには，細胞膜表面のくぼみ状の構造体として知られるカベオラ（植物には存在しないと考えられている）や格子構造をとるクラスリン複合体など，電子顕微鏡レベルで形態学的に観察が可能なものも存在する．現段階では，Simons と Ikonen に

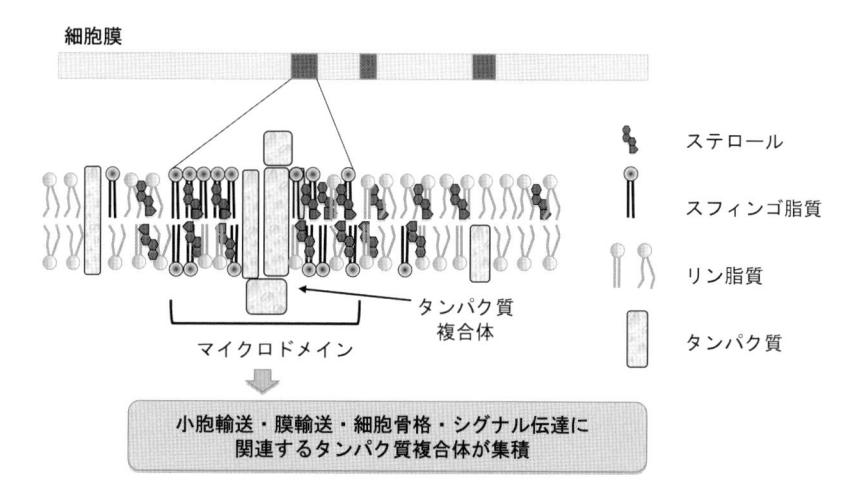

図5 細胞膜マイクロドメインのモデル図．細胞膜上には，スフィンゴ脂質とステロールに富んだ直径数十から数百ナノメートルの微小領域（マイクロドメイン）が存在する．各々のマイクロドメインにはこれら脂質と親和性の高いタンパク質がそれぞれ複合体を形成し，生体膜における効率的・流動的な情報伝達の場として機能していると考えられている．

よって提唱されたスフィンゴ脂質からなる細胞膜ラフト（membrane raft）は以下のように定義されている（図5）[60]．"Membrane rafts are small (10～200 nm), heterogeneous, highly dynamic, sterol- and sphingolipid-enriched domains that compartmentalize cellular processes. Small rafts can sometimes be stabilized to form larger platforms through protein-protein and protein-lipid interactions."

マイクロドメインの機能解析は，主に動物細胞や酵母細胞を用いて行われてきたが，植物材料でもタバコ *Nicotiana tabacum* L.，シロイヌナズナ，西洋ネギ *Allium porrum* L.，タルウマゴヤシ *Medicago truncatula* Gaertn などで DRM 画分が単離され，脂質およびタンパク質の網羅的解析が行われてきた[61～69]．その結果から，植物細胞でも動物細胞と類似する機能を有するマイクロドメインが存在していると推測されている[70～73]．

低温馴化により凍結耐性が増大した植物では，共通して，細胞膜におけるスフィンゴ脂質含量が低下する．シロイヌナズナの場合，7日間の低温馴化処理によって CER の割合が7.3 mol%から4.3 mol%へ低下する[41]．これまで述べてきたように，植物の凍結耐性獲得機構における細胞膜脂質の役割は，低温下での膜の流動性の低下に関連した膜脂質レベルでの膜傷害の程度に注目が集まっていた．しかし，私たちは，膜脂質が有するマイクロドメインを形成する因子

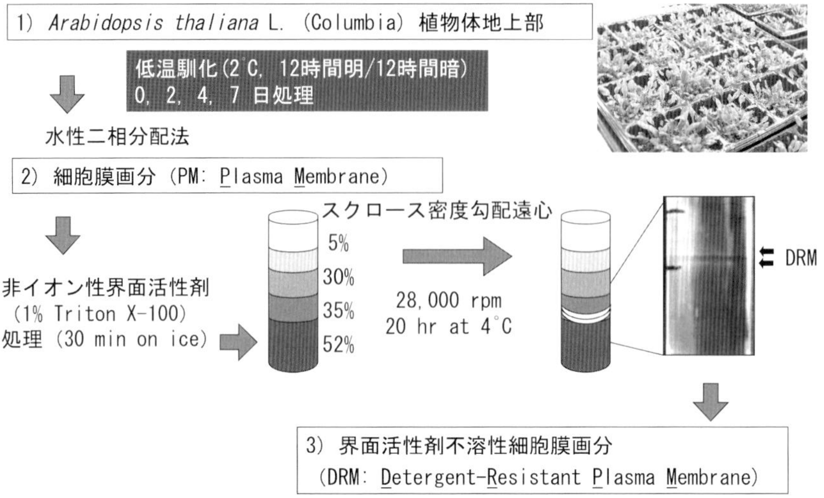

図6 シロイヌナズナ植物体からの細胞膜マイクロドメイン（DRM）画分の単離方法．23℃連続光下で，3〜4週間生育したシロイヌナズナ植物体を低温馴化処理した後，地上部を刈り取り，水性二相分配法により全膜画分から細胞膜画分を精製した．細胞膜マイクロドメイン画分は，細胞膜画分を1% Triton X-100による氷上30分処理後，52%スクロース溶液とし，スクロース密度勾配遠心法により非イオン性界面活性剤不溶性膜（detergent-resistant plasma membrane：DRM）画分として単離した．

としての機能に注目し，凍結耐性に与えるマイクロドメインの機能について研究を進めてきた．

スフィンゴ脂質はその物理的性質によって細胞膜上に不均一に分布し，ステロールとともに機能性タンパク質が集合するマイクロドメインの形成と維持に関わっている．さらにマイクロドメインには特異的なタンパク質が局在し，これらタンパク質の局在や活性が低温下で変動することが予想された．そこで，植物細胞膜マイクロドメイン構成成分の低温馴化過程への関与を調べるため，シロイヌナズナ細胞膜からDRM画分を単離し，脂質およびタンパク質の低温応答性を網羅的に解析することにより，低温馴化過程におけるマイクロドメイン局在脂質およびタンパク質のダイナミクスと機能推定を行うことにした[74]．

5．シロイヌナズナ細胞膜マイクロドメインの網羅的解析

（1）シロイヌナズナ植物体からの細胞膜マイクロドメインの単離

数日間の低温処理によって凍結耐性が増大するシロイヌナズナ植物体から細胞膜マイクロドメインを単離して解析に用いた．詳細を図6に示す．細胞膜画

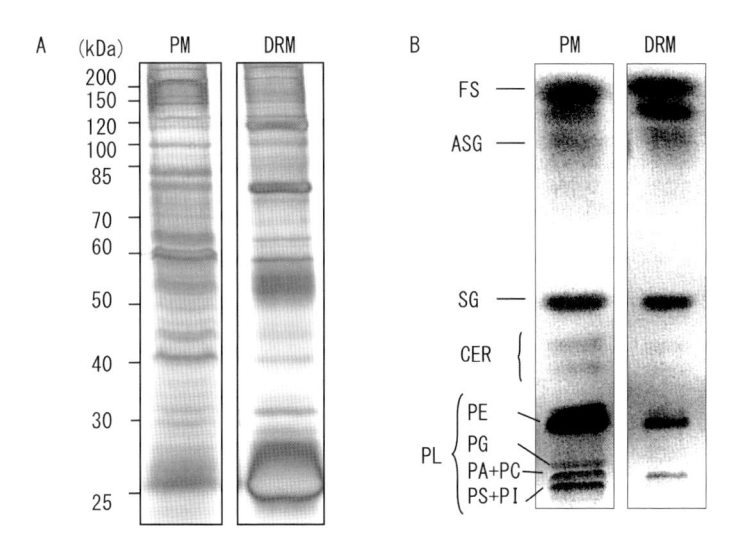

図7 シロイヌナズナ植物体から単離した細胞膜（PM）およびマイクロドメイン（DRM）画分のタンパク質および脂質の組成比．A：未処理の植物体から単離したPMおよびDRM画分タンパク質の一次元電気泳動像．DRM画分タンパク質は細胞膜タンパク質の10％以下の収量で得られる．B：未処理の植物体から単離したPMおよびDRM画分の脂質成分の薄層クロマトグラフィー（TLC）展開像．DRM画分ではPL量が極端に少ない．FS：遊離ステロール，ASG：アシルステリルグルコシド，SG：ステリルグルコシド，CER：グルコセレブロシド，PL：リン脂質．

分を界面活性剤処理し，スクロース密度勾配遠心を行うと，不溶性の白濁した2本のバンドを肉眼で確認することができる．そのバンド付近の溶液をまとめて回収し，遠心後に得られたペレットを界面活性剤不溶性細胞膜（DRM）画分として以後の解析に用いた．

低温未処理（低温馴化前）の植物から調整したDRM画分には，全細胞膜画分の9.5％に相当するタンパク質が回収された．細胞膜画分とDRM画分のタンパク質をSDS-PAGEにより分離したところ，両者のタンパク質の泳動パターンが大きく異なっていたことから，特異的な細胞膜タンパク質群がDRMに濃縮されていることが明らかとなった（図7A）．

次に細胞膜およびDRM画分の脂質組成を調べた（図7B，8A）．細胞膜画分と比較してDRM画分では，リン脂質の減少（63.8 mol％から36.6 mol％）に伴って，ステロール類（31.8 mol％から52.0 mol％）とスフィンゴ脂質であるグルコセレブロシド（CER,4.4 mol％から11.5 mol％）の含量比が増加し，それらの成分に富んだ膜画分として単離された．この性質は，動植物で一般的に示されているDRM画分の特徴と類似している．特にDRM画分では，糖を含む脂

質，つまりエステル化された糖ステロールであるアシルステリルグルコシド（ASG）やステリルグルコシド（SG），また，スフィンゴ糖脂質のCERを合計した割合が9.3 mol%から33.1 mol%へ上昇した．さらに，DRM画分に占めるタンパク質あたりの脂質量が細胞膜画分よりも少ないことから，植物のDRM画分は細胞膜全体と比較してタンパク質に富んだ領域であることがわかった．動物のDRM画分は，一部の例外（白血球細胞）を除いて，一般的に低密度（5/30%スクロース濃度）という特性を有する．しかし，これまで報告のある植物のDRM画分の密度はすべて高密度（およそ35%から45%スクロース濃度）であり，植物のDRM画分に含まれるタンパク質の割合が高いことがその理由の1つであると考えられる．また，動植物間では，スフィンゴ脂質やステロールの分子種が異なることから，細胞膜脂質の物理的挙動が異なり，マイクロドメイン画分に存在するタンパク質成分の質と量にも影響を与えているのかもしれない．今後さらに詳しい解析を行う必要がある．

(2) 低温馴化過程におけるDRM画分の組成変化

　低温馴化過程のシロイヌナズナの細胞膜画分では，遊離ステロールやリン脂質含量の増加，およびスフィンゴ脂質含量の低下がみられた．しかし，低温馴化後のDRM画分では，界面活性剤に対して溶けにくいという性質を付加するスフィンゴ脂質含量比の目立った変動はなく，ASG, SGおよび総リン脂質量の変動がみられなかった（図8B）．ところが，遊離ステロール含量には有意な増加がみられた．リポソームの実験では，植物ステロールがドメイン形成を促進することが示されており[75]，低温馴化過程における細胞膜への遊離ステロールの役割を調べる必要がある．今後，低温馴化過程で変動する遊離ステロールの分子種を特定することにより，低温下におけるマイクロドメインの形成における遊離ステロールの役割について考察していきたい．

　一方，細胞膜タンパク質当たりのDRM画分タンパク質の収量は低温馴化過程で徐々に低下し，低温処理7日間に9.5%から5.7%へと低下し，未処理の回収率の約60%になった．しかし，DRM画分の脂質（mol比）当たりのDRMタンパク質量には，低温馴化前後において有意な違いがみられなかった[74]．これらの結果は，細胞膜タンパク質当たりでDRM構成成分の占める割合が低温馴化過程において減少することを示している．言い換えれば，細胞膜上のマイクロドメインの大きさや数が低温馴化過程で縮小していることを意味するのかもし

A

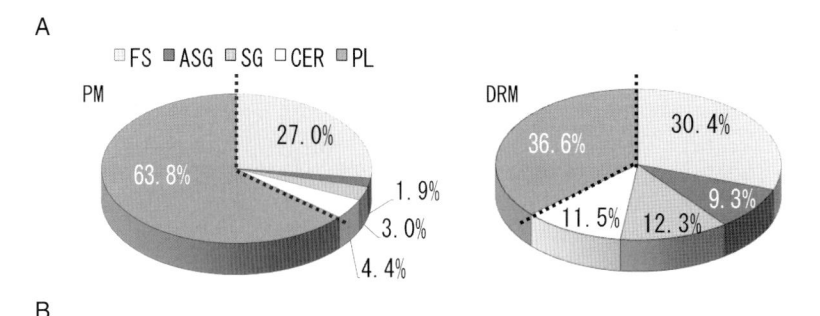

PM
- FS 63.8%
- ASG 3.0%
- SG 4.4%
- CER 1.9%
- PL 27.0%

DRM
- FS 30.4%
- ASG 9.3%
- SG 12.3%
- CER 11.5%
- PL 36.6%

B

脂質	細胞膜（PM）画分		DRM画分	
	未処理	低温馴化7日	未処理	低温馴化7日
	nmol/mg protein			
ステロール類	514±69	627±91	704±111	856±53
・遊離ステロール（FS）	435±46	549±85	411±59	505±34
・アシルステリルグルコシド（ASG）	30±12	29±8	128±43	168±27
・ステリルグルコシド（SG）	48±19	50±23	165±24	184±24
グルコセレブロシド（CER）	70±19	47±22	158±114	151±70
リン脂質類（PL）	1027±83	1199±56	494±69	482±80
全脂質量	1612±136	1874±131	1356±181	1489±166

図8　シロイヌナズナ植物体から単離した細胞膜（PM）およびマイクロドメイン（DRM）画分の脂質組成比（Minami et al., 2009を改変）．A：未処理の細胞の全脂質における各脂質成分の存在比．B：低温馴化過程における細胞膜およびマイクロドメイン画分の脂質成分の変化．FS：遊離ステロール，ASG：アシルステリルグルコシド，SG：ステリルグルコシド，CER：グルコセレブロシド，PL：リン脂質．

れない．細胞膜を構成するスフィンゴ脂質がすべてDRM画分として単離されるわけではないが，DRM構成成分の低温馴化後の収量の低下が低温馴化過程で減少する細胞膜に存在するスフィンゴ脂質含量の低下の影響を受けているように見受けられる．

次に，一次元電気泳動で分離したDRMタンパク質のバンドを切り出し，質量分析を行ったところ，15本のバンドから80個の異なるタンパク質を同定することができた．この中には細胞膜H^+-ATPase（10種）や細胞膜型アクアポリン（10種），液胞膜H^+-ATPaseサブユニット（5種）のほか，細胞骨格系タンパク質であるアクチン（2種）やチューブリン（11種），また，小胞輸送系タンパク質（10種）やシグナル伝達関連タンパク質（5種）が含まれていた．DRM画分は界面活性剤に対して不溶性の性質を持つため，その多くが膜貫通型タンパク質であると予想されたが，約半数（41個）のタンパク質は膜貫通ドメインを持たない表在性タンパク質，およびタンパク質のN末部分が修飾さ

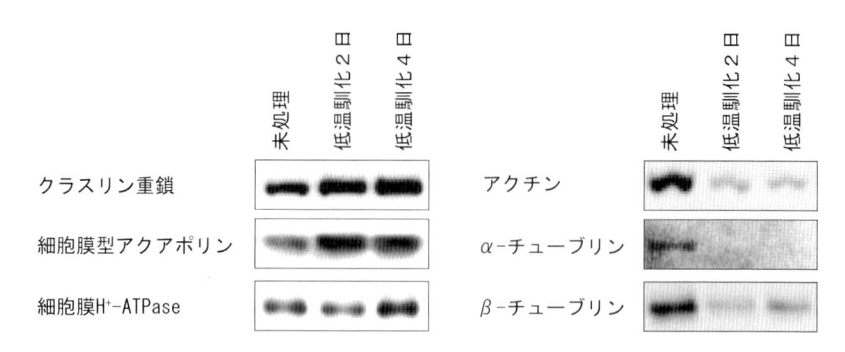

図9 低温馴化過程におけるDRM画分へのタンパク質蓄積変化．MS解析によってDRM画分への局在が示された抗タンパク質抗体を用いてウエスタンブロット解析を行った．低温馴化未処理，または低温馴化処理2日目，4日目の植物体から単離したDRM画分タンパク質をそれぞれ1μgずつ用いている．その結果，小胞輸送に関連するクラスリン，膜輸送に関連する細胞膜型アクアポリンや細胞膜H^+-ATPaseの低温馴化過程におけるDRM画分へのタンパク質の蓄積がみられた．一方，細胞骨格の構成成分であるアクチン（ACT2, 7, 11認識抗体）やαおよびβ-チューブリンは低温馴化2日後で蓄積量が減少した．

れたものであった．質量分析によってDRM画分への局在が示されたタンパク質の低温応答性をウエスタンブロット解析によって調べたところ，クラスリン重鎖や細胞膜型アクアポリンは低温馴化処理2日後に，細胞膜H^+-ATPaseは4日後に増加し，一方，アクチンやチューブリンは低温馴化過程で減少することがわかった（図9）．

さらに，低温馴化処理過程におけるDRMタンパク質の変化を詳細に解析するため，2D-DIGE（two-dimensional differential gel electrophoresis）法を用いて表在性タンパク質の蓄積を低温馴化前後で比較した．2D-DIGE法とは，比較したい2つのサンプルに含まれるタンパク質を異なる蛍光色素で標識し，その後混合したサンプルを同一のゲルで2次元電気泳動し，標識した蛍光強度を比較することによってタンパク質の変動を解析する方法である．同一ゲルに比較したいサンプルが共存するため，タンパク質の比較解析が容易にできる利点を有する．さらに解析するすべてのゲルに共通のプールサンプルを内部標準として用いるため，ゲル間の実験上のばらつきをスポットごとに補正することができ，定量性，再現性が向上するという利点がある．筆者らはこの方法を用いてDRM画分に存在した表在性膜タンパク質に関してディファレンシャル解析を行った．その結果，160個余り検出されたDRMタンパク質スポットの約40％が低温馴化過程で蓄積変動していることを明らかにした．

次に，2D-DIGE法で蓄積変動がみられたDRMタンパク質のうち36個を質量

表1 シロイヌナズナDRMタンパク質の低温馴化過程における蓄積量の変化(2D-DIGE法による定量的解析)(Minami *et al*., 2009を改変).

タンパク質名	カテゴリー*	アクセッションナンバー	AGIコード	低温馴化過程におけるDRM画分へのタンパク質の蓄積量の変化			
				未処理	低温馴化2日	低温馴化4日	低温馴化7日
1) 低温馴化後DRM画分への蓄積量が増加							
DRP1A (Dynamin-related protein 1A)	2	P42697	At5g42080	1.00 ± 0.09	2.77 ± 0.32	1.91 ± 0.15	2.86 ± 0.45
DRP1E (Dynamin-related protein 1E)	2	Q9FNX5	At3g60190	1.00 ± 0.11	2.07 ± 0.33	1.85 ± 0.11	1.82 ± 0.18
DRP2A (Dynamin-related protein 2A) and DRP2B (Dynamin-related protein 2B)	2	Q9SE83 Q9LQ55	At1g10290 At1g59610	1.00 ± 0.21	1.84 ± 0.28	1.83 ± 0.23	2.35 ± 0.38
Remorin family protein	4	O80837	At2g45820	1.00 ± 0.15	2.09 ± 0.47	2.44 ± 0.59	1.84 ± 0.14
2) 低温馴化後DRM画分への蓄積量が減少							
VHA-A (V-type H+-ATPase subunit A)	1	O23654	At1g78900	1.00 ± 0.19	0.63 ± 0.12	0.39 ± 0.08	0.32 ± 0.08
VHA-B1 (V-type H+-ATPase subunit B1)	1	P11574	At1g76030	1.00 ± 0.16	0.47 ± 0.07	0.28 ± 0.07	0.27 ± 0.08
VHA-C (V-type H+-ATPase subunit C)	1	Q9SDS7	At1g12840	1.00 ± 0.10	0.33 ± 0.06	0.32 ± 0.07	0.27 ± 0.06
VHA-E (V-type H+-ATPase subunit E)	1	Q39258	At4g11150	1.00 ± 0.25	0.35 ± 0.05	0.25 ± 0.04	0.23 ± 0.05
ACT2 (Actin-2)	3	Q96292	At3g18780	1.00 ± 0.13	0.71 ± 0.08	0.48 ± 0.03	0.48 ± 0.03
or ACT8 (Actin-8)	3	Q96293	At1g49240				
TUA2/TUA6,TUB2,4,5,6,7,9 (Tubulin α-, β-chains)	3			1.00 ± 0.12	0.58 ± 0.09	0.40 ± 0.08	0.49 ± 0.12
Patellin-1 and Patellin-2	2	Q56WK6 Q56ZI2	At1g72150 At1g22530	1.00 ± 0.15	0.89 ± 0.09	0.47 ± 0.14	0.88 ± 0.15
3) 低温馴化前後でDRM画分への蓄積量が変化しない							
SKU5	5	Q9SU40	At4g12420	1.00 ± 0.38	0.70 ± 0.23	1.14 ± 0.45	0.12 ± 0.49
Hsc70.1 or Hsc70.2 or Hsc70.3	5	P22953 P22954 O65719	At5g02500 At5g02490 At3g09440	1.00 ± 0.14	0.92 ± 0.12	0.95 ± 0.10	1.06 ± 0.14
PIRL4	5	Q9SVW8	At4g35470	1.00 ± 0.10	1.16 ± 0.16	1.63 ± 0.22	1.41 ± 0.14
TGG2 (Thioglucosidase 2)	5	Q42595	At5g25980	1.00 ± 0.26	0.83 ± 0.14	1.27 ± 0.46	0.01 ± 0.26
eEF-1A (Elongation factor 1-α)	5	P13905	At1g07940/ At1g07920/ At5g60390	1.00 ± 0.11	0.85 ± 0.19	0.58 ± 0.09	0.79 ± 0.12
Remorin family protein	4	Q9M2D8	At3g61260	1.00 ± 0.10	1.42 ± 0.05	1.22 ± 0.07	1.60 ± 0.22
Remorin family protein	4	Q9FFA5	At5g23750	1.00 ± 0.08	1.19 ± 0.14	1.21 ± 0.15	1.23 ± 0.15
Nodulin-like proteins (Band 7 flotillin)	4	Q5O1E6	At5g25250	1.00 ± 0.18	1.09 ± 0.24	0.90 ± 0.28	0.72 ± 0.22
Band 7 family protein	4	Q4V3D6	At5g25260				
Band 7 family protein	4	Q9CAR7	At1g69840	1.00 ± 0.26	1.06 ± 0.22	1.15 ± 0.36	0.89 ± 0.20
Band 7 family protein	4	Q9FM19	At5g62740	1.00 ± 0.15	0.93 ± 0.22	1.04 ± 0.17	1.05 ± 0.28
Band 7 family protein	4	Q9SRH6	At3g01290	1.00 ± 0.15	1.39 ± 0.30	1.37 ± 0.30	1.08 ± 0.16
Endomembrane-associated protein	5	Q2L6T2	At4g20260	1.00 ± 0.25	1.47 ± 0.24	0.82 ± 0.15	1.44 ± 0.22

*機能カテゴリー — 1：膜輸送系タンパク質，2：小胞輸送系タンパク質，3：細胞骨格タンパク質，4：マイクロドメイン局在タンパク質，5：その他

分析によって同定したところ，膜輸送関連タンパク質，小胞輸送関連タンパク質，細胞骨格タンパク質，マイクロドメイン関連タンパク質，およびその他の5つに分類することができた（表1）．以下に，膜輸送関連タンパク質，小胞輸送関連タンパク質，および細胞骨格タンパク質について推定される機能を示す．

1）膜輸送関連タンパク質

　細胞膜 H^+-ATPase は水素イオン能動輸送に伴う細胞質の pH の調節と膜電位の調節を行うタンパク質であり，植物の DRM 画分に著しく濃縮されるため植物のマイクロドメインマーカータンパク質としてよく使われている．植物の低温傷害の1つに細胞質の酸性化が知られており，低温馴化したキクイモでは，細胞膜 H^+-ATPase の活性を上昇させることで細胞質の pH 調節を行っていると考えられている[39]．また，酵母では DRM 画分で細胞膜 H^+-ATPase がタンパク質複合体を形成することが報告されている[76, 77]．これらのことをふまえると，シロイヌナズナの低温馴化過程では，マイクロドメインに集合した細胞膜 H^+-ATPase が複合体を形成することで酵素活性を増加させていることが予想された．また，水チャネルとしての機能をもつアクアポリンもシロイヌナズナ DRM タンパク質の主なタンパク質であり，低温馴化過程の DRM 画分で蓄積量の増加がみられた．酵母にアクアポリンを過剰発現させると，低温下における水の透過性および凍結耐性が増加する[78, 79]．したがって，シロイヌナズナの細胞膜型アクアポリン複合体は細胞外凍結時や融解時における細胞膜を介した水分子の移動に必要な細胞膜の水透過性の上昇に関与しているのかもしれない．

2）小胞輸送関連タンパク質

　低温馴化後のシロイヌナズナの DRM 画分にはクラスリン小胞を介したクラスリン依存的エンドサイトーシスに関連するタンパク質（クラスリン重鎖やダイナミン様タンパク質）の蓄積量の増加がみられた．エンドサイトーシスとは，メンブレントラフィックを介した細胞内膜輸送システムの一部であり，不必要になった細胞膜成分や細胞壁成分，細胞外物質を小胞として切り出し（あるいは小胞内に取り込んで），細胞内へ輸送する経路を指す．したがって，低温下でこれら細胞膜構成成分の再構築に関わる機構が細胞膜マイクロドメイン上で機能していることが考えられる．また，低温処理によって

エンドサイトーシスによる細胞膜からの小胞輸送が低下することが知られている[80]. よって，低温下におけるエンドサイトーシスを介した小胞輸送の低下により，クラスリン小胞を細胞膜から切り離す活性を持つダイナミン様タンパク質が低温馴化過程のDRM画分に蓄積していることも考えられた．また，液胞膜H$^+$-ATPase は，エンソドームを介してエンドサイトーシスの活性を調節することが知られていることから，DRM画分におけるこれらサブユニット群の低温馴化過程での減少と関係があるのかもしれない．

3）細胞骨格タンパク質

細胞膜の裏打ち構造体である細胞骨格は，細胞の形態を維持し，細胞内のオルガネラの移動に関わっている．植物の細胞膜直下には，主にアクチンが重合したマイクロフィラメントとα-およびβ-チューブリンが重合した微小管が存在する．これらのフィラメントは低温下では脱重合することが知られており，凍結脱水時における細胞の変形ストレスに対する柔軟性を与えていると考えられる[81]．また，マイクロフィラメントの脱重合反応が低温シグナル伝達に関与しているという報告例もある[82]．シロイヌナズナでは，α-およびβ-チューブリンとアクチンがDRMタンパク質として同定され，さらに，低温馴化過程でこれらのタンパク質蓄積量は減少した．このことは，マイクロドメインが細胞膜と細胞骨格と相互作用する場として機能し，低温馴化機構における凍結耐性や低温の受容に関与していることを示唆している．

6．最後に

細胞膜のDRM画分に存在するタンパク質は，低温馴化過程において量的および質的に変動する．さらに，DRMタンパク質の多くが，見かけ上転写レベルでの増減とは一致せずに蓄積量を変化させていることが明らかになった[83]．一般的に，細胞膜に局在するタンパク質はmRNAの情報をもとに小胞体で合成され，ゴルジ装置や輸送小胞系を経て，オルガネラで合成された膜脂質とともに細胞膜に運ばれる．一方，不必要になった膜構成成分は，輸送小胞系を介して細胞膜から除去または再利用される．今回得られた結果を考えてみると，低温馴化過程におけるDRM画分タンパク質の蓄積レベルでの制御機構を明らかにすることは大変興味深い課題である．

また，低温馴化処理によるDRM画分タンパク質の蓄積量の変動は，同一の

機能分類群として類推されるタンパク質群において同様の低温応答性を示す傾向が見られた（例：液胞膜 H^+-ATPase サブユニット，エンドサイトーシス関連タンパク質，細胞骨格タンパク質など）．この結果は，スフィンゴ脂質によって構成される細胞膜マイクロドメイン上には，機能的に関連しあうタンパク質群が集合しクラスターを形成しているという説と一致し，シロイヌナズナの低温馴化過程では，各々のマイクロドメインが機能別クラスターごとに変動している可能性が考えられた．

　膜タンパク質の中には，細胞膜 H^+-ATPase のように近傍の膜脂質の組成により活性調節を受けるものが存在する[84]．また，動物細胞では遊離ステロールがマイクロドメインのタンパク質複合体の機能を調節しているという報告例も多い[85]．したがって，マイクロドメインのように制限された領域内では脂質とタンパク質との相互作用を無視することはできず，マイクロドメインの大きさや機能に対して両者が密接に関係していることも十分に考えられる．今後，低温馴化過程におけるマイクロドメイン局在タンパク質と脂質間の分子レベルでの相互作用に関する研究や顕微鏡観察，さらには，マイクロドメイン局在タンパク質や脂質量を人工的に可変した場合の低温馴化過程や凍結耐性と膜機能の関連性などについて解析を行うことにより，細胞膜の低温馴化，もしくは凍結耐性獲得機構におけるマイクロドメインという機能的複合体としての役割の解明につなげていきたい．

謝辞　本研究の一部は，岩手大学21世紀 COE プログラムと科学研究費補助金（基盤研究（B），若手研究（スタートアップ）），および岩手大学学長裁量経費による研究助成の下で行われた．

引用文献

1) Weiser, C. J. 1970. Cold resistance and injury in woody plants: knowledge of hardy plant adaptations to freezing stress may help us to reduce winter damage. *Science*, 169: 1269-1278.
2) Thomashow, M. F. 1999. Plant cold acclimation: freezing tolerance genes and regulatory mechanisms. *Annual Review of Plant Physiology and Plant Molecular Biology*, 50: 571-599.
3) Sakai, A. & Larcher, W. 1987. Frost survival of plants: responses and adaptation to freezing stress. *Springer-Verlag, Berlin, Heidelberg*.
4) Burke, M. J., Gusta, L. V. *et al*. 1976. Freezing and injury in plants. *Annual Review*

of Plant Physiology, 27: 507-528.
5) Li, P. H. & Sakai, A., 1978. Plant cold hardiness and freezing stress: mechanisms and crop implications / edited by P.H. Li, A. Sakai: New York: Academic Press.
6) Withers, L. A. & King, P. J. 1979. Proline: a novel cryoprotectant for the freeze preservation of cultured cells of *Zea mays* L. *Plant Physiology*, 64: 675-678.
7) Xin, Z. & Browse, J. 2000. Cold comfort farm: the acclimation of plants to freezing temperatures. *Plant Cell & Environment*, 23: 893-902.
8) The Arabidopsis Genome Initiative. 2000. Analysis of the genome sequence of the flowering plant *Arabidopsis thaliana*. *Nature*, 408: 796-815.
9) Ming, R., Hou, S. *et al.* 2008. The draft genome of the transgenic tropical fruit tree papaya (*Carica papaya* Linnaeus). *Nature*, 452: 991-996.
10) International Rice Genome Sequencing Project. 2005. The map-based sequence of the rice genome. *Nature*, 436: 793-800.
11) Tanaka, T., Antonio, B. *et al.* 2008. The rice annotation project database (RAP-DB): 2008 update. *Nucleic Acids Research*, 36: D1028-1033.
12) Gilmour, S. J., Hajela, R. K. *et al.* 1988. Cold acclimation in *Arabidopsis thaliana*. *Plant Physiology*, 87: 745-750.
13) Stockinger, E. J., Gilmour, S. J. *et al.* 1997. *Arabidopsis thaliana CBF1* encodes an AP2 domain-containing transcriptional activator that binds to the C-repeat/DRE, a cis-acting DNA regulatory element that stimulates transcription in response to low temperature and water deficit. *Proceedings of the National Academy of Sciences of the United States of America*, 94: 1035-1040.
14) Liu, Q., Kasuga, M., *et al.* 1998. Two transcription factors, DREB1 and DREB2, with an EREBP/AP2 DNA binding domain separate two cellular signal transduction pathways in drought- and low-temperature-responsive gene expression, respectively, in *Arabidopsis*. *The Plant Cell*, 10: 1391-1406.
15) Jaglo-Ottosen, K. R., Gilmour, S. J. *et al.* 1998. *Arabidopsis CBF1* overexpression induces *COR* genes and enhances freezing tolerance. *Science*, 280: 104-106.
16) Teige, M., Scheikl, E. *et al.* 2004. The MKK2 pathway mediates cold and salt stress signaling in *Arabidopsis*. *Molecular Cell*, 15: 141-152.
17) Vergnolle, C., Vaultier, M.N. *et al.* 2005. The cold-induced early activation of phospholipase C and D pathways determines the response of two distinct clusters of genes in *Arabidopsis* cell suspensions. *Plant Physiology*, 139: 1217-1233.
18) Chinnusamy, V., Zhu, J. *et al.* 2007. Cold stress regulation of gene expression in plants. *Trends in Plant Science*, 12: 444-451.
19) Miura, K., Jin, J. B. *et al.* 2007. SIZ1-mediated sumoylation of ICE1 controls *CBF3/DREB1A* expression and freezing tolerance in *Arabidopsis*. *The Plant Cell*, 19: 1403-1414.
20) Fowler, S. & Thomashow, M. F. 2002. *Arabidopsis* transcriptome profiling indicates that multiple regulatory pathways are activated during cold acclimation in addition to the CBF cold response pathway. *The Plant Cell*, 14: 1675-1690.

21) Knight, H., Trewavas, A. J. *et al*. 1996. Cold calcium signaling in *Arabidopsis* involves two cellular pools and a change in calcium signature after acclimation. *The Plant Cell*, 8: 489-503.
22) Seki, M., Ishida, J. *et al*. 2002. Monitoring the expression pattern of around 7,000 *Arabidopsis* genes under ABA treatments using a full-length cDNA microarray. *Functional & Integrative Genomics*, 2: 282-291.
23) Xin, Z. & Browse, J. 1998. *eskimo1* mutants of *Arabidopsis* are constitutively freezing-tolerant. *Proceedings of the National Academy of Sciences of the United States of America*, 95: 7799-7804.
24) Warren, G., McKown, R. *et al*. 1996. Isolation of mutations affecting the development of freezing tolerance in *Arabidopsis thaliana* (L.) Heynh. *Plant Physiology*, 111: 1011-1019.
25) Ishitani, M., Xiong, L. *et al*. 1997. Genetic analysis of osmotic and cold stress signal transduction in *Arabidopsis*: interactions and convergence of abscisic acid-dependent and abscisic acid-independent pathways. *The Plant Cell*, 9: 1935-1949.
26) Browse, J. & Lange, B. M. 2004. Counting the cost of a cold-blooded life: metabolomics of cold acclimation. *Proceedings of the National Academy of Sciences of the United States of America*, 101: 14996-14997.
27) Kaplan, F., Kopka, J. *et al*. 2007. Transcript and metabolite profiling during cold acclimation of *Arabidopsis* reveals an intricate relationship of cold-regulated gene expression with modifications in metabolite content. *The Plant Journal*, 50: 967-981.
28) Guy, C., Kaplan, F. *et al*. 2008. Metabolomics of temperature stress. *Physiologia Plantarum*, 132: 220-235.
29) Kawamura, Y. & Uemura, M. 2003. Mass spectrometric approach for identifying putative plasma membrane proteins of *Arabidopsis* leaves associated with cold acclimation. *The Plant Journal*, 36: 141-154.
30) Bae, M. S., Cho, E. J. *et al*. 2003. Analysis of the *Arabidopsis* nuclear proteome and its response to cold stress. *The Plant Journal*, 36: 652-663.
31) Amme, S., Matros, A. *et al*. 2006: Proteome analysis of cold stress response in *Arabidopsis thaliana* using DIGE-technology. *Journal of Experimental Botany*, 57: 1537-1546.
32) Goulas, E., Schubert, M. *et al*. 2006. The chloroplast lumen and stromal proteomes of *Arabidopsis thaliana* show differential sensitivity to short- and long-term exposure to low temperature. *The Plant Journal*, 47: 720-734.
33) Dexter, S. T., Tottingham, W. E. *et al*. 1932. Investigations of the hardiness of plants by measurement of electrical conductivity. *Plant Physiology*, 7: 63-78.
34) Yoshida, S. 1984. Chemical and biophysical changes in the plasma membrane during cold acclimation of mulberry bark cells (*Morus bombycis* Koidz. cv Goroji). *Plant Physiology*, 76: 257-265.
35) Yoshida, S. & Uemura, M. 1984. Protein and lipid compositions of isolated plasma membranes from orchard grass (*Dactylis glomerata* L.) and changes during cold

acclimation. *Plant Physiology*, 75: 31-37.
36) Uemura, M. & Yoshida, S. 1984. Involvement of plasma membrane alterations in cold acclimation of winter rye seedlings (*Secale cereale* L. cv Puma). *Plant Physiology*, 75: 818-826.
37) Lynch, D. V. & Steponkus, P. L. 1987. Plasma membrane lipid alterations associated with cold acclimation of winter rye seedlings (*Secale cereale* L. cv Puma). *Plant Physiology*, 83: 761-767.
38) Uemura, M. & Steponkus, P. L. 1994. A contrast of the plasma membrane lipid composition of oat and rye leaves in relation to freezing tolerance. *Plant Physiology*, 104: 479-496.
39) Ishikawa, M. & Yoshida, S. 1985. Seasonal changes in plasma membranes and mitochondria isolated from Jerusalem artichoke tubers: possible relationship to cold hardiness. *Plant & Cell Physiology*, 26: 1331-1344.
40) Palta, J. P., Whitaker, B. D. *et al.* 1993. Plasma membrane lipids associated with genetic variability in freezing tolerance and cold acclimation of *Solanum* species. *Plant Physiology*, 103: 793-803.
41) Uemura, M., Joseph, R. A. *et al.* 1995. Cold acclimation of *Arabidopsis thaliana*: effect on plasma membrane lipid composition and freeze-induced lesions. *Plant Physiology*, 109: 15-30.
42) Bohn, M., Luthje, S. *et al.* 2007. Plasma membrane lipid alterations induced by cold acclimation and abscisic acid treatment of winter wheat seedlings differing in frost resistance. *Journal of Plant Physiology*, 164: 146-156.
43) Steponkus, P. L., Uemura, M. *et al.* 1993. A contrast of the cryostability of the plasma membrane of winter rye and spring oat-two species that widely differ in their freezing tolerance and plasma membrane lipid composition. *In: Steponkus PL., editor. Advances in Low-Temperature Biology. Vol. 2. London: JAI Press, Ltd*: pp. 211-312.
44) Gordon-Kamm, W. J. & Steponkus, P. L. 1984. Lamellar-to-hexagonal II phase transitions in the plasma membrane of isolated protoplasts after freeze-induced dehydration. *Proceedings of the National Academy of Sciences of the United States of America*, 81: 6373-6377.
45) Uemura, M., Tominaga, Y. *et al.* 2006. Responses of the plasma membrane to low temperatures. *Physiologia Plantarum*, 126: 81-89.
46) Yamazaki, T., Kawamura, Y. *et al.* 2008. Cryobehavior of the plasma membrane in protoplasts isolated from cold-acclimated *Arabidopsis* leaves is related to surface area regulation. *Plant & Cell Physiology*, 49: 944-957.
47) Steponkus, P. L., Uemura, M. 1988. Transformation of the cryobehavior of rye protoplasts by modification of the plasma membrane lipid composition. *Proceedings of the National Academy of Sciences of the United States of America*, 85: 9026-9030.
48) Uemura, M., Warren, G. *et al.* 2003. Freezing sensitivity in the *sfr4* mutant of *Arabidopsis* is due to low sugar content and is manifested by loss of osmotic

responsiveness. *Plant Physiology*, 131: 1800-1807.
49) Gorter, E. & Grendel, F. 1925. On bimolecular layers of lipoids on the chromocytes of the blood. *Journal of Experimental Medicine*, 41: 439-443.
50) Heimburg, T. 2007. Thermal biophysics of membranes. *Wiley-VCH*.
51) Danielli, J. F. & Davson, H. J. 1935. A contribution to the theory of permeability of thin films. *Journal of Cellular and Comparative Physiology*, 5: 495-508.
52) Robertson, J. D. 1959. The ultrastructure of cell membranes and their derivatives. *Biochemical Society Symposium*, 16: 3-43.
53) Singer, S. J. & Nicolson, G. L. 1972. The fluid mosaic model of the structure of cell membranes. *Science*, 175: 720-731.
54) Mouritsen, O. G. & Bloom, M. 1984. Mattress model of lipid-protein interactions in membranes. *Biophysical Journal*, 46: 141-153.
55) Jain, M. K. & White, H. B., 3rd 1977. Long-range order in biomembranes. *Advances in Lipid Research*, 15: 1-60.
56) Simons, K. & van Meer, G. 1988. Lipid sorting in epithelial cells. *Biochemistry*, 27: 6197-6202.
57) Simons, K. & Ikonen, E. 1997. Functional rafts in cell membranes. *Nature*, 387: 569-572.
58) Samsonov, A.V., Mihalyov, I. *et al.* 2001. Characterization of cholesterol-sphingomyelin domains and their dynamics in bilayer membranes. *Biophysical Journal*, 81: 1486-1500.
59) Anderson, R. G. & Jacobson, K. 2002. A role for lipid shells in targeting proteins to caveolae, rafts, and other lipid domains. *Science*, 296: 1821-1825.
60) Pike, L. J. 2006. Rafts defined: a report on the Keystone Symposium on Lipid Rafts and Cell Function. *Journal of Lipid Research*, 47: 1597-1598.
61) Peskan, T., Westermann, M. *et al.* 2000. Identification of low-density Triton X-100-insoluble plasma membrane microdomains in higher plants. *European Journal of Biochemistry*, 267: 6989-6995.
62) Berczi, A. & Horvath, G. 2003. Lipid rafts in the plant plasma membrane? *Acta Biologica Szegediensis*, 47: 7-10.
63) Mongrand, S., Morel, J. *et al.* 2004. Lipid rafts in higher plant cells: purification and characterization of Triton X-100-insoluble microdomains from tobacco plasma membrane. *Journal of Biological Chemistry*, 279: 36277-36286.
64) Shahollari, B., Peskan-Berghofer, T. *et al.* 2004. Receptor kinases with leucine-rich repeats are enriched in Triton X-100 insoluble plasma membrane microdomains from plants. *Physiologia Plantarum*, 122: 394-403.
65) Bhat, R.A. & Panstruga, R. 2005. Lipid rafts in plants. *Planta*, 223: 5-19.
66) Borner, G. H., Sherrier, D. J. *et al.* 2005. Analysis of detergent-resistant membranes in *Arabidopsis*: evidence for plasma membrane lipid rafts. *Plant Physiology*, 137: 104-116.
67) Laloi, M., Perret, A. M. *et al.* 2007. Insights into the role of specific lipids in the

formation and delivery of lipid microdomains to the plasma membrane of plant cells. *Plant Physiology*, 143: 461-472.
68) Lefebvre, B., Furt, F. *et al.* 2007. Characterization of lipid rafts from *Medicago truncatula* root plasma membranes: a proteomic study reveals the presence of a raft-associated redox system. *Plant Physiology*, 144: 402-418.
69) Kierszniowska, S., Seiwert, B. *et al.* 2008. Definition of Arabidopsis sterol-rich membrane microdomains by differential treatment with methyl-ß-cyclodextrin and quantitative proteomics. *Molecular & Cellular Proteomics*, M800346-MCP800200.
70) Bhat, R.A., Miklis, M. *et al.* 2005. Recruitment and interaction dynamics of plant penetration resistance components in a plasma membrane microdomain. *Proceedings of the National Academy of Sciences of the United States of America*, 102: 3135-3140.
71) Shahollari, B., Vadassery, J. *et al.* 2007. A leucine-rich repeat protein is required for growth promotion and enhanced seed production mediated by the endophytic fungus *Piriformospora indica* in *Arabidopsis thaliana*. *The Plant Journal*, 50: 1-13.
72) Yalovsky, S., Bloch, D. *et al.* 2008. Regulation of membrane trafficking, cytoskeleton dynamics, and cell polarity by ROP/RAC GTPases. *Plant Physiology*, 147: 1527-1543.
73) Krugel, U., Veenhoff, L.M. *et al.* 2008. Transport and sorting of the *Solanum tuberosum* sucrose transporter SUT1 is affected by posttranslational modification. *The Plant Cell*, 20: 2497-2513.
74) Minami, A., Fujiwara, M., *et al.* 2009. Alterations in detergent-resistant plasma membrane microdomains in *Arabidopsis thaliana* during cold acclimation. *Plant & Cell Physiology*, 50: 341-359.
75) Xu, X., Bittman, R. *et al.* 2001. Effect of the structure of natural sterols and sphingolipids on the formation of ordered sphingolipid/sterol domains (rafts): comparison of cholesterol to plant, fungal, and disease-associated sterols and comparison of sphingomyelin, cerebrosides, and ceramide. *Journal of Biological Chemistry*, 276: 33540-33546.
76) Bagnat, M., Chang, A. *et al.* 2001. Plasma membrane proton ATPase Pma1p requires raft association for surface delivery in yeast. *Molecular Biology of the Cell*, 12: 4129-4138.
77) Lee, M. C., Hamamoto, S. *et al.* 2002. Ceramide biosynthesis is required for the formation of the oligomeric H^+-ATPase Pma1p in the yeast endoplasmic reticulum. *Journal of Biological Chemistry*, 277: 22395-22401.
78) Tanghe, A., Van Dijck, P. *et al.* 2002. Aquaporin expression correlates with freeze tolerance in baker's yeast, and overexpression improves freeze tolerance in industrial strains. *Applied and Environmental Microbiology*, 68: 5981-5989.
79) Soveral, G., Veiga, A. *et al.* 2006. Water channels are important for osmotic adjustments of yeast cells at low temperature. *Microbiology*, 152: 1515-1521.
80) Bolte, S., Talbot, C. *et al.* 2004. FM-dyes as experimental probes for dissecting

vesicle trafficking in living plant cells. *Journal of Microscopy*, 214: 159-173.
81) Kerr, G. P. & Carter, J. V. 1990. Tubulin isotypes in rye roots are altered during cold acclimation. *Plant Physiology*, 93: 83-88.
82) Orvar, B. L., Sangwan, V. *et al.* 2000. Early steps in cold sensing by plant cells: the role of actin cytoskeleton and membrane fluidity. *The Plant Journal*, 23: 785-794.
83) Minami, A., Furuto, A., *et al.* 2008. Cold response of plant microdomain-associated proteins. *Cryobiology and Cryotechnology*, 54: 115-162 (in Japanese).
84) Kasamo, K. 2003. Regulation of plasma membrane H^+-ATPase activity by the membrane environment. *Journal of Plant Research*, 116: 517-523.
85) Rodal, S. K., Skretting, G. *et al.* 1999. Extraction of cholesterol with methyl-beta-cyclodextrin perturbs formation of clathrin-coated endocytic vesicles. *Molecular Biology of the Cell*, 10: 961-974.

第6章

低温誘導性タンパク質の機能と
その作用機構

中山克大・大川久美子・稲葉丈人

　植物は，低温ストレスにさらされると，環境に応じて体の状態を積極的に変化させることによって生命を維持する．しかしながら，実際に植物がどのようにして耐凍性を獲得するかはまだ十分に理解されていない．低温ストレス条件下では，種々の細胞内分子の活性化や生化学的，生理学的な変化，また遺伝子発現，タンパク質，脂質組成，一次代謝物や二次代謝物の大規模な改変など，様々な生体内反応が起こっている．本章では，低温により蓄積するタンパク質と細胞内代謝の変化に着目し，ストレス誘導される高親水性タンパク質の特徴と機能について概説するとともに，代謝活動の中心を担う葉緑体と低温応答との関わりについて解説する．

1. 植物の低温馴化

　自然界においては，夏から冬への移行にともない，植物は生理機能や細胞の構造を大きく変化させ，その結果，高い耐寒能力を獲得する．このような一連の「体の作り変え」のことを「低温馴化」という[1]．低温馴化能を持つ植物は，ある一定期間，凍結しない程度の低温にさらされると，次に襲ってくるさらに低い温度に対する耐性を獲得する．たとえば，モデル植物として使用されているシロイヌナズナの場合，低温未馴化の植物体では-4〜-6℃程度で大部分が枯死してしまうが，2℃で7日間低温馴化した植物では，同じ温度でも大部分の植物が生存できる（第5章を参照）．低温馴化後にどの程度の低温に耐えられるかは遺伝的に決まっており，たとえばシロイヌナズナは-10℃程度だが，樹木の中には-70℃程度の低温に耐えられるものもある[1]．

　低温馴化を伴った植物の耐凍性獲得には，種々の生化学的，生理学的な変化，またタンパク質や脂質組成，一次代謝物や二次代謝物の大規模な改変など，様々な生体内反応が複雑に絡んでいる[2-4]．これら変化の引き金となるのが遺伝子発現の変化である．マイクロアレイなどの解析によると，約300もの遺伝子発現が変化することが知られている[5]．遺伝子発現のマスタースイッチであると考えられている転写因子が，CBF/DREBタンパク質である．シロイヌナズナ

においては，植物が低温にさらされると，これらの転写因子が一過的に誘導され，それに引き続いて低温誘導性遺伝子の発現が誘導される．また，CBF/DREB転写因子を過剰発現させたシロイヌナズナは，低温馴化処理をしなくても高い耐凍性を獲得する．シロイヌナズナCBF/DREB転写因子を導入したナタネやトマトは凍結あるいは低温耐性が増大することから，CBF/DREB転写因子を介した低温耐性獲得機構は多くの植物で保存されているようである．信頼度の高い解析によると，少なくとも38個の遺伝子がCBF3/DREB1A転写因子の下流で制御を受けるようである．この報告ではシロイヌナズナの全遺伝子が調べられていないことや，CBF/DREB転写因子が遺伝子ファミリーを形成していることを考えると，見つかったもの以外にもCBF/DREBファミリーにより制御される遺伝子が多数存在するに違いない．

2．低温馴化で誘導される親水性タンパク質とその役割

これまでの研究により，低温馴化の過程で誘導される遺伝子・タンパク質が多数単離され解析が行われている．しかしながら，個々の機能やそれと耐凍性との関係について明らかとされたものはほとんどない．また，酵素をコードする遺伝子のように，タンパク質機能が明らかであっても，その耐凍性獲得における役割がはっきりしないものも存在する．低温ストレス条件下では多くの遺伝子の発現が誘導されるが，中でも顕著に誘導されるのがLEAタンパク質に代表される高親水性タンパク質である．これらタンパク質の特徴や機能は長年不明であったが，最近の研究により，その一端が明らかにされつつある．植物の環境ストレス応答に関与する親水性タンパク質の特徴と役割について概説したい．

（1）Late Embryogenesis Abundant Protein（LEAタンパク質）

CBF/DREBファミリーの制御を受ける遺伝子をクラス分けすると，明らかに誘導されているクラスがLate Embryogenesis Abundant（LEA）タンパク質[6-8]と呼ばれる一群のタンパク質である．一般的な性質としては，親水性がきわめて高く，グリシンやアラニンなどのアミノ酸に富み，システインやトリプトファンはほとんど含まない．また，熱に対して安定なこともLEAタンパク質の特徴で，100℃に加熱しても凝集を起こさない．前述の低温ストレスだけではなく，乾燥ストレスや塩ストレス，植物ホルモンのアブシジン酸処理によっても

発現が誘導される．これまでの解析により，シロイヌナズナゲノム上には51個の LEA タンパク質をコードする遺伝子が存在することがわかっている[7]．

　LEA タンパク質は，その構造的な特徴から大きく5つのグループに分けられる（表1）．各グループはそれぞれ特徴的な保存配列を含んでいる．各グループにおける保存配列はタンパク質の高次構造や機能に関連していると予測されているが，詳細な生化学的解析はほとんどなされておらず，不明な点が多い．また，グループ間に相同である配列は今のところ見つかっていない．LEA タンパク質の各グループ間に共通する構造上の特徴として，ほとんど疎水的な領域を持たないことがあげられる．このため，LEA タンパク質は疎水性コアを形成できず，球状の立体構造をとらないと考えられている．実際に LEA タンパク質の円偏光二色性（CD）スペクトルや赤外スペクトルなどを解析すると，その高次構造は α ヘリックスや β 構造をほとんど持たず，主にランダムコイルからなる比較的不規則な構造であることがわかる[8]．また，LEA タンパク質はその高次構造から単量体タンパク質が多いと考えられるが，二量体や四量体として存在するものもある[9,10]．LEA タンパク質の局在は主に細胞質であるが，一部は核や葉緑体，ミトコンドリアに局在している[8]．

（2）推測される LEA タンパク質の機能

　現在までのところ，大部分の LEA タンパク質の機能はわかっておらず，その機能は遺伝子発現場所や発現パターンによる推測の域を出ない．しかしながら，表1にも示したように，これまでの研究によりいくつかの可能性が示されている．

a）水分子への結合

　LEA グループ1タンパク質は20アミノ酸からなる反復配列を持っている．この反復配列は親水性の高いランダムコイル構造をとり，多数の水分子と結合すると予測されている．このことから，LEA グループ1タンパク質は水分子と結合することにより，細胞外への水分漏出の防止や細胞内の水分保持に関与していると考えられている．コムギ Em を過剰発現させた酵母は，水欠乏ストレスに耐性となることがわかっている[11]．

b）イオンの隔離

　LEA グループ3は11アミノ酸からなる反復配列（TAQAAKEKAXE）を持って

表1 LEAタンパク質の特徴と機能（L. デイツら, 2004にもとづき作成）.

グループ	主なタンパク質	構造的特徴とモチーフ	推定機能
グループ1	ワタ D-19, コムギ Em, ヒマワリ Hd ds10, ダイズ GmD-19, オオムギ B19.1, B19.3, B19.4	20-merの反復配列 ランダムコイル 荷電アミノ酸やグリシンが豊富	水分子との結合酵素 タンパク質の保護
グループ2（デハイドリン）	ワタ D-11, トウモロコシ DHN1, RAB17, ダイズ GmDHN1, シロイヌナズナ pRAB-AT1, ERD10, ERD14, COR85, Craterostigma plantagineum pcC27-04, pcC 6-19, トマト pLE4, TAS14, オオムギ B8, B9, B17, イネ pRAB16A, ニンジン pcECP40, ウンシュウミカン CuCOR15, CuCOR19	3種の保存配列を持つ ・Kセグメント：(EKKGIMDKIKEKLPG) ・Yセグメント：(IV/T]D[E/Q]YGNP) ・Sセグメント（セリンクラスター） アラニンやグリシン，プロリンが豊富 ランダムコイル 両親媒性α-ヘリックス	生体膜やタンパク質の安定化 酵素タンパク質の保護 金属やカルシウムとの結合 ラジカル消去
グループ3（低温誘導タンパク質）	ワタ D-7, オオムギ HVA1, コムギ pMA2005, pMA1949, WCS19, エンドウ PsLEAm, C. plantagineum pcC 3-06, シロイヌナズナ Cor15am	11-merの反復配列（TAQAAKEKAXE） 両親媒性α-ヘリックス 二量体 両親媒性α-ヘリックス 多量体	フリーなイオンの隔離 生体膜やタンパク質の保護 酵素タンパク質の保護 生体膜やタンパク質の安定化 酵素タンパク質の保護
グループ4	ダイズ D-95, C. plantagineum pcC 27-45, トマト ER5	わずかに疎水性 N末端に両親媒性α-ヘリックス	生体膜やタンパク質の安定化
グループ5	ワタ D-113, トマト LE25, ヒマワリ Ha ds21, ダイズ GmPM16	N末端に疎水性α-ヘリックス C末端にランダムコイル，スレオニンが豊富	イオンの隔離 生体膜やタンパク質の安定化

いる．この配列は両親媒性ヘリックスを形成し二量体化することにより coiled-coil 構造をとると予測されている．この領域はリン酸イオンやカリウム，ナトリウムイオンと結合しうると考えられるため，脱水時に増加するフリーのイオンをタンパク質に結合させることにより析出させないようにしているのではないかと推察されている[12]．イネでオオムギ *HVA1* を過剰発現させると，塩ストレスや水欠乏に対する耐性が増大した[13]．両親媒性 α-ヘリックスを持つと考えられる LEA グループ5も同様の機能を持つと推察されており，トマト *LE25* を過剰発現させた酵母は塩ストレスや凍結耐性が増大することが報告されている[14]．また，近年，LEA タンパク質がカルシウムや重金属と結合するという報告がなされている[15, 16]．脱水時における細胞内のカルシウム濃度や重金属のホメオスタシスと関連して大変興味深い．

c）生体膜の安定化

LEA グループ2（一般的にデハイドリンとよばれる）は，Kセグメント（EKKGIMDKIKEKLPG）というリジンリッチな保存配列を持っている．この配列は両親媒性 α-ヘリックスをとり得ると考えられる．両親媒性 α ヘリックスは脂質との相互作用に関与しており，また，分子シャペロンと変性タンパク質間の相互作用にも関わっていることが知られている．このことより，デハイドリンのKセグメントは，生体膜や部分的に変性したタンパク質と相互作用し，脱水や凍結などのストレスから保護していると考えられている．この仮説はリポソームを用いた試験管内相互作用実験により検証されている[17]．トウモロコシ DHN1 タンパク質とリポソームを試験管内で共存させると，DHN1 は酸性リン脂質を含むリポソームと相互作用することが示された．この試験管内におけるリン脂質との相互作用は，他の LEA タンパク質でも見出されている[18, 19]．

d）活性酸素種の消去

ウンシュウミカン *CuCOR19* をタバコで過剰発現させると，耐冷性と耐凍性が増大したという報告がなされている[20]．注目すべきことに，*CuCOR19* 高発現タバコでは，低温ストレスの有無に関わらず脂質の過酸化が抑制されていた．そこで，試験管内でリポソームの過酸化を誘導させたところ，CuCOR19 タンパク質存在下で脂質の過酸化が抑制されることがわかった[21]．CuCOR19 タンパク質はヒドロキシルラジカルとペルオキシラジカルの消去を行っており，その際に特定のアミノ酸残基が分解されることも示された．つまり，CuCOR19 タンパク質は，自らがラジカルの攻撃目標になることにより，発生したラジカルを消

去し，脂質の過酸化を防いでいると考えられる．

　このように，LEAタンパク質の機能は多岐にわたっており，植物の乾燥や低温など環境ストレスに対する防御に深く関与していると考えられる．今後の生化学的な機能解析により，LEAタンパク質の具体的な機能が解明されると期待される．

（3）タンパク質保護活性 ― Cor15amタンパク質の研究から―

　LEAタンパク質のもう1つの機能として提案されているのが，脱水からタンパク質を保護する働きである．たとえば，ホウレンソウCOR85タンパク質[10]やウンシュウミカンCuCOR19タンパク質[22]は，試験管内において凍結による酵素の失活を防ぐ活性（凍結保護活性）を持つと報告されている．また，コムギEmタンパク質は，試験管内において乾燥から酵素活性を保護すると報告されている[23]．さらに，シロイヌナズナERD10タンパク質とERD14タンパク質は，タンパク質変性凝集を抑制する作用を持つと報告されている[19]．これらの事実より，LEAタンパク質は生体内でも凍結や乾燥，脱水ストレスから基質タンパク質を保護しているのではないかと推察される．

　最近の筆者らの研究により，シロイヌナズナのLEAタンパク質Cor15amが，タンパク質保護活性を有することが明らかになった[24, 25]．Cor15amタンパク質は，低温誘導される遺伝子の1つである*COR15A*遺伝子がコードする遺伝子産物として同定された[26]．前駆体の分子量は15 kDaであるが，葉緑体移行シグナルが切断されるため，実際に機能する成熟タンパク質は約9 kDaである．*COR15A*を過剰発現させたシロイヌナズナでは，凍結耐性が増大する[27]ことから，Cor15amタンパク質が凍結耐性獲得において重要な役割を果たしていることは疑いない．これまでの研究により，前駆体タンパク質には一般的な保護剤であるウシ血清アルブミン（BSA）の1000倍近い凍結保護活性があることが示唆された[28]．一方で，成熟タンパク質を用いた実験では，葉緑体内包膜を安定化する作用が示唆された[29]．このように，生理的に重要な分子であることはわかっていたものの，分子機能に関しては不明な点が多かった．そこで，筆者らはCor15amタンパク質の葉緑体内局在性や発現パターンを調べ，タンパク質としての特徴を明らかにするとともに，生化学的手法を用いた機能解析を行うことにより，Cor15amタンパク質の低温馴化過程における役割を明らかにしようとした．

まず，Cor15am タンパク質の詳細な局在解析を行った．葉緑体分画法を用いた Cor15am タンパク質の局在解析により，低温馴化過程で蓄積する Cor15am タンパク質の大部分は葉緑体ストロマに局在することが示された[24]．このことより，低温馴化過程において，Cor15am タンパク質は主にストロマ内で機能しているものと推察される．次に，Cor15am タンパク質の生化学的特性を解析した．試験管内分子架橋およびゲル濾過クロマトグラフィーを用いた生化学的解析を行ったところ，Cor15am タンパク質はホモ多量体として存在することが示唆された[24]．CD スペクトル解析の結果，Cor15am タンパク質の高次構造は，ランダム構造に加え，αヘリックスやβ構造といった規則的な構造を含んでいることが示唆された[24]．前述の通り，LEA タンパク質の多くは単量体で存在しており，不規則なランダムコイル構造を持つ．Cor15am タンパク質の多量体形成能や規則構造を含んだ高次構造は，多くの LEA タンパク質とは異なるユニークで興味深い特徴といえるだろう．

　さらに筆者らは，Cor15am タンパク質の機能を明らかにするために生化学的解析を行った．凍結融解によって容易に失活する乳酸脱水素酵素（LDH）を用いた試験管内凍結保護実験により，成熟型である Cor15am タンパク質には BSA よりも高い凍結保護活性があることがわかった[24]．このタンパク質保護機能の詳細を明らかにするために，イムノアフィニティクロマトグラフィーを用いたタンパク質間相互作用解析を行った．その結果，Cor15am タンパク質は試験管内で基質である LDH に直接相互作用できることが分かった[24]．基質タンパク質を葉緑体ストロマタンパク質にした場合においても，LDH 同様に免疫共沈殿されることも明らかになった[24]．これらの結果より，Cor15am タンパク質は，基質と直接相互作用することにより，タンパク質を保護する機能を持つことが明らかとなった．

　Cor15am タンパク質の持つタンパク質保護活性の作用メカニズムを解明するために，さらなる生化学的解析を行った．あらかじめ熱変性させたルシフェラーゼを用いてリフォールディング活性解析を行ったところ，Cor15am タンパク質はリフォールディング活性を持たないことがわかった[25]．一方，LDH を用いた脱水凝集解析を行ったところ，Cor15am タンパク質は LDH の変性凝集を防いでいることが示された[25]．ストロマタンパク質を用いた場合でも同様に，Cor15am タンパク質は基質タンパク質の変性凝集を抑制することがわかった[25]．以上の結果を踏まえ，筆者らは Cor15am タンパク質が低温ストレス条件下に

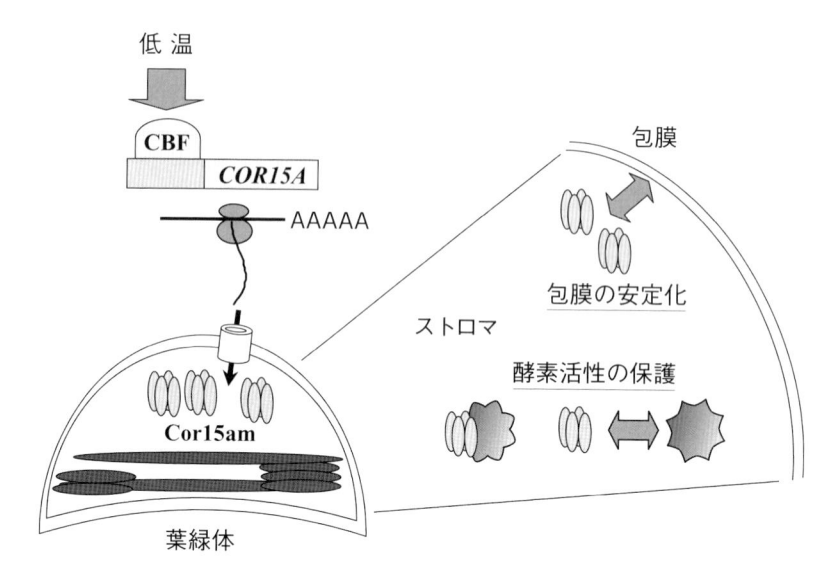

図1 Cor15amタンパク質の作用モデル（中山ら，2008を改変）．シロイヌナズナが低温にさらされると転写因子 CBF が誘導され，それに引き続いて低温誘導性遺伝子 COR15A の発現が誘導される．翻訳産物は葉緑体へ輸送され，成熟型の Cor15am タンパク質となり，葉緑体ストロマに蓄積する．Cor15am タンパク質は低温時に葉緑体の機能を保護していると考えられているが，その作用機構として，1）酵素タンパク質と相互作用し，酵素活性を保護する[24,25]，2）葉緑体包膜と相互作用し安定化をさせる[29]．という2つの説が提案されている．

おける葉緑体内の酵素の失活を防いでいると考えている（図1）．

　Cor15am タンパク質と免疫共沈殿されるストロマタンパク質の1つとして，リブロース二リン酸カルボキシラーゼ/オキシゲナーゼ（RuBisCO）が同定されたことは興味深い．Cor15am タンパク質が誘導される低温馴化時には細胞内の糖濃度の上昇がみられるが，免疫共沈殿の結果はこの現象とよく一致している．もしかすると，Cor15am タンパク質は，低温馴化時に葉緑体内の代謝系を保護することで，シロイヌナズナの低温耐性獲得に寄与しているのかもしれない．

（4）植物以外の LEA タンパク質 ―ストレス耐性獲得機構の普遍性―

　LEA タンパク質は被子植物で最初に同定されたが，裸子植物やシダ植物，コケ植物，緑藻，シアノバクテリアも LEA タンパク質を持つことが知られている[30]．LEA タンパク質は幅広い植物に存在することから，乾燥・低温など環境ストレスの適応に関与する，植物に普遍的な分子であると予想できる．ところ

で，この乾燥や低温耐性の獲得に重要であると考えられる LEA タンパク質は，果たして植物以外の生物にも存在しているのだろうか？

これまでの研究により，植物の LEA タンパク質に類似するタンパク質が様々な生物で見つかってきている．たとえば，酵母，線虫 *Caenorhabditis elegans*，昆虫病原性線虫 *Steinernema feltiae*，インフルエンザ菌 *Haemophilus influenzae*，放射線耐性菌 *Deinococcus radiodurans* で，LEA タンパク質の存在が明らかとなっている[8,30]．また，細菌や菌類の高親水性タンパク質であるハイドロフィリンも LEA タンパク質に類似した特徴を持っている[31]．これら植物以外の生物の持つ LEA タンパク質は，各種ストレスによって誘導され，乾燥など環境ストレスに対する耐性獲得に関与していると考えられている．最近，試験管内において，大腸菌 YCIG タンパク質と酵母 Sip18 タンパク質が脱水時に LDH の活性を保護しており，LDH と直接相互作用していることが明らかとなった[32]．この結果は，LEA タンパク質の予測される機能の1つであるタンパク質保護活性と一致している．

近年，植物以外の生物の持つ LEA タンパク質として注目されているものが，アンハイドロビオシス（乾眠）を起こす生物の持つ LEA タンパク質である．たとえば，ネムリユスリカ *Polypedilum vanderplanki*[8]，アルテミア *Artemia franciscana*[8]，ニセネグサレセンチュウ *Aphelenchus avenae*[8]，ミズヒルガタワムシ *Philodina roseola*[8]，ハナゲヒルガタワムシ *Adineta ricciae*[33] には LEA グループ3に属するタンパク質が存在している．これら生物の持つ LEA グループ3タンパク質がどのような機能を有しているかはまだわかっていないが，多くのアンハイドロビオシスを起こす生物に共通して存在していることから，これらタンパク質が乾燥状態での生存に重要な役割を果たしていると考えられる．

最近，ニセネグサレセンチュウ AavLEA1タンパク質について重要な報告がなされたので紹介したい．AavLEA1タンパク質は，試験管内および生体内において，可溶性タンパク質を乾燥による変性・凝集から保護する機能を持つことが示された[34,35]．興味深いことに，AavLEA1タンパク質は，ヒト培養細胞の可溶性タンパク質に対しても同様の保護作用を示すことがわかった[35]．さらに，凝集しやすいポリグルタミンタンパク質（ハンチントン病の原因となる）を発現するヒト培養細胞に AavLEA1タンパク質を共発現させたところ，タンパク質の凝集が大幅に抑制されることが示された．また，AavLEA1発現細胞では浸透圧ストレスに対する耐性が向上することも示された．これらの結果より，乾燥耐

性獲得に関与する LEA タンパク質の持つタンパク質保護活性や凝集の抑制作用は，幅広いタンパク質に作用し得る比較的一般性のある機構により実現していると推察される．脱水時に AavLEA1 タンパク質の高次構造がランダムコイルから α-ヘリックスに変化するという報告[36]より，脱水時における LEA タンパク質の高次構造がタンパク質保護作用に関わっている可能性が考えられる．タンパク質高次構造ダイナミクスの解析により，長い間解明されなかった LEA タンパク質の分子レベルでの作用機構に新たな情報が与えられると期待される．

このように，LEA タンパク質は，植物のみならず様々な生物が過酷な環境で生存していくために機能する普遍性を持った分子であると考えられる．生物の生存戦略を考えるうえで，LEA タンパク質の研究はますます重要になっていくと予想される．今後，より詳細な生化学的解析や物理化学的解析により，脱水や温度ストレスからの防御機構が分子レベルで解明されていくに違いない．

3．低温ストレスと葉緑体

植物の低温馴化という現象は，低温シグナルカスケードの解明や個々の低温誘導性遺伝子の網羅的解析により全体像が明らかになりつつある．しかしながら，実際に植物細胞がどのようにして耐凍性を獲得するかは十分に理解されていない．前述の通り，低温馴化による植物の耐凍性獲得には様々な生体内反応が複雑に絡んでいる[2-4]．このため，植物の耐凍性獲得機構を理解するためには，これまで行われてきた遺伝子・タンパク質発現解析のみならず，各種物質の代謝変化や物性変化など多角的な解析を行う必要がある．本項では，低温馴化過程において重要と考えられる細胞内代謝変化に着目し，代謝の中心を担うオルガネラである葉緑体と低温ストレス応答との関わりについて概説する．

（1）低温ストレスと炭素代謝

植物に特徴的なオルガネラである葉緑体は，光エネルギーを ATP や NADPH などの化学エネルギーに変換し炭酸固定を行う，いわゆる光合成が行われる場である．また，葉緑体においては，一部のアミノ酸や脂肪酸，二次代謝産物など植物の生命活動になくてはならない代謝産物も合成される．葉緑体は二重の包膜によって細胞質から隔てられており，葉緑体内外で合成された代謝産物はこの葉緑体包膜を介して輸送されている．

植物が低温にさらされると葉緑体機能に大きな影響が引き起こされることが

知られている．シロイヌナズナなどの凍結耐性植物を短時間の冷温ストレス（5℃）にさらすと，光合成炭素代謝経路が阻害される[37, 38]．その結果，リン酸化中間体が蓄積し，光合成における一過的なリン酸欠乏状態が生じる[39]．これは，カルビン・ベンソン回路酵素の1つであるフルクトース-1,6-二リン酸ホスファターゼ（cFBPase）のAMPに対する親和性が，温度に依存して変化するためであると考えられている[40]．リン酸欠乏状態によって葉緑体におけるATP合成が制限されると，リブロース-1,5-二リン酸（RuBP）の再生が滞り，光合成電子伝達と光合成活性の抑制が引き起こされる[40]．その結果，短時間の冷温ストレスにさらしたシロイヌナズナにおいては，光化学系IIの最大量子収率が通常条件下の約1/3に減少する[37]．

一方，低温馴化処理を行ったシロイヌナズナなど多くの植物の成熟葉では，冷温ストレス条件下においてカルビン・ベンソン回路関連酵素の活性が上昇しており，その結果，細胞内にショ糖を蓄積する[37, 38]．ショ糖は耐凍性に寄与する代謝物として知られており，特にシロイヌナズナにおけるショ糖の蓄積は，過冷却による凍結防止に寄与していることが示されている[41]．また，低温馴化過程においては，グリシンベタインおよびプロリンなどの耐凍性に寄与すると考えられている適合溶質が細胞内に蓄積する[42, 43]．このように，耐凍性植物の低温馴化過程においては，カルビン・ベンソン回路酵素の活性化または適合溶質の蓄積といった炭素代謝系の再構築が行われる．

（2）凍結傷害と葉緑体包膜

凍結傷害の直接的な現象である生体膜の損傷にも葉緑体が関与していると考えられている．凍結段階において，傷害が起こる初発部位は細胞膜であることはよく知られている[3]．凍結脱水過程においては，この細胞膜と葉緑体包膜の異常接近が進むことにより，ラメラ相からヘキサゴナルII（HII）相への相転移を伴う膜融合が生じる[44, 45]．葉緑体包膜の脂質は，モノガラクトシルジアシルグリセロール（MGDG）やジガラクトシルジアシルグリセロール（DGDG）などの糖脂質に富んでいるが[46]，MGDGはその化学構造からシリンダー状のHII相を形成しやすく，そのため湾曲化した脂質膜の構造をとると予想されている．一方で，DGDGはラメラ相を形成しやすい[47, 48]．低温馴化や凍結過程および凍結後の融解過程において，細胞膜や葉緑体膜における膜脂質組成が変化することが植物の凍結に対する感受性に影響を与えることが報告されている[45, 49, 50]．

（3）低温誘導される包膜タンパク質の解析 ― Cor413im タンパク質 ―

前述の通り，低温馴化において，葉緑体の代謝活動とその産物の輸送・分配は重要な要因である．代謝産物の輸送を担う包膜および包膜タンパク質が低温馴化において何らかの役割をはたしていることは明らかであるが，低温誘導される葉緑体包膜タンパク質はほとんど知られていない．これは，葉緑体包膜タンパク質の存在比が全葉緑体タンパク質の約0.5％と低いことに加え，低温誘導性包膜タンパク質は通常条件下で生育させたシロイヌナズナ植物体にはほとんど存在していない可能性があるため，これまで報告されている葉緑体包膜のプロテオーム解析[51]から同定することが困難であることが原因の1つであると考えられる．そこで，筆者らは，トランスクリプトーム解析と in silico 解析からの情報をもとに，低温馴化過程で発現誘導される遺伝子の1つであるシロイヌナズナ *AtCOR413TM*（*AtCOR413IM*）に着目し研究を行った．

COR413 は，低温馴化1日目のコムギ cDNA ライブラリーからディファレンシャルスクリーニング法によって同定された *COR* 遺伝子で，in silico 解析により *COR413PM* と *COR413TM* の2つのグループに分類され，それぞれ様々な植物種にオーソログが存在することが明らかになっている[52]．*COR413TM* のオーソログは，シロイヌナズナの他にコムギ，オオムギ，イネ，トウモロコシなどの穀物類，またアルファルファ，トマト，ジャガイモ，ダイズ，ベンケイソウ，ポプラ，ワタなど他の双子葉植物種，さらにスギやマツなどの針葉樹類に存在している[52]．*AtCOR413TM* は，in silico 解析による知見から，その産物が葉緑体チラコイド膜に局在することが示唆されていた．しかし，実際に植物体内における詳細な局在や生化学的な特徴，また生理学的にどのような役割を果たしているかについては分子レベルで解析されていなかった．そこで筆者らは，AtCor413tm タンパク質の詳細な生化学的解析を行い，タンパク質としての特徴を明らかにするとともに，T-DNA 挿入変異株の解析を行うことにより，AtCor413tm タンパク質の生理学的機能を明らかにしようとした．

筆者らは，GFP 融合タンパク質を用いた蛍光顕微鏡観察および葉緑体分画法を用い，AtCor413tm タンパク質の詳細な局在解析を行った．その結果，AtCor413tm タンパク質は細胞内局在予測プログラムによる予測とは異なり，葉緑体内包膜に局在することが明らかとなった[53]．そこで，AtCor413tm を AtCor413im（Cor413-chloroplast inner membrane group）と改名した．

次に，Protein A 融合タンパク質の過剰発現体を用いた生化学的解析により，

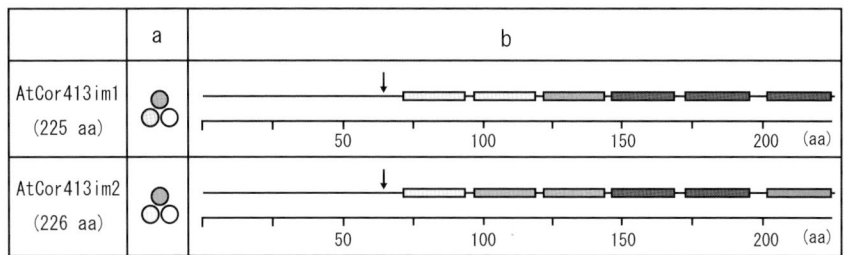

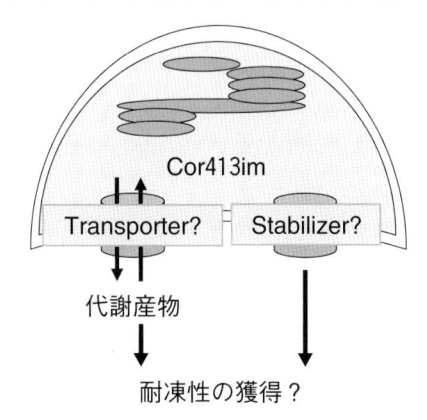

図2 葉緑体低温誘導性内包膜タンパク質 AtCor413im.A：ARAMEMNON[54] による AtCor413im タンパク質の細胞内局在予測（a）と推定膜貫通領域の予測（b）．葉緑体移行シグナル切断部位[53]は矢印で示した．AtCor413im タンパク質は葉緑体に局在し，5回もしくは6回の膜貫通領域を持つことが推定される．B：AtCor413im タンパク質の予想される機能．膜の安定化，もしくは代謝物質の輸送を行うことにより耐凍性の獲得に寄与すると考えられる．

　AtCor413im は N 末端側に葉緑体移行シグナルが存在すること，また成熟型のタンパク質は疎水性アミノ酸から構成される膜貫通型のタンパク質であることが明らかとなった[53]．AtCor413im の膜配向性を調べたところ，AtCor413im は C 末端側が葉緑体ストロマ側に向く膜配向性を示す可能性が示唆された[53]．これらの結果から得られた成熟タンパク質の情報をもとに，膜配向性予測プログラム[54]を用いて解析したところ，AtCor413im タンパク質は5回もしくは6回の膜貫通領域を持つことが推定された（図2A）．さらに，植物体内における存在様式について調べるためにゲル濾過クロマトグラフィーを行った結果，AtCor413im タンパク質は，葉緑体包膜において高分子複合体を形成する新規葉緑体包膜タンパク質である可能性が考えられた[53]．

　AtCor413im タンパク質の生理学的役割を調べるために，遺伝子発現解析お

および生理学的解析を行った．リアルタイム PCR 法により，*AtCOR413IM1* と *AtCOR413IM2* の発現レベルを定量的に比較したところ，*AtCOR413IM1* の発現は *AtCOR413IM2* の約 6 倍も高いことがわかった[53]．この結果は，低温馴化過程では *AtCOR413IM1* 転写産物の量が多いことを示している．これら結果を受けて，*AtCOR413IM1* および *AtCOR413IM2* が破壊された T-DNA 挿入変異株の凍結耐性解析を行った．しかしながら，どちらの T-DNA 挿入株においても，凍結耐性は野生型と有意な差が見られなかった[53]．この結果は，AtCor413im1 タンパク質と AtCor413im2 タンパク質は機能的に重複しており，耐凍性獲得には 1 コピーの *AtCOR413IM* の発現で十分であることを示唆している．興味深いことに，様々な植物種において見いだされている *COR413IM* オーソログは全て 1 遺伝子であり，シロイヌナズナにおいてのみ 2 つの遺伝子によってファミリーが形成されていることが系統樹解析により明らかにされた[53]．シロイヌナズナに *COR413IM* が 2 コピー存在しているのは，低温ストレス条件下において生存していく上で，*COR413IM* を 2 つ持っていることが有利であったためかもしれない．

では，葉緑体内包膜タンパク質である AtCor413im タンパク質は，低温馴化過程においてどのような働きをしているのだろうか？　前述の通り，凍結脱水過程においては，細胞膜と葉緑体包膜が接近することによる膜融合が起こり，生体膜の損傷を引き起こすことが知られており[44,45]，細胞膜や葉緑体膜における膜脂質組成変化が凍結耐性に影響を与えていることが報告されている[45,49,50]．もしかすると，低温馴化により葉緑体包膜に蓄積する AtCor413im タンパク質は，葉緑体包膜の脂質変化に何らかの役割を持っており，凍結傷害が発生する原因である HII 相形成を防ぎ，膜の安定化に直接貢献しているのかもしれない（図 2 B）．

また，AtCor413im タンパク質は，先述の通り，5 回あるいは 6 回の膜貫通領域を保有していることが予測されている．これまでに報告された葉緑体包膜タンパク質の網羅解析によると，推定の葉緑体包膜トランスポーターのほとんどは，その基質にかかわらず少なくとも複数回の膜貫通領域を有している[51]．同じように，質量分析法によって同定された葉緑体包膜におけるイオンや代謝物のトランスポーターも，複数回の膜貫通領域を含んだタンパク質であることが示されている[51]．このことから，AtCor413im タンパク質は，その構造から考えると，トランスポーター様の機能を有することも考えられる．AtCor413im タン

パク質が葉緑体包膜トランスポーターである場合，耐凍性に寄与する代謝物を葉緑体内外に輸送することで細胞内代謝物の濃度やその分布を変化させ，結果的に細胞機能を強化しているのかもしれない．耐凍性の獲得に寄与する代謝産物としてよく知られているのが，プロリンやγ-アミノ酪酸（GABA），そして可溶性糖などの適合溶質である[43]．これらは低温などの非生物的ストレスに応答して植物体内に蓄積され，凍結傷害からのタンパク質の保護や生体膜の安定化に役割を果たすことが示されており，実際に可溶性糖の蓄積と耐凍性獲得との関連性が報告されている[55]．Sakamotoらは，高濃度のベタインを蓄積するシロイヌナズナ形質転換体について耐凍性試験を行い，形質転換体の耐凍性が未馴化条件において野生株よりも上昇していることを示した[56]．この形質転換体では，光合成最大量子効率の凍結ストレスによる阻害が抑制されていたことから，耐凍性の上昇と葉緑体機能の維持には密接な関連性があると考えられる．さらに近年，葉緑体と細胞質との間で代謝物の分布をコントロールすることが，低温ストレス条件において炭素代謝経路の進行を維持するための鍵であることが示された[57]．もし，AtCor413imタンパク質がトランスポーターとして耐凍性に寄与する代謝物の輸送を制御しているなら，変異株における適合溶質の蓄積や光合成活性にも何らかの影響をおよぼしている可能性が考えられる（図2B）．

　今後，シロイヌナズナ新規葉緑体包膜タンパク質AtCor413imのさらなる生化学的，生理学的解析を行うことにより，低温馴化における同タンパク質の果たす役割が解明されると期待される．低温ストレスによる代謝変化と代謝の場である葉緑体との関係を考えると，AtCor413imタンパク質以外にも低温ストレス条件で機能する葉緑体タンパク質が存在していることが予想される．そのようなタンパク質を同定するにあたり，葉緑体包膜のプロテオーム解析や葉緑体のメタボローム解析が重要なツールとなるに違いない．また，AtCor413imタンパク質の研究をモデルケースとして，遺伝子発現解析からの情報をもとにしてタンパク質の機能解析を行うことも有効な手法の1つであるといえるだろう．

（4）葉緑体-核間コミュニケーションと低温シグナル応答

　低温誘導性タンパク質Cor15amは，低温馴化過程において葉緑体ストロマに蓄積するタンパク質であるが，植物の根には蓄積しないことが報告されている[26]．地上部の細胞に存在するプラスチドは光合成機能を持つ葉緑体であるのに対し，地下部には光合成機能を持たないプラスチドが存在している．このこ

とより，Cor15amタンパク質蓄積の局在性は，それぞれの組織に存在するプラスチドの分化や機能に影響されるものと考えられる．そこで，筆者らは，プラスチド分化が阻害されたシロイヌナズナ変異体を用いた分子生物学的・生化学的解析を行った．

葉緑体タンパク質透過装置を構成するToc159タンパク質を欠損したシロイヌナズナ*ppi2*変異体は，葉緑体への光合成関連タンパク質の輸送が阻害されるため，プロプラスチドから葉緑体への分化が阻害され，アルビノの表現型を示す[58]．*ppi2*変異体を低温馴化処理した後，イムノブロット法によりCor15amタンパク質の蓄積を調べた．その結果，*ppi2*変異体におけるCor15amタンパク質蓄積は野生型と比べ大幅に低下することが明らかになった[24]．興味深いことに，*COR15A*遺伝子の発現をリアルタイムPCR法により解析を行ったところ，*ppi2*変異体における*COR15A*遺伝子発現は野生型と比べ大幅に低下することが明らかになった[24]．この結果は，葉緑体の機能や状態が低温誘導性遺伝子の発現に影響していることを示唆している．このような現象はなぜ起こるのだろうか？

葉緑体に代表されるプラスチドは，約15億年前にシアノバクテリア型生物が真核細胞に共生することにより生じたオルガネラであると考えられている[59]．プラスチドは，それ自身がゲノムや転写・翻訳装置を持つ半自律的なオルガネラであるが，もともとプラスチドの祖先が持っていた遺伝子のほとんどは進化の過程で核ゲノムに移行していった[60]．そのため，プラスチド機能の構築は，核コードプラスチドタンパク質遺伝子の発現と遺伝子産物の輸送により支配されているといえる．その一方で，プラスチドにおける代謝活動と核コード遺伝子発現を協調するために，プラスチド自身も核に何らかのシグナルを送り，厳密な機能調節を行っていると考えられる（図3）．このプラスチドから核への逆行性シグナル（プラスチドシグナル）は，これまでの研究によりいくつかのシグナル候補分子が同定されてきたが，そのシグナル伝達を担う因子はいまだ不明であり，プラスチドシグナル伝達機構の詳細はまだわかっていない[61,62]．

前述の通り，*ppi2*変異体はToc159タンパク質を欠損しているため，葉緑体への光合成関連タンパク質の輸送が阻害され，その蓄積が抑制されている．興味深いことに，*ppi2*変異体では光合成関連タンパク質遺伝子の発現も抑制されることが知られている[58]．これは，タンパク質輸送の阻害により葉緑体での代謝活動が変化し，核コード遺伝子の発現を調節するプラスチドシグナルが葉緑体から核へ送られているためであると考えられる．*ppi2*変異体における*COR15A*

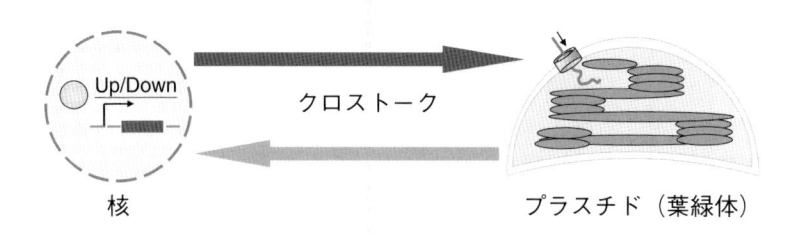

図3 プラスチド-核間コミュニケーション．葉緑体をはじめとするプラスチドと核は情報交換を行い，協調的かつ厳密にプラスチドの機能調節を行っていると考えられる．核からプラスチドへの順行性シグナルは核コード遺伝子の発現と遺伝子産物の輸送という形で行われている．一方，プラスチドから核への逆行性シグナル（プラスチドシグナル）についてはまだ分かっていない点が多く，そのシグナル伝達分子は未だ同定されていない．

遺伝子発現の抑制も，このプラスチドシグナル伝達により直接的，あるいは間接的に引き起こされている可能性が高い．今後，プラスチドシグナルと低温応答シグナルとの相互作用解析を行うことで，代謝の中心を担うオルガネラである葉緑体と低温馴化による耐凍性獲得との密接な関係が明らかにされると期待される．

4．おわりに

植物の低温馴化と耐凍性獲得機構は，その生存戦略を考えるとユニークかつ合理的なシステムである．低温馴化のメカニズムは，CBF/DREB転写因子を介した低温シグナルカスケードの解明や個々の低温誘導性遺伝子の網羅的解析により解明されつつある．一方，低温シグナルの下流に存在する，実際に機能を担うであろう低温誘導性タンパク質の機能解析は進んでおらず，分子レベルで機能がわかったものはほとんどないのが現状である．また，低温ストレス時における細胞内代謝や脂質組成変化に関しても，研究すべき点が多く残されており，十分な情報が得られていないのが現状である．さらに，低温を認識するシステムやCBF/DREB転写因子を介さないシグナル経路の同定，葉緑体をはじめとするオルガネラとの相互作用など，まだ十分に研究されていないテーマも

数多く残されている．近年，オミクス解析技術の進歩とともに，遺伝子の発現，タンパク質の蓄積，代謝産物の変化など細胞内で起こる様々な現象を，網羅的かつ多角的に解析できるようになってきている．また，各種解析技術の向上により，機能未知タンパク質の解析も行えるようになってきている．植物がどのようにして凍結耐性を獲得するのかを理解するためには，各種オミクス解析と個々の分子の解析を有機的に組み合わせることにより，低温馴化と耐凍性獲得という現象を俯瞰的かつ統合的に検討していく必要があるだろう．

謝辞　本研究の一部は，岩手大学21世紀COEプログラムと科学研究費補助金および内藤記念科学振興財団の研究助成の下で行われた．

引用文献

1) 酒井　昭．2003．植物の耐寒戦略 – 寒極の森林から熱帯雨林まで –．北海道大学図書刊行会，p. 48.
2) Thomashow, M. F. 1999. Plant cold acclimation: freezing tolerance genes and regulatory mechanisms. *Annual Review of Plant Physiology and Plant Molecular Biology*, 50: 571-599.
3) Uemura, M., Tominaga, Y., Nakagawara, C. *et al*. 2006. Responses of the plasma membrane to low temperatures. *Physiologia Plantarum*, 126: 81-89.
4) Guy, C., Kaplan, F., Kopka, J. *et al*. 2008. Metabolomics of temperature stress. *Physiologia Plantarum*, 132: 220-235.
5) Fowler, S. & Thomashow, M. F. 2002. Arabidopsis transcriptome profiling indicates that multiple regulatory pathways are activated during cold acclimation in addition to the CBF cold response pathway. *The Plant Cell*, 14: 1675-1690.
6) Battaglia, M., Olvera-Carrillo, Y., Garciarrubio, A. *et al*. 2008. The enigmatic LEA proteins and other hydrophilins. *Plant Physiology*, 148: 6-24.
7) Hundertmark, M. & Hincha, D. K. 2008. LEA (late embryogenesis abundant) proteins and their encoding genes in *Arabidopsis thaliana*. *BMC Genomics*, 9: 118.
8) Tunnacliffe, A. & Wise, M. J. 2007. The continuing conundrum of the LEA proteins. *Naturwissenschaften*, 94: 791-812.
9) Ceccardi, T. L., Meyer, N. C. & Close, T. J. 1994. Purification of a maize dehydrin. *Protein Expression and Purification*, 5: 266-269.
10) Kazuoka, T. & Oeda, K. 1994. Purification and characterization of COR85-oligomeric complex from cold-acclimated spinach. *Plant & Cell Physiology*, 35: 601-611.
11) Swire-Clark, G. A. & Marcotte, W. R. Jr. 1999. The wheat LEA protein Em functions as an osmoprotective molecule in *Saccharomyces cerevisiae*. *Plant Molecular*

Biology, 39: 117-128.
12) Dure, L. 3rd. 1993. A repeating 11-mer amino acid motif and plant desiccation. *The Plant Journal*, 3: 363-369.
13) Xu, D., Duan, X., Wang, B. *et al.* 1996. Expression of a late embryogenesis abundant protein gene, *HVA1*, from barley confers tolerance to water deficit and salt stress in transgenic rice. *Plant Physiology*, 110: 249-257.
14) Imai, R., Chang, L., Ohta, A. *et al.* 1996. A lea-class gene of tomato confers salt and freezing tolerance when expressed in *Saccharomyces cerevisiae. Gene*, 170: 243-248.
15) Alsheikh, M. K., Svensson, J. T. & Randall, S. K. 2005. Phosphorylation regulated ion-binding is a property shared by the acidic subclass dehydrins. *Plant, Cell & Environment*, 28: 1114-1122.
16) Hara, M., Fujinaga, M. & Kuboi, T. 2005. Metal binding by citrus dehydrin with histidine-rich domains. *Journal of Experimental Botany*, 56: 2695-2703.
17) Koag, M. C., Fenton, R. D., Wilkens, S. *et al.* 2003. The binding of maize DHN1 to lipid vesicles. Gain of structure and lipid specificity. *Plant Physiology*, 131: 309-316.
18) Tolleter, D., Jaquinod, M., Mangavel, C. *et al.* 2007. Structure and function of a mitochondrial late embryogenesis abundant protein are revealed by desiccation. *The Plant Cell*, 19: 1580-1589.
19) Kovacs, D., Kalmar, E., Torok, Z. *et al.* 2008. Chaperone activity of ERD10 and ERD14, two disordered stress-related plant proteins. *Plant Physiology*, 147: 381-390.
20) Hara, M., Terashima, S., Fukaya, T. *et al.* 2003. Enhancement of cold tolerance and inhibition of lipid peroxidation by citrus dehydrin in transgenic tobacco. *Planta*, 217: 290-298.
21) Hara, M., Fujinaga, M. & Kuboi, T. 2004. Radical scavenging activity and oxidative modification of citrus dehydrin. *Plant Physiology and Biochemistry*, 42: 657-662.
22) Hara, M., Terashima, S. & Kuboi, T. 2001. Characterization and cryoprotective activity of cold-responsive dehydrin from *Citrus unshiu. Journal of Plant Physiology*, 158: 1333-1339.
23) Gilles, G. J., Hines, K. M., Manfre, A. J. *et al.* 2007. A predicted N-terminal helical domain of a Group 1 LEA protein is required for protection of enzyme activity from drying. *Plant Physiology and Biochemistry*, 45: 389-399.
24) Nakayama, K., Okawa, K., Kakizaki, T. *et al.* 2007. Arabidopsis Cor15am is a chloroplast stromal protein that has cryoprotective activity and forms oligomers. *Plant Physiology*, 144: 513-523.
25) Nakayama, K., Okawa, K., Kakizaki, T. *et al.* 2008. Evaluation of the protective activities of a late embryogenesis abundant (LEA) related protein, Cor15am, during various stresses *in vitro. Bioscience, Biotechnology, and Biochemistry*, 72: 1642-1645.
26) Lin, C. & Thomashow, M. F. 1992. DNA sequence analysis of a complementary DNA for cold-regulated *Arabidopsis* gene *cor15* and characterization of the COR15 polypeptide. *Plant Physiology*, 99: 519-525.
27) Artus, N. N., Uemura, M., Steponkus, P. L. *et al.* 1996. Constitutive expression of

the cold-regulated *Arabidopsis thaliana COR15a* gene affects both chloroplast and protoplast freezing tolerance. *Proceedings of the National Academy of Sciences of the United States of America*, 93: 13404-13409.
28) Lin, C. & Thomashow, M. F. 1992. A cold-regulated *Arabidopsis* gene encodes a polypeptide having potent cryoprotective activity. *Biochemical and Biophysical Research Communications*, 183: 1103-1108.
29) Steponkus, P. L., Uemura, M., Joseph, R. A. *et al*. 1998. Mode of action of the *COR15a* gene on the freezing tolerance of *Arabidopsis thaliana*. *Proceedings of the National Academy of Sciences of the United States of America*, 95: 14570-14575.
30) Close, T. J. 1996. Dehydrins: emergence of a biochemical role of a family of plant dehydration proteins. *Physiologia Plantarum*, 97: 795-803.
31) Garay-Arroyo, A., Colmenero-Flores, J. M., Garciarrubio, A. *et al*. 2000. Highly hydrophilic proteins in prokaryotes and eukaryotes are common during conditions of water deficit. *Journal of Biological Chemistry*, 275: 5668-5674.
32) Reyes, J. L., Rodrigo, M. J., Colmenero-Flores, J. M. *et al*. 2005. Hydrophilins from distant organisms can protect enzymatic activities from water limitation effects *in vitro*. *Plant, Cell & Environment*, 28: 709-718.
33) Pouchkina-Stantcheva, N. N., McGee, B. M., Boschetti, C. *et al*. 2007. Functional divergence of former alleles in an ancient asexual invertebrate. *Science*, 318: 268-271.
34) Goyal, K., Walton, L. J. & Tunnacliffe, A. 2005. LEA proteins prevent protein aggregation due to water stress. *Biochemical Journal*, 388: 151-157.
35) Chakrabortee, S., Boschetti, C., Walton, L. J. *et al*. 2007. Hydrophilic protein associated with desiccation tolerance exhibits broad protein stabilization function. *Proceedings of the National Academy of Sciences of the United States of America*, 104: 18073-18078.
36) Goyal, K., Tisi, L., Basran, A. *et al*. 2003. Transition from natively unfolded to folded state induced by desiccation in an anhydrobiotic nematode protein. *Journal of Biological Chemistry*, 278: 12977-12984.
37) Strand, Å., Hurry, V., Gustafsson, P. *et al*. 1997. Development of Arabidopsis thaliana leaves at low temperatures releases the suppression of photosynthesis and photosynthetic gene expression despite the accumulation of soluble carbohydrates. *The Plant Journal*, 12: 605-614.
38) Strand, Å., Hurry, V., Henkes, S. *et al*. 1999. Acclimation of Arabidopsis leaves developing at low temperatures. Increasing cytoplasmic volume accompanies increased activities of enzymes in the calvin cycle and in the sucrose-biosynthesis pathway. *Plant Physiology*, 119: 1387-1398.
39) Sharkey, T. D., Stitt, M., Heineke, D. *et al*. 1986. Limitation of photosynthesis by carbon metabolism: II. O_2-insensitive CO_2 uptake results from limitation of triose phosphate utilization. *Plant Physiology*, 81: 1123-1129.
40) Hurry, V., Druart, N., Cavaco, A. *et al*. 2002. Photosynthesis at low temperatures; A

case study with Arabidopsis, Plant Cold Hardiness, edited by Li and Palva, Kluwer Academic/Plenum Publishers, 161-179.
41) Reyes-Diaz, M., Ulloa, N., Zuniga-Feest, A. *et al.* 2006. *Arabidopsis thaliana* avoids freezing by supercooling. *Journal of Experimental Botany*, 57: 3687-3696.
42) Hayashi, H., Alia, Mustardy, L. *et al.* 1997. Transformation of *Arabidopsis thaliana* with the *codA* gene for choline oxidase; accumulation of glycinebetaine and enhanced tolerance to salt and cold stress. *The Plant Journal*, 12: 133-142.
43) Stitt, M. & Hurry, V. 2002. A plant for all seasons: alterations in photosynthetic carbon metabolism during cold acclimation in *Arabidopsis*. *Current Opinion in Plant Biology*, 5: 199-206.
44) Steponkus, P. L., Uemura, M. & Webb, M. S. 1993. A contrast of the cryostability of the plasma membrane of winter rye and spring oat. *Advances in Low-Temperature Biology*, 2: 211-312.
45) Uemura, M., Joseph, R. A. & Steponkus, P. L. 1995. Cold acclimation of *Arabidopsis thaliana* (Effect on plasma membrane lipid composition and freeze-induced lesions). *Plant Physiology*, 109: 15-30.
46) Uemura, M. & Steponkus, P. L. 1997. Effect of cold acclimation on the lipid composition of the inner and outer membrane of the chloroplast envelope isolated from rye leaves. *Plant Physiology*, 114: 1493-1500.
47) Gruner, S. M. 1985. Intrinsic curvature hypothesis for biomembrane lipid composition: a role for nonbilayer lipids. *Proceedings of the National Academy of Sciences of the United States of America*, 82: 3665-3669.
48) Lee, A. G. 2000. Membrane lipids: it's only a phase. *Current Biology*, 10: R377-R380.
49) Welti, R., Li, W., Li, M. *et al.* 2002. Profiling membrane lipids in plant stress responses. Role of phospholipase D alpha in freezing-induced lipid changes in *Arabidopsis*. *Journal of Biological Chemistry*, 277: 31994-32002.
50) Li, W., Wang, R., Li, M. *et al.* 2008. Differential degradation of extraplastidic and plastidic lipids during freezing and post-freezing recovery in *Arabidopsis thaliana*. *Journal of Biological Chemistry*, 283: 461-468.
51) Weber, A. P., Schwacke, R. & Flügge, U. I. 2005. Solute transporters of the plastid envelope membrane. *Annual Review of Plant Biology*, 56: 133-164.
52) Breton, G., Danyluk, J., Charron, J. B. *et al.* 2003. Expression profiling and bioinformatic analyses of a novel stress-regulated multispanning transmembrane protein family from cereals and Arabidopsis. *Plant Physiology*, 132: 64-74.
53) Okawa, K., Nakayama, K., Kakizaki, T. *et al.* 2008. Identification and characterization of Cor413im proteins as novel components of the chloroplast inner envelope. *Plant, Cell & Environment*, 31: 1470-1483.
54) Schwacke, R., Schneider, A., van der Graaff, E. *et al.* 2003. ARAMEMNON, a novel database for Arabidopsis integral membrane proteins. *Plant Physiology*, 131: 16-26.
55) Wanner, L. A. & Junttila, O. 1999. Cold-induced freezing tolerance in Arabidopsis. *Plant Physiology*, 120: 391-400.

56) Sakamoto, A., Valverde, R., Alia *et al.* 2000. Transformation of Arabidopsis with the *codA* gene for choline oxidase enhances freezing tolerance of plants. *The Plant Journal*, 22: 449-453.
57) Lundmark, M., Cavaco, A. M., Trevanion, S. *et al.* 2006. Carbon partitioning and export in transgenic *Arabidopsis thaliana* with altered capacity for sucrose synthesis grown at low temperature: a role for metabolite transporters. *Plant, Cell & Environment*, 29: 1703-1714.
58) Bauer, J., Chen, K., Hiltbunner, A. *et al.* 2000. The major protein import receptor of plastids is essential for chloroplast biogenesis. *Nature*, 403: 203-207.
59) Dyall, S. D., Brown, M. T. & Johnson, P. J. 2004. Ancient invasions: from endosymbionts to organelles. *Science*, 304: 253-257.
60) Inaba, T. & Schnell, D. J. 2008. Protein trafficking to plastids: one theme, many variations. *Biochemical Journal*, 413: 15-28.
61) Fernández, A. P. & Strand, Å. 2008. Retrograde signaling and plant stress: plastid signals initiate cellular stress responses. *Current Opinion in Plant Biology*, 11: 509-513.
62) Mochizuki, N., Tanaka, R., Tanaka, A. *et al.* 2008. The steady-state level of Mg-protoporphyrin IX is not a determinant of plastid-to-nucleus signaling in Arabidopsis. *Proceedings of the National Academy of Sciences of the United States of America*, 105: 15184-15189.
63) L. テイツ・E. ザイガー．2004．テイツ・ザイガー植物生理学第3版．培風館，p. 610.
64) 中山克大・大川久美子・稲葉丈人．2008．ストレス応答における親水性タンパク質の役割．化学と生物，46: 128-134.

第7章

凍結ストレスと植物の耐凍性

山﨑誠和・河村幸男

　温度は生命システムの要素の1つであるが，生命システムが正常に機能する温度には限界がある．それを境に生と死が分かたれる．生命システムの温度は環境の温度との差に依拠した熱の授受に大きく左右される．そして，環境の温度に対する生物種ごとの適応戦略の違いが限界温度を決める．植物は，日的・季節的な環境の温度，特に気温の変化に対して温度帯域ごとに適応戦略を変えている．たとえば高温領域では，代謝を担う酵素の失活などに対してそれらを保護する機構が働く．低温領域では代謝速度の低下や生体物質の物理化学的性質の変化によって発生する様々な支障を回避する機構が働く．低温領域の中でも氷点下では，生命システムに必須な水の存在様式が一変する．植物体内の水が凍結し，氷晶が形成するのである．凍結は，様々な物理的ストレスを植物細胞に与え，傷害を引き起こす．そのような尋常でない状況を克服するための大変重要な形質が耐凍性である．温帯以北に生育する植物は，つねに高い耐凍性を持つわけではなく，秋から初冬にかけての気温の低下を感知し，耐凍性を上昇させることで冬に起こる凍結に備える．この過程は低温馴化とよばれ，様々な生理的な変化が細胞内で起こる．低温馴化によって耐凍性が増大した植物は凍結下でも傷害が生じ難くなる．本章では，はじめに水の凍結現象と凍結ストレス，また植物の耐凍性機構についての解説を行い，さらに著者らが最近明らかにした新奇の耐凍性機構について述べる．

1. 氷点下における植物中での水の存在様式

　水は，きわめてありふれた化合物であり，水なくして生命は成り立たない．しかし水は，氷点下，凍結することでその様相を一変させる．この水の性質が野外で生育する植物にとって致死的な影響を与える．この節では，まず水の物理化学的な特性，次に氷点下の植物中におけるその存在様式について概説する．

(1) 水の凍結現象

　水は，化学式 H_2O で表わされる単純な構造の化合物であるが，非常に特異な物理化学的性質を持つ．物質には，3つの熱力学的な相（状態），気相・液相・固相がある．物質の出入りがない閉鎖系では，状態量である温度・圧力・体積の内2つを指定すると物質の相は決定される．多くの物質では，圧力一定の下

では高温から低温へと温度が変化すると気相，液相，固相と順に相が変化し，体積が減少する．水の場合，高圧でなければ液相に対して固相の体積が増加する特殊な性質がある．このため氷は水に浮くことができる．この性質は，水の化学的性質に依拠している．水は極性分子であるが，それは構成する酸素と水素の間の電気陰性度の違いから酸素が負に水素が正に分極するためである．また，酸素には水素との共有電子対の他に2組の非共有電子対が存在する．この非共有電子対と隣接する水分子の正に帯電した水素が非共有性の結合，いわゆる水素結合を形成することによって複数の水分子からなる3次元的な構造を持つクラスターを液相で形成することになる．一方で固相では，水素結合によってさらに連続的な格子構造を形成するため，液相に比べて密度の減少すなわち体積が増加することになる．

　純粋な水を1気圧で温度を準静的につまりゆっくりと下げると，凝固点である0℃を過ぎても相転移つまり凍結が起こらず，理想的な条件では約−40℃まで液相は維持される（図1）．これは過冷却とよばれ，溶液一般にみられる現象である．一般に温度と圧力が一定の条件下，液−固相間の相転移点では両者の化学ポテンシャル（1モル当たりのギブスの自由エネルギー）は等しいので，相転移が起こるはずである．しかし，固相と液相の間では構造的な不連続性があり，境界面の生成に伴う表面自由エネルギーが微視的に無視できない大きさのため相転移を妨げる．つまり，固−液間の化学ポテンシャル差の有利さが表面自由エネルギーの不利さを下回るために水は準安定状態を保つ．

　準安定状態である過冷却水は，ある時点である程度大きな氷核が生成し，その後直ぐに結晶が成長する（図1）．この温度では，固−液間の化学ポテンシャルの効果が表面自由エネルギーの効果を上回ることになる．この時，ギブスの自由エネルギーの差から潜熱（遷移熱）が発生し，いくらか温度が上昇した後，再び温度が低下する．融解時は，凍結時とは逆の理由で，固−液間の構造の差に依拠するエネルギー的な要因は小さく，すみやかに相転移が起こる．ただし，現実の凍結現象では，微小な塵などの不純物が水の中に存在し，これらが氷核形成時の表面自由エネルギーを緩和させるため，純水に比べて高い温度において凍結が開始する．

　細胞内の水には糖や塩などの様々な溶質が溶解している．希薄な水溶液では，溶質が存在することで水のギブスの自由エネルギーが大きくなり，凝固点が低下する．溶質濃度の高い水溶液では，溶質側の性質が関与するため凍結現象は

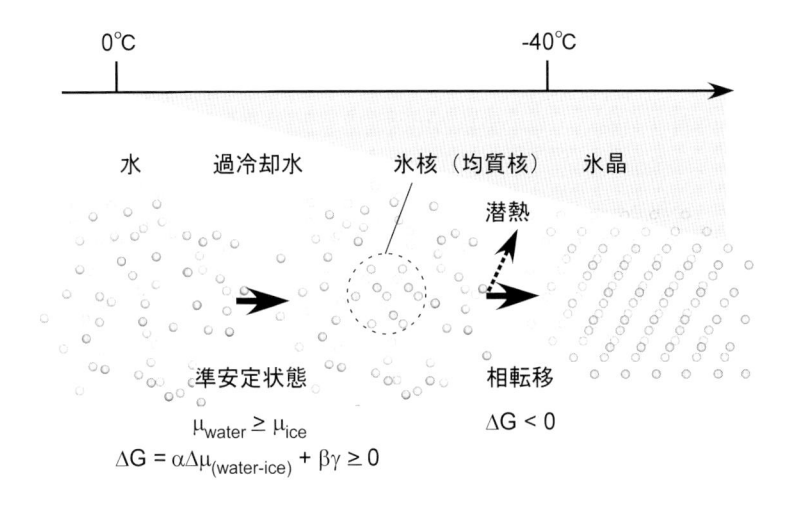

```
0°C                    −40°C
─┼──────────────────────┼──────→

    水    過冷却水   氷核（均質核）   氷晶
                         潜熱
                          ↗
              →         ⇢→
         準安定状態        相転移
         μ_water ≥ μ_ice      ΔG < 0
   ΔG = αΔμ_(water-ice) + βγ ≥ 0
```

ΔG ：ギブスの自由エネルギー
μ_{water}：水の化学ポテンシャル
μ_{ice} ：氷の化学ポテンシャル
γ ：1 mol（1分子）当たりの表面自由エネルギー密度
α, β ：分子間距離に依存した係数

図1 水の凍結過程．純水を準静的に冷却した際の状態変化．水の氷点（0℃）では水と氷の化学ポテンシャルは等しいが，通常は凍結せず過冷却水として準安定的な状態を保つ．氷核形成時に張力が生じるため表面自由エネルギーが生じ氷核を不安定化してしまい，結果，相転移が起こらない．相転移が起こると潜熱が発生し氷晶が形成される．純水の場合，約−40℃まで過冷却される．

より複雑になる．典型的な凍結過程は，過冷却，氷核の形成，氷晶の増加，潜熱の発生と純水と同様であるが，違いは凍結の際に水溶液濃度が増大する点である．最終的には，凝固点より低い温度（共融点）で凍結が完了する．

（2）植物の組織や器官でみられる凍結様式

　植物は，根や茎，葉などの器官から構成されている．葉に注目すると表面を覆う表皮細胞，もっとも主要な基本組織（表面側の柵状組織と裏面側の海綿状組織），水や栄養の輸送に重要な維管束系（木部と師部）などからなる．基本組織では，細胞間はガス交換のために水蒸気が飽和した空気で満たされている．また，細胞間は原形質連絡でつながれ，隣接する細胞間で物質交換をする．植物細胞は，脂質二重膜からなる細胞膜とセルロースを主成分とする細胞壁に囲まれている．植物の細胞構造や形態は，被子と裸子，木本と草本，単子葉や双

子葉など分類群や種によって少しずつ異なる．

　被子植物の場合，葉の多くは茎から葉柄（もしくは基部に托葉が存在）をつけ，次いで葉身が続く．草本植物の中で越冬性のものは，タンポポやオオバコなどのように多数の葉を放射状に広げたロゼットとよばれる形態で冬をすごすものが多い．越冬性の植物がロゼットをとるのは，地表から効率良く熱を受け取ることができるからだとされている．茎が秋に枯れるのは，もし茎が残っていると導管で凍結が起こり，氷晶の融解後に気泡が導管に生じ通道できなくなる現象（エンボリズム）が発生するのを回避するためだと考えられている．

　野外で育つ植物中の水の凍結様式に関しては，古くは19世紀後半に数種類のハーブを観察した報告がある[1]．最近の報告例では，耐凍性があるクローバーとポピーの葉柄の凍結様式について，アーティファクトを少なくするために急速凍結固定した試料を凍結走査型電子顕微鏡で観察した例がある[2]．この例では，表皮細胞と葉肉細胞の間隙に氷晶が成長しており，ポピーでは木部の通道組織である導管にも氷晶が確認できる．また，氷晶近傍の細胞は大きく変形しているのが観察できる．耐凍性獲得後のライ麦の葉でも類似した凍結様式がみられる[3]．細胞外で凍結する同様の凍結様式は耐凍性のない植物種でもみられるが，それらの植物種では凍結によって細胞が崩壊している[4]．耐凍性の高いライ麦などの作物や野外の植物，樹木の幹などでは，ほとんどの場合，氷点下になると細胞外に氷晶が形成される．細胞内でも凍結が生じることはあるが，これは温度を極端に速く低下させる人工的な条件で起こりやすい凍結様式である[5]．

　木本植物の中で温帯以北に生育する被子植物である落葉樹木は，春に芽吹き，夏に成長し，秋に葉を落とし，冬は幹と休眠芽ですごす．夏，幹で起こる成長は肥大成長とよばれ，幹の表層にある形成層という分裂組織が分裂・成長することでなされる．この形成層は，秋に成長を停止し，冬季は休眠する．冬に枝に付く休眠芽は，越冬芽とよばれる．越冬芽は，普通，麟片葉で覆われており，未成熟の葉や花弁，花葉が詰まっている．冬枝を凍結した場合，樹皮や形成層では細胞外凍結が起こる[4,6,7]．さらに，木部放射柔組織の細胞では，凍結が起こらず，長期間安定的に過冷却を保っており，この状態は深過冷却と名づけられている．レンゲツツジの花芽では，はじめに凍結した麟片葉から水が小花に移動し，脱水されることで小花の共融点が低下，過冷却が保たれる器官外凍結が起こる[8]．これに似た器官外凍結は，裸子植物である針葉樹の越冬芽でも観察されている[9]．

2. 凍結ストレスと細胞膜の凍結傷害様式

植物の凍結様式は，通常，細胞外凍結である．細胞外凍結では植物細胞は様々なストレスを受ける．なかでも，主要なストレスは脱水ストレスであると考えられる．この凍結脱水ストレスによって，はじめに細胞膜に傷害が発生すると推定される．また，低温未馴化と馴化後の植物では細胞膜で生じる傷害様式が異なる．本節では，細胞外凍結によって細胞に加わるストレスとその発生機構，および細胞膜で起こる凍結傷害の様式について概説したい．

(1) 細胞外凍結と凍結脱水

多くの植物で観察される細胞外凍結は，強いストレスを植物細胞に与えると考えられる．もっとも主要なものは脱水ストレスだとされる．これには，細胞膜の半透膜としての性質が関係している．細胞膜を構成する脂質二重膜は，表面はリン酸基などの親水基で覆われているが，内部は疎水性の長鎖の炭素鎖であるため，イオンや極性分子は通過しにくい．水や酸素などの低分子は通過することができる．ただし，現在では動物や植物の細胞における細胞膜を介した水の移動には水チャネルが関与し，その分子的な実態は膜タンパク質であるアクアポリンだと考えられている[10,11]．

通常の生育条件では，細胞内の溶質濃度が細胞外に比べて高いため，浸透圧差が存在する．この浸透圧差が細胞壁（細胞膜）に膨圧を与えている．そして，膨圧によって細胞が機械的な強度を得て，葉などを支持できる．乾燥などによって植物が萎れた様子に見えるのは，植物細胞が膨圧を失うためである．なお木本植物の幹では，フェノール類であるリグニンの蓄積したセルロース含量の多い二次壁が形成されることで，膨圧がなくても機械的強度が維持される．

細胞外凍結で生じる現象は，半透膜で隔てられた2つの系としてモデル化される（図2）．細胞外凍結が起こると，細胞膜の両側で水と氷晶の2つの異なる相（液相と固相）が存在するため，細胞内外で水の化学ポテンシャル（水のギブスの自由エネルギーの部分モル量）に差が生まれる．これにより細胞膜を介して細胞内から細胞外への水の移動が起こる．この水の移動によって細胞は脱水される．また，細胞膜および細胞壁は陰圧を受け，細胞内液の溶質濃度が上昇する．このようにして生じる凍結脱水が細胞の受ける主要なストレスであると考えられている．

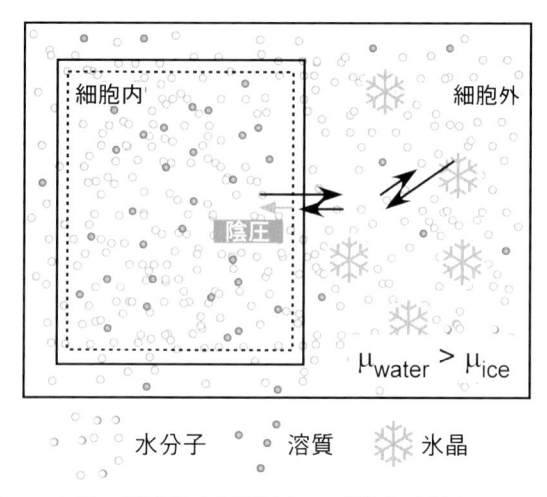

図2 細胞外凍結のモデル図．植物細胞は半透膜としての細胞膜に囲まれている．通常，細胞内液の溶液濃度は外液に比べて高い．細胞外に氷晶が生成すると細胞内外の水の化学ポテンシャルに差ができるため，水は細胞内から細胞外へと移動する．これにより細胞には陰圧が加わる．また，凍結に伴い潜熱が発生する．

（2）凍結で生じるその他のストレス

　細胞外凍結は，脱水ストレス以外にも様々なストレスを細胞に与えていることが推測されている．もっとも単純には，細胞外の未凍結水や細胞内の水に存在する塩などの濃度が上昇することで細胞の生存に影響を与えることである．これは，溶液効果と称されるが，実験的な結果からは否定的にとらえられている[5,12]．

　機械的なストレスも細胞に加わっていると推測されている．古典的な「Iljinの仮説」では，細胞外凍結によって細胞質が機械的ストレスにさらされていると結論づけられている[5]．Iljinの仮説に従うと，たとえば，細胞が小さくなれば細胞の比表面積（単位質量あたりの表面積）が大きくなり，したがって，どのような温度における収縮であっても体積に対して単位表面積当たりの体積ひずみ（体積の変形率）が小さくなる．また，細胞内の可溶性糖の濃度が高ければ，凍結脱水による水の消失が少なくなり，細胞の収縮が小さくなる．その結果，機械的ストレスも小さくなる．このことは耐凍度と関係しており，ライムギの異なる品種の低温馴化前後における耐凍性の度合いと，推定される細胞の収縮の度合いを比較すると，両者には明瞭な逆相関関係がある[5]．したがって，低温馴化では，植物細胞は凍結脱水による細胞質の収縮率を少なくすること

で細胞への負荷を緩和していると考えられる．ただし，すべての植物種で必ずしも Iljin の仮説と一致する結果が得られているわけではない．

　形態学的な観察では，細胞壁と細胞膜が細胞外凍結によって明らかに機械的な力を受けて，変形していることをみてとれる[13]．細胞の変形の仕方は，1つの植物体の中でも各々の細胞で異なり，一細胞内でも細胞壁や細胞膜のすべての領域で均一だとは言い難い．細胞壁（特に一次壁）はセルロースの物性を反映した伸縮性を，細胞膜は脂質二重膜の物性を反映し，ある範囲において弾性的な性質を持つ．力学的な観点から，過度のストレスを加えると細胞膜などが損傷する可能性が予測される．また，細胞外凍結における氷晶の成長は，細胞壁を構成するセルロースポリマーと氷晶との間に接着エネルギーを発生させ，それがストレスになっているとの説もある[14]．

　また，細胞外凍結では電気的なストレスも加わる可能性がある．希薄な塩の溶液では，凍結時に固相である氷晶と液相間に Workman-Reynolds 凍結ポテンシャルとよばれる電場が発生することが知られている[15]．最近になって高精度で計測した例では，0.1 mM 塩化ナトリウム水溶液で最大で30 V の電場が生じるとされる[16]．しかし，これまでに正確な計測や理論値の算出がされておらず，細胞外凍結で生じる電場はそれほど強くない可能性も指摘されている[17]．

　細胞外凍結では，多種多様なストレスが植物細胞に加わっている可能性があるが，どの様なストレスがどの程度実際に加わっているのかについては完全にはわかっていない．細胞が受けるストレスの種類は，耐凍性機構と密接に関係しており，このことが耐凍性機構の研究を難しくさせる要因でもある．また，凍結の際だけでなく，融解過程においても細胞は急速な吸水によるストレスを受けていると考えられる．

（3）低温未馴化の植物の凍結傷害様式

　1970年代半ばまでに，野外の草本植物や穀物，樹木などにおける凍結傷害が主に膜系で起こっている証拠が示されていたが，具体的な傷害発生の機構は推論の域を出ていなかった[5]．1980年代以降，Steponkus らによって細胞膜の傷害様式に関して盛んに研究がなされた．Steponkus らの研究では，ライムギやコムギの葉の細胞に由来するプロトプラストを用いている．プロトプラストは，葉などの植物組織を細胞壁分解酵素で処理することで得られる，細胞壁のない裸の植物細胞である．プロトプラストを用いることで，細胞外凍結が細胞壁に

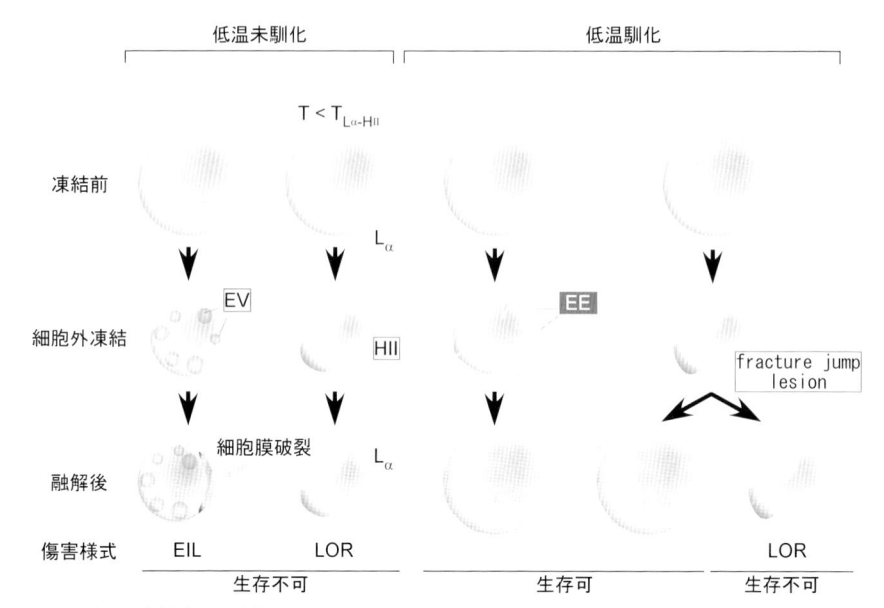

図3 凍結傷害様式と耐凍性機構．ライムギやコムギのプロトプラストを用いたこれまでの知見をもとにした凍結傷害様式と耐凍性機構についての模式図．低温未馴化の植物の細胞では，2つの様式の傷害（膨張誘導性細胞融解と浸透圧応答消失）が起こると考えられる．LOR (loss-of-osmotic responsiveness) と EIL (expansion-induced lysis) は浸透圧応答消失と膨張誘導性細胞融解の略称．細胞外突起構造とエンドサイトーシス様小胞化は各々 exocytotic extrusions と endocytotic vesiculations の日本語訳で略称は EE および EV とした．また，囲み文字で示した EV と HII は細胞膜の傷害の原因もしくは傷害だと考えられている．L_α，HII は各々 lamella phase および hexagonal II phase の略．

与える影響を除外して細胞膜への影響のみを調べることが可能となる．これにより，細胞外凍結による細胞膜の傷害様式と発生機構について研究が飛躍的に進んでいる[17,18]．図3では，これまでにライムギやコムギのプロトプラストを用いた研究をまとめたものを模式図で示している．

低温未馴化のライムギから単離したプロトプラストの懸濁液に植氷して細胞外凍結させた後に温度をゆっくりと下げると，エンドサイトーシス様の大きな小胞の取り込み (endocytotic vesiculations) が観察される[19]．この小胞は，懸濁液の融解時に細胞膜とは融合できない．この現象と一致するように，融解時にプロトプラストは破裂してしまう[20]．これは，凍結脱水によって失われた水を融解過程でプロトプラストは吸水することができるのであるが，その際の細胞膜の膨張をうまく制御できないために起こる，膨張誘導性の細胞融解 (expansion-induced lysis) だと考えられている．プロトプラストを高張液に懸濁した際にも

A   B

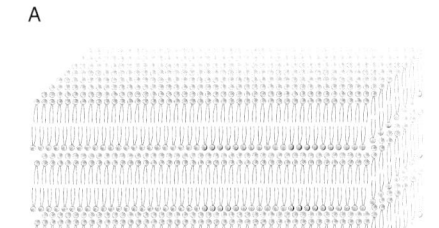

Lamella phase (L$_\alpha$)   Hexagonal II phase (HII)

図4　リン脂質分子集合体の構造．A：ラメラ（lamella）相の構造を示す．脂質二重膜が幾層か重なった構造をしている．凍結下の細胞では脱水ストレスにより内膜系と細胞膜の間で局所的なラメラ構造が形成される．B：ヘキサゴナルII（Hexagonal II）相の構造．脂質分子が集合してシリンジ構造がいくつも重なった構造をとる．

同様のエンドサイトーシス様小胞化が起こり，懸濁液を等張に戻すと膨張誘導性細胞融解が起こることから，膨張誘導性細胞融解は凍結脱水に起因する現象だと推測される[21]．

　ライムギやコムギ，シロイヌナズナの低温未馴化のプロトプラストでは，懸濁液の凍結後，温度を膨張誘導性細胞融解が生じるよりさらに低くすると，細胞膜と葉緑体膜などの内膜系でみられる脂質二重相の他に，ヘキサゴナルII相（HII相）とよばれる多重のシリンジ状構造が観察される（図4）[18,22,23]．この条件で懸濁液を融解すると，プロトプラストは再び体積を回復することができず，浸透圧応答の消失（loss-of-osmotic responsiveness）が起こる[24]．HII相は，凍結条件に依存はするものの，低温未馴化のライムギやシロイヌナズナの葉肉細胞，また木本植物のクワの表皮柔細胞において凍結中に観察される[25～27]．HII相は，凍結脱水により細胞膜と内膜系が近接することでラメラ相（L$_\alpha$相，図4）が生じ，これが相転移することで発生すると考えられている[18]．そして，この凍結下で生じるL$_\alpha$-HII相転移が浸透圧応答消失の原因だと推測される．

（4）低温馴化後の植物の凍結傷害様式

　温帯以北に生育する多くの植物は，凍結しない程度の低温にさらされると耐凍性の上昇がみられ，この現象は低温馴化とよばれている．低温馴化では，可溶性糖の蓄積や脂質組成の変化，遺伝子発現の変化など様々な生理的な変化が起こる．低温未馴化のライムギなどから単離したプロトプラストでは，膨張誘導性細胞融解と浸透圧応答消失の2つの傷害様式が存在し，各々の傷害様式は，

エンドサイトーシス様小胞が融解時細胞膜に戻れないことや細胞膜と内膜系の脂質二重膜の L_α-HII 相転移に関係していると推定される．したがって，低温馴化で生じる生理的変化は，未馴化で発生する傷害をなんらかの方法で回避していると考えられる．

　低温馴化後の植物では，比較的高い凍結温度において膨張誘導性細胞融解は認められず，葉やプロトプラスト細胞膜の超微細構造観察でも HII 相は観察されない[23, 26~28]．その代わりに，低い凍結温度で超微細構造をフリーズフラクチャー法で観察すると，細胞膜領域の中に不連続部位が認められる．これは，"fracture jump lesion" とよばれる傷害様式だと考えられ，細胞膜と内膜系の融合によって生じると推察されている．ライムギやシロイヌナズナでは，fracture jump lesion の発生頻度と植物体の生存率には大まかな相関関係がある[27]．低温馴化後のライムギから単離したプロトプラストでも凍結融解後に浸透圧応答消失が発生するが，その原因かどうかは断定できていない．また，低温馴化後のシロイヌナズナを長期間凍結下にさらすと fracture jump lesion とは異なる細胞膜の傷害も観察される[27]．

3．植物の耐凍性と機械的ストレス耐性

　耐凍性は氷点下で生じる氷晶形成に伴うストレスに対する耐性であり，低温耐性（耐寒性）に含まれる．耐寒性における植物の適応戦略として，凍結回避と耐凍性がある．はじめの節で述べた深過冷却や器官外凍結は凍結回避にあたる．葉や樹木の幹では，通常は細胞外凍結が起こる．耐凍性のない植物でも細胞内凍結が起こるのはまれであり，通常は細胞外凍結が起こる．このことから，耐凍性の高い植物には，細胞外凍結に対する耐性機構が存在すると考えられる．したがって，耐凍性の機構を知るためには，耐凍性の高い植物と低い植物や，低温馴化で耐凍性が増大する過程における生理的な変化を調べればよい．これまでの研究から，耐凍性には細胞膜が重要な役割をはたしていることが知られている．本節では，はじめに耐凍性，特に細胞外凍結に対する耐性機構と細胞膜についてこれまでの議論を外観した後，筆者らが最近明らかにした氷晶から受ける機械的ストレスに対する耐性機構に関して解説したい．

（1）耐凍性の分子機構

　低温馴化後の植物の耐凍性に関して様々な機構が提出されている．Steponkus

らは，低温未馴化の植物細胞で生じる細胞膜の凍結傷害が馴化後みられなくなることと，馴化過程で細胞膜のリン脂質の不飽和度の上昇との関連性があると推察している．この証拠として，低温未馴化のライムギのプロトプラストに不飽和度の高いホスファチジルコリン（リン脂質の一種）を人工的に導入すると耐凍度が上昇することが示されている[29]．一方で，前述の通り，低温馴化過程では不飽和度の高いリン脂質が細胞膜で増大する．しかし，L_α-HII 相転移は，不飽和度の高い脂質二重膜でより起こりやすいことから，耐凍性との関係について議論の余地が残っている[18]．

　低温馴化では糖が細胞に蓄積することが多くの植物で知られており，耐凍性の関係が示唆されているが，これに関しても複数の考え方が提出されている．シロイヌナズナの場合，異なるアクセッション株や雑種交雑 F1 株の耐凍性と糖の蓄積度合いには相関関係が認められることから，少なくとも糖は耐凍性へ何らかの関与をしているといえる[30]．これまでに，低温馴化後の糖蓄積度が馴化前と変わらないシロイヌナズナの凍結感受性変異体株 sfr4 が単離されているが，低温馴化後の sfr4 変異体株のプロトプラストでは，凍結融解後に浸透圧応答消失が見られる[31,32]．sfr4 変異体株の低温馴化での細胞膜リン脂質組成は明らかではないが，浸透圧応答消失は L_α-HII 相転移によるものではないかと推論されている．一方で，シロイヌナズナは葉序の高い若い葉のほうが老いた葉に比べて耐凍性が高く，糖の蓄積量との間に相関関係がある[33]．この報告では，低温馴化過程での葉序間の糖と耐凍性の関係も調べており，その結果から，シロイヌナズナの低温馴化過程における急速な耐凍性の上昇は細胞膜の脂質組成よりも糖の蓄積が寄与していると推論している．

　低温馴化で蓄積する様々なタンパク質に関しても耐凍性との関係について解析がなされている．凍結傷害発生機構と耐凍性機構との関係が示されたものとして，低温に応答して発現量を増大させる COR15a タンパク質がある[34]．COR15a は葉緑体局在の可溶性タンパク質であり，シロイヌナズナの COR15a 過剰発現体株では，未馴化でも L_α-HII 相転移が抑制されることが示されている．シロイヌナズナのアポリポプロテイン D のオーソログである AtTIL は，低温馴化で細胞膜に蓄積し，過剰発現させた未馴化の変異体株では耐凍性が上昇するが，遺伝子発現をノックアウトした変異体株では耐凍性が減少する[35,36]．Uemura らの未発表の結果では，凍結下での AtTIL が膜の融合を抑制していることが人工膜を用いた実験から示唆されている．また，脂質分解酵素であるホスホリパーゼ

Dの2種類のホモログ PLDα と PLDδ も各々耐凍性に関与しており，PLDα の過剰発現体株とノックアウト変異体株では，未馴化で各々耐凍性が減少と増大，逆に PLDδ は増大と減少することが示されている[37,38]．脂質組成の解析から，PLDα は凍結下で起こる脂質の分解による L$_\alpha$-HII 相転移の促進を抑え，PLDδ は融解過程で傷害を受けた膜の回復に関係していることが推測されている[39]．凍結脱水では，水の細胞外へのすみやかな排出が必要であるが，細胞膜型のアクアポリンを過剰発現させた場合，低温馴化後の浸透圧が増大せずに耐凍性が低下することから，凍結下の機械的ストレスへの耐性に必要であろうと推測されている[41]．

（2）凍結下の機械的ストレスと耐凍性Ⅰ―表面積制御機構との関係―

先述の通り，Steponkus らは，凍結脱水は細胞膜の L$_\alpha$-HII 相転移による傷害や "fracture jump lesion" を引き起こすと述べている[18]．低温馴化で起る生理的な変化によって凍結脱水による細胞膜の不安定化が回避されているといえる．一方で，Fujikawa らは氷晶成長によって生じる機械的ストレスが細胞膜を物理的に変形させ，膜の近接などによる傷害を誘起する可能性があると指摘している[13]．ここで考えられている機械的ストレスの発生機構や作用は，細胞質に加わる古典的な機械的ストレスの概念とは若干異なる．ただ，前述の細胞膜型アクアポリンの過剰発現体株では，水分含量が野生型に比べて10%以上増加していることから，脱水収縮で生じる機械的ストレス耐性が低下すると推測されている[40]．

耐凍性には，凍結下で生じる機械的ストレスへの耐性機構も必要であろうと筆者らは推測している．古典的な概念では，細胞膜に加わる機械的ストレスの影響については十分議論できていない．細胞膜に加わる機械的ストレスを理解するためには，凍結過程で細胞膜がどのように変形していくのかを連続的にみる必要がある．そのような凍結過程における細胞膜の動態の解析では，ステージの温度が制御可能な低温顕微鏡によるプロトプラストの凍結動態の観察が行われてきた．しかし，これまでの低温顕微鏡法は明視野観察が主であったため，細胞膜だけを観察しているわけではなかった．そこで，筆者らは蛍光色素 FM1-43で細胞膜を可視化し，共焦点蛍光顕微鏡法を用いて細胞膜の凍結動態を観察した（図5）[41]．その結果，低温馴化後のシロイヌナズナ本葉のプロトプラストでは，懸濁液の凍結直後に小胞構造が細胞膜の近傍に出現し，脱水収

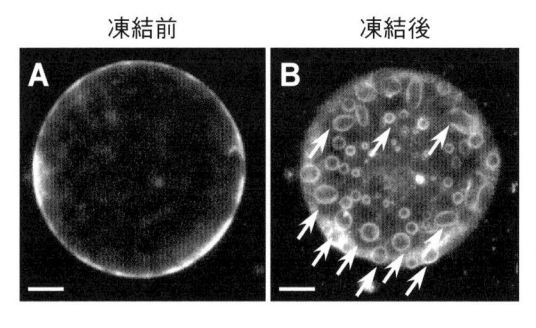

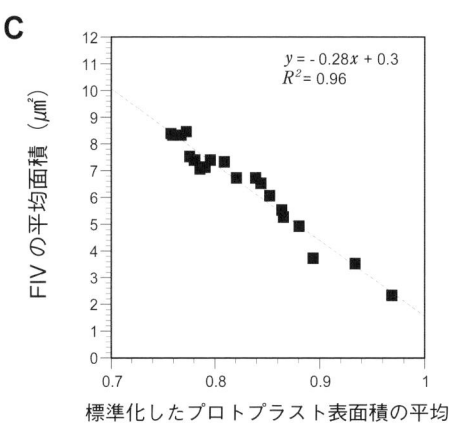

図5 凍結下および高張下におけるプロトプラスト細胞膜の動態（Yamazaki. et al., 2008a を改変）．A：低温馴化 7 日目のシロイヌナズナ本葉から単離したプロトプラストの細胞膜を蛍光色素 FM1-43で可視化．低温ステージの温度を 0 ℃に保ち共焦点蛍光顕微鏡法で観察した．B：低温ステージの温度をゆっくりと下げプロトプラスト懸濁液が凍結した後，− 4 ℃まで温度を下げた時の様子．細胞膜近傍に多数の巨大な小胞状の構造が観察される（矢印）．これを freeze-induced vesicles（FIV）と名づけた．C：プロトプラスト表面積と FIV 面積の関係．

縮に伴い成長することがわかった．この小胞構造を freeze-induced vesicular structures（FIV）と名づけ，詳しく解析したところ，凍結脱水によるプロトプラスト表面積の収縮と FIV 面積の増加に高い相関関係がみられた（図 5）．このことから，FIV は凍結下で収縮するプロトプラスト細胞膜の表面積を調節しているのではないかと推測される．しかしながら，FIV は懸濁液の浸透濃度をゆっくりと増大させた場合には観察されず，その代わりに，低温馴化後のライムギのプロトプラストを高張液に懸濁したときに出現する細胞外への突起構造（exocytotic extrusions）が多数みられた[21]．したがって，FIV は凍結脱水で誘導される構造ではないことになる．ところが，プロトプラストをカバーガラス表

面に吸着させ，12 μm 程度のスペーサを用いて完全に押し潰されないように工夫をしてからスライドガラスに押しつけると，凍結初期に出現する FIV と同様の構造が観察される．このことから，FIV は，圧迫などによって細胞が変形する際に細胞膜に加わる機械的ストレスがきっかけで誘導されると考えられる．

脱水ストレスで誘導される細胞外突起構造は，低温未馴化のライムギのプロトプラストの脂質組成を人工的に脂肪酸不飽和度の高いものに変え，プロトプラストを高張液にさらした際にも観察されることから，細胞膜の物理化学的な性質に依存した構造だといえる[29]．シロイヌナズナの細胞膜脂質は低温馴化過程で不飽和度が高くなる[23]．このことから，細胞外突起構造は，プロトプラストでは副次的に出現する構造体ではないかと考えられる．凍結下でも細胞外突起構造は観察されるのであるが，高張液で観察されるものに比べて数がきわめて少なく，氷晶成長過程で容易に細胞膜から剥離してしまう．このことは，ライムギのプロトプラストでも同様である[21]．FIV は，氷晶融解時には完全に細胞膜に融合してしまう．また，凍結中まれに細胞膜に融合することもある．この性質はエンドサイトーシス様小胞化とは決定的に異なり，FIV は融解時にすみやかに細胞膜と融合することで，膨張誘導性細胞融解を引き起こさないと推察できる．

では，FIV がどのようにして制御されているのかが問題になる．動物細胞・植物細胞を問わず，真核生物の細胞は一定の大きさを保たなければならない．その実現のために表面積制御機構（surface area regulation：SAR）が存在すると考えられている[42〜45]．表面積制御機構で鍵となるのは細胞膜に加わる張力だと考えらており，何らかの原因で張力が減少すると細胞膜の細胞質内への取り込みが起こり，張力が増加すると細胞内のリザーバーから膜成分の供給がなされ，張力を一定に保とうとする．プロトプラスト懸濁液の凍結融解過程では凍結脱水や氷晶から受ける機械的ストレスにより，細胞膜の張力が増減すると考えられる．FIV はこの張力の増減を調節し，細胞膜に加わる機械的ストレスを緩和するために機能していると推測される．図6では，これまでの観察結果をまとめた模式図を示す．

ここまでで，シロイヌナズナには凍結下細胞膜に負荷される機械的なストレスに応答して，細胞膜の表面積を制御する機構が存在することについて述べた．FIV がその制御に関わっていることが形態学的な解析から明らかとなったが，その分子機構については今後の課題となる．FIV が通常のエンドサイトーシス

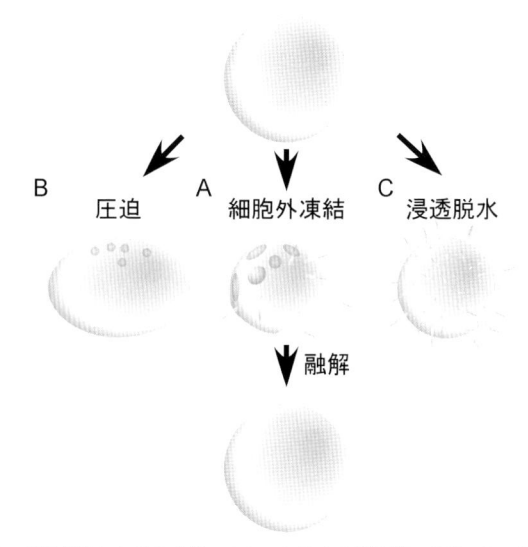

図6 低温馴化後の植物細胞における各種ストレスに対する細胞膜の応答. A：凍結融解過程における細胞膜の応答. 低温馴化後のシロイヌナズナ本葉から単離したプロトプラストを凍結すると表面積制御機構が働き，細胞膜の一部が細胞内に陥入し FIV を形成する. FIV は融解後細胞膜に戻る. B：細胞の圧迫における細胞膜の応答. FIV は細胞が圧迫されて細胞膜に機械的ストレスが加わった際に生じる. C：浸透圧脱水における細胞膜の応答. プロトプラスト懸濁液のソルビトール濃度を緩やかに上昇させて，細胞に浸透圧ストレスを加えると多数の細胞外突起構造が生じる. FIV の形成には機械的ストレスが必要であることが推測される.

経路によって形成されるのか，それと共通する分子機構を持つのかどうかを解析する必要がある. FIV の発生頻度は，細胞外のカルシウムイオンに依存するのであるが[44]，動物細胞の表面積制御機構はカルシウム非依存性との報告もある. また，凍結温度がさらに低い条件では FM1-43 の蛍光強度が低下してしまうため，技術的な面からより低い温度条件での FIV の挙動はまだ観察できていない. 後述する細胞膜修復機構との関係も予想しうるので，さらなる解析が必要になるだろう.

（3）凍結下の機械的ストレスと耐凍性Ⅱ―細胞膜修復機構との関係―

これまで述べてきた通り，低温馴化後の植物細胞膜で実際に起こっている凍結傷害については正確には理解されていない. また，それら凍結傷害が不可逆的なものなのかについての情報もない. "fracture jump lesion" は凍結傷害の候補であるが，過度の変形によって細胞膜が破れるような損傷が起こっている可能性もある. 興味深いことに，哺乳類と昆虫類，甲殻類の神経細胞や線維芽細

第7章 凍結ストレスと植物の耐凍性

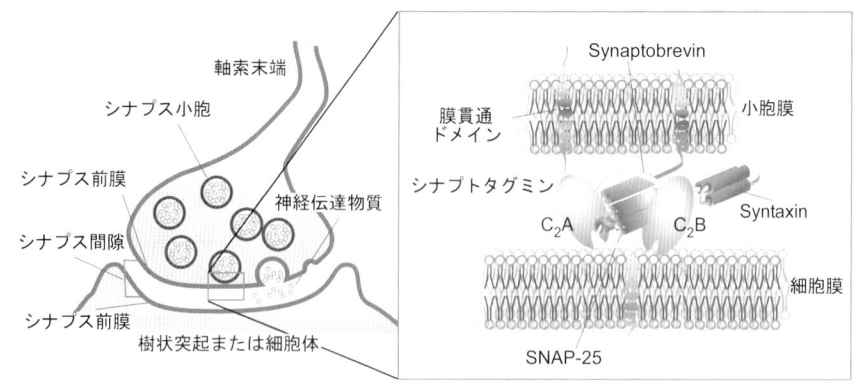

図7 シナプタグミンとSNAREタンパク質の相互作用のモデル（Bai *et al*., 2004を改変）．A：ニューロン細胞の模式図．ニューロン細胞のシナプス前膜では，カルシウムイオン依存的なエキソサイトーシスが起こり，神経伝達物質がシナプス後膜に向かって放出される．このカルシウム依存性のエキソサイトーシスにはシナプタグミンとSNARE複合体が関わっている．B：シナプタグミンとSNARE複合体の構造と相互作用のモデル図．シナプタグミンはN末端に膜貫通ドメインがあり，C末端側に2つのカルシウム結合ドメイン（C_2AとC_2B）がある．ニューロン細胞ではシナプタグミンは膜融合措置であるSNAREタンパク質複合体と相互作用する．SNAREタンパク質複合体にはSynaptobrevin，Syntaxin，SNAP-25が含まれる．

胞，ウニの卵細胞，ゾウリムシには，一度穴が空き損傷した細胞膜を修復する細胞膜修復機構が存在する[46〜49]．現在考えられている細胞膜修復機構では，細胞外のカルシウムイオンが必須で，細胞膜が破断すると細胞外から細胞内にカルシウムイオンが流入し，これをきっかけにエキソサイトーシスが盛んに起こり，結果，損傷部位が修復される[50]．動物細胞における細胞膜修復機構の分子機構に関しては研究が進んでおり，真核生物の膜融合装置であるSNAREタンパク質複合体が関与しているとされている[48,51]．哺乳類の繊維芽細胞などでは，損傷した細胞膜とリソソームが融合することで修復が達成されるが，これに神経細胞でカルシウムイオン依存的な膜融合の制御タンパク質であるシナプタグミンが関与することが示されている[52]．シナプタグミンは，N末端に1回膜貫通ドメインを1つ，C末端に2つのカルシウム結合ドメイン（C_2AとC_2B）を持つ膜タンパク質で，SNARE複合体の1つSNAP-25と直接相互作用することで，エキソサイトーシスを制御しているとされる（図7）[53〜55]．植物細胞に細胞膜修復機構が存在するかどうかは不明であるが，コムギの糊粉層細胞では，生理的機能は未知のカルシウムイオン依存的なエキソサイトーシスが起こり，また，細胞膜修復機構は原生生物のゾウリムシにも存在する[56,46]．さらに，シロイヌナズナの低温馴化過程では，細胞膜修復に関係するシナプタ

グミンのオーソログが細胞膜に蓄積することがわかっている[36]．

そこで，筆者らは，植物の耐凍性における細胞膜修復機構の関与について検証を行った[57]．動物細胞における細胞膜修復機構では，細胞外のカルシウムイオンに対して依存性が認められる．はじめに，植物の耐凍性と細胞外カルシウムイオンの関係について調べた．実験には，シロイヌナズナの本葉から単離したプロトプラストを用いた．その結果，低温未馴化・馴化にかかわらず懸濁液中のカルシウムイオンに対する依存性が耐凍性にみられ，低温馴化後7日目の植物由来のプロトプラストでは，$-6°C$〜$-12°C$の範囲で，耐凍性の約40％弱を占めていた（図8）．この耐凍性のカルシウムイオン依存性は，マグネシウムイオンと拮抗関係にあった．プロトプラストの耐凍性におけるカルシウムイオン依存性は，動物細胞の細胞膜修復機構におけるカルシウム依存性と類似しており，マグネシウムイオンとの拮抗性においても一致している．

前述の通り，低温馴化後の植物が凍結下でどのような傷害を細胞膜に受けているかは依然不明である．しかし，凍結下では主に凍結脱水が主たるストレスであることが推測されている．そこで，高張液を用いて浸透脱水ストレスに対する生存率を調べたところ，カルシウムイオンに対する依存性はみられなかった．一方で，プロトプラスト細胞膜にエレクトロポレーションを施し，細胞膜を物理的に破断させる損傷を与えた場合，生存率にカルシウムイオンに対する依存性があることがわかった．このことから耐凍性におけるカルシウムイオン依存性は，細胞膜の物理的な破断に伴う損傷に対する耐性であることが示唆される．

プロトプラストを用いた実験系では，実際の細胞と異なり細胞壁の効果が除外されてしまう．そこで，60〜80 μm程度の葉の生切片を作成し，凍結融解後の細胞の生存率を低温顕微鏡で観察したところ，全体の約50％を占めるカルシウムイオン依存性の耐凍性があることがわかった（図8）．この実験の過程で，生切片の生存率が懸濁液の浸透濃度により異なっていることが判明したため，氷晶成長を可視化したところ，0.6 Mソルビトール等張液では不凍結水の割合が多く，0 M低張液ではほとんどの水が凍結，氷晶を形成していた．このことは，耐凍性におけるカルシウムイオン依存性が，凍結脱水ではなく氷晶から受けるストレスによる傷害と関連していることを示唆している．

ここまでの結果は，低温馴化後のシロイヌナズナの葉肉細胞の耐凍性にカルシウムイオン依存性があり，それが細胞膜の損傷に対する耐性機構であること

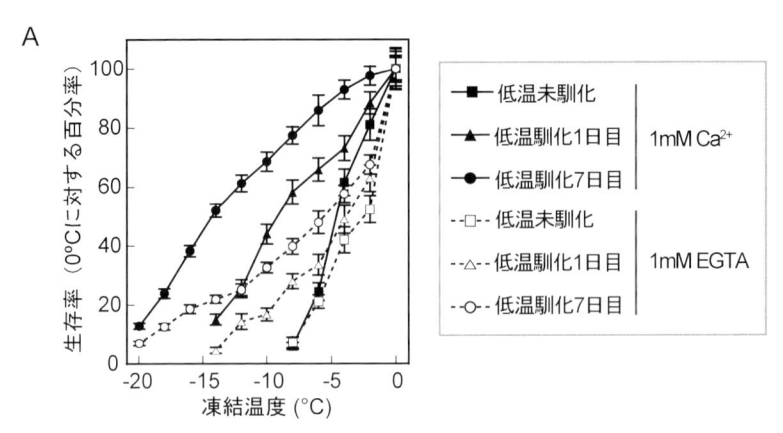

シロイヌナズナ本葉由来のプロトプラストにおける低温馴化前後の耐凍性

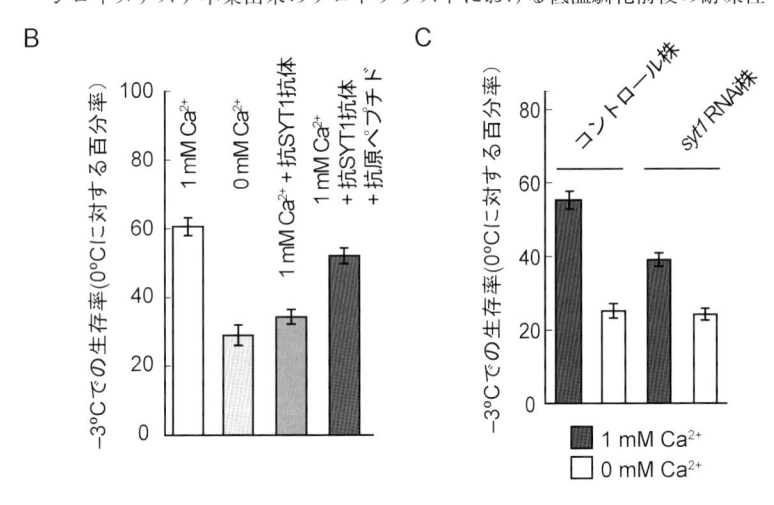

低温馴化7日目のシロイヌナズナ本葉の生切片における耐凍性

図8 凍結耐性のカルシウムイオン依存性と植物シナプトタグミン SYT1の関係（Yamazaki et al., 2008bを改変）．A：低温馴化と凍結耐性のカルシウムイオン依存性．低温未馴化および低温馴化1日目，7日目のシロイヌナズナの本葉から単離したプロトプラストの懸濁液を凍結，任意の温度まで下げた後懸濁液を融解させ，生き残っているプロトプラストを計数．その際に各々1 mMになるよう懸濁液に Ca^{2+} とカルシウムイオンキレート剤である EGTA を加え，生存率の違いを比較した．シロイヌナズナのプロトプラストの耐凍性にはカルシウムイオン依存性があることがわかる．B：本葉生切片のカルシウムイオン依存性の耐凍性と抗SYT1抗体によるその阻害．低温馴化後7日目のシロイヌナズナ本葉から切り出した生切片のマウント溶液を低温ステージ上で凍結，−3℃まで温度を下げた後，融解した．その際，生き残った細胞を計数し生切片の生存率を求めた．生切片でも耐凍性にカルシウムイオン依存性がみられる．細胞外に植物シナプトタグミン SYT1に対する抗体を添加し同様に生存率を求めたところ，カルシウムイオン依存性が見られなくなった．また，抗SYT1抗体にさらに抗原を加えるとカルシウムイオン依存性が回復した．C：syt1 RNAi 株における本葉生切片の耐凍性．syt1 発現抑制株の本葉生切片の耐凍性を調べたところ，耐凍性のカルシウムイオン依存性がコントロール株に比べて顕著に低下していた．

を示唆している．細胞膜修復機構では，細胞外のカルシウムイオンは必須であることから，耐凍性のカルシウム依存性は細胞膜修復機構による可能性が高い．次に，筆者らは細胞膜修復の鍵因子であるシナプトタグミンに着目した．シロイヌナズナのシナプトタグミンSYT1は細胞膜のみに局在し，低温馴化過程で蓄積量が増大する[36]．そこで，SYT1のC_2Aドメインに特異的な抗体を細胞懸濁液に添加し，その際の凍結融解後の生存率を低温馴化後の植物の本葉の生切片を用いて調べたところ，カルシウムイオンに対する依存性がほとんど失われた（図8）．生化学的な実験からC_2Aドメインは細胞質側にあることが示されることと合わせると，抗SYT1抗体が阻害効果を発揮するためには，細胞膜が一度損傷する必要がある．したがって，耐凍性のカルシウムイオン依存性は，細胞外溶液の凍結融解によって細胞膜が損傷した後に機能していることになる．このことから凍結耐性におけるカルシウムイオン依存性は細胞膜修復機構によるもので，さらにその機構に植物のシナプトタグミンSYT1が関与していると考えられる．

これまでの解析では，プロトプラストや生切片を用いて行っていたため，実際に細胞膜修復機構が植物体の耐凍性において機能しているかを確認する必要がある．そこでまず，syt1の発現を抑制するRNAi変異体株を作出し，プロトプラストと生切片を用いて耐凍性を評価した．ベクターコントロール株では，野生型と同様，耐凍性にカルシウム依存性がみられたが，syt1 RNAi変異体株ではそれが顕著に減少していることが明らかとなった（図8）．一方，RNAi変異体株やT-DNA挿入株の植物体における耐凍度は，コントロール株や野生型に比べて約30％低下していた．したがって，SYT1の関与する耐凍性のカルシウムイオン依存性は，植物体の耐凍性にも直接関わっていることが示唆される．

図9では，これまでに得られた結果から推察される耐凍性のカルシウム依存性と細胞膜修復の関係についてのモデル図を示す．興味深いことに，著者らと同時期にシロイヌナズナの塩ストレス感受性の変異体株が単離され，その原因遺伝子がsyt1であることが明らかにされている[58]．そして，塩ストレス下では，SYT1が細胞膜の恒常性維持と細胞の生存に対して必要であると結論づけており，それに対して細胞膜修復機構が関与していると推察している．

今後の課題として，当該機構に関わる分子機構を明らかにする必要がある．また，耐凍性のカルシウムイオンの依存性に対してSYT1の2つのカルシウムイオン結合ドメイン（C_2AとC_2B）がどのように作用しているのか興味が持たれ

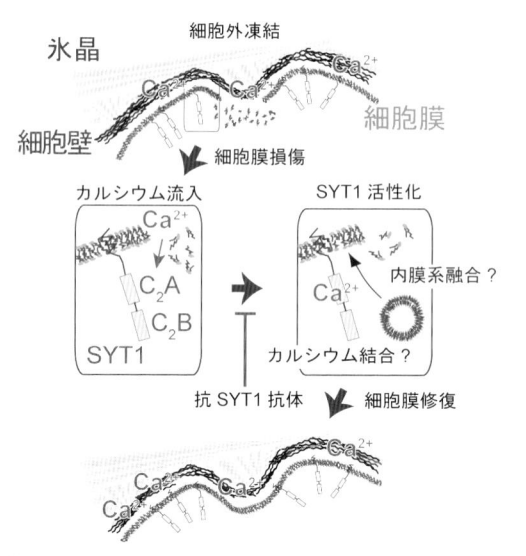

図9 細胞膜修復機構と耐凍性．推定される耐凍性のカルシウム依存性と細胞膜修復機構のモデル図．細胞外凍結が起きると細胞膜が損傷し，細胞内にカルシウムイオンが流入する．これを植物シナプトタグミン SYT1 が認識し内膜系と細胞膜の融合を促進，損傷部位を修復していると考えられる．抗 SYT1 抗体は凍結時の細胞膜損傷の際にカルシウムイオンと共に細胞内に流入し SYT1 の機能を阻害していると推測される．

る．組み換えタンパク質を用いた *in vitro* の実験では，SYT1 の C_2A ドメインはカルシウムイオン依存的に人工膜に結合することができるが，C_2B ドメインはそのような能力を欠いていることから，凍結耐性のカルシウム依存性への C_2A ドメインの関与が予測される[58]．動物細胞からの類推では，細胞膜の損傷後にエキソサイトーシスが活発に起こるのであるが，細胞膜の供給源となる内膜系や膜融合に SNARE タンパク質が関係するかどうかなどを明らかにしなければならない．さらに，表面積制御機構と細胞膜修復機構との関係性についても今後研究の余地がある．現段階で両者に共通しているのは，細胞膜に加わる張力の変化である．細胞膜の損傷によって張力が著しく変化する可能性は高い．ただ，これに関しては，特に生体力学的理論基盤が乏しく，増減のどちらが起こっているかははっきりしないため，今後の研究課題となる．加えて，細胞膜の損傷の機構についてもさらなる研究が必要になると考えられる．

4．おわりに

耐凍性は，冬季の厳しい環境を生き抜くうえで植物にとって必要不可欠な機

構である．植物は，氷の性質を良く理解し，そこから生じる様々なストレスを上手くいなす巧みな方法を長い進化の過程で獲得してきたのであろう．通常，植物で起こる凍結様式は，細胞外凍結であり，これにより化学ポテンシャルの差から生じる脱水ストレスが細胞に加わる．従来の説では，凍結脱水のストレスが細胞膜に傷害を引き起こす主たる要因だとされていた．筆者らの最近の研究から，脱水ストレス以外にもいくつかの原因で発生する機械的ストレスに対して回避や抵抗するための機構が存在することが明らかになりつつある．今後，凍結下で細胞膜に加わる機械的ストレスの発生機構や耐性機構を明らかにし，耐凍性に関して精緻な理解が進むことを期待したい．

謝辞 本研究の一部は，岩手大学21世紀COEプログラムと日本学術振興会の研究助成の下で行われた．

引用文献

1) Prillieux, E. 1869. Sur la formation de glaçons a l'intérieur des plantes. *Annales des Sciences Naturelles*, 12: 125-134.
2) McCully, M. E., Canny, M. J. & Huang, C. X. 2004. The management of extracellular ice by petioles of frost-resistant herbaceous plants. *Annals of Botany*, 94: 665-674.
3) Pearce, R. S. 1988. Extracellular ice and cell shape in frost-stressed cereal leaves: A low-temperature scanning-electron-microscopy study. *Planta*, 175: 313-324.
4) Ashworth, E. N. Echlin, P. *et al.* 1988. Ice formation and tissue response in apple twigs. *Plant, Cell & Environment*, 11: 703-710.
5) Levitt, J. 1980. Responses of Plants to Environmental Stresses, Vol. 1: Chilling, freezing, and high temperature stresses, Ed 2. Academic Press.
6) Burke, M. J., Gusta, L. V. *et al.* 1976. Freezing and injury in plants. *Annual Review of Plant Physiology*, 27: 507-528.
7) Pearce, S. 2001. Plant Freezing and Damage. *Annals of Botany*, 87: 417-424.
8) Ishikawa, M. & Sakai, A. 1983. Extraorgan freezing in wintering flower buds of Cornus officinalis Sieb. et Zucc. *Plant, Cell & Environment*, 8: 333-338.
9) Sakai, A. 1982. Freezing Tolerance of Shoot and Flower Primordia of Coniferous Buds by Extraorgan Freezing. *Plant Cell Physiol.*, 23: 1219-1227.
10) Preston, G. M., Carroll, T. P. *et al.* 1992. Appearance of water channels in Xenopus oocytes expressing red cell CHIP28 protein. *Science*, 256: 385-387.
11) Tyerman, S. D., Niemietz, C. M. & Bramly, H. 2002. Plant aquaporins: multifunctional water and solute channels with expanding roles. *Plant, Cell & Environment*, 25: 173-194.

12) Steponkus, P. L., Dowgert, M. F. & Gordon-Kamm, W. J. 1983. Destabilization of the plasma membrane of isolated plant protoplasts during a freeze-thaw cycle: the influence of cold acclimation. *Cryobiology*, 20: 448-65.
13) Fujikawa, S., Jitsuyama, Y. & Kuroda, K. 1999. Determination of the Role of Cold Acclimation-Induced Diverse Changes in Plant Cells from the Viewpoint of Avoidance of Freezing Injury. *Journal of Plant Research*, 112: 237-244.
14) Olien, C. R. & Smith, M. N. 1977. Ice Adhesions in Relation to Freeze Stress. *Plant Physiology*, 60: 499-503.
15) Workman, E. J. & Reynolds, S. E. 1950. Electrical Phenomena Occurring during the Freezing of Dilute Aqueous Solutions and Their Possible Relationship to Thunderstorm *Electricity. Physical Review*, 78: 254-260.
16) Wilson, P. W. & Haymet, A. D. J. 2008. Workman-Reynolds Freezing Potential Measurements between Ice and Dilute Salt Solutions for Single Ice Crystal Faces. *Journal of Physical Chemistry part B*, 112: 11750-11755.
17) Steponkus, P. L. 1984. Role of the Plasma Membrane In Freezing Injury And Cold Acclimation. *Annual Review of Plant Physiology*, 35: 543-584.
18) Steponkus, P. L., Uemura, M. & Webb, M. S. 1993. A contrast of the cryostability of the plasma membrane of winter rye and spring oat-two species that widely differ in their freezing tolerance and plasma membrane lipid composition. In: Steponkus, P. L. (ed.), Advances in Low-temperature Biology, Vol. 2, pp. 211-312. JAI Press.
19) Dowgert, M. F. & Steponkus, P. L. 1984. Behavior of the plasma membrane of isolated protoplasts during a freeze-thaw cycle. *Plant Physiology*, 75: 1139-1151.
20) Gordon-Kamm, W. J. & Steponkus, P. L. 1984. The behavior of the plasmamembrane following osmotic contraction of isolated protoplasts: implications in freezing-injury. *Protoplasma*, 123: 83-94.
21) Dowgert, M. Wolfe, J. & Steponkus, P. 1987. The mechanics of injury to isolated protoplasts following osmotic contraction and expansion. *Plant Physiology*, 83: 1001-1007.
22) Webb, M. S., Uemura, M. & Steponkus, P. L. 1994. A Comparison of Freezing Injury in Oat and Rye: Two Cereals at the Extremes of Freezing Tolerance. *Plant Physiol*, 104: 467-478.
23) Uemura, M., Joseph, R. A. & Steponkus, P. L. 1995. Cold Acclimation of Arabidopsis thaliana (Effect on Plasma Membrane Lipid Composition and Freeze-Induced Lesions). *Plant Physiol*, 109: 15-30.
24) Dowgert, M. F. & Steponkus, P. L. 1984. Behavior of the Plasma Membrane of Isolated Protoplasts during a Freeze-Thaw Cycle. *Plant Physiol*, 75: 1139-1151.
25) Fujikawa, S. 1988. Artificial biological membrane ultrastructural changes caused by freezing. *Electron Microscopy Reviews*, 1: 113-40.
26) Webb, M. S. & Steponkus, P. L. 1993. Freeze-Induced Membrane Ultrastructural Alterations in Rye (Secale cereale) Leaves. *Plant Physiol*, 101: 955-963.
27) Nagao, M., Arakawa, K. *et al.* 2008. Long- and short-term freezing induce different

types of injury in Arabidopsis thaliana leaf cells. *Planta*, 227: 477-489.
28) Gordon-Kamm, W. & Steponkus, P. 1984. Lamellar-to-hexagonal II phase transitions in the plasma membrane of isolated protoplasts after freeze-induced dehydration. *Proceedings of the National Academy of Sciences of the United States of America*, 81 6373-6377.
29) Steponkus, P. L., Uemura, M. *et al.* 1988. Transformation of the cryobehavior of rye protoplasts by modification of the plasma membrane lipid composition. *Proceedings of the National Academy of Sciences of the United States of America*, 85: 9026-9030.
30) Korn, M., Peterek, S. *et al.* 2008. Heterosis in the freezing tolerance, and sugar and flavonoid contents of crosses between Arabidopsis thaliana accessions of widely varying freezing tolerance. *Plant, Cell & Environment*, 31: 813-27.
31) McKown, R., Kuroki, G. & Warren, G. 1996. Cold responses of Arabidopsis mutants impaired in freezing tolerance. *Journal of Experimental Botany*, 47: 1919-1925.
32) Uemura, M., Warren, G.. & Steponkus, P. L. 2003. Freezing sensitivity in the sfr4 mutant of Arabidopsis is due to low sugar content and is manifested by loss of osmotic responsiveness. *Plant Physiology*, 131: 1800-1807.
33) Takagi, T., Nakamura, M. *et al.* 2003. The leaf-order-dependent enhancement of freezing tolerance in cold-acclimated Arabidopsis rosettes is not correlated with the transcript levels of the cold-inducible transcription factors of CBF/DREB1. *Plant & Cell Physiology.*, 44: 922-931.
34) Steponkus, P. L., Uemura, M. *et al.* 1998. Mode of action of the COR15a gene on the freezing tolerance of Arabidopsis thalian. *Proceedings of the National Academy of Sciences of the United States of America*, 95: 14570-14575.
35) Kawamura, Y. & Uemura, M. 2003. Mass spectrometric approach for identifying putative plasma membrane proteins of Arabidopsis leaves associated with cold acclimation. *The Plant Journal*, 36: 141-154.
36) Charron, J. B., Ouellet, F. *et al.* 2008. The plant Apolipoprotein D ortholog protects Arabidopsis against oxidative stress. *BMC Plant Biology*, 31: 8:86.
37) Welti, R., Li, W. *et al.* 2002. Profiling membrane lipids in plant stress responses. Role of phospholipase D alpha in freezing-induced lipid changes in Arabidopsis. *Journal of Biological Chemistry*, 277: 31994-32002.
38) Li, W., Li, M. *et al.* 2004. The plasma membrane-bound phospholipase Ddelta enhances freezing tolerance in Arabidopsis thaliana. *Nature Biotechnology*, 22: 427-33.
39) Li, W., Wang, R. *et al.* 2008. Differential degradation of extraplastidic and plastidic lipids during freezing and post-freezing recovery in Arabidopsis thaliana. *Journal of Biological Chemistry*, 283: 461-468.
40) Peng, Y., Arora, R. *et al.* 2008. Rhododendron catawbiense plasma membrane intrinsic proteins are aquaporins, and their over-expression compromises constitutive freezing tolerance and cold acclimation ability of transgenic Arabidopsis plants. *Plant, Cell & Environment*, 31: 1275-1289.

41) Yamazaki, T., Kawamura, Y. & Uemura, M. 2008a. Cryobehavior of the plasma membrane in protoplasts isolated from cold-acclimated Arabidopsis leaves is related to surface area regulation. *Plant & Cell Physiology*, 49: 944-957.
42) Mills, L. R. & Morris, C. E. 1998. Neuronal plasma membrane dynamics evoked by osmomechanical perturbations. *Journal of Membrane Biology*, 166: 223-35.
43) Raucher, D. & Sheetz, M. P. 1999. Characteristics of a membrane reservoir buffering membrane tension. *Biophysical Journal*, 77: 1992-2002.
44) Morris, C. E. & Homann, U. 2001. Cell surface area regulation and membrane tension. *Journal of Membrane Biology*, 179: 79-102.
45) Yamazaki, T., Kawamura, Y. & Uemura, M. Extracellular freezing-induced mechanical stress and surface area regulation on the plasma membrane in cold-acclimated plant cells. *Plant Signaling & Behavior*, in press.
46) Plattner, H. 1976. Membrane disruption, fusion and resealing in the course of exocytosis in Paramecium cells. *Experimental Cell Research*, 103: 431-435.
47) Yawo, H. & Kuno, M. 1985. Calcium dependence of membrane sealing at the cut end of the cockroach giant axon. *Journal of Neuroscience*, 5: 1626-1632.
48) Steinhardt, R. A., Bi, G. Q. & Alderton, J. M. 1994. Cell membrane resealing by a vesicular mechanism similar to neurotransmitter release. *Science*, 263: 390-393.
49) Eddleman, C. S., Ballinger, M. L. *et al.* 1997. Repair of plasmalemmal lesions by vesicles. *Proceedings of the National Academy of Sciences of the United States of America*, 94: 4745-4750.
50) McNeil, P. L. & Kirchhausen, T. 2005. An emergency response team for membrane repair. *Nature Reviews Molecular Cell Biology*, 6: 499-505.
51) Bi, G. Q., Alderton, J. M. & Steinhardt, R. A. 1995. Calcium-regulated exocytosis is required for cell membrane resealing. *Journal of Cell Biology*, 131: 1747-1758.
52) Reddy, A., Caler, E. V. & Andrews, N. W. 2001. Plasma membrane repair is mediated by Ca^{2+}-regulated exocytosis of lysosomes. *Cell*, 106: 157-169.
53) Südhof, T. C., 2002. Synaptotagmins: why so many? *Journal of Biological Chemistry*, 277: 7629-7632.
54) Jahn, R., Lang, T. & Südhof, T. C. 2003. Membrane fusion. *Cell*, 112: 519-533.
55) Bai, J. & Chapman, E. R. 2004. The C2 domains of synaptotagmin-partners in exocytosis. *Trends in Biochemical Sciences*, 29: 143-151.
56) Homann, U. & Tester, M. 1997. Ca^{2+}-independent and Ca^{2+}/GTP-binding protein-controlled exocytosis in a plant cell. *Proceedings of the National Academy of Sciences of the United States of America*, 94: 6565-6570.
57) Yamazaki, T., Kawamura, Y. *et al.* 2008b. Calcium-Dependent Freezing Tolerance in Arabidopsis Involves Membrane Resealing via Synaptotagmin SYT1. *The Plant Cell*, 20: 3389-3404.
58) Schapirea, A. L., Voigt, B. *et al.* 2008. Arabidopsis synaptotagmin 1 is required for the maintenance of plasma membrane integrity and cell viability. *The Plant Cell*, 20: 3374-3388.

第8章

植物細胞における冷温傷害機構とその数理的解析

河村幸男

　熱帯，亜熱帯産の植物の多くは低温に敏感で，0～12℃にさらされると栄養成長や生殖成長が阻害され，組織や器官，個体そのものが不可逆的な傷害を受ける．このような低温傷害は凍結傷害とは異なり温度のみにより生じ，冷温傷害とよばれる．一般的に，低温傷害は低温にさらされた直後に不可逆的な傷害にいたるものではなく，回復可能な初期傷害を経て徐々に二次傷害が誘発されながら，不可逆的傷害へと進む．植物の低温傷害機構を理解するためには，まず回復可能な初期傷害の機構を知ることが大切と考えられる．これまでの研究で，低温傷害初期過程において液胞のアルカリ化と同時に細胞質の酸性化が起きることがわかっている．近年，著者はこの細胞質の酸性化の原因が，液胞膜水素イオン集積能の冷温感受性にあることを数理的解析により明らかにしてきたが，本章ではこのことについて解説する．

1. はじめに

　冷温傷害は，光条件や湿度などの低温処理条件，また，さらされる温度と時間や植物の生育条件に大きく依存する．たとえば，光照射のもとで植物を冷やすと，葉は短時間で光合成機能をなくし，肉眼的にも暗黒下の低温処理よりも著しい傷害が現れる．これは，常温では正常に働いていた葉緑体内の活性酸素消去系が，低温では機能が低下することによると考えられている[1]．逆に，植物を水分飽和の条件で冷やすと傷害は著しく軽減されることが多い．一方，低温感受性の高い植物では，暗黒－水分飽和の条件で低温にさらしても，細胞は短時間で致死的な傷害を受ける．このことは，細胞内に低温そのものに敏感な生体膜やタンパク質があることを示しており，それらを明らかにすることは低温傷害機構を知るうえで必要不可欠である．

　これまでの研究により，ヤエナリ懸濁培養細胞から調整したプロトプラストを暗黒条件下で0℃にさらすと，低温傷害初期過程において液胞のアルカリ化と同時に細胞質の酸性化が起きることがわかっている[2]．また，細胞外の溶液を中性にしても細胞質の酸性化は生じる[3]．このことから，細胞質の酸性化

は主に液胞からの水素イオンの流出により生じ，液胞膜の水素イオンに対する半透過性の消失や水素イオン輸送系の機能障害が原因であると予想されている．液胞膜の水素イオンの輸送系には，ピロリン酸（PPi）分解時に生じるエネルギーを利用する H^+-PPase（V-PPase）と，ATP分解時に生じるエネルギーを利用する H^+-ATPase（V-ATPase）という2つの輸送酵素が存在する．このうち，V-ATPaseは低温傷害初期過程で急速に失活することが知られている．しかし，V-ATPaseの低温失活と細胞質の酸性化の直接的な因果関係はまったくわからなかった．この理由は，植物が，普段傷害を受けない温度で，どのようにして細胞質のpHを一定範囲に保っているかが理解されていないことが大きな原因であった．

　自然の中では，植物は常に環境の変化，たとえば温度変化にさらされ，水素イオン流入速度や流出速度は必ずその影響を受ける．また，細胞内の多くの物質輸送は水素イオン濃度勾配を利用しており，輸送物質の量が変化すれば当然水素イオン流出速度も変化する．このことは，もし植物細胞が水素イオン流出入をうまく調節できる機構を持っていなければ，細胞質のpHを一定に保つことはできないことを意味する．このpH調節には遺伝子発現も含まれるであろうが，瞬時に変わるような変化に対しては対応しきれないことが予想され，実際にpHを一定に保つためには生化学的な調節機構が必須であると考えられる．このようにして植物細胞は生化学的なpH調節機構を持っていると推察されるが，これまでこの機構についてはまったく検討されてこなかった．

　このpH調節機構の観点から低温傷害初期過程における細胞質の酸性化の原因を考え直すと，次のような仮説が考えられる．すなわち，1）液胞膜にはV-ATPaseもしくはV-PPaseを含むpH勾配を調節する生化学的な機構が存在し，細胞は環境の様々な変化に対して一定に細胞質と液胞のpH勾配を保つことができる，2）この機構が低温処理により崩壊し，その結果，細胞質の酸性化がもたらされる．この仮説を詳細に検討するために，液胞膜小胞を用いて以下の3つの項目について実験を行った．すなわち，1）PPiもしくはATP依存的な液胞小胞内へのpH勾配形成過程の数式モデルを導入し，水素イオン流出入を明確にする，2）ATPもしくはPPi依存的なpH勾配形成過程の温度特性を調べることによりpH調節機構を推定する，3）ATPもしくはPPi依存的なpH勾配形成過程の低温処理後の変化を検討する．以下に，過去の実験の問題点を含めながら結果を述べる．

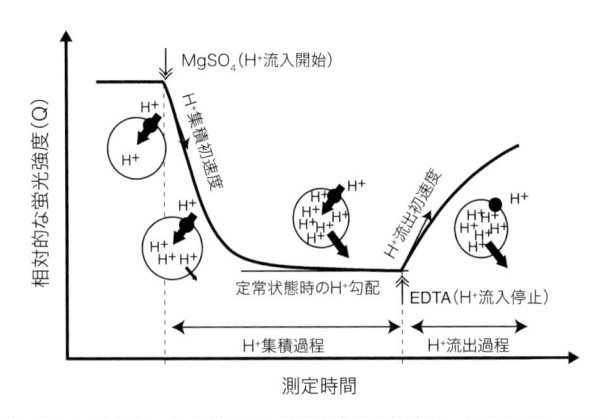

図1 アクリジンオレンジを用いた水素イオン勾配測定法の簡略図．アクリジンオレンジは酸性条件になると多量体を形成し蛍光を発しなくなる．また，一量体では膜を通過できるが二量体以上になると膜を通過できなくなる．その結果，小胞内が酸性化すると小胞内に二量体以上のアクリジンオレンジが閉じこめられ，反応液中のアクリジンオレンジによる蛍光が低下する．そのため，アクリジンオレンジの蛍光消失により水素イオン勾配が推定できる．水素イオン集積過程の測定はマグネシウムイオン（$MgSO_4$）を加えることによりはじめられる．水素イオン流出の測定は，定常状態の水素イオン勾配を V-ATPase および V-PPase に形成させた後，EDTA を加えることによりそれぞれの分解活性を停止させることによりはじめられる．

2．過去の報告の実験の問題点

　これまでの研究においても，冷温感受性植物を用いて冷温処理前後から液胞膜画分を単離し，冷温傷害と液胞膜水素イオン輸送酵素との関係性が調べられてきた．これらの報告では，植物体の破砕にはポリトロンもしくは家庭用ミキサーが使用されてきたが，これらの激しい機械的な破砕法で単離された液胞膜は非常に傷ついており，正確な水素イオン輸送活性や水素イオン流出が測定できないことが明らかになった[6]．そこで，これらの方法よりはるかにおだやかな破砕法である乳鉢乳房による植物体の破砕法を採用し，液胞膜の単離を試みた．その結果，従来の方法で得られた膜画分よりも V-PPase の水素イオン輸送活性を示す水素イオン輸送初速度はおおよそ2倍以上高いことが明らかとなった．また，過去のデータとも比較しても両酵素の水素イオン輸送初速度は2倍上昇していることが確認された．同じヤエナリ上胚軸から単離した液胞膜画分を用いた水素イオン流出に関しても，Yoshida と Matsuura-Endo[4] の報告によれば，V-PPase により形成された定常状態での pH 勾配はほぼ10分で解消され，Darley ら[5] の報告によればほぼ1分で解消された．しかし，今回得られた液胞膜画分では，20分経過後でも，初期の pH 勾配の60％を保っていることが確認

された．このことは，乳鉢乳房で植物体を破砕することで得られた液胞膜は，人為的な作用により生じる水素イオンの流出増加が従来の膜よりもはるかに抑さえられた状態で測定でき，より信頼のある結果が得られることを示している．この液胞膜画分を用いて，アクリジンオレンジを用いた蛍光消失法によりATPもしくはPPi依存的な水素イオン集積過程，すなわちpH勾配形成過程と水素イオン流出の測定を行った（方法は図1を参照）．

3．水素イオン集積過程の数式モデル

アクリジンオレンジの蛍光消失変化の割合を $Q(t)$ とすると，液胞膜小胞内の水素イオン濃度変化 $[H^+_{in}](t)$ は下記の式で表される[6]．

$$\frac{[H^+_{in}](t)}{[H^+_{out}]} = \frac{Vol_{out} + Vol_{in}}{Vol_{in}} \cdot \left(1 + \frac{Ka}{[H^+_{out}]}\right) \cdot \frac{Q(t)}{1-Q(t)} + 1 \tag{1}$$

ただし，Vol_{in} は小胞内の体積，Vol_{out} は小胞外の体積，Ka はアクリジンオレンジに水素イオンが付加する時の化学反応平衡定数である．また，液胞膜小胞内のpH変化はpHの定義に基づき $[H^+_{in}](t)$ より計算される．

$$\begin{aligned}pH_{in}(t) &= -Log_{10}[H^+_{in}](t) \\ &= pH_{out} - Log_{10}\left[\frac{Vol_{out}+Vol_{in}}{Vol_{in}} \cdot \left(1+\frac{Ka}{[H^+_{out}]}\right) \cdot \frac{Q(t)}{1-Q(t)} + 1\right]\end{aligned} \tag{1'}$$

式（1'）の係数 $(Vol_{out} + Vol_{in})/Vol_{in}$ と Ka は，ほかの実験より得られる Q と ΔpH（すなわち pH_{in} と pH_{out} の差）との関係から，非線形の最小二乗法により得られる．次に，図1に示される方法により，PPiまたはATP依存的な水素イオン集積過程における液胞膜小胞内の Q の変化，もしくは，PPiまたはATP存在下での水素イオン流出過程における液胞膜小胞内の Q の変化を実験的に求め，その後，式（1'）に基づいて Q の値から pH_{in} を算出しグラフ化した（図2）．このようにして，液胞膜小胞内のpH変化を測定することができる．

次に，得られた pH_{in} の変化より，小胞膜からの水素イオンの流入速度の計算を行う．まず，小胞内への水素イオン流入速度 J_{H^+} の式は，定義的には下記のように表される．

$$J_{H^+} = \frac{Vol}{A} \cdot \frac{d[H^+_{in}](t)}{dt} = \frac{1}{A} \cdot \frac{dH^+_{in}(t)}{dt} = -\frac{\beta_i}{A} \cdot \frac{dH_{in}(t)}{dt} \tag{2}$$

ただし，β_i は小胞内の水素イオン緩衝能（internal buffering capacity）（mol H^+/pH unit），A は小胞膜の面積（cm^2）である．すなわち，水素イオン流入速度 J_{H^+} を定義に即して求めるためには，まず小胞膜の平均的な面積を測定しなければならないが，この平均面積値は，小胞膜を用意する方法が同じであれば，ほぼどの実験においても同じ値になると期待できる．また，β_i は実験的にはタンパク量当たりの値，すなわち B_i（mol H^+/pH unit/mg protein）で測定され，また過去の実験より，その値は小胞内 pH にあまり依存せず，またどの植物でもほぼ同じ値であることがわかっている．このような背景をもとに水素イオン流入速度 J_{H^+} を下記のように再定義する．

$$J_{H^+} = -B_i \cdot \frac{dpH_{in}(t)}{dt} \tag{2'}$$

一般的な J_H の単位は mol $H^+/cm^2/s$ であるが，ここで再定義された J_{H^+} の単位は μmol H^+/min/mg protein としている．

次に，小胞内への水素イオン集積過程は下記の式で表せる．

水素イオン集積速度 = 水素イオン流入速度 + 水素イオン流出速度　　（3）

式の中で示した3つの項のうち，実測できるものは水素イオン集積速度（すなわち，正味の水素イオン流入速度）と水素イオン流出速度で，水素イオン流入速度はこれらの差でしか求められない．まず水素イオン流出速度であるが，もし，膜の水素イオン透過率が一定であれば，フィックの法則にもとづいて下記の式で表される．

$$\frac{d[H^+_{in}](t)}{dt} = P \cdot ([H^+_{out}] - [H^+_{in}](t)) \tag{4}$$

pH の式で表すなら，式（4）は式（2'）を考慮して，下記のように変換できる．

$$\frac{dpH_{in}(t)}{dt} = P \cdot (10^{-pH_{out}} - 10^{-pH_{in}(t)}) \tag{4'}$$

ただし，P は膜の水素イオン透過率を示す．また，透過率の一般的な単位は cm/s であるが，式（2'）の再定義により，ここでの P の単位は，μmol H^+/min/mg protein/M $\Delta[H^+]$ となる．この中で定数項は P と B_i であるが，B_i は既に過

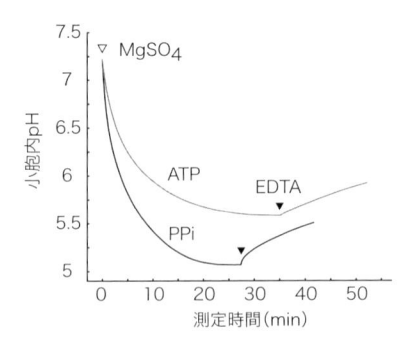

図2 V-PPaseもしくはV-ATPaseによる液胞膜小胞内のpH変化（Kawamura, 2007を改変）．マグネシウムイオンを反応液に入れることにより小胞内への水素イオン流入を開始させた．水素イオン流入により生じた水素イオン勾配は化学ポテンシャル差により水素イオン流出をもたらす．水素イオン流入と水素イオン流出が釣り合ったところで見かけ上小胞内のpH変化が止まり（定常状態），最大pH勾配が形成される．水素イオン流出のみを測定する場合は定常状態になったのち，EDTAを加えることによりマグネシウムイオンをキレートしV-PPaseもしくはV-ATPaseによる水素イオン流入を止める．

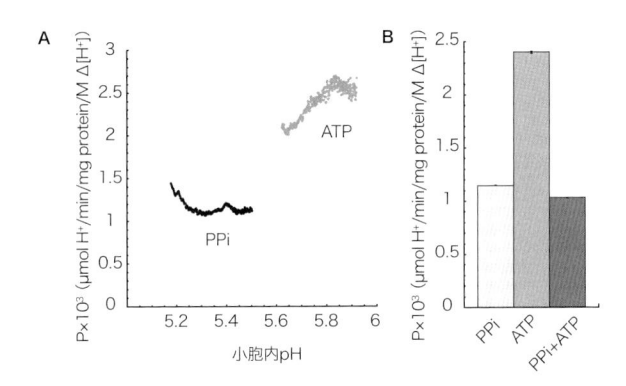

図3 液胞膜小胞の水素イオン透過率（Kawamura, 2007を改変）．図2の水素イオン流出を示すデータを用いて式（4'）にもとづいて水素イオン透過率Pの計算を行った．液胞膜の水素イオン透過率と小胞内pHの関係を明らかにするために，1分ごとの小胞内pHとその時のPをプロットした（A）．液胞膜の水素イオン透過率は小胞内のpHに依存しなかったが，興味深いことにPPi存在下とATP存在下では液胞膜の水素イオン透過率が異なった．そこでPPiとATP存在下で水素イオン透過率を測定し，その平均値を示した（B）．PPiとATP両基質存在下の液胞膜の水素イオン透過率はPPiのみの時と同じ値を示したので，液胞膜の水素イオン透過率はPPi依存的であると考えられた．

去の実験よりわかっているものを利用できる．そこで，水素イオン透過率Pのみを求めればよく，図2の水素イオン流出を示すデータを用いて計算を行う．膜の水素イオン透過率と小胞内pHの関係を明らかにするために，1分ごとの小胞内pHとその時のPをプロットした（図3A）．その結果，膜の水素イオン透過率は小胞内pHに依存しないことが明らかになった．実際に，この値の平

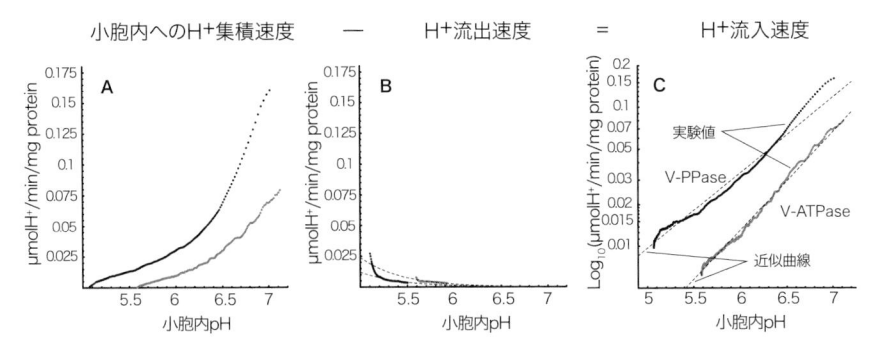

図4 V-PPase もしくは V-ATPase による水素イオン流入速度（Kawamura, 2007を改変）．水素イオン流入速度と小胞内 pH との関係を求めるために，式（3）にもとづいて水素イオン集積速度から水素イオン流出速度を引くことにより算出した．その結果，小胞内 pH の減少すなわち小胞内が酸性になるにつれ，V-PPase または V-ATPase による水素イオン流入速度は直線的に減少することが明らかになった．

均を用いてシミュレーションを行うと，理論的な水素イオン流出過程はほとんど実験によるものと一致する[6]．興味深いことに，PPi 存在下と ATP 存在下では膜の水素イオン透過率が異なった．しかし，PPi と ATP 両基質存在下の膜の水素イオン透過率は PPi のみの時と同じ値を示したので，液胞膜の水素イオン透過率は PPi の存在に依存的であると考えられた（図3B）．この PPi の有無による水素イオン透過率の差は，PPi 依存的な水素イオンアンチポーター，水素イオンシンポーター，もしくは水素イオンチャンネルの存在によるものかもしれないが，現在のところはっきりとした理由はわからない．

次に，V-PPase もしくは V-ATPase による水素イオン流入速度と小胞内 pH との関係を求めるために，式（3）にもとづいて水素イオン集積速度から水素イオン流出速度を引くことにより算出した（図4）．その結果，小胞内 pH の減少すなわち小胞内が酸性になるにつれ，V-PPase または V-ATPase による水素イオン輸送速度は直線的に減少することが明らかになった．以上の結果，小胞内 pH の時間変化を示す微分方程式は，

$$-B_i \cdot \frac{dpH_{in}(t)}{dt} = 10^{v_0 + v_1 \cdot pH_{in}(t)} + P \cdot \left(10^{-pH_{out}} - 10^{-pH_{in}(t)}\right) \qquad (5)$$

となる．左辺は水素イオン集積速度すなわち小胞内 pH の時間変化，右辺の第一項は水素イオン流入速度，右辺の第二項は水素イオン流出速度を表す．この式をもとにシミュレーションを行い，実験結果との比較を行うと理論値と実験

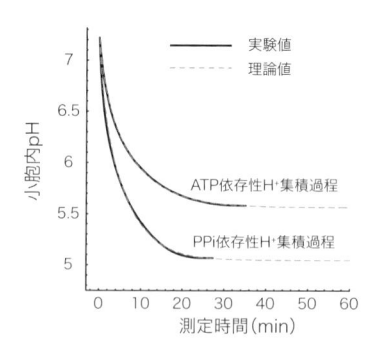

図5 実験値とシミュレーション結果の比較（Kawamura, 2007を改変）．式（5）をもとにシミュレーションを行い，実験結果との比較を行ったところ，理論値と実験値はほとんど変わらないことが明らかとなった．このようにして，PPi もしくは ATP 依存的な水素イオン集積過程は式（5）で表され，V-PPase または V-ATPase による水素イオン流入は液胞内の pH もしくは液胞膜間の pH 勾配に依存することが明らかとなった．

値はほとんど変わらないことが明らかとなった（図5）．この様にして，PPi もしくは ATP 依存的な水素イオン集積過程は式（5）で表され，また V-PPase と V-ATPase による水素イオンの能動的輸送は液胞内の pH もしくは液胞膜間の pH 勾配に依存することが明らかとなった．

4．PPi もしくは ATP 依存的水素イオン集積能の温度特性

もし，生化学的な pH 調節機構が存在するなら，液胞膜小胞にもその特徴は残っている可能性は高く，たとえば様々な温度で V-PPase もしくは V-ATPase による水素イオン集積過程の測定を行っても，最終的に形成される最大 pH 勾配は温度に関係なく一定に保たれるはずである．そこで，PPi もしくは ATP 依存的な水素イオン集積過程の温度特性について調べた．温度を 0～20℃ まで変化させてみると，PPi もしくは ATP による水素イオン集積初速度は低温になるにつれ両者とも低下した（図6）．ATP 依存的水素イオン集積能の場合，最大 pH 勾配も低温になるにつれ低下し，特に 10℃ 未満になるとその低下は著しくなった．しかし，PPi 依存的水素イオン集積能の場合，最大 pH 勾配そのものは低温下でもほぼ一定に保たれた（図6）．しかし，先に示したように液胞膜の水素イオン透過率は PPi に依存するため，V-ATPase による最大 pH 勾配形成能は PPi 存在下で評価されなければならない．その一方で，V-PPase に特異的な阻害剤がないためにこのような実験は実際には難しい．そこで，シミュレーションにより，V-ATPase による水素イオン流入と PPi 依存的な水素イオン流出の

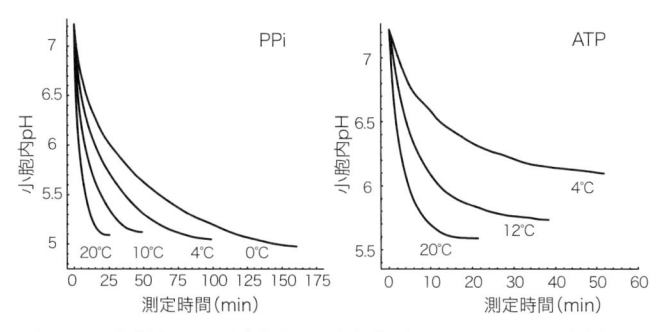

図6 PPi もしくは ATP 依存性の pH 形成過程の温度特性（Kawamura, 2008を改変）．温度を 0〜20 ℃ まで変化させて測定を行った．

組み合わせを評価した．その結果，V-ATPase は温度変化に対して pH 勾配を一定に保つことができないことが予想された[7]．このようにして，温度変化に対して液胞膜間の最大水素イオン勾配を一定に保つものは，V-PPase と PPi 依存的な水素イオン透過率を調節している"もの"のコンビネーションであることが明らかとなり，生化学的な pH 勾配調節機構は PPi 依存的な調節機構であることが推定された．

5．PPi もしくは ATP 依存的な水素イオン集積過程の低温処理後の変化

これまでの報告と同様に，ヤエナリ黄化実生に対して低温処理を 1 日行うと，ATP 分解活性は80％まで低下する一方で，PPi 分解活性はほとんど変化がみられなかった[7,8]．しかし，PPi または ATP 依存的 pH 勾配形成能は低温処理により大きく低下し，両過程とも無処理サンプルに対しておおよそ50％にまで低下した（図7）．この結果は，低温処理により V-PPase と V-ATPase の両水素イオン輸送酵素に脱共役が生じることを示唆する．液胞膜間の pH 勾配の安定性は，PPi 依存的な pH 勾配調節機構によりもたらされていると考えると，これらの低温誘導性脱共役の中で，PPi 依存的 pH 勾配形成能の低下が直接的に細胞質の酸性化をもたらしている可能性がきわめて高いと考えらる．次に，低温処理による pH 勾配形成能の低下の原因を詳細に検討するために，低温処理後の PPi 依存的な水素イオン透過率と V-PPase による水素イオン流入速度の小胞内 pH に対する依存性について検討した．まず，PPi 依存的膜の水素イオン透過率であるが，低温処理前には小胞内 pH に対する依存性を示さなかったが，低温処理後には示すようになり，小胞内 pH が酸性化すると水素イオン透過率が直線

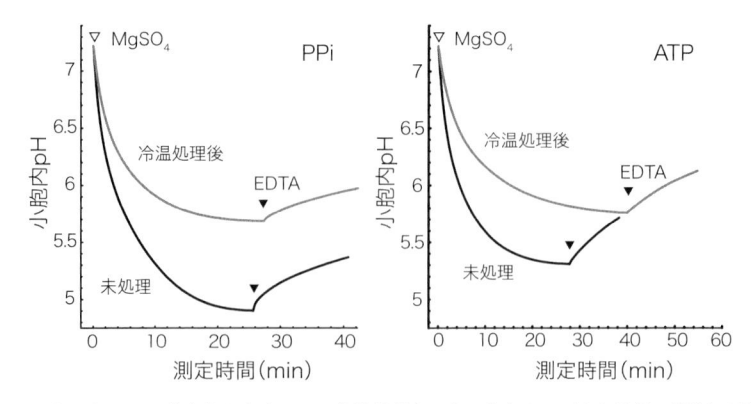

図7 PPiもしくはATP依存的な水素イオン集積過程もしくは水素イオン流出過程の低温処理後の変化（Kawamura, 2008を改変）．PPiまたはATP依存性pH勾配形成能は低温処理により大きく低下し，両過程とも無処理サンプルに対しておおよそ50%にまで低下した．

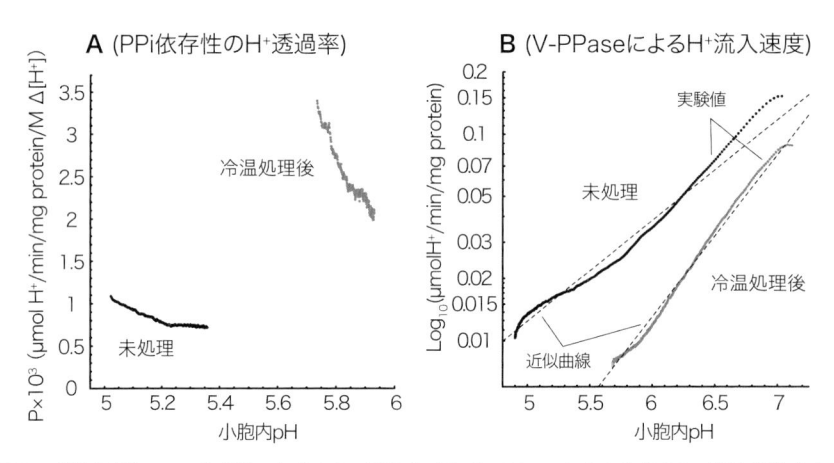

図8 低温処理後のPPi依存性の水素イオン透過率（A）とV-PPaseによる水素イオン流入速度（B）の小胞内pHに対する依存性（Kawamura, 2008を改変）．

的に増加した（図8）．この事はすなわち，pH勾配が増加すると水素イオンが漏れやすくなることを示す．一方，V-PPaseによる水素イオン流入速度は低温処理前に示していた小胞内pHに対する感受性が低温処理後に上昇し，小胞内pHが酸性になるとより早く水素イオン流入速度が低下した（図8）．このようにして，PPi依存的な液胞膜の水素イオン透過率とV-PPaseは，両者ともに低温処理の影響を受け，両者の低温感受性が直接的に液胞膜間の水素イオン勾配の低下を招くことが示唆された．

6. 結論と今後

本研究結果は以下の3つにまとめられる．
1) PPi もしくは ATP 依存的な水素イオン集積過程は，式（5）に示した数式モデルにより表され，V-PPase または V-ATPase による水素イオン流入は，液胞内の pH もしくは液胞膜間の pH 勾配により調節されている[6]．
2) 液胞膜間の pH 勾配の安定性には，PPi 依存的 pH 勾配形成機構，すなわち V-PPase による水素イオン流入調節と PPi 依存的な膜の水素イオン透過率を調節している"もの"による水素イオン流出調節が少なくとも必要である[7]．
3) 低温処理により PPi 依存的 pH 勾配形成機構の液胞内 pH もしくは液胞膜間の pH 勾配に対する感受性が著しく変化し，その結果，液胞膜は十分な pH 勾配を液胞膜間で形成できなくなる[7]．

これらの結果により，低温処理による細胞質の酸性化の直接的な原因は，従来考えられていた V-ATPase の低温失活ではなく，PPi 依存的水素イオン集積機構の液胞内 pH もしくは液胞膜間の pH 勾配に対する感受性の変化によるものと推察された．しかし，このことは V-ATPase の低温失活が冷温傷害にまったく関係しないことを示すものではない．V-ATPase は複数のタンパク質からなるサブユニット構造をとるが，シロイヌナズナではいくつかの V-ATPase サブユニットの変異株が報告されており，それらは明らかに生育傷害を示す[9,10]．また，V-ATPase サブユニット欠損株は致死的であると推定されている[10]．これらの報告は，V-ATPase の低温失活が致死的な，もしくは重大な傷害を引き起こすであろうと推定するには十分な証拠と思われる．

今後，冷温傷害機構のさらなる理解には，1) PPi 依存的な膜の水素イオン透過率を調節している具体的な"もの"はなにか？，2) PPi 依存的な膜の水素イオン透過率と V-PPase の pH 調節機構の生化学的なメカニズムの解明，3) PPi 依存的な膜の水素イオン透過率と V-PPase の低温感受性のメカニズムの解明，4) V-ATPase の低温失活が具体的にどのような生理的傷害を引き起こすか？，5) V-ATPase の低温失活機構の解明，が必須である．

謝辞 本稿の研究成果は，Heven Sze 教授（メリーランド大学）の協力のもと得られたものであり，この場を借りて深くお礼を申し上げる．また，本研究の一部は，岩手大学21世紀 COE プログラムと日本学術振興会の研究助成の下で

行われた.

引用文献

1) Terashima, I., Noguchi, K. *et al.* 1998. The cause of PSI photoinhibition at low temperatures in leaves of *Cucumis sativus*, a chilling-sensitive plant. *Physiologia Plantarum*, 103: 295-303.
2) Yoshida, S. 1994. Low temperature-induced cytoplasmic acidosis in cultured mung bean (*Vigna radiata* (L.) Wilczek) cells. *Plant Physiology*, 104: 1131-1138.
3) Yoshida, S. 1995. Low temperature-induced alkalization of vacuoles in suspension-cultured cells of mung bean (*Vigna radiata* (L.) Wilczek). *Plant & Cell Physiology*, 36: 1075-1079.
4) Yoshida, S. & Matsuura-Endo, C. 1991. Comparison of temperature dependency of tonoplast proton translocation between plants sensitive and insensitive. *Plant Physiology*, 95: 504-508.
5) Darley, C. P., Davies, J. M. *et al.* 1995. Chill-induced changes in the activity and abundance of the vacuolar proton-pumping pyrophosphatase from mung bean Hypocotyls. *Plant Physiology*, 109: 659-665.
6) Kawamura, Y. 2007. Improved mathematical model for estimating H^+ influx and H^+ efflux in plant vacuolar vesicles acidified by ATPase or pyrophosphatase. *Analytical Biochemistry*, 369: 137-148.
7) Kawamura, Y. 2008. Chilling induces a decrease in pyrophosphate-dependent H^+-accumulation associated with a ΔpH_{vac}-stat in mung bean, a chill-sensitive *plant*. *Plant, Cell and Environment*, 31: 288-300.
8) Yoshida, S., Mastuura, C. *et al.* 1989. Impairment of tonoplast H^+-ATPase as an initial physiological response of cells to chilling in mung bean (*Vigna radiata* [L.] Wilczek). *Plant Physiology*, 89: 634-642.
9) Schumacher, K., Vafeados, D. *et al.* 1999. The *Arabidopsis det3* mutant reveals a central role for the vacuolar H^+-ATPase in plant growth and development. *Genes & Development*, 13: 3259-3270.
10) Padmanaban, S., Lin, X. *et al.* 2004. Differential expression of vacuolar H^+-ATPase subunit c genes in tissues active in membrane trafficking and their roles in plant growth as revealed by RNAi. *Plant Physiology*, 134: 1514-1526.

第IV部

温度に対する生物の生存戦略

第9章

植物の生殖システム：
低温下の遺伝子発現および発現制御機構

金子芙未・藤岡智明・諏訪部圭太・渡辺正夫

　植物における生活環を考えた場合，「受粉・受精」という「生殖」は，種子から発芽した個体の最後であるとともに，自らの後代を「種子」という形で残すために重要なステップである．また，その植物を栽培化し，作物として利用してきた人類にとっては，種子・果実の生産を一定化させることは，栽培ということを生業とする「農業」を成立させるためにも，必須な条件である．種子・果実（以降，子実と略す）ができるために，「受粉・受精」という「生殖」のステップを通ることが必要となる．当然のことながら，植物の生育は温度によって異なり，一般に低温で抑制され，高温では促進される．たとえば，春先の低温は，作物への霜害，田植えして間もないイネへの生育障害，リンゴ・ナシ・オウトウの開花遅延など，様々な場面に現れる．このように植物個体への影響も，作物の収量に対して大きな影響を与えるが，子実を可食部とするイネなどでは，夏期の低温は，収量の低下に直結する．言い換えるならば，植物の温度に対して過敏なステージは，植物種によって，多少の違いはあれ，一般的には，「受粉・受精」を伴う，生殖のステップであろう．イネのように古来から日本人の主穀であった作物では，米の収量がその年の生活に大きく影響し，「飢饉」という言葉で，古来から多くの記述がある．このような「飢饉」を回避するために，栽培方法の改良，品種の改良などに取り組んできた．こうした人類の努力の元に，現在のような比較的安定した「イネ」の生産があるが，低温によって「受粉・受精」という「生殖」のステップが，どのような影響を受け，結果として，子実生産が伴わない，「不稔」が生じるかという点については，遺伝子レベルで明らかになっていない．本章では，植物の生殖ステージにおける温度との関連について，検討をしたい．

1．イネ耐冷性の品種間差異

　イネの冷害に関する記録は，古くは日本書紀にみられ，古来から今日にいたるまで我々日本人にとって重要な問題であり続けている．冷害に関する科学的研究は，昭和初期より本格的に開始され，現在までに数多くの知見が報告されている．冷害は，低温を受ける生育時期によって様々な形で現れることが知られており，たとえば苗代期の低温では発芽不良や立ち枯れ病が引き起こされ，穂ばらみ期の低温では不受精や出穂遅延が引き起こされる．その中でも，穂ば

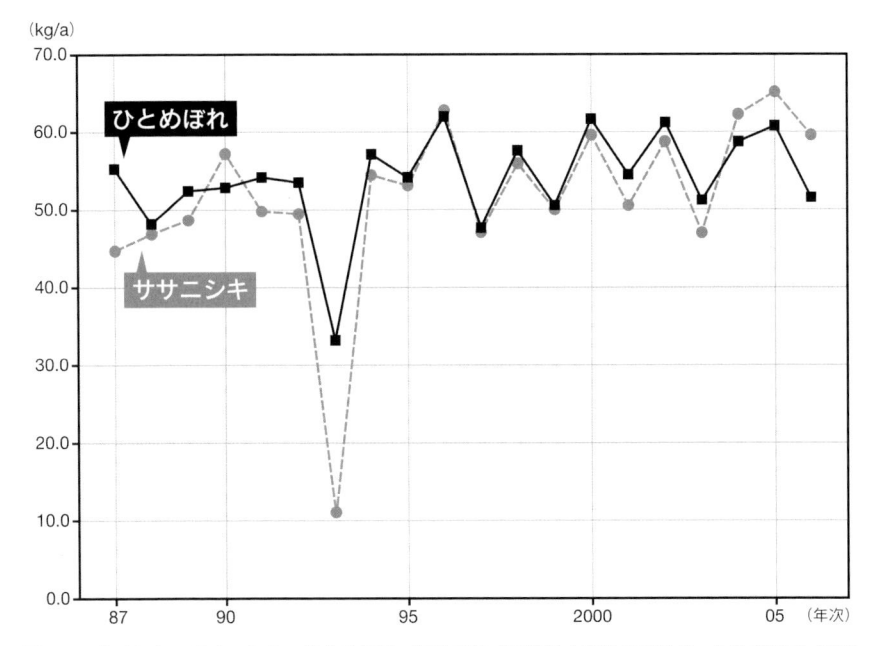

図1　ひとめぼれ，ササニシキの過去20年間の収量変動（宮城県古川農業試験場・作物育種部（農林水産省水稲育種指定試験事業）生産力検定本試験データより許可を得て掲載）．

らみ期から開花期にかけての低温不受精の発生は，イネ冷害の主要なパターンである[1]．この時期の低温によって起こる現象としては，幼穂の伸長・発育抑制による短穂長，頴花数の減少，伸長遅延による不完全な頴花（異常頴花）の増大などが報告されている．細胞学的研究も頴花を中心に行われており，低温によって花粉・胚のう母細胞の分化発生異常，花粉・胚のう母細胞減数分裂時の染色体不対合，花粉・胚のう母細胞減数分裂時における細胞膜生成の阻害，減数分裂紡錘糸の異常，染色体の崩壊・放出，葯の不発生および発生遅延，タペート細胞の異常発達，花器の奇形などが起こることが報告されている[2]．これら低温を原因とする異常によって，冷害年には収量の大幅な低下が引き起こされる．

　東北地方は，夏にやませが吹くなど特に冷害を起こしやすい気候であるため，冷害対策は必須の課題となっており，耐冷性のより強い品種開発が農学上の目標となっている．イネの品種育成で名高い宮城県古川農業試験場は，1921年に設立され，品質や食味，耐病性の向上と並んで耐冷性の高い品種開発を重要目

図2　常温・低温育成区の穂の形態．写真右下は，各栽培区における穂の拡大図．

標として掲げている試験場である．昭和30年代に東北地方において広く栽培され当時としては画期的な多収を誇ったササシグレ，そのさらなる多収穫品種であるササニシキ，耐冷性と食味の両方を兼ね備え2007年現在ではその作付面積が全国第3位を誇るひとめぼれを開発した．これら作出した品種における低温感受性の品種間差は大きく，たとえば1993年の大冷害では，耐冷性極強のひとめぼれでは50％の減収だったが，耐冷性やや弱のササニシキでは80％もの減収を起こした（図1）．

このような冷害に対する品種間差には，低温に対する各品種の有する分子機構の違いが関わっていると推測されるが，そのメカニズムについては大部分が未解明のままである．そこで，耐冷性極強「ひとめぼれ」と耐冷性やや弱「ササニシキ」を19℃の低温状態で育成し（古川農業試験場恒温深水圃場），各品種の低温に対する形態的変化および遺伝子発現変化を追った．

ひとめぼれとササニシキを常温で育成した時には，どちらの品種も90％以上の結実率を示したが，19℃冷水下で育成した際には，収穫期の結実率に大きな違いがみられた（図2）．穂ばらみ期より19℃低温ストレスを付与し育成したところ，ひとめぼれでは87％の高い結実率を示し粒の充実低下の程度も小さかったが，ササニシキでは結実率が42％まで低下していた．低温条件下では雌雄生殖細胞における様々な異常が数多く報告されているが[2]，その中でももっ

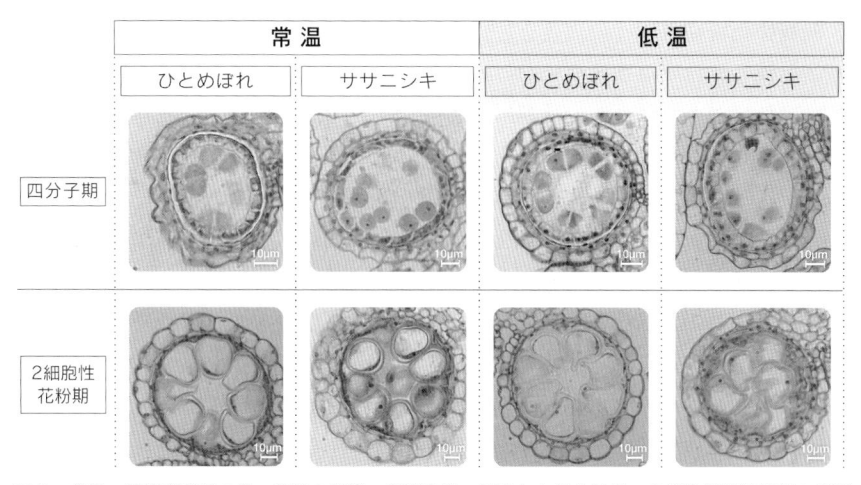

図3 常温・低温育成区の葯・花粉の形態．樹脂包埋・固定した四分子期・2細胞性花粉期葯の横断切片顕微鏡観察．葯のもっとも内側の（花粉粒に接している）層がタペート細胞層である．

とも温度変化の影響を受けやすい花粉に注目し，各育成温度区間における花粉稔性を計測した．その結果，常温育成では結実率と同様に品種間の違いはほとんどみられず，両品種とも98%程度の高い花粉稔性を示した．それに対して低温育成時には，耐冷性の弱いササニシキは57%の稔性しか示さなかった（ひとめぼれは85%）．このことから，穂ばらみ期低温ストレスは，花粉発達の異常を引き起こし，それが結実率の低下につながっていることが示唆された．

花粉の形成・成熟は，減数分裂期・四分子期・1細胞性花粉期（小胞子期）・2細胞性花粉期・3細胞性花粉期（成熟期）の5ステージから構成されており，これらのステップを経ることによって花粉自身が分化する．これらの過程は，フィーダー細胞である葯タペート細胞からの養分供給が必須であり，花粉とタペート細胞間の協調が花粉の正常な発達には重要である．また，博物学的な形態観察により，タペート細胞は低温で大きく影響を受けることが一般的に知られている[3]．タペート細胞層は，4層からなる葯のもっとも内側の細胞層であり，花粉の発達に大きな役割を果たすとともに，花粉発達ステージに応じて大きな形態的変化を示す．減数分裂期には，タペート細胞層は花粉と接近した位置関係にあり，花粉への物質供給を行う．1細胞性花粉期には，小胞子に押しつけられくぼみはじめ，そのくぼみが次第に著しくなり層の厚さが減少しはじめる．成熟に近い2細胞性花粉期になると，タペート層の減少はさらに進み，

3細胞性花粉期にはその機能を停止し完全に消失する．ひとめぼれとササニシキ2品種の各育成温度区間における葯発達段階の形態観察を行ったところ，ひとめぼれにおいては，四分子期以前では，タペート細胞層は常温育成時と同様にはっきりと目視できる厚さがあり，タペート細胞の細胞壁や細胞核が確認された（図3）．1細胞性花粉期になると，タペート細胞層の細胞壁が崩壊しはじめ層の厚さが減少し，さらに花粉ステージが進行し成熟花粉に近くなった2細胞性花粉期になると，タペート細胞層はほぼ消滅した．一方，耐冷性弱のササニシキにおいては，常温育成時はひとめぼれや他品種と同様のタペート細胞層の衰退がみられたが，低温育成時には常温育成時とは異なるタペート細胞層の推移が観察された（図3）．花粉分化・発達初期である四分子期までは常温育成時と同様のタペート細胞層が観察されたが，1細胞性花粉期では通常はじまるはずのタペート層の衰退がはじまらず，はっきりとタペート層が残っていた．ステージが進んだ2細胞性花粉期の葯においてもタペート層は厚く残っており，層の膨張や花粉を圧迫するような形態もみられた．つまり，耐冷性極強のひとめぼれ，やや弱のササニシキ間の耐冷性の違いは，花粉発達・分化ステージにおけるタペート細胞層の減衰異常の程度が原因と考えられる．

　以上のことをまとめると，イネ穂ばらみ期冷害は，葯タペート細胞層の衰退異常が花粉の発達異常を引き起こし，花粉稔性が低下した結果，結実率が低下するという一連の流れがその原因であることがみえてきた．

　品種間の耐冷性程度の原因について形態的な特徴はつかむことができたが，ではミクロレベル（遺伝子レベル）ではどうなっているのか？ 次の研究ターゲットはここにある．この解析には，DNAマイクロアレイを用いることが適している．DNAマイクロアレイは，数万個の遺伝子発現動向を網羅的に解析する方法で，イネではAgilent Technologies社のオリゴDNAマイクロアレイやAffymetrix社のGeneChip®アレイがある．この方法を用いて，ひとめぼれとササニシキ各品種の葯において，花粉発達ステージごとにどの遺伝子がどのように発現変化しているのか計測した（ここではAgilent Technologies社を用いた）．マイクロアレイ上の約4万個の遺伝子に対して，①ひとめぼれ／ササニシキ，②常温／低温育成，③1細胞性花粉期（小胞子期）／3細胞性花粉期の計8サンプル間でそれぞれ比較し，その発現変動のパターンによって10タイプにグループ化（クラスタリング）した（図4，5）．特徴的なグループについてみてみると，クラスター1は，常温育成時は両品種とも発現が低く低温育成

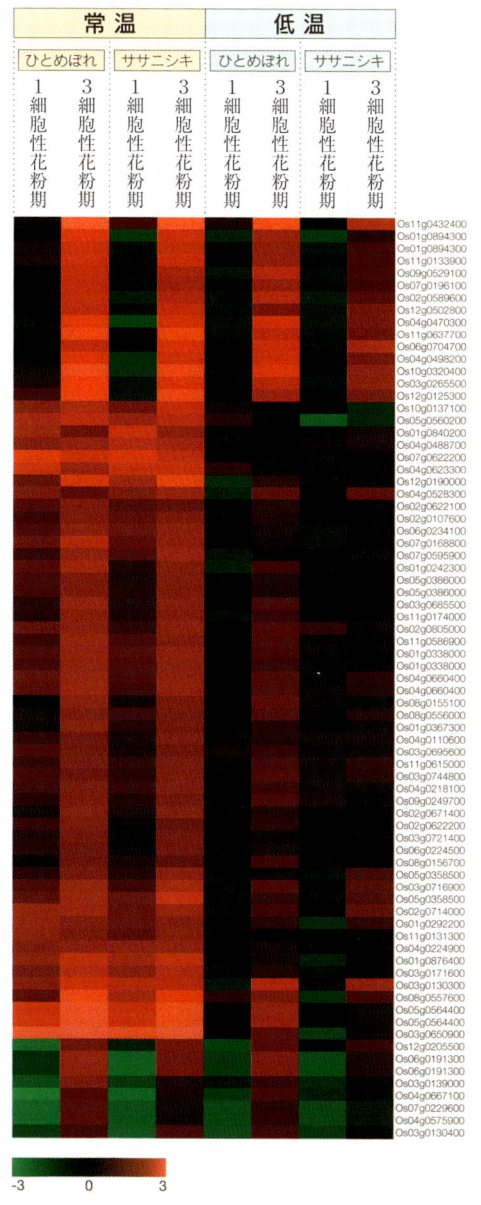

図4 マイクロアレイ解析による階層的クラスタリング．①ひとめぼれ/ササニシキ，②常温/低温育成，③1細胞性花粉期（小胞子期）/3細胞性花粉期の8サンプルにおける遺伝子発現パターンの一例（ヒートマップ）．各遺伝子の発現程度は，赤色に近いほど上昇，緑色に近いほど減少している．階層的クラスタリングにより，類似した発現変動パターンの遺伝子は近くに配置される．

第9章　植物の生殖システム：低温下の遺伝子発現および発現制御機構

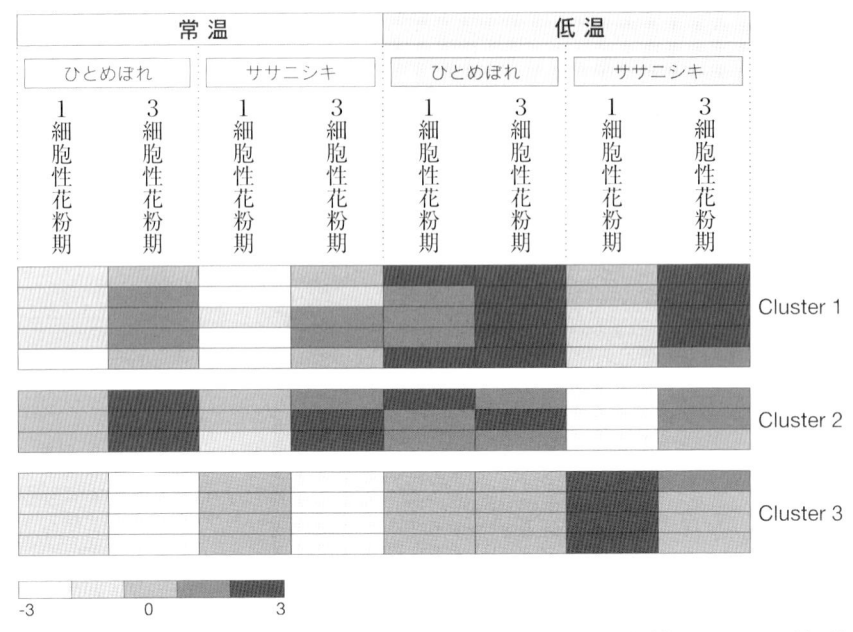

図5 階層的クラスタリングにより見出された特徴的な発現パターンを示す遺伝子クラスター例．階層的クラスタリングによって作成したヒートマップをもとに，低温育成時のササニシキ1細胞性花粉期にのみ特徴的な発現パターンを示す遺伝子クラスター．

時に発現が上昇するが，ササニシキの1細胞性花粉期でのみ低温時の発現上昇がみられない遺伝子群である．耐冷性の低いササニシキでのみ発現上昇がみられないことから，ひとめぼれとササニシキ間の耐冷性の差に関わっている遺伝子群であると考えられる．クラスター2は，低温育成時のササニシキ1細胞性花粉期でのみ発現が低下している遺伝子群である．低温育成時のササニシキ葯は形態異常がみられ，それは1細胞性花粉期にはじまっていることから，クラスター2は葯の正常な発達に必須な遺伝子群で，これら遺伝子群の発現低下が低温育成ササニシキの葯の形態異常の原因の1つであると考えられる．クラスター3は，クラスター2とは逆に低温育成時のササニシキ1細胞性花粉期でのみ発現が上昇している遺伝子群である．この遺伝子群は，ひとめぼれではすべてのステージ・処理区で発現が低く，ササニシキにおいても常温育成時には大きな発現変動がみられないことから，低温ストレスによって発現が誘導される，あるいは低温ストレスを受けた結果として発現が上昇する遺伝子群で，これらも低温育成時のササニシキ葯の形態異常に関連する遺伝子群であると考えられ

る．他にも，まったく発現しない遺伝子や恒常的に発現している遺伝子など様々な発現挙動を示す遺伝子があり，すべての遺伝子について詳細な解析を行っていく必要があるが，上に示した3つの特徴的な発現挙動を示す遺伝子群については特に注目して解析していく必要がある．

以上，ひとめぼれとササニシキの耐冷性品種間差について，タペート衰退の差によって引き起こされるという形態的特徴と，品種・育成温度によって発現パターンが異なる遺伝子群を見出すことができた．今後，これら遺伝子1つ1つについて形態的特徴との関係を解析することにより，イネの有する耐冷性機構の分子メカニズムが明らかになると期待される．

2．small RNA による遺伝子発現制御

耐冷性解析を含む多くの研究から，雄性生殖器官形成や外的ストレス応答には，様々な遺伝子の発現が変化することが明らかになっている[4,5]．これら個々の遺伝子がその機能を正常にはたすためには，その機能に応じた時期・場所での正確な遺伝子発現が必須である．従来の遺伝子発現制御の研究は，転写因子やプロモーター，エンハンサー領域などを中心に解析が進められてきたが，これはDNA→RNA→タンパク質というセントラルドグマで提唱される形質発現機構に基づいている．しかしながら，近年，「エピジェネティクス」と総称される発現制御機構が解明されたことで，遺伝子発現制御の研究はさらに複雑になってきた．エピジェネティクスは，変異などのDNA構造変化を伴わず，DNA塩基のメチル化やヒストンの化学修飾によるクロマチン構造の変化によって遺伝子発現を制御する後天的な遺伝子発現機構で，従来の遺伝学（メンデル遺伝学）やセントラルドグマでは説明できないことが特徴である．

small RNA（sRNA）は，18〜24塩基程度のタンパク質をコードしない低分子RNAで，エピジェネティクスによって新たに見出された転写制御因子である．sRNAは，生成経路や制御機構の違いからmicro RNA（miRNA）とsmall interfering RNA（siRNA）の2種類に大別されている[6]．sRNAによる制御の標的となる遺伝子は，sRNAの塩基配列に対して相補となる配列領域を持ち，クロマチン構成タンパク質であるヒストンの修飾やDNA中のシトシン残基のメチル化，またはmRNA分解を直接誘導することにより標的遺伝子の発現を制御している．sRNA制御経路にはいまだ不明な点が残されているが，miRNAの場合，まずゲノム上の特定の領域（遺伝子間領域やイントロン領域など，非

コード領域である場合が多い）から，100〜200塩基程度のステムループ構造を形成する 1 本鎖の miRNA 前駆体が転写される．続いて III 型 RNase 活性を持つ Dicer like1（DCL1）や 2 本鎖 RNA 結合タンパク質である HYPONASTIC LEAVES1（HYL1）などによって成熟型 miRNA が生成される．その後，RNA スライサー活性を持つ Argonaute を含むタンパク質複合体内において，標的となる mRNA と結合し，標的遺伝子が切断される[6]．

　sRNA による制御機構は，精子形成，発生制御，ガンの抑制など，生物一般に非常に多岐に渡って見つかっている[6]．植物においても，sRNA 制御機構に関わる各遺伝子の変異体が単離され，胚致死をはじめとした多面的な表現型の異常を示すことが報告されはじめ，植物の正常な成長のためには sRNA の働きが不可欠であることが徐々に明らかになってきた．sRNA のクローニングおよび機能解析は，モデル植物であるシロイヌナズナ・イネを中心に進められており，個々の sRNA，特に miRNA に関して少しずつその機能が明らかになってきた．同定された miRNA は，専門のデータベース（miRbase：http://microrna.sanger.ac.uk/）に登録・分類されている．

　植物の sRNA には，通常の成長過程において機能するタイプに加えて，乾燥，塩，温度などの外的ストレスに応答して発現が変動するタイプが存在する．シロイヌナズナを用いた研究から，miR393・miR397・miR402は，低温・乾燥・塩・ABA 処理によってその発現が上昇し，対照的に miR389は発現が減少する．miR319は，低温ストレスによって発現が上昇することが明らかになっている[7]．また，natural antisense siRNA とよばれる，内在性センス－アンチセンス対を形成する RNA 由来の sRNA が，塩ストレスを与えたシロイヌナズナにおいて発見された[8]．このような外的ストレスと関与する sRNA の存在は，植物がストレス耐性を獲得する際にも sRNA が重要な機能を持っていることを示唆している．

　このように，sRNA は遺伝子の発現制御を考えるうえで重要な因子の 1 つであり，上記の雄性生殖器官の発達過程や低温ストレス耐性に関与している可能性が十分に考えられるが，これまで葯や花粉において sRNA の存在を示した例は報告されていなかった．そこで雄性生殖器官の発達過程に機能する sRNA の存在の有無を明らかにするために，イネ（日本晴）3 細胞性花粉期葯からの sRNA の探索を行った．方法としては，葯組織（花粉を含む）からトータル RNA を抽出し，変性アクリルアミドゲル電気泳動でのサイズ分画によって

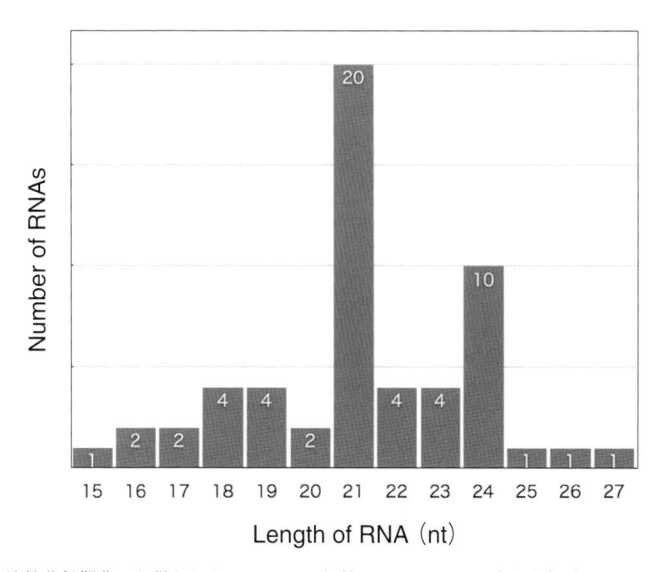

図6 3細胞性花粉期葯より得られた small RNA 候補クローンのサイズ長分布（Fujioka et al., 2008）．縦軸はクローン数，横軸は塩基長を表わす．

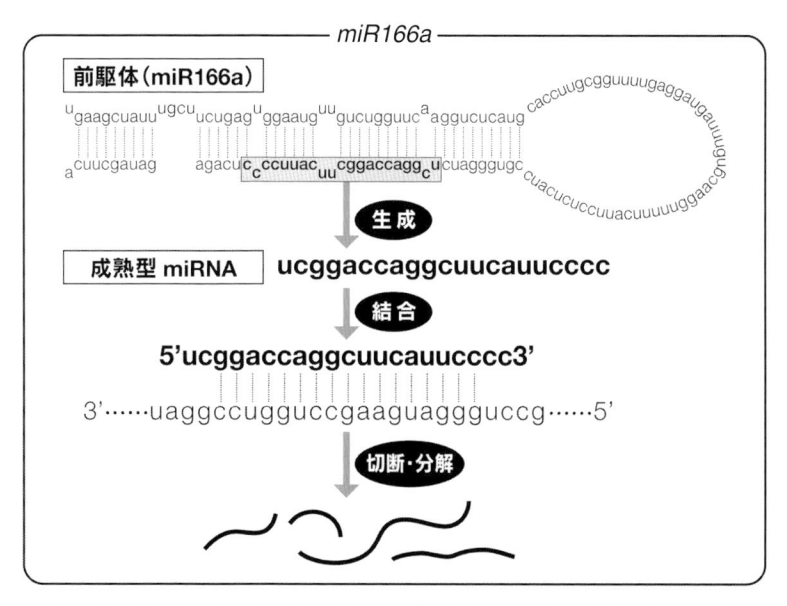

図7 miR166a の生成・機能過程．ステムループ構造を形成する1本鎖 miRNA 前駆体は，成熟型 miRNA を経て，標的遺伝子（$OsHb_2$）の相補塩基配列と結合する．これがシグナルとなり標的遺伝子が切断・分解される．本図の結合部位は，インフォマティクス解析による予測結合部位である．

第9章 植物の生殖システム：低温下の遺伝子発現および発現制御機構

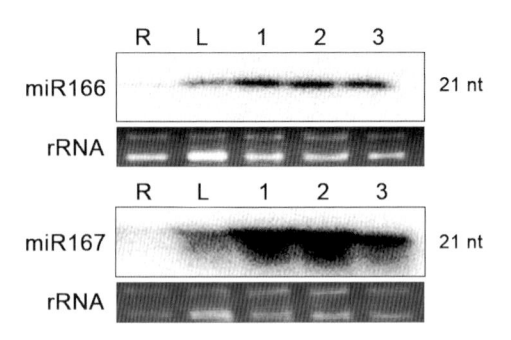

図8 各器官・各発達ステージ葯における既報 miRNA の発現（Fujioka et al., 2008）．根（R），葉（L），1細胞性花粉期葯（1），2細胞性花粉期葯（2），3細胞性花粉期葯（3）における miR166，miR167のノーザン解析．rRNA はローディングコントロール．

sRNA を含むサイズ画分（18〜25塩基程度）を抽出・サブクローニングし，各クローンの塩基配列を解読した．ランダムに選抜した864クローンのうちイネゲノムと100％の相同性を示した169クローンについて解析したところ，56クローンが sRNA 候補として抽出された．残り113クローンについては，rRNA や tRNA の配列と一致したことから，これらの分解産物であると推定される．抽出した56クローンのうち，85％に当たる48クローンが sRNA のサイズ長と報告されている18〜24塩基長に含まれていた（図6）．この48個のクローンには，レトロトランスポゾン領域やリピート配列由来で siRNA 候補となりうるものが10個，前駆体の構造予測により miRNA 候補となりうるものが8個，さらに2種類の既報 miRNA（Os-miR166, Os-miR167）が含まれていた（図7）．これら2種類の既報 miRNA は，sRNA 研究の初期にシロイヌナズナからクローニングされ，植物においてすでに機能解析が進められている数少ない miRNA である．

miR166は，ホメオドメイン・ロイシンジッパー型（HD-ZIPIII）の転写因子を標的としており，葉の極性決定や茎頂分裂組織の形成への関与が知られている．miR166が雄性生殖器官内で HD-ZIPIII の発現を抑制している場合，小胞子の細胞分裂における非対称分裂などに関与している可能性がある．miR167は，auxin response facter である ARF6・ARF8を標的遺伝子とし，シロイヌナズナの花序からも発現が検出されている．過剰発現させた個体では雄性不稔が引き起こされることから，miR167が雄性生殖器官の発達に重要な役割をはたす可能性がある．これら2種の miRNA の発現・蓄積は，葯および栄養器官におい

て認められるが，その中でも特に発達段階の葯での発現が高いことから（図8），イネ雄性生殖器官の分化・発達過程において sRNA による遺伝子発現制御機構が機能している可能性はきわめて高いと思われる[9]．

3．生殖とエピジェネティクス

上述のように，sRNA を介したエピジェネティックな遺伝子発現制御機構は，植物の生殖過程においても機能していることが明らかになりつつあるが，花成の誘導から受粉・受精・胚発生に至る広義の生殖過程においては，春化・花色や模様・ゲノムインプリンティング・パラミューテションなど，様々なエピジェネティック遺伝子発現制御機構が機能している．これらのうち，生殖の初期過程である花成と後期過程である受粉時におけるエピジェネティックな制御について紹介する．

植物は一般的に温度や日長を感知して花成を誘導するが，内的要因としての自立経路と植物ホルモン経路，外的要因としての日長と温度の4つの独立した制御によって適切なタイミングで花成を行っている[10]．これら要因の中で，越冬する植物（春化応答性植物）の場合には，冬の間に長期間の低温にさらされることが花成を誘導するシグナルとなる．この現象は，「春化（Vernalization）」と呼ばれており，この現象を制御する遺伝子群についての研究が精力的に進められている．その中の重要な遺伝子の1つが *FLC*（*Flowering Locus C*）と名付けられた転写因子であり，この遺伝子が低温条件に応答したエピジェネティックな制御を受けている．通常環境下では，*FLC* は恒常的に発現し，それにより花成への移行が抑制され栄養成長を行っているが，一定期間の低温条件を経ると Vernalization insensitive3（VIN3）などの春化経路関連遺伝子が活性化し，花成誘導，つまり生殖成長へと移行する．この過程では，春化経路関連遺伝子によってヘテロクロマチン化に関与するヒストンH3の9番目と27番目のリシンがジメチル化・トリメチル化され，*FLC* の転写が抑制されることによって花成が促進される（図9）．

受粉時におけるエピジェネティック制御の例として，アブラナ科植物の自家不和合性における優劣性制御が挙げられる．自家不和合性とは，アブラナ科，ヒルガオ科，ナス科などが有する自己・非自己認識機構であり，固着性である植物が遺伝的多様性を維持するための重要な性質である．アブラナ科植物の自家不和合性は，S複対立遺伝子座（*S-locus*）によって制御されており，この遺

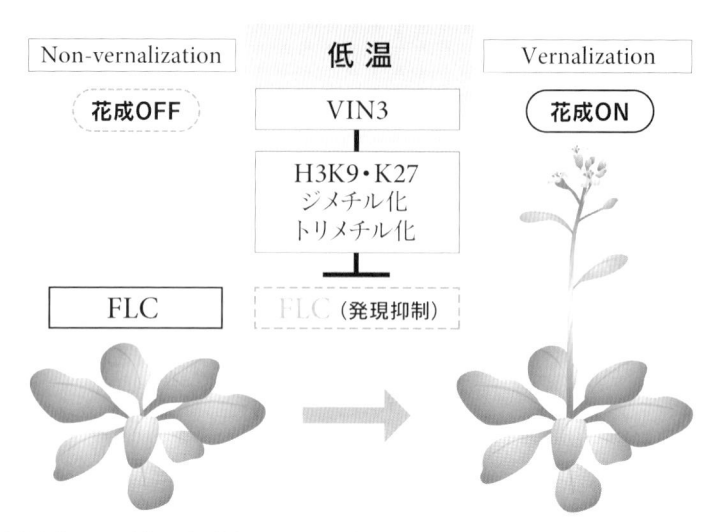

図9 春化応答による遺伝子発現抑制のモデル．春化応答性植物の場合，通常時（Non-vernalization）には *FLC* が発現していることによって花成への移行は停止している（花成 OFF）．しかし一定の低温期間を経ると VIN3 が低温に応答し，他の春化応答遺伝子とともにヒストン H3 のリジン（9番目と27番目）をジメチル化・トリメチル化する．このヒストン修飾の変化によってクロマチン構造が変化（条件的ヘテロクロマチン化）し，*FLC* の発現が抑制され花成が促進される（花成 ON）．

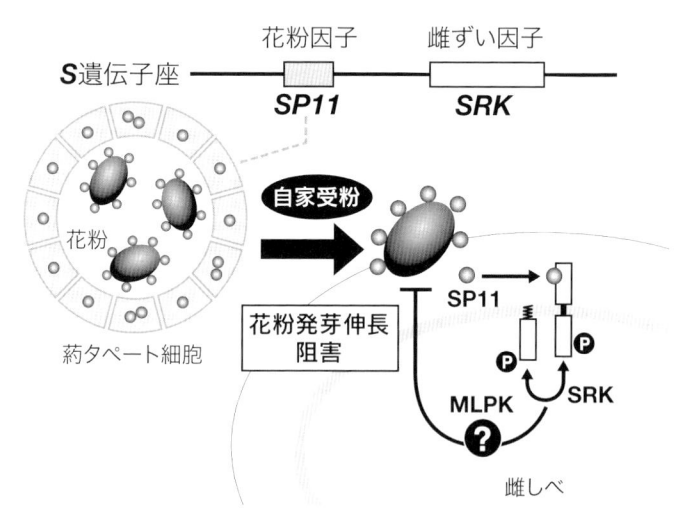

図10 アブラナ科植物自家不和合性のモデル．*S* 遺伝子座には花粉因子（雄性側認識因子）SP11 と雌ずい因子（雌性側受容因子）SRK がそれぞれ座上している．SP11 は葯内のタペート細胞より生産され花粉表面に付着する．これら因子は柱頭先端の乳頭細胞上で結合・認識し，自家受粉の場合には SRK の自己リン酸化を誘導する．以降のシグナル伝達系は未解明であるが，M locus protein kinase（MLPK）などを介して最終的に花粉発芽を阻害すると考えられている．

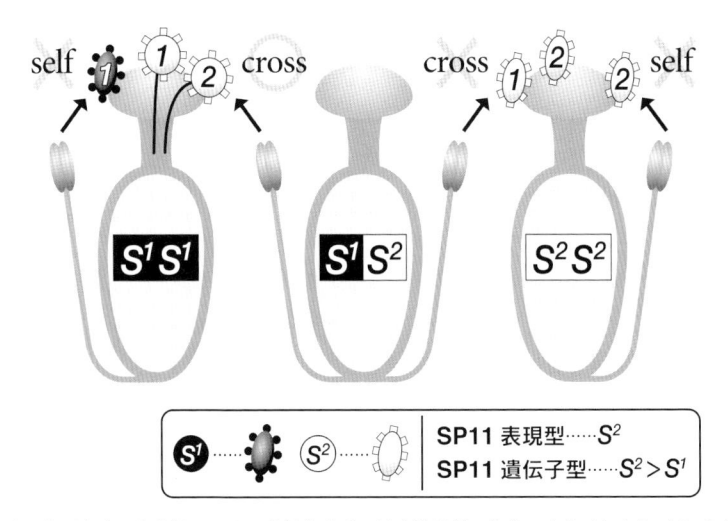

図11 胞子体型自家不和合性における花粉表現型の優劣性関係.花粉の自家不和合性（S）表現型は，自身の S 遺伝子型に関係なくタペート細胞より供給される SP11 の S 遺伝子型によって決定される.つまり，花粉の S 遺伝子型間に優劣性（ここでは $S^2 > S^1$）がある場合，S^1S^2 ヘテロ個体の花粉は，その遺伝子型には S^1 と S^2 が混在するが，表現型はすべて S^2 となる（図中央）.そのため，S^1 ホモ個体に受粉した花粉はすべて和合となり正常に受精へと至るが（図左），S^2 ホモ個体の柱頭上では不和合となり拒絶される（図右）.＊この優劣性現象は花粉と雌しべの表現型の間に相関はない.

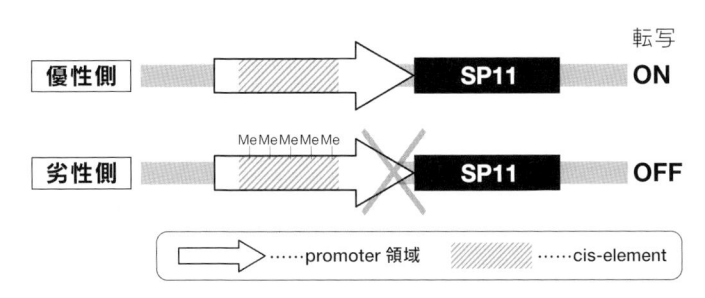

図12 花粉表現型優劣性における劣性 SP11 の発現抑制機構.花粉の S 遺伝子型間に優劣性があるヘテロ個体では，優性 SP11 は正常に転写されるが劣性 SP11 はプロモーターのシス領域が高度にメチル化されている.その結果，劣性 SP11 の発現が抑制される.

伝子座には雄性側認識因子 SP11（S-locus protein 11）と雌性側受容因子 SRK（S-receptor kinase）が座上している[11].これら２つの因子が柱頭上で結合することによって自己・非自己（S 遺伝子型）を認識し，非自己花粉の場合にのみ受精が成立し子孫を残すことができる（図10）.SP11は，葯内のタペート細胞（胞子体）で生産され，花粉（配偶体）の表面に付着する.そのため，SP11の

S 遺伝子型（ハプロタイプ）は親個体（配偶子）の遺伝子型によって決定されており（胞子体型自家不和合性），2倍体種の場合，各個体において2種の対立遺伝子を有する可能性があるが，その間には優劣性が存在し表現型はどちらか一方が現れる（図11）．S ハプロタイプがヘテロの場合，優性の *SP11* は強く発現しているのに対し，劣性の *SP11* は発現がみられない．つまり，*SP11* の優劣性は遺伝子発現の段階で制御されている[11]．発現が抑制されている劣性 *SP11* では，そのプロモーターのシス領域周辺においてシステイン残基が高度にメチル化されており，それによってプロモーターは不活化している[12]．その結果，*SP11* の転写は抑制され SP11 タンパク質は生産されない．劣性 *SP11* ホモ型個体では *SP11* の発現は回復し，自家不和合性機構は正常に機能している．つまり，アブラナ科植物の自家不和合性における雄性側因子 SP11 の優劣性は，DNA の塩基配列の変化ではなく，DNA のメチル化によるエピジェネティックなメカニズムによって可逆的に制御されている（図12）．

4．おわりに

　植物の生殖は，子孫を残すための大切なステップであるだけでなく，私たち人間にとっての食料生産という面においても重要な生命現象である．雄性生殖器官である花粉は，自身の分化・発達に加えて，タペート細胞とのクロストーク（協調）がその正常な形成には重要である．また，減数分裂や非対称分裂などの特殊な細胞分裂も必要とするなど，様々なメカニズムによって精密に制御された器官である．これら制御機構を分子レベルで理解するためには，本章で述べたようなマイクロアレイ解析やエピジェネティクスはその最初の第一歩に過ぎず，これら研究を統合し包括的に解析することによってはじめてすべてを理解することができる．これら知識の積み重ねが，学問としての植物生殖を深めるだけでなく，品種開発を目的とする植物育種や安定的な食料生産のための礎となる．

謝辞　本研究の一部は，岩手大学 21 世紀 COE プログラムと科学研究費補助金（若手研究（S），学術創成研究，特定領域研究，基盤研究（B），特別研究員奨励費），農林水産省（新農業展開ゲノムプロジェクト）および（財）インテリジェントコスモス学術振興財団の研究助成の下で行われた．

引用文献

1) 榎本作衛. 1933. 水稲に於ける開花前後の低温と稔實との關係に就いて. 日本作物学会紀事, 5: 216-223.
2) 酒井寛一. 1942. 昭和16年に於る北海道水稲冷害の細胞學的實態（豫報）. 日本作物学会紀事, 14: 129-131.
3) 酒井寛一. 1949. 冷害におけるイネ不稔性の細胞組織学的並びに育種学的研究　特に低温によるタペート肥大に関する実験的研究. 北海道農業試験場報告, 43: 1-46.
4) Endo, M., Tsuchiya, T. *et al.* 2004. Identification and molecular characterization of novel anther-specific genes in *Oryza sativa* L. by using cDNA microarray. *Genes & Genetic Systems,* 79: 213-226.
5) Seki, M., Narusaka, M. *et al.* 2001. Monitoring the expression pattern of 1300 *Arabidopsis* genes under drought and cold stresses by using a full-length cDNA microarray. *The Plant Cell,* 13: 61-72.
6) Bartel, D. P. 2004. Micro RNAs: genomics, biogenesis, mechanism, and function. *Cell,* 116: 281-297.
7) Sunker, R. & Zhu, J. K. 2004. Novel and stress-regulated microRNAs and other small RNAs from *Arabidopsis. The Plant Cell,* 16: 2001-2019.
8) Borsani, O., Zhu, J. *et al.* 2005. Endogenesis siRNAs derived from a pair of natural cis-antisense transcripts regulate salt tolerance in *Arabidopsis. Cell,* 123: 1279-1291.
9) Fujioka, T., Kaneko, F. *et al.* 2008. Identification of small RNAs in late developmental stage of rice anthers. *Genes & Genetic Systems,* 83: 281-284.
10) Dennis, E. S. & Peacock, W. J. 2007. Epigenetic regulation of flowering. *Current Opinion in Plant Biology,* 10: 520-527.
11) Takayama, S. & Isogai, A. 2003. Molecular mechanism of self-recognition in Brassica self-incompatibility. *Journal of Experimental Botany,* 54: 149-156.
12) Shiba, H., Kakizaki, T. *et al.* 2006. Dominance relationships between self-incompatibility alleles controlled by DNA methylation. *Nature Genetics,* 38: 297-299.

第10章

リンドウの生存戦略：
越冬芽の耐寒性と休眠

堤 賢一・日影孝志・斎藤靖史

　多年性植物には，越冬芽という小さな芽をつくり休眠して越冬するものがある．比較的標高の高い寒冷環境に棲息するエゾリンドウ *Gentiana triflora* var. *japonica* はそのような植物で，春から初秋にかけて地下上部の根・塊茎から越冬芽が発生し，地表に少し顔を出す程度にまで成長する．その後，越冬芽は冬を迎える前に成長を停止させ（休眠），同時に耐寒性が付与されるため，地上部の葉や茎が枯れても越冬芽は枯死せずに厳しい冬を生き抜く．越冬芽は一定期間以上冬の低温にさらされることが条件となって，春にその他の条件が整えば休眠から覚醒し萌芽する．このような寒冷環境でのライフサイクルには，越冬芽の発生・分化と成長，プログラムされた細胞分裂および成長の停止，寒冷耐性の付与，およびそれらに働く制御系を統御する綿密なタイムスケジュールが働いているに違いないが，その仕組みはよくわかっていない．一方，リンドウは切り花用園芸品種としても商業価値の高い植物である．現存品種のほとんどはわが国においてエゾリンドウ *Gentiana triflora* やササリンドウ *Gentiana scabra* の野生株から育種・改良された親株を起源としており，世界に発信できる独自の優良花卉品目である[1]．しかし，育種の歴史が短く，用いられる親株の遺伝的背景も狭い．また，実験用植物としてはマイナーな存在であるので，遺伝学的，生理学的基礎知識などが不十分であり，先端バイオテクノロジーを用いた育種技術開発もあまり進んでいない．以下に私たちのリンドウ越冬芽に関する研究を紹介させていただきたい．

1．リンドウ越冬芽の遺伝子には環境変化がプログラムされている？

　越冬芽で特異的に発現あるいは特に多く蓄積するタンパク質は，越冬芽の機能（耐寒性や休眠）に関与しているタンパク質であろうと予想される．そのようなタンパク質を同定するために，8月下旬（休眠前）のエゾリンドウ（品種「安代の秋」）の越冬芽，葉，茎および根から可溶性タンパク質を抽出し，等電点電気泳動-SDS ポリアクリルアミドゲルの二次元電気泳動で分離したスポットの比較を行った．図1に代表的な分離パターンを示した．この解析で，十数種類のスポットが越冬芽特異的あるいは特に多いタンパク質として同定できたため，それらをトリプシンで分解した後ゲルから抽出し，各フラグメントを

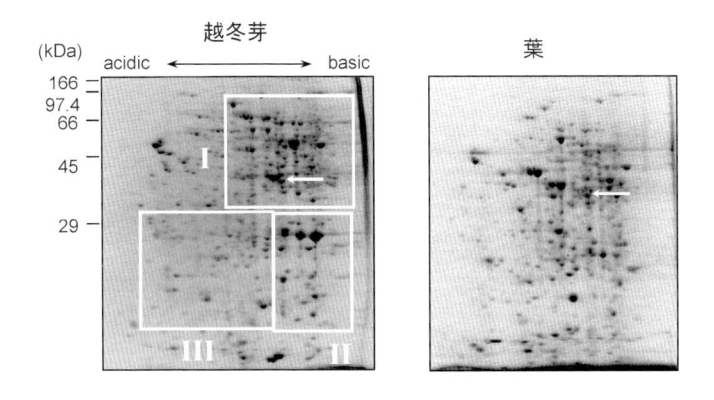

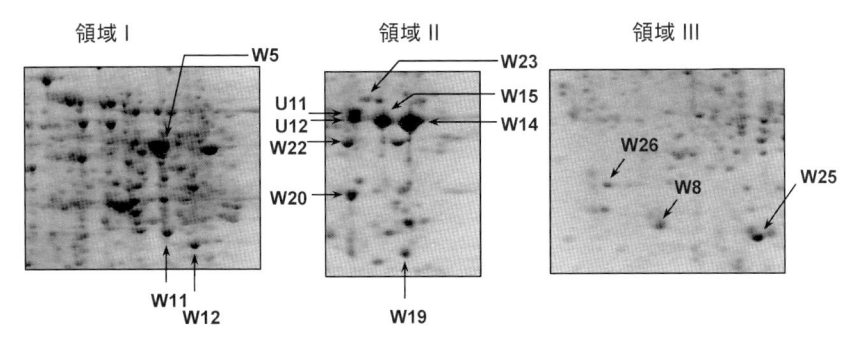

図1 2次元電気泳動によるリンドウ越冬芽および葉のタンパク質の分離（CBB 染色）(Takahashi et al., 2006を改変). 下図はゲル領域 I〜III の拡大図. 越冬芽特異的または越冬芽で特に多く発現が見られるタンパク質には W あるいは U の番号を付した. 白の矢印は内部標準としたアクチンのスポット.

表1 越冬芽特異的あるいは特に多く蓄積しているタンパク質.

スポット no.	相同なタンパク質
W8	Dehydration-induced protein from *Brassica napus*
W11	Glyoxalase I from *Citrus paradisi*
W12	Isoflavone reductase from *Arabidopsis thaliana*
W14	Ethylene-induced esterase from *Citrus sinensis*
W15	Ethylene-induced esterase from *Citrus sinensis*
W19	Ribosomal protein S12 from *Hordeum vulgare*
W20	Membrane pore protein from *Arabidopsis thaliana*
W23	Enolase from *Arabidopsis thaliana*
W25	Thioredoxin peroxidase from *Capsicum annuum*
W26	Translationally controlled tumor protein (TCTP) from *Arabidopsis thaliana*
U11	Cytoplasmic ascorbate peroxidase from *Lycopercicon esculentum*
U2	Cytoplasmic ascorbate peroxidase from *Lycopercicon esculentum*

HPLCで分離して部分アミノ酸配列を決定した[2]．表1にそれらのタンパク質を示した．

越冬芽特異的あるいは特に多く蓄積しているタンパク質には，他の植物でストレス応答性・誘導性タンパク質として報告されたものと相同性の高いものが含まれていた．それらは，脱水誘導性タンパク質（W8と名づけた），グリオキサラーゼ（W11），2種類のエチレン誘導性エステラーゼ（W14およびW15），ストレス誘導性膜孔タンパク質（membrane pore protein）（W20），エノラーゼ（W23），チオレドキシンペルオキシダーゼ（W25），2種類のアスコルビン酸ペルオキシダーゼ（U11およびU12）などである．

この結果は予期しないものであったが，非常に興味深く示唆に富む．何故なら，ここで実験試料として用いたリンドウは管理されたグリーンハウスで生育させた8月下旬のもので，物理的・生物的ストレスを与えるような環境下で生育したものではないからである．あたかも，将来訪れるストレス（冬の低温）を予知して予めそれに対処しているようである．そうであれば，越冬芽においては，"ストレス応答タンパク質"はストレスに応答してあるいは誘導されて発現が増強されるのではなく，あらかじめプログラムされたタイムスケジュールで発現していることになる．もちろん，これには日長変化などが関わっているはずであるが，長い進化の過程で獲得した生存戦略であろう．

越冬芽で特に多く発現・蓄積する上記タンパク質のうち，W11（グリオキサラーゼ），W14，W15（エステラーゼ）について，その完全長アミノ酸配列をリンドウ品種「安代の秋」のmRNAから逆転写したcDNAの塩基配列から決定した．以下では，越冬芽で特に多いタンパク質W14およびW15について，主にその遺伝子構造，発現様式と耐寒性について述べる．また，後述するようにW14/W15遺伝子は対立遺伝子であることがわかったので，その系統・個体識別マーカーとしての有用性についても述べる．

2．W14およびW15の遺伝子構造と品種・系統でみられる多型

W14およびW15は互いに非常によく似たタンパク質で，全長259アミノ酸残基のうち違いはわずか3残基のみである．両者はトマトやオレンジでエチレン誘導性タンパク質として同定されたエステラーゼと相同性が高く，構造上 α/β hydrolase fold superfamily に属するタンパク質である．実際，大腸菌でつくらせたW14およびW15タンパク質は，ともに同程度のエステラーゼ酵素活性を

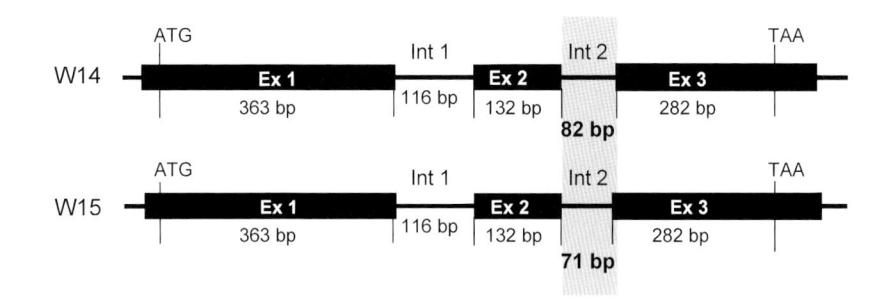

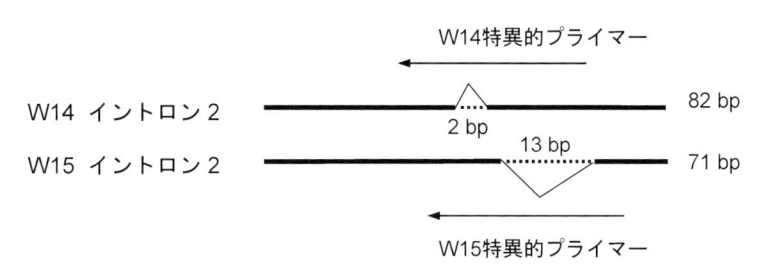

```
        ATG                                              TAA
W14  ┣━━━━━━━━━━━┫    ┣━━━━━━┫┃┣━━━━━━━┫
        Ex 1      Int 1  Ex 2 Int 2  Ex 3
        363 bp    116 bp 132 bp       282 bp
                              82 bp

        ATG                                              TAA
W15  ┣━━━━━━━━━━━┫    ┣━━━━━━┫┃┣━━━━━━━┫
        Ex 1      Int 1  Ex 2 Int 2  Ex 3
        363 bp    116 bp 132 bp       282 bp
                              71 bp
```

```
                              W14特異的プライマー
                                   ←─────
W14 イントロン2  ─────────────∧─────────────  82 bp
                              2 bp  13 bp
W15 イントロン2  ─────────────────∨─────────  71 bp
                                   ←─────
                              W15特異的プライマー
```

図2 品種「安代の秋」のW14およびW15遺伝子の構造（Hikage *et al.*, 2007を改変）．両遺伝子はイントロン2の鎖長が異なるが他の領域にも塩基の変異が多く見られる．下図は両遺伝子イントロン2の塩基配列の模式図．両者に存在する欠失（点線）を利用して各イントロンのみを認識するRCRプライマーをつくることができる．

有していた[2]．ゲノム遺伝子は両者とも3つのエキソンと2つのイントロンから構成されるが，第2イントロンの長さは異なっていた[3]．W14遺伝子の第2イントロンは82 bpの長さであったが，W15遺伝子は71 bpであった（図2）．

8種類の品種・系統について両遺伝子を含む約1.3 kb領域の塩基配列を決定したところ，品種・系統間でいくつかのRFLPサイトおよび多数のSNPサイトが存在することがわかった（投稿準備中）．このような塩基配列の多型から分類すると，W14型イントロンを持つ遺伝子は少なくとも3種類（W14a，14b，14c）のサブタイプが存在し，またW15型も少なくとも3種類（W15a, 15a', 15b）存在した．このような遺伝子型はエゾリンドウ，ササリンドウおよび海外に棲息する別系統のリンドウで明確な違いがあった．

アミノ酸配列に翻訳すると，品種・系統間で259残基中最大8残基の違いがあったが，酵素活性に重要なアミノ酸（catalytic triadとよばれる3つの保存されたアミノ酸）や機能ドメインは保存されていた．アミノ酸配列の違いが酵素機能にどのように反映されているのかは今のところ不明であるが，基質特異

性などに影響する可能性もある．一般に，α/β hydrolase fold superfamily の酵素は基質特異性がブロードで，植物ではホルモンの代謝やシグナリングに関与する可能性が示唆されている[1]ので，酵素化学的な解析も急ぎたい．

3．W14/W15遺伝子は対立遺伝子である

上述したように，W14およびW15遺伝子の構造は相同性が高いことから，染色体上に散在する重複遺伝子または対立遺伝子である可能性が考えられた．そこで，W14aとW15aの2つの遺伝子をもつリンドウ品種「安代の秋」の葯培養から得られた4系統の倍加半数体（ホモ2倍体）（岩手大学農学部土井寿子氏と高畑義人教授が作成）の遺伝子型について，各々の第2イントロンを特異的に認識するPCRプライマー（図2）を用いて解析した．その結果，図3のように，W14型遺伝子イントロンをもつ個体とW15型イントロンをもつ個体が分離し，親のW14およびW15型遺伝子の両方を持つ個体は存在しなかったため，両遺伝子は対立遺伝子として父方および母方に由来する染色体上にそれぞれ1コピーずつ存在することがわかった．

4．W14/W15対立遺伝子型から耐寒性を予測できるか？

W14およびW15タンパク質が越冬芽の機能になんらかの役割をはたしているのか否かを探るために，まず耐寒性の異なるリンドウ品種がどのような対立遺伝子型をもっているのか調べた．図4にAki-6PS（安代の秋から得られた倍加半数体：W15a'/W15a'），安代の秋（AA：W14a/W15a），ラブリーアシロ（LA：W14a/W14b），ピュアホワイト（PW：W14b/W15b），ゲンチアナ・スカブラ・ホワイト100（GSW：W14b/W14b）およびショウタイムスターレット（SS：W14bおよびW14cからなる3倍体：コピー数不明）の6種類の品種・系統の対立遺伝子型と越冬率（越冬後の萌芽率）を示した．この結果を見る限り，W14a,W15a（およびきわめて類似したW15a'）アリールを持たない品種（GSWやSS，およびPW）は越冬率が低いといえそうである．したがって，W14/15タンパク質の機能が越冬率（耐寒性）に直接関与するか否かは別として，少なくとも対立遺伝子型が耐寒性予測の指標となり得る可能性を示唆している．

一方，ここで解析した品種・系統は，耐寒性の強弱と並行した休眠の深さを持っている（Aki-6PSは未検定）．つまり，耐寒性が強い品種ほど休眠が深く，

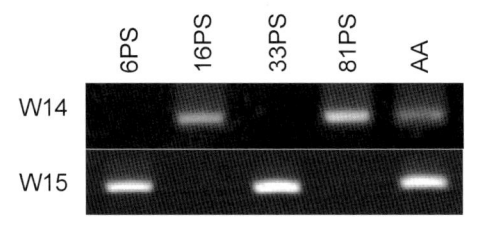

図3 品種「安代の秋」の葯培養から得られた倍加半数体（ホモ2倍体）の遺伝子型解析．図2に示したイントロン2特異的プライマーを用い，ゲノムDNAを鋳型としたPCRを行った．Aki-16PSおよび81PSはW14遺伝子のみを，6PSおよび33PSはW15遺伝子のみを持っていた．

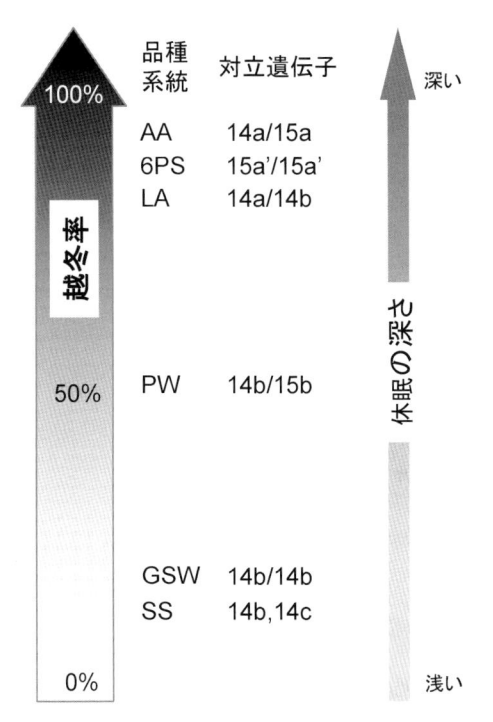

図4 種々の品種・系統の遺伝子型と耐寒性（越冬率）．AA：安代の秋，6PS：倍加半数体Aki-6PS，LA：ラブリーアシロ，PW：ピュアホワイト，GSW：ゲンチアナ・スカブラ・ホワイト100，SS：ショウタイムスターレット．

休眠覚醒に要する低温期間が長い．このことは，越冬芽において耐寒性と休眠はそれぞれ独立したものでなく，何らかのつながりをもってコントロールされていることを示唆している．現在，より多数の品種・系統で検証しているところである．

5．W14/W15遺伝子座の特異な発現様式―対立遺伝子間不均等発現―とその意義

　前節では対立遺伝子型と耐寒性が相関する可能性について述べたが，より詳細に調べるには対立遺伝子各々の発現を見る必要がある．そこで，私たちは対立遺伝子ペアの各々に由来するmRNAの相対量をqRT-PCR-CAPS（cleaved amplified polymorphic sequence）法で測定することを試みている（投稿準備中）．図5に品種LAおよびPWを用いた解析の例を示した．PWはW14b/W15bの遺伝子型を持ち，その越冬率でみた耐寒性はW14a/W14b遺伝子型を持つLAの1/2程度である．

　驚いたことに，PWの対立遺伝子ペアのうち，一方のW15b遺伝子の発現はほとんどみられなかった．したがって，この品種では対立遺伝子間の発現がきわめて不均等で，ほとんどW14bの発現のみである．これに対し，LAではこのような傾向はみられず，W14aおよびW14bがほぼ均等に発現していた．W15b遺伝子にコードされているタンパク質はW14aと1残基のアミノ酸しか違いはない．したがって，W15bはW14aと機能的に相同なタンパク質といえるが，品種PWにおいては発現していない（発現していれば，LAとPWは機能的に相同なタンパク質を持つことになる）．これらのことは，前の項で対立遺伝子型と耐寒性の関連を予想した通り，W14a遺伝子が耐寒性の強弱に関与する可能性を示唆していて大変興味深い．

6．品種・系統識別マーカーとしてのW14/W15対立遺伝子の有用性

　最初に述べたが，リンドウはわが国で野生株から園芸用に改良された世界に発信できる花卉品目であり，岩手県八幡平市ではオランダへの輸出をつうじてヨーロッパ各国に販売網を広げている．しかし，このような国内外での流通の活発化にともない，品種保護（知的財産権保護）のための方策が必要となってきた．遺伝子レベルで個体識別や親子鑑定ができれば，いざという時（たとえば登録品種の無断使用による新品種育成）に知的財産所有権が主張できる．

　W14/W15遺伝子は対立遺伝子であるのでこのようなことに利用しやすい．W14/W15遺伝子は，品種・系統に特有な遺伝子変異を複数持っており，それらの部位を標的としてCAPS解析やSNP解析が可能であるので，世代を通した遺伝子の追跡（親子関係）や系統分類が可能である．現在，多数のサンプル

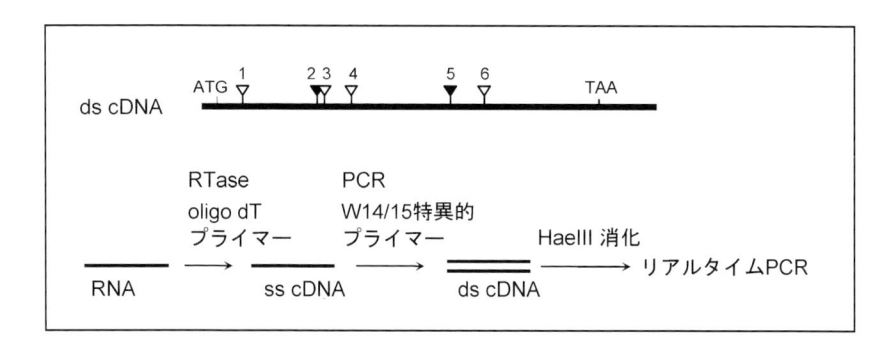

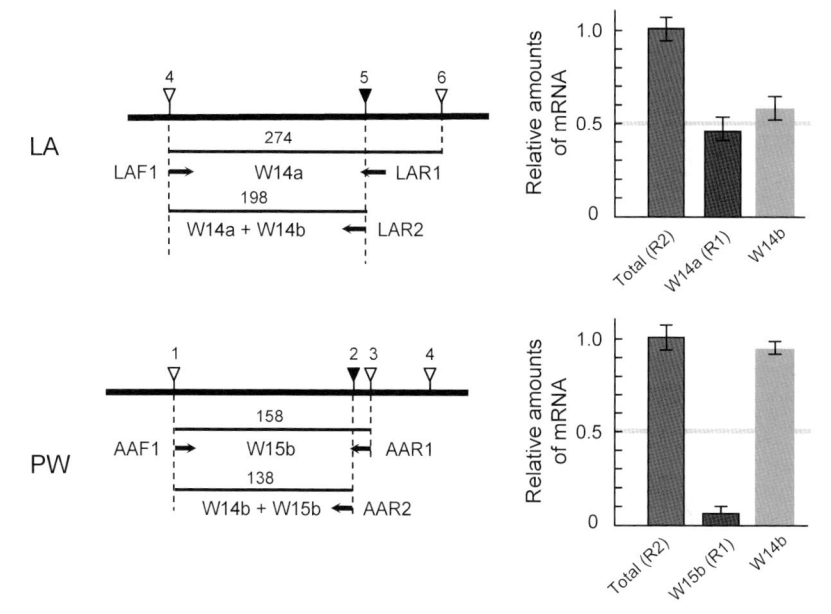

図5 対立遺伝子各々に由来するmRNA相対量の測定．上：測定方法の概略．1〜6の番号は各cDNAに存在するHaeIIIサイト．黒塗り三角はW14/15cDNAにみられるRFLPサイト．下図の左は品種LA（対立遺伝子W14a/W14b）およびPW（W14b/W15b）の各対立遺伝子に由来するmRNA（cDNA）を定量するためのプライマー．LAではW14a/W14bの総量をR2プライマーで，W14aに由来するcDNA（HaeIIIサイト5がない）をR1プライマーで定量．W14bに由来するcDNAは総量からW14aの値を差し引いた相対値として計算した（下図右）．PWについても同様．

を簡便に解析できる方法の開発を目指している．

7．おわりに

本研究ではW14およびW15と名づけた越冬芽に特に多いタンパク質の対立

遺伝子型が耐寒性や休眠の深さと関連する可能性を明らかにした．このタンパク質は構造上 α/β hydrolase fold superfamily に属するエステラーゼで，このファミリーの酵素は幅広い基質特異性を持つ．トマトのオーソログではジャスモン酸，インドール酢酸，アブシジン酸など植物ホルモンのメチルエステルなども基質とすることが報告されている[5]．W14およびW15タンパク質も同様の酵素活性を持つ酵素として植物ホルモンの代謝・合成経路に位置し，結果としてそれらホルモンのシグナル伝達に関わっている可能性がある．W14/W15タンパク質にはそれぞれいくつかのサブタイプが存在したが，耐寒性の強い品種では特定のタイプ（W14a あるいは W15a）を発現していた．これらのサブタイプと他のサブタイプの間で酵素化学的機能にどのような違いがあるのかは今後の課題である．

　非常に興味深いことに，W14/W15対立遺伝子の発現は品種（対立遺伝子型）によってbi-allelic（対立遺伝子ペアの各々の発現が均等）である場合と，mono-allelic（どちらか一方のみ）である場合の両者があることがわかった．このことの生理的・遺伝学的意義は今のところよくわからないが，少なくとも本章で述べたリンドウの品種 PW ではこのような対立遺伝子間の不均等発現が耐寒性に大きく影響しているようにみえる．対立遺伝子のうち一方が抑制される現象はゲノムインプリンティング（genomic imprinting）でよく知られているが，他にもヘテローシス（heterosis：雑種強勢）をおこす要因の1つとなっていたり[6]，パラミューテション（paramutation：エピジェネティックな変化が遺伝する非メンデル型遺伝）[7]でも起こっていることが最近わかってきた．パラミューテションは対立遺伝子間の相互作用によるエピジェネティックな現象で，特定の対立遺伝子ペアの一方が他方の発現を変化（抑制）させ，この変化が次世代に遺伝する．これらの現象と類似したしくみがリンドウの越冬芽でも働いているとすれば，寒冷耐性や休眠の深さに関して，これまでと違った視点からの新しいモデルが浮かび上がるかもしれない．特に植物のパラミューテションにおいては，環境要因によって影響を受けた遺伝子発現が次世代に受け継がれる仕組みにも関わっていると予想されている[8]．この考えは環境への適応進化を考えるうえで非常に魅力的である．

謝辞　本研究の一部は，岩手大学21世紀COEプログラムと科学研究費補助金（萌芽研究），農林水産省（新たな農林水産政策を推進する実用技術開発事業，

および農林水産物等輸出促進支援事業のうち品種保護に向けた環境整備事業）の研究助成の下で行われた．

引用文献

1) Nishihara, M., Nakatsuka, T., Mizutani-Fukuchi, M., Tanaka, Y. & Yamamura, S. 2008. Gentians: from gene isolating to molecular breeding. *In*: Floriculture, *Ornamental and Plant Biotechnology,* V: 57-67. Global Science Books, UK.
2) Takahashi, M., Hikage, T., Yamashita, T., Saitoh, Y., Endou, M. & Tsutsumi, K. 2006. Stress-related proteins are specifically expressed under non-stress conditions in the overwinter buds of the gentian plant. *Gentiana triflora. Breeding Science,* 56: 39-46.
3) Hikage, T., Saitoh, Y., Tanaka-Saito, C., Hagami, H., Satou, F., Shimotai, Y., Nakano, Y., Takahashi, M., Takahata, Y. & Tsutsumi. K. 2007. Structure and allele-specific expression variation of novel alpha/beta hydrolase fold proteins in gentian plants. *Molecular Genetics and Genomics,* 278: 95-104.
4) Yang, Y., Ma, C-J., Vlot, C., Klessing, D. & Pichersky, E. 2008. Inactive methyl indole-3-acetic acid ester can be hydrolyzed and activated by several esterases belonging to the AtMES esterase family of Arabidopsis. *Plant Physiology,* 147: 1034-1045.
5) Stuhlfelder, C., Lottspeich, F. & Mueller, M. J. 2002. Purification and partial amino acid sequence of an esterase from tomato. *Phytochemistry,* 60: 233-240.
6) Springer, N. M. and Stupar, R. M. 2007. Allelic variation and heterosis in maize: how do two halves make more than a whole? *Genome Research,* 17: 264-275.
7) Chandler, V. 2007. Paramutation: From Maize to Mice. *Cell,* 128: 641-645.
8) Chandler, V. L., Eggleton, W. B. & Dorweiler, E. 2000. Paramutation in maize. *Plant Molecular Biology.,* 43: 121-145.

第11章

植物の環境応答の遺伝学的解析

藤部貴宏・寺内良平

　植物は低温環境を感知して，より低い温度により引き起こされる凍結障害に適応するために細胞膜や細胞内物質の組成を変化させる．低温をストレスとして感知した場合，CBF/DREB などのストレス応答性の転写因子を介した情報伝達により細胞内組成を変化させて，ストレスに対して応答する．また一方で，植物は低温を成長のための信号としても利用し，低温をストレスとしてではなく刺激（信号）として感知して発芽や花成を誘導することが知られている．

　低温刺激を感知する機構はまだ明らかになっていないが，低温刺激を伝達する経路は，低温感受性の変化した突然変異体の解析や，遺伝子発現の変化を直接，またはレポーター遺伝子を用いて調べることによって明らかにされてきている．低温刺激の伝達経路とその仕組みを明らかにすることによって，将来的により低温環境に適応した作物の作出が可能になる．現在のところ，形質転換植物の実用化に対する社会的制約などの理由から，低温環境に適応するための遺伝子を単離して，直接その遺伝子を導入して低温に適応した作物品種を作出した例はないが，近縁，遠縁品種から交配によって新しい遺伝子を取り込み，低温に適応した品種を作出する取り組みは実施されている．

1．低温応答の遺伝学的解析

　植物では，シロイヌナズナを用いた低温シグナリングの研究が積極的に行われている（図1）．転写因子をコードしている DREB1 をシロイヌナズナで過剰発現させることによって細胞内に RD29A や COR15A が蓄積されて凍結に対して耐性を獲得するため，低温シグナリングには DREB1 遺伝子が関与していることが報告されている[1]．DREB は様々なストレスによって誘導される遺伝子に保存されているプロモーター上のシス因子 DRE（dehydration response element）を認識する転写因子であり，DREB1 ファミリーとして第4染色体に3つタンデムに並んで低温刺激に応答する DREB1A（At4g25480），DREB1B（At4g25490），DREB1C（At4g25470）の他に，DREB1D，DREB1E，DREB1F が単離されている．このうち DREB1D は乾燥ストレスに，DREB1E，DREB1F は塩ストレスの刺激に応答して発現誘導する．また DRE は，ほぼ同

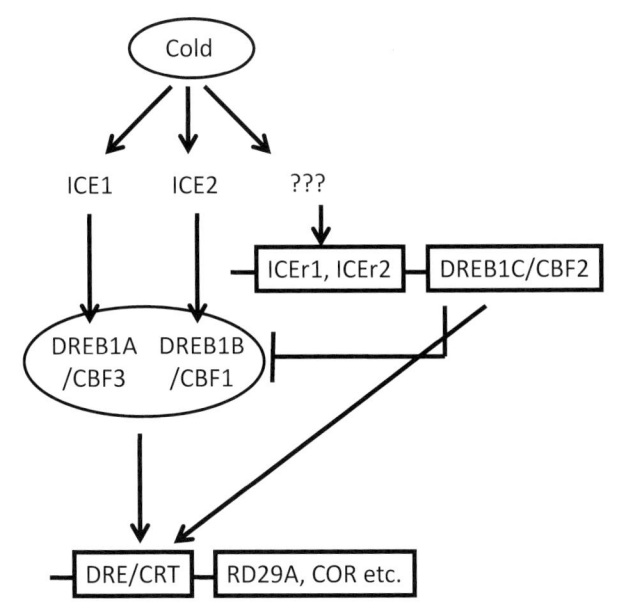

図1 低温シグナルの応答経路.低温刺激を感受すると転写因子ICE,続いてCBF/DREBの発現誘導が起こり,CBF/DREBはシス因子DRE/CRTを認識して下流の遺伝子発現を制御する.DREB1C/CBF2は下流の遺伝子発現制御の他にDREB1の発現制御も行っている.

じ配列のシス因子CRTとともにDRE/CRTともよばれる[2].CRTに結合する転写因子はCBF(CRT-binding factor)とよばれ,DREB1A-DはDREB1A/CBF3,DREB1B/CBF1,DREB1C/CBF2,DREB1D/CBF4に対応する.RD29AやCOR15Aなどの低温誘導性遺伝子のプロモーターにはDRE/CRTがあり,DREB1の発現に伴って遺伝子発現が誘導され凍結ストレスに対する耐性獲得に寄与する[2].

低温刺激を感知する仕組みはまだ明らかにされていないが,低温刺激を受けることでまずICE(inducer of CBF expression)1,ICE2の発現が誘導される.ICE1はDREB1A/CBF3のプロモーターの直下にレポーター遺伝子としてルシフェラーゼ遺伝子を導入した形質転換体に変異原処理を行い,DREB1A/CBF3のプロモーター活性が誘導されなくなった突然変異体を解析することにより単離された遺伝子である[3].ICE1の欠損株では低温処理を行ってもDREB1A/CBF3の誘導が起こらず,またICE1と高い相同性を示すICE2の過剰発現体ではDREB1B/CBF1の発現が増加していることから,ICE1,ICE2はそれぞれDREB1A/CBF3とDREB1B/CBF1を正に制御していると考えられている[3,4].

一方で，DREB1C/CBF2はICEの制御をほとんど受けない．DREB1C/CBF2はプロモーター領域に2つのシス因子，ICEr1，ICEr2を有していて，この2つのシス因子が協調して低温による誘導が起こる．ICE1，ICE2はお互いに完全に保存されているMYC様のbHLH構造を有している．このbHLHはCANNTG配列を認識し，この配列はICEr1のCACATGと一致する．しかしICE1，2はともにCBF2の発現をほとんど誘導しないことから，別の制御因子がCBF2の発現制御を行っていると考えられる．またDREB1C/CBF2を過剰発現させるとDREB1A/CBF3，DREB1B/CBF1の発現を抑制する[5]．こうした負のフィードバック機構は，DREB1が自身の発現制御をより厳密に一過的に行うことに役立っているかもしれない．

2．作物における低温適応の遺伝学的解析

モデル植物のシロイヌナズナの研究によってDREBが低温などのストレス耐性獲得に有効なことがわかり，実際にDREBを遺伝子組換え技術によって導入した作物がつくられ，これらは塩や乾燥などのストレスにも抵抗性を示すことがわかった[6]．しかしながら，現時点では遺伝子組み換えによって作られた作物の実用化には社会的な抵抗が大きい．

イネは，元々は亜熱帯産の植物だったが，長い期間の品種改良によって日本全土で生産できるようになった．これは育種家の努力によるところが大きいが，今日では遺伝学解析から得られた知見を活用することによってより効率的な育種ができるようになった．

同種の植物でありながら異なる形質を示す品種や生態型は，その形質を示す原因となる遺伝子が変化している（多型である）．イネは世界各地で栽培され，それぞれの栽培環境に適応した系統に分化している．また栽培化されていない野生型のイネも無数の系統が存在している．そこで，これらの遺伝子資源から，ある地域で受け入れられている系統に，交配によって遺伝的形質を導入することが可能だと考えられる．すなわち多数の遺伝子資源の中から目的とする形質を示す系統を探し，その形質を示す原因となっている遺伝子を見つけることによって他の品種に導入することが可能になる．

形質には質的形質と量的形質がある．イネを例にとって説明すると，モチ性や特定のいもち病菌株に対する真正抵抗性遺伝子の有無などは質的形質であり，草丈や穂数，耐冷性（低温下での稔実率）など，数値によって表現される形質

は量的形質である．一般にこの差は，質的形質が1個または少数の遺伝子座にしか影響されないのに対して，量的形質には複数の遺伝子座が関与することによる．後者の量的形質に関与する複数の遺伝子座のことを量的形質遺伝子座（QTL：quantitative trait locus）という．たとえば量的形質で3つの遺伝子座が形質に関与する場合，遺伝子型の組み合わせはAABBCC × aabbccの総当たりで27パターンになり，表現型はほとんど連続した広がりを見せるため，遺伝子型と表現型を直接対比させることは難しくなる．そのため統計的手法によって，量的形質と連鎖している遺伝子座の存在する領域を推定することが行われる．通常は各染色体上の位置を横軸にとり，それぞれの位置のLODスコア（Log_{10}［その領域が形質と連鎖していると仮定した時に観察値が得られる確率/連鎖していないと仮定した場合に観察値が得られる確率］）を縦軸としてグラフを描いて，そのピークとなるところにQTLが存在すると考える．QTL解析はF_2以降のどの世代でも行うことができるが，組換え近交系（RIL：recombinant inbred line）を用いることによって，少ないサンプル数でもより精度の高い解析を行うことができる．RILとはF_2などの遺伝子型の分離した集団を起点として，各世代ごとにそれぞれの個体から自殖によってできた1粒の種子のみを継代（single seed descent）して行くことによって作られる．1世代進めるごとにヘテロ接合体の頻度が半分になるため，世代をすすめることによって遺伝子型がホモ型に固定されていく．RILによって遺伝子型の固定された植物体を多数得ることができるため，反復実験を行うことで比較的変異の小さな表現型でも効率的にQTLを検出できるようになる．

作物のQTL解析は積極的に行われ，様々な形質のQTLが明らかにされ育種に利用されている．イネの耐冷性の例では，幼穂形成期以降減数分裂期の低温により不稔が生じて収量が激減する「障害型冷害」について耐冷性品種のQTL解析が進んでいる（図2）．

寒冷地の稲作では，1993年以前は，生育期間中の低温で出穂が遅れることによって十分に登熟することができなくなる「遅延型冷害」に適応するために，「コシヒカリ」よりも出穂時期の早い「ササニシキ」の作付けが多く，日本における作付面積はコシヒカリに次いで2番目だった．しかし，1993年の大冷害によってササニシキが壊滅的な被害を受けたのに対してコシヒカリの被害が少なく，コシヒカリが障害型冷害に強いことがわかった．そのためササニシキの作付面積が激減し，コシヒカリを片親にして育種された出穂時期も早い品種

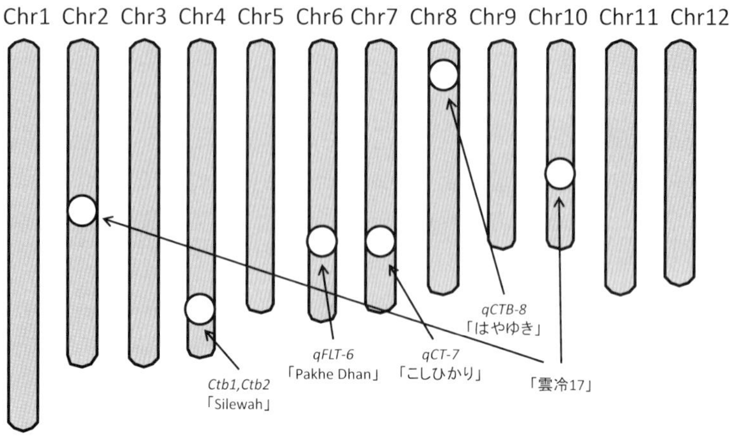

```
      Chr1 Chr2 Chr3 Chr4 Chr5 Chr6 Chr7 Chr8 Chr9 Chr10 Chr11 Chr12
```

                                    qCTB-8
                                    「はやゆき」
              qFLT-6   qCT-7
   Ctb1,Ctb2 「Pakhe Dhan」「こしひかり」   「雲冷17」
   「Silewah」

図2　耐冷性QTLの位置と由来（黒木，2006を改変）．耐冷性QTLについてイネの染色体上の位置を示した．著者らは耐冷性品種「雲冷17」のQTL解析により第2染色体と第10染色体に新たな耐冷性QTLを見出した．

「ひとめぼれ」が台頭して，寒冷地でもっとも多く生産される品種となった．このことからコシヒカリは耐冷性の強い品種として認識されるようになり，耐冷性QTLの解析が行われ，コシヒカリのもっとも影響度の大きい耐冷性QTLが第7染色体にあることがわかった．他にも耐冷性極強の基準品種となっている「はやゆき」由来の耐冷性QTLや他の外国稲由来のQTL領域が明らかになっている．耐冷性の検定のためには，人工的な条件で障害型冷害を再現する必要があり，圃場の水深を変えて幼穂周辺の水温を制御する「冷水掛け流し法」が開発されて精度の高い検定をすることができるようになり，QTL解析が進んだ．障害型冷害の原因は，低温によるタペート細胞の肥大によることが明らかにされ，その機構の解析がされているが（第9章），耐性を示す品種と感受性を示す品種のどの遺伝子座の変異によって形質の差が生じているのかは明らかになっていない．しかし，遺伝子が単離されていなくても近傍のDNAマーカーを使うことによって，耐冷性の形質を別の品種に導入することが可能になり，耐冷性品種の育種が精力的に行われている．

　水稲は単位面積当たりの収量がもっとも多い作物で，連作しても障害が出ないことから，食用以外にも飼料用やバイオマスとしての利用が期待されている．飼料用やバイオマス用の水稲では，食用米で大きな比重を占めていた味や銘柄に変わって，低コスト，多収，安定性がより重要な課題になる．日本の稲作の

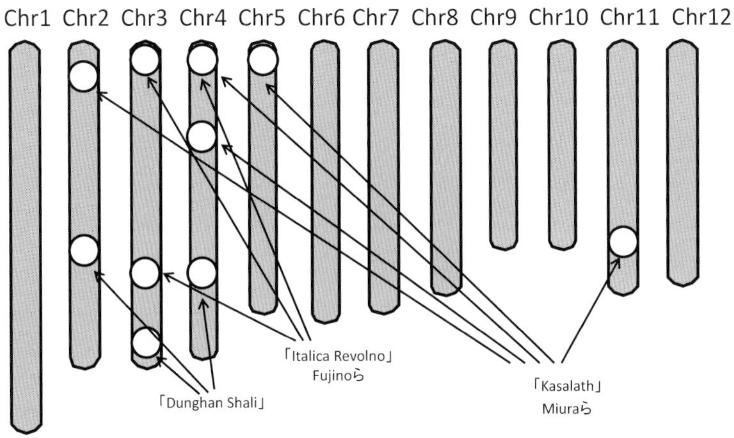

図3 低温発芽性QTLの位置と由来．低温発芽性QTLについてイネ染色体上の位置を示した．著者らは「Dunghan Shali」由来の新たなQTLを3箇所見出した．

多くは，育苗した苗を田んぼに田植えする移植栽培が多くの割合を占めるが，移植栽培では育苗や田植えのコストや育苗スペースの制限があり急激に作付面積を増やすことが難しい．そこで，育苗しないで籾を直接田んぼに播種する直播栽培が注目されるようになってきた．直播は，「灌水土中播種栽培法」，すなわち一度代掻きした田んぼを落水し土中に種子を埋没させて播種する方法の導入により，それまで直播栽培の欠点であった根の張りが弱く登熟期に倒伏しやすいという欠点が解消された．灌水土中播種栽培法を効率良く実施するためには，土中から安定して出芽苗立ちする形質が必要で，土中発芽の形質のQTLの研究も行われている．寒冷地においては，これに加えて低温でも良好に発芽できる低温発芽性の形質も必要になる．Miuraら[7]によって品種「Kasalath」由来の低温発芽QTLが，Fujinoら[8]によって「Italica Livorno」由来の低温発芽QTLが報告されている（図3）．さらにFujinoらによって報告された3番染色体短腕部の低温発芽QTL（qLTG3-1）は2008年に原因遺伝子が単離された[9]．稲作の北限を広げ，寒冷地でも安定した生産を行うために求められるイネの低温適応に関与する遺伝子として，最初の報告になる．

3．イネの耐冷性，低温発芽性育種の現状

QTL解析をするためには，QTL解析するためのF$_2$などの分離集団，分離集団の形質測定値と遺伝子型を調べるためのDNAマーカーが必要になる．

著者らは耐冷性品種の「雲冷17」と耐冷性の弱い「ヒデコモチ」のRILを作出して耐冷性のQTL解析を行った（図2）．RILの耐冷性は量的形質のため連続した分散を示したが，その分散の範囲は広く，耐冷性品種の雲冷17を超える耐冷性を示す系統もある．雲冷17を超える耐冷性を示した系統が遺伝的にも耐冷性であることが期待されるが，実際には耐冷性の形質が遺伝しない場合が多い．耐冷性の形質は多数のQTLが関わっていると考えられるが，同時に多数の環境要因も関わっており，遺伝子型の影響を超える大きな分散が生じるため従来の育種で良形質を示す子孫だけを選抜してもうまくいかなかった．QTL解析では環境要因の影響を排除した解析ができる．環境によって起こる分散は，特定の遺伝子座と連動した偏りを示さないためQTL解析のLODスコアには反映されない．一方で遺伝的に制御されている部分については，異なる形質を持つ個体間で遺伝子型の偏りが生じてLODスコアに変動が生じる．その結果，QTL解析によってQTLであるとして検出することができる．また遺伝子型の偏りが生じている位置を特定するためにDNAマーカーが必要になる．DNAマーカーは染色体上の位置を示す住所のようなもので，形質として判別できないような遺伝子多型でも，DNAマーカーを利用することによって，染色体上の特定の位置の遺伝子型を知ることができる．QTL解析やマップベースドクローニングでは，染色体を細かく区切って各染色体小断片の両親からの由来の判別を行うために，DNAマーカーを利用している．DNAマーカーは少量のDNAからPCRで断片を増幅して多型を検出する方法が一般的で，断片の長さや，制限酵素による切断パターンを電気泳動で検出する方法が再現性も高く良く利用されている．AFLP（Amplified Fragment Length Polymorphism）やRAPD（random amplified polymorphic DNA）は，塩基配列の解読が終了していない種類の植物でも利用可能だが，優性マーカーなのでホモ接合体とヘテロ接合体の判別ができない欠点があり，連鎖解析において統計的なパワーが減少する．マイクロサテライトマーカー［SSLP（simple sequence length polymorphism），SSR（simple sequence repeat）］やCAPS（cleaved amplified polymorphic sequence）は，塩基配列の情報が必要ではあるが，共優性マーカーで，ホモ接合体とヘテロ接合体の区別ができて再現性も良い．イネでは20000個ものSSRマーカーの情報が公開され利用することができるため，染色体上の位置を細かく識別することができる．

　目的の形質を導入するための遺伝子資源を遠縁の品種に求めた場合，その遠

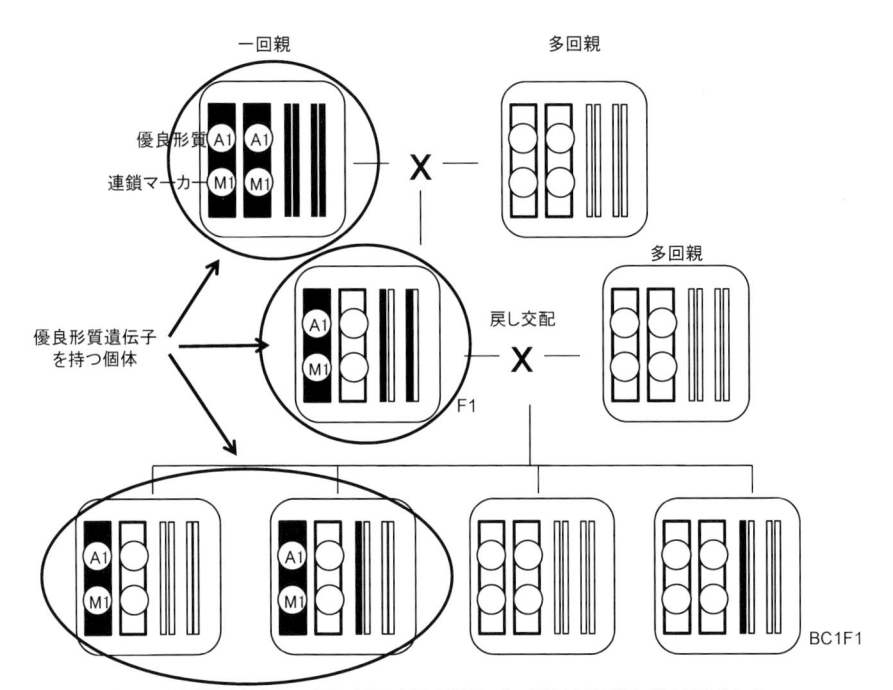

図4 マーカーアシスト選抜のモデル図．優良形質A1と連鎖したDNAマーカーM1によって1回親の優良形質を残したまま多回親と戻し交配を行い他の染色体領域を多回親へと置き換える．1回親由来の染色体を黒いボックスで，多回親由来の染色体を白いボックスで示す．戻し交配を6回行うことによって約99％の領域が多回親へと置き換えられる．

縁の品種が，目的の形質以外の形質については劣った性質を示すことが多い．日本のイネの育種においては，日本人の嗜好に合った食感食味や日本での栽培に適した形態など，ほとんどの形質はすでにある品種のままで，特定の形質のみを他の品種から導入したいという要望が強い．そのために目的の特定形質と強く連鎖したDNAマーカーの他に，染色体全域にわたって元品種（多回親）と導入したい形質を持った品種（1回親）を判別可能なDNAマーカーが必要になる．マーカーアシスト選抜では，多回親と導入したい形質を持った1回親を交配した後に多回親で戻し交配を重ねていく（図4）．戻し交配を一度行うたびに1回親由来の染色体領域は半分に減っていく．そのままでは導入したい形質もいずれなくなってしまうが，DNAマーカーを使って導入したいQTL領域を残した子孫だけに戻し交配を行い，その他の部分を完全に多回親に置き換える．こうしてできた系統は，ほとんどの形質は多回親の形質だが，導入した

い目的形質だけは1回親の形質となっている．またマーカーアシスト選抜では複数の1回親を用いることも，1回親から同時に複数のQTLを導入することもできる．そのため，1つのQTLを導入しただけでは効果が不十分な形質についても，複数のQTLの効果を集積することによってより強い形質を得ることができる．このことをピラミッディングと言う．

マーカーアシスト選抜とピラミッディングによって，遺伝子組換えを使わなくても様々な良形質を組み合わせた品種の開発が可能になる．こうした品種は，即座に実用品種母本として利用が可能であるため，今後このような手法で作出された品種群が多数作出されると考えられる．

引用文献

1) Zhang, J. Z., Creelman, R. A. *et al.* 2004. From laboratory to field. Using information from Arabidopsis to engineer salt, cold, and drought tolerance in crops. *Plant Physiology.,* 135: 615-621.
2) Yamaguchi-Shinozaki, K. & Shinozaki, K. 2006. Transcriptional regulatory networks in cellular responses and tolerance to dehydration and cold stress. *Annual Review of Plant Biology,* 57: 781-803.
3) Chinnusamy, V., Ohta, M. *et al.* 2003. ICE1: a regulator of cold-induced transcriptome and freezing tolerance in Arabidopsis. *Genes & development,* 17: 1043-1054.
4) Fursova, O. V., Pogorelko, G. V. *et al.* 2009. Identification of ICE2, a gene involved in cold acclimation which determines freezing tolerance in Arabidopsis thaliana. *Gene,* 429: 98-103.
5) Novillo, F., Alonso, J. M. *et al.* 2004. CBF2/DREB1C is a negative regulator of CBF1/DREB1B and CBF3/DREB1A expression and plays a central role in stress tolerance in Arabidopsis. *Proceedings of the National Academy of Sciences of the United States of America,* 101: 3985-3990.
6) Chen, M., Wang, Q. Y. *et al.* 2007. GmDREB2, a soybean DRE-binding transcription factor, conferred drought and high-salt tolerance in transgenic plants. *Biochemical and Biophysical Research Communications,* 353: 299-305
7) Miura, K., Lin, S.Y. *et al.* 2001. Mapping quantitative trait loci controlling low temperature germinability in Rice (*Oriza sativa* L.). *Breeding Science.,* 51: 293-299.
8) Fujino, K., Sekiguchi, H. *et al.* 2004. Mapping of quantitative trait loci controlling low-temperature germinability in rice (*Oryza sativa* L.). *Theoretical and Applied Genetics,* 108: 794-799.
9) Fujino, K., Sekiguchi, H. *et al.* 2008. Molecular identification of a major quantitative trait locus, qLTG3-1, controlling low-temperature germinability in rice. *Proceedings of the National Academy of Sciences of the United States of America,* 105:

12623-12628.
10) 黒木　慎. 2006. 耐冷性の遺伝的解析とピラミッディング. 農業および園芸, 81: 128-132.

第12章

ウイルス感染に対する植物の抵抗性と発熱

高橋　翼・吉川信幸

　植物ウイルスは，宿主となる植物に感染すると，その宿主細胞の代謝系を利用して増殖する．増殖したウイルスゲノムあるいはウイルス粒子は，続いて細胞間連絡（プラズモデスマータ）を通り隣接細胞へ移行し，篩管を通った長距離移行により植物体の全身へ感染を拡大する．すなわち，植物ウイルスは（1）増殖，（2）細胞間移行，（3）長距離移行の3段階を経て植物体全体へ感染し，その中で様々な病原性を示す．一方，植物側では，ウイルスの感染に対して防御応答することでウイルスの感染を成立させない，または感染を最小限にくい止めるなどの抵抗性を示すものが知られている．このようなウイルス抵抗性は，細胞レベルでのウイルス増殖を抑制するもの，ウイルスの細胞間移行を阻害するもの，またウイルスの感染部位において過敏感反応を誘導し，ウイルスを封じ込めるものなど多様である．近年，様々な視点からの解析により，ウイルスに対する植物の抵抗性メカニズムの解明が進みつつある．

　本章では，最初に植物ウイルスの代表ウイルスの1つであるトマトモザイクウイルス（ToMV）の感染に対する植物の抵抗性遺伝子について解説する．次に，タバコモザイクウイルス（TMV）や ToMV に対するタバコの抵抗性遺伝子（N 遺伝子）により誘導される過敏感反応とそれに伴う発熱現象について，これまでの知見ならびに筆者らが確立した発熱反応の効率的な解析法とそれを利用したタバコでの発熱反応の解析結果を紹介する．

1. ウイルス感染に対する植物の抵抗性

　ToMV はトバモウイルス属に所属する植物ウイルスで，以前は TMV トマト系統（TMV-L）とよばれていた[1]．ToMV はゲノムとして約6,400ヌクレオチドの一本鎖 RNA を持ち，ゲノムには4つのウイルスタンパク質（130K タンパク質，180K タンパク質，30K タンパク質，外被タンパク質）がコードされている．ToMV は傷口などを介して宿主細胞へ侵入した後，脱外被したゲノムから複製関連タンパク質が翻訳され，ウイルスゲノムが複製される．ゲノムの複製には複製酵素である130K ならびに180K タンパク質が関与している[2]．続いて，ToMV はプラズモデスマータを介した細胞間移行により隣接細胞へ感染を拡大

していくが，この細胞間移行には30Kタンパク質が必要である．このタンパク質はプラズモデスマータの径を広げるとともに，ウイルスゲノムを隣接細胞に運ぶ働きをする[3,4]．細胞間移行により維管束組織（篩部組織）に到達したウイルスは篩管を通り植物体全体へ移行する．篩管を通る長距離移行にはToMVの外被タンパク質（CP）も重要な役割をしている[5]．

一方，ToMVに対する植物の抵抗反応には主に以下のようなものが知られている．すなわち，1）細胞レベルでのウイルスの複製阻害による抵抗性，2）ウイルスの細胞間移行を阻害する抵抗性，3）過敏感反応（Hypersensitive Response：HR）による局部壊死斑形成による抵抗性である．これらの抵抗性反応には以下のように，それぞれ異なる抵抗性遺伝子が関与している．

細胞レベルでのウイルスの複製阻害に関与する抵抗性遺伝子としてはトマトが保有するTm-1遺伝子が知られている[6,7]．Tm-1遺伝子を保有するトマトからプロトプラストを単離し，ToMVを感染させても増殖は起こらない[8]．つまり，Tm-1遺伝子を保有するトマトは単細胞レベルでToMVの複製を阻害する．最近，Tm-1遺伝子がトマトから単離され，Tm-1遺伝子産物（80Kタンパク質）はToMVの複製タンパク質である130Kおよび180Kタンパク質と結合することで，ToMV-RNAの複製を阻害することが報告された[9]．

ToMVの細胞間移行阻害に関与する抵抗性遺伝子としてはトマトのTm-2およびTm-2^2遺伝子（Tm-2とTm-2^2遺伝子は対立遺伝子）が知られている[10,11]．これらの遺伝子は，植物体では抵抗性を発揮するが，プロトプラストでは抵抗性を示さないことから[8,12]，Tm-2およびTm-2^2遺伝子を保有するトマトに浸入したToMVは，第一次感染細胞では複製・増殖するが，隣接細胞への細胞間移行が阻害され，その結果として感染を拡大することができないと考えられていた．しかし，Tm-2およびTm-2^2遺伝子を保有するトマトでは，条件によって感染部位に壊死斑が出現したり，また全身壊疽症状を呈することがあることから，この抵抗性反応は，明瞭な局部壊死斑が形成されないが，次に述べるHRの一種であると現在は考えられている．近年，Tm-2^2遺伝子が同定され，Tm-2およびTm-2^2遺伝子は，ヌクレオチド結合部位（NBS）とロイシン繰り返し配列（LRR）を持ったNBS-LRR型の抵抗性遺伝子であることが報告された[13,14]．

HRによる抵抗性反応では，ウイルスが感染すると感染部位やその周辺細胞において局部壊死斑が形成される．その結果，ウイルスは壊死斑周辺細胞に封じ込められる．ToMVやTMVに対するタバコの抵抗性遺伝子（*N*遺伝子）は

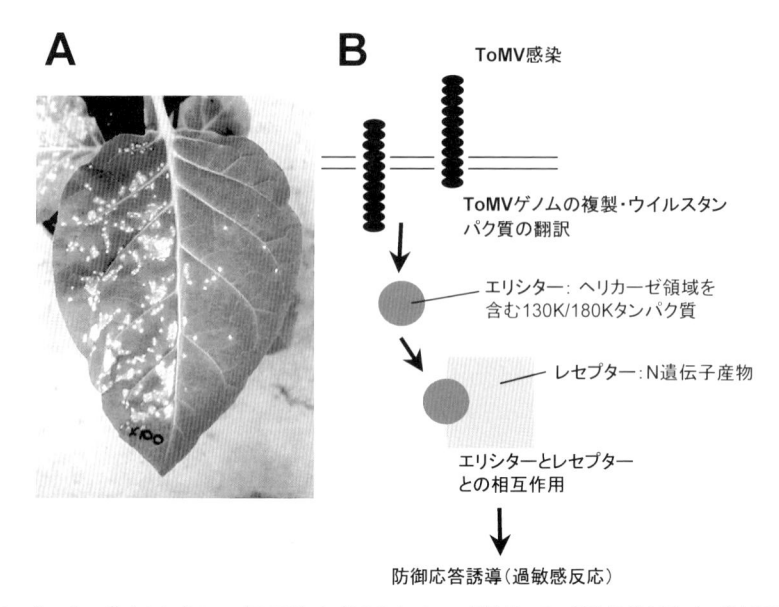

図1 トマトモザイクウイルス（ToMV）に対するタバコの抵抗性．A：抵抗性遺伝子（N 遺伝子）を持つタバコに ToMV 感染によって形成された局部壊死斑．B：タバコ N 遺伝子による抵抗性反応（過敏感反応）の発現の概念図．ToMV が N 遺伝子を持つタバコに感染すると，ToMV ゲノムにコードされている130K ならびに180K タンパク質のヘリカーゼ領域（エリシター）と N 遺伝子産物が相互作用することで過敏感反応が誘導される．

トランスポゾンタッキング法で単離された植物の最初の抵抗性遺伝子で，NBSと LRR を持った NBS-LRR 型抵抗性遺伝子であることが明らかにされた[15]．N 遺伝子を保有するタバコでは，TMV や ToMV の感染に対して，HR による局部壊死斑が形成され（図1A），ToMV は局部壊死斑周辺に封じ込められる[16]．HR により形成される局部壊死斑は，ウイルスなどの病原体の感染が引き金となり，自発的に感染部位の細胞を殺すことから，プログラム細胞死（アポトーシス）の一種であると考えられている．最近の研究では，N 遺伝子によるHR は動物細胞でみられるアポトーシスと同様の機構で行われるのではないかと考えられている[17]．N 遺伝子と TMV の組み合わせは，抵抗性遺伝子研究のモデルの1つとして詳細な解析が行われているが，なぜウイルスが壊死斑周辺に封じ込められるのかなどについては不明な部分も多い．後述するが，筆者が着目しているウイルス感染に伴う発熱反応も，N 遺伝子が誘導する HR に伴って生じるものである．

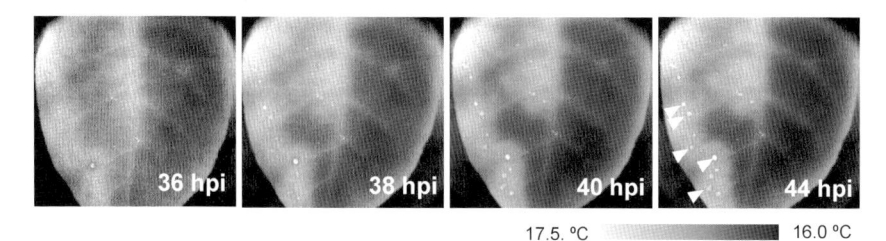

図2 *N*遺伝子を保有するタバコのToMV接種葉における発熱反応の経時的変化.左側半葉にToMVを,右側半葉に緩衝液を接種した葉の表面温度を経時的に赤外線サーモグラフィーで測定した.白矢印は局部壊死斑点を示す.hpiはToMV接種後の時間を示す.

2. ウイルス感染によって生じる発熱反応

　先にも述べたように,*N*遺伝子を保有するタバコにTMVあるいはToMVが感染したとき,植物はウイルスの感染拡大を防ぐために自発的な細胞死(局部壊死斑)を誘導し,ウイルスの感染拡大を阻止する.Chaerleらは赤外線サーモグラフィーを用いて,TMVを接種した*N*遺伝子タバコ葉の感染部位ではその周辺組織に比べて葉の表面の温度が約0.3～0.4℃上昇することを報告した[18].また,この表面温度が上昇した部位では,その後細胞死が誘導され,局部壊死斑が形成された.一方,*N*遺伝子を保有しないタバコの葉にTMVを接種しても,表面温度の上昇は観察されなかった[19].すなわち,*N*遺伝子タバコ葉ではTMV感染によるHRの誘導に伴って,局部壊死斑が観察される以前から,ウイルス感染部位で特異的な発熱反応が誘導された.この発熱反応が誘導されている葉の組織ではサリチル酸の産生が増加していることから,発熱反応にはサリチル酸が関与しているのではないかと推定され[18].その後,サリチル酸を人為的にタバコ葉に散布すると葉の表面温度が上昇することが示された[19-21].筆者らも,*N*遺伝子タバコ(品種:Xanthi nc)にToMVを接種し,赤外線サーモグラフィーで接種葉の表面温度を測定したところ,壊死斑形成直前の接種36時間後より,後に壊死斑が形成される領域の表面温度が上昇(発熱)することを確認した(図2)[22].

3. アグロインフィルトレーションを利用したトランジェント発現系による過敏感反応と発熱反応の誘導

　前述したように,ToMVを接種した*N*遺伝子タバコ葉ではHRに伴う発熱反応が観察される.通常,ToMVによりタバコ葉に形成される局部壊死斑の直

径は約0.5〜2.0 mm 程度である（図1A）．また，筆者らが着目している発熱反応は，局部壊死斑が視覚的に観察される以前の反応であるため，壊死斑形成前の一見何の変化もないタバコ葉でToMVが感染した組織を特定することは非常に困難であった．カーボランダム（炭素粉末）を散布した葉にToMV溶液を綿棒などにより擦りつけ，葉の表面に傷をつけながらウイルスを感染させる機械的接種法では，どの部位にウイルスが感染したかは病斑が出現した後でなければわからない．そこで，病斑が出現する以前の発熱反応を解析する目的で，筆者らは，アグロバクテリウムを用いたトランジェントなタンパク質発現システムを利用した（図3，4）．詳細は後述するが，この方法は，ToMVゲノムがコードするエリシタータンパク質を発現するアグロバクテリウムをタバコの葉裏からインフィルトレーションすることで，N 遺伝子タバコ葉において人為的にHRを誘導する方法である[23-26]．つまり，この方法ではウイルスを用いないで，N 遺伝子によるHRをタバコ葉の特定の組織において特定の時間に誘導することができる．

　植物の抵抗性反応は，植物細胞に侵入したウイルス因子を植物の抵抗性遺伝子産物が認識することで開始される（図1B）．この場合，植物側の抵抗性遺伝子産物を受容体（レセプター），レセプターと相互作用するウイルス因子をエリシターと呼ぶ（図1B）．N 遺伝子とToMVの組み合わせでは，ToMVの複製酵素のヘリカーゼ領域がエリシターとなることが明らかにされた（図1B）[24,27,28]．すなわち，感染細胞でToMVゲノムから翻訳された複製酵素（130Kならびに180Kタンパク質）中のヘリカーゼ領域とN 遺伝子産物が相互作用することで，HRを開始するスイッチが入ることになる[24,27,28]．筆者らは，N 遺伝子タバコ葉で，ToMVのヘリカーゼ領域を発現させることで，ToMVが感染した時と同様にHRを誘導できると考えた．そこで，ToMVのヘリカーゼ領域のcDNA断片をバイナリーベクターに組み込み（図3），このバイナリーベクターを持つアグロバクテリウムを作出した．このアグロバクテリウムをタバコ葉の葉脈（クラスIとクラスIIの葉脈）に囲まれた領域に針無しのシリンジを用いて葉裏からインフィルトレーションするとHRが誘導されることが明らかになった（図4）．

　タバコの葉は葉位ごとにウイルスに対する感受性が異なり，異なる葉位の葉や別個体の葉の間で反応を比較することは難しい．一般に，植物の葉は中央にある主脈（中肋）をはさんで左右の半葉はそれぞれ生理学的に同一であるので，

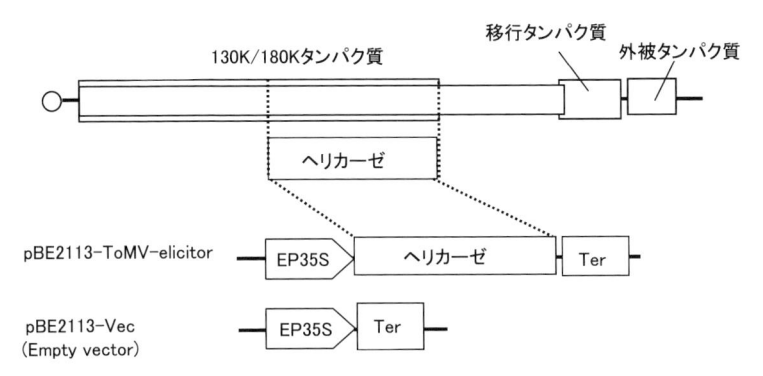

図3 ToMVのヘリカーゼ領域を発現するバイナリーベクターの構築．ToMVゲノムがコードする複製酵素（130Kならびに180Kタンパク質）遺伝子のcDNA配列をバイナリーベクターに組み込みpBE2113-ToMV-elicitorを構築した．pBE2113-Vecは対照区として用いるエンプティーベクターである．

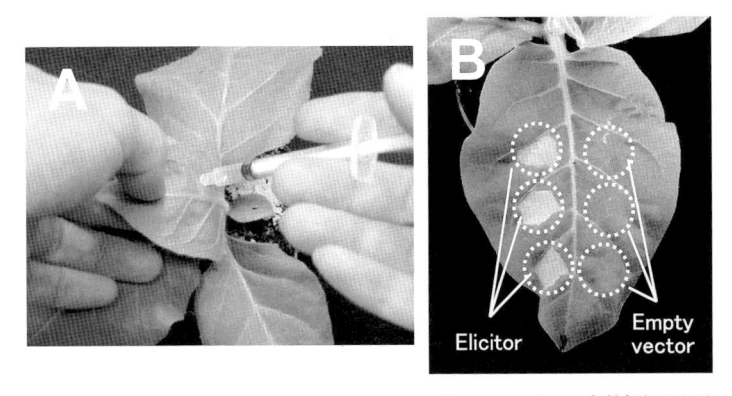

図4 アグロバクテリウムインフィルトレーション．A：アグロバクテリウムを針無しのシリンジ（注射器）でタバコ葉裏の葉脈に囲まれた領域から細胞間隙に注入した．B：ToMVのエリシター（ヘリカーゼ領域）を発現するアグロバクテリウムをインフィルトレーションしたN遺伝子タバコの左半葉（3カ所）では過敏感反応（HR）による壊死斑が形成される．右半葉には対照区としてエンプティーベクターを含むアグロバクテリウムをインフィルトレーションした．

供試するアグロバクテリウムを半葉に，残りの半葉には対照区となるものをそれぞれインフィルトレーションし，左右の半葉における反応を比較する「半葉法」で解析を行うこととした．

前述したように，HRにおける発熱は非常に微弱な温度変化で，植物葉表面の微弱な発熱現象の測定は周囲の空気の揺らぎによっても影響される．そこで，葉の表面の発熱（温度上昇）を測定するための装置は高感度赤外線サーモグラフィーカメラ：サーマルビデオシステム TVS-8500（日本アビオニクス）を用

いた．測定は空気の流れを起こすことなく設定温度に対して±0.5℃の誤差の範囲で室温を維持できる恒温恒湿室で行った．得られた画像は直接コンピューターに取り込み温度変化を解析した．

4．過敏感反応と発熱

アグロバクテリウムのインフィルトレーション法により，ToMVのヘリカーゼ領域をN遺伝子タバコ（品種：Xanthi nc）の葉で発現させた場合に，ウイルスが感染した時と同様のHRが誘導され，壊死斑が形成される（図5）．この実験系を用いてHRを誘導した場合の発熱反応を赤外線サーモグラフィーで詳細に解析した．N遺伝子タバコ葉でToMVヘリカーゼ領域を発現させると，インフィルトレーションしてから25～27時間後（25~27 hours post infiltration：hpif）に葉の表面温度上昇（発熱反応）が観察された（図6）．この発熱反応

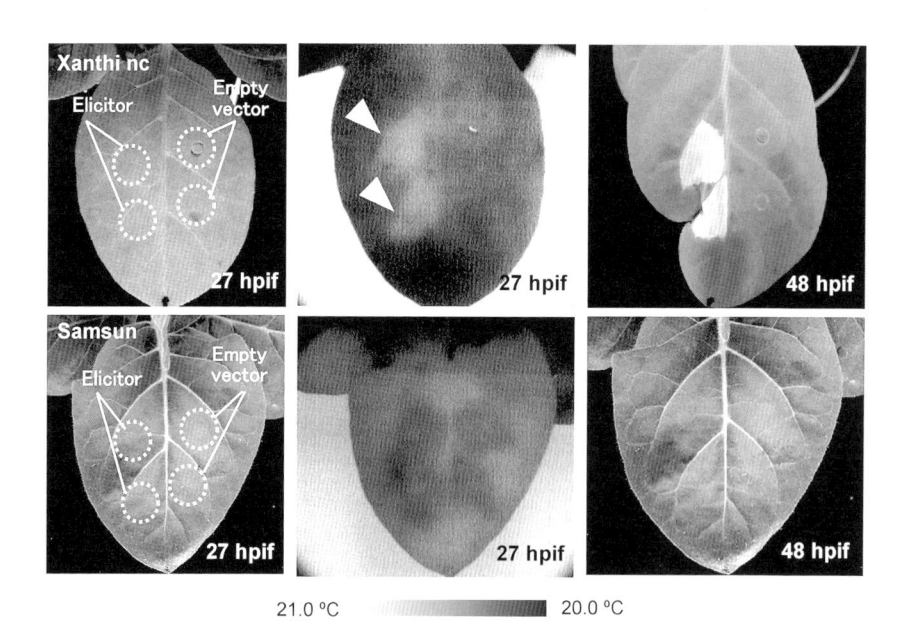

図5 ToMVエリシター（ヘリカーゼ領域）を発現するアグロバクテリウムをインフィルトレーションしたタバコ葉における過敏感反応の誘導と発熱．上段パネル：N遺伝子を保有するタバコ葉にToMVエリシターを発現するアグロバクテリウムをインフィルトレーションすると25～27時間後（hpif）にインフィルトレーションした組織において発熱反応（白矢印）が観察され，その後に壊死斑が形成される．下段パネル：N遺伝子を保有しないタバコ葉に同様にToMVエリシターを発現させても発熱反応ならびに壊死斑は誘導されない．中央の図は赤外線サーモグラフィー画像．

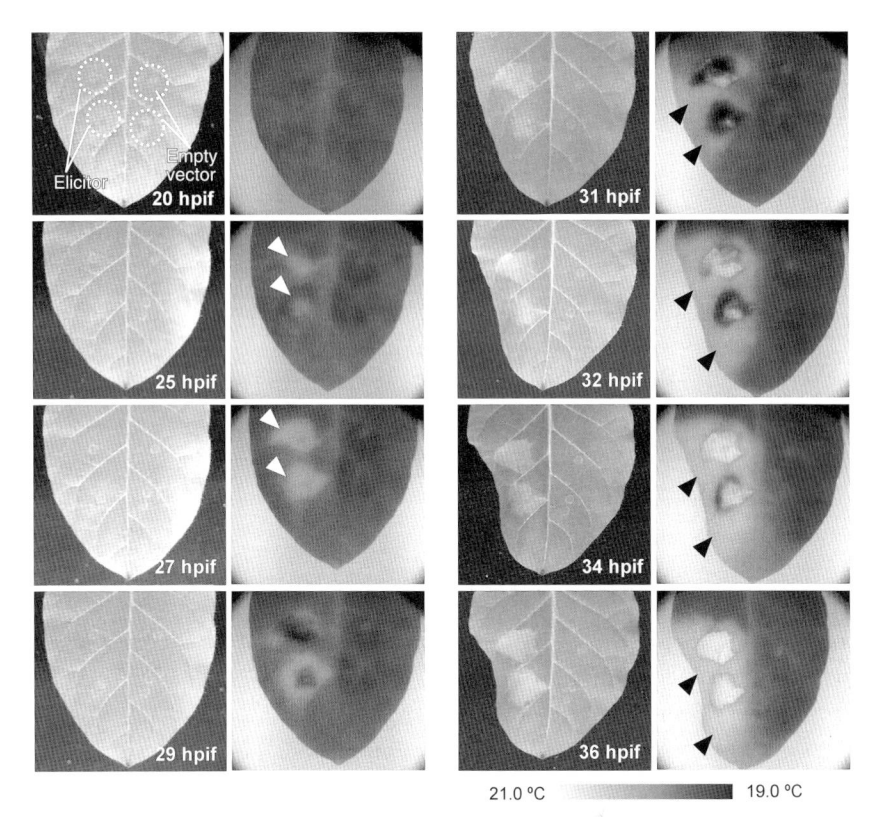

図6 ToMVエリシター（ヘリカーゼ領域）を発現させたN遺伝子タバコ葉における壊死斑形成前ならびに形成後に誘導される発熱反応．タバコ葉の左半葉（2カ所）にはToMVのヘリカーゼ領域を発現するアグロバクテリウムを，右半葉（2カ所）には対照区としてベクターのみを発現するアグロバクテリウムをそれぞれインフィルトレーションした．図はインフィルトレーションしたタバコ葉を赤外線サーモグラフィーで経時的に観察したものであり，左図が視覚的なタバコ葉の変化，右図が赤外線サーモグラフィー画像．壊死斑形成前発熱（白矢印），壊死斑形成後発熱（黒矢印）．

の開始は壊死斑が形成される6～7時間前で，壊死斑形成は31～32 hpifからであった（図6）．N遺伝子を持たないタバコ（品種：Samsun）葉で同様の実験を行ったところ，発熱反応や壊死斑形成は誘導されなかったことから，HRに伴う発熱反応はN遺伝子タバコにおいて特異的に誘導されるものと考えられた（図5）[22]．

HRに伴う発熱反応パターンをより詳細に解析するために，ToMVヘリカーゼ領域を発現させたタバコ葉表面を経時的に赤外線カメラで観察した．その結果，24 hpifまでは表面温度の変化は認められず（図6，20 hpif），むしろこの

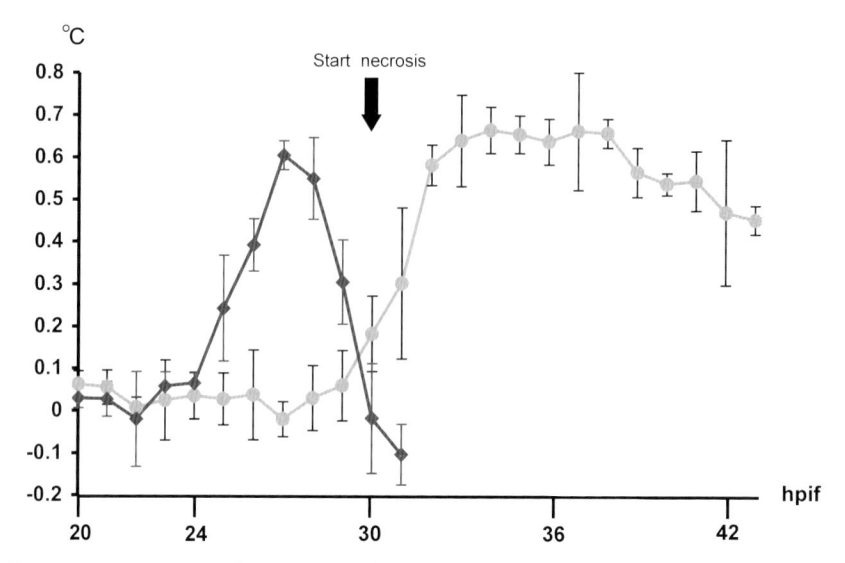

図7 ToMVのエリシター（ヘリカーゼ領域）をインフィルトレーション（発現）した N 遺伝子タバコ葉での発熱反応の経時的変化．◆：エリシター発現領域における温度変化．●：エリシター発現部位の周辺領域における温度変化．グラフ縦軸は相対的な温度変化を示す．横軸（hpif）はインフィルトレーションを行った時点からの時間経過を示す．

時間内では，アグロバクテリウムのインフィルトレーション領域は，周辺に比べ低い温度帯として検出される傾向があった．25 hpif になるとインフィルトレーション領域の一部で発熱が観察されはじめ（図6，25 hpif），時間が経過するに伴ってインフィルトレーションした領域全体で発熱が認められた（図6，27 hpif）．この時点では葉に細胞死など視覚的に判断できる変化は観察されなかった（図6，27 hpif）．29 hpif になると発熱反応は終息し，急速に表面温度が低下した（図6，29 hpif）．その直後の31 hpif から細胞死（壊死斑形成）が視覚的に観察された（図6，31 hpif）．34 hpif になると壊死斑が形成された領域は乾燥が進むために，赤外線サーモグラフィーを通した画像では，あたかも発熱しているように観察されるが，これは生物学的な発熱現象ではない（図6，34 hpif）．31 hpif からは，これまで温度変化のなかった壊死斑周辺領域で葉の表面温度の上昇が観察されはじめた（図6，31 hpif）．この周辺領域の発熱は32～34 hpif になるとインフィルトレーションした半葉の隅々にまで拡大した（図6，32 hpif，34 hpif）．また，壊死斑の近接領域では周辺と比較して温度が低い領域が出現した（図6，36 hpif）．

以上のように，HRに伴う発熱反応には，壊死斑形成前に誘導される発熱反応（Presymptomatic temperature increase：PreTI）と壊死斑形成後に誘導される発熱反応（Postsymptomatic temperature increase：PostTI）の2つが連続して起こることが，筆者らの研究ではじめて明らかになった[29]．壊死斑形成前に誘導される発熱反応はエリシター発現組織に限定され，その温度上昇は相対値で約0.6℃であった（図7）．一方，壊死斑形成後に誘導される発熱反応は壊死斑周辺組織で起こり，その温度上昇は相対値で0.5〜0.8℃に達した（図7）．この壊死斑周辺組織における発熱反応は少なくとも46 hpifまで観察された．ChaerleらがTMV接種タバコ葉で報告した発熱は局部壊死斑形成前の発熱反応である[18]．

5．発熱組織での抵抗性関連遺伝の発現

　ToMVのヘリカーゼ領域を発現させたN遺伝子タバコ葉で，壊死斑形成前に誘導されるPreTIならびに壊死斑形成後に誘導されるPostTIの組織における抵抗性関連遺伝子の発現レベルを調べる目的で，PreTI組織（Zone1），壊死斑近接組織（壊死斑周辺で低い温度帯として観察される組織）（Zone2）ならびにPostTI組織（Zone3）でのシアン耐性呼吸酵素（alternative oxidase 1：AOX1）遺伝子，感染特異的タンパク質（pathogenesis-related：PR）-1遺伝子とPR-3遺伝子，そしてヒートショックタンパク質90（heat shock protein 90：HSP90）遺伝子のmRNA発現レベルをRT-PCRにより調べた（図8）[30]．その結果，Zone1ではAOX1のmRNAの発現レベルが増加していた（図8A）[30]．Zone2ではPR-1とPR-3のmRNAの発現レベルが増加していたが，Zone3ではどの遺伝子の増加も認められなかった（図8B）[30]．

6．N遺伝子抵抗性を打破するTMV-Obヘリカーゼ領域の発現による発熱

　TMV-Obは，N遺伝子タバコの接種葉で局部壊死斑を形成することなく植物体全身に感染することができる[27,28]．TMV-ObがN遺伝子タバコでも全身感染することができるのは，Obの複製酵素のヘリカーゼ領域がN遺伝子産物と相互作用しないために，HRを開始するスイッチが入らないことによると考えられている．そこで筆者らは，局部壊死斑形成と発熱反応誘導の関係を調べるために，Obのヘリカーゼ領域を発現するアグロバクテリウムをN遺伝子タ

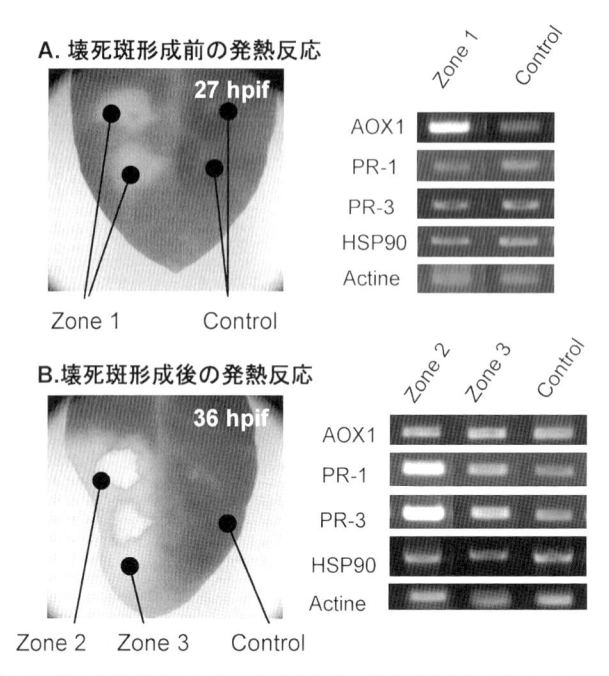

図8 過敏感反応に伴う発熱反応における遺伝子発現．壊死斑形成前（A）ならびに壊死斑形成後（B）の組織，Zone1（ToMVヘリカーゼ発現領域），Zone2（壊死斑近接組織），Zone3（Zone2の外側の組織）における抵抗性関連遺伝子の発現レベルのRT-PCRによる解析．AOX1（alternative oxidase 1），PR-1,-3（pathogenesis-related -1, -3），HSP90（heat shock protein 90）．

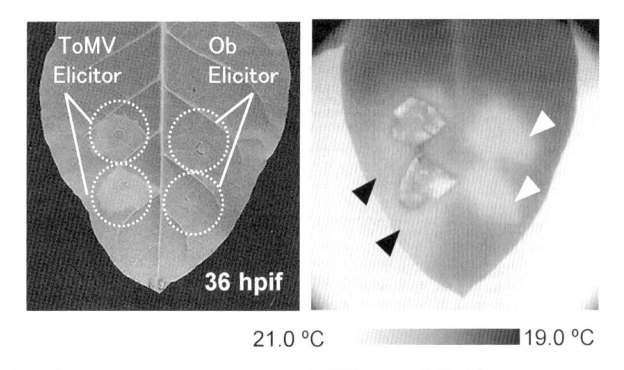

図9 ToMVならびにTMV-Obのエリシターにより誘導される発熱反応．ToMVエリシターを発現した左半葉では36hpifに壊死斑周辺組織に発熱反応が誘導される（黒矢印）．一方，右半葉のObエリシターを発現した組織では発熱反応（壊死斑形成前の発熱に相当）が遅れて誘導（白矢印）されるが壊死斑は形成されない．

バコ葉にインフィルトレーションし，赤外線サーモグラフィーで葉の表面温度の変化を調べた．その結果，32～35 hpifからインフィルトレーションした領域で表面温度の上昇が観察された（図9）．この領域ではその後壊死斑形成は観察されなかった（図9）．Obヘリカーゼ領域により誘導された発熱反応はインフィルトレーション領域に限定されており，ToMVのヘリカーゼ領域を発現させた時に誘導されたPreTIの発熱反応に相当するものと考えられた．また，PostTIに相当する発熱は認められなかった．N遺伝子を持たないタバコ葉で同様の実験を行ったとき，発熱は誘導されなかったことから，Obヘリカーゼ領域の発現による発熱反応はN遺伝子タバコにおいて特異的に誘導されるものであった．これらの結果は，N遺伝子タバコ葉で観察されたPreTIには必ずしも壊死斑の形成が伴うものではないことを示しており，加えて，壊死斑形成後に周辺組織で生じるPostTIは壊死斑形成されたときのみ誘導されることが示唆された．

ところで，TMV-Obより得られている変異体には，N遺伝子タバコの接種葉で局部壊死斑を形成し，かつ全身感染できる変異体（TMV-ObYW）が報告されている[28,31]．つまり，ObYWのヘリカーゼ領域のHR誘導能力はToMVとTMV-Obの中間の性質を持つと考えられる．このObYWのヘリカーゼ領域をN遺伝子タバコ葉で発現させると，31～33 hpifにインフィルトレーション組織でPreTIが観察され，その後に壊死斑の形成ならびに壊死斑周辺組織でのPostTIが観察された．このように，ObYWヘリカーゼ領域を発現させたときのHRはToMVのヘリカーゼ領域を発現したときに比べて6～8時間遅延した．このことは，N遺伝子によるウイルスの封じ込めは，発熱反応を含む一連のHRが迅速に誘導される必要があることを示唆している．

7．ウイルス感染に伴う発熱反応とは？

本研究では，HRが進行する過程において，壊死斑形成以前に誘導されるPreTIと壊死斑形成後に誘導されるPostTIの2つの発熱反応が起こることを初めて明らかにした．しかし，「発熱反応は何を意味しているのか？」ということの解答は得られていない．筆者らの解析の中で，壊死斑形成前にエリシターを発現させた部位で特異的にみられるPreTI組織ではAOXの発現レベルが増加していた（図8）．このAOXは発熱植物であるザゼンソウの発熱因子の1つであることが示唆されている（第1章参照）．また，N遺伝子のHRによ

る局部壊死斑の形成に関与している可能性が報告されている[32]．これらのことは，発熱植物における発熱とウイルス抵抗性の発熱は同じ機構による可能性を期待させる．また，N 遺伝子による HR は壊死斑内部とその近接領域に TMV を封じ込めるだけではなく，壊死斑から離れた周辺組織においてウイルスの再感染に対する抵抗性［局部獲得抵抗性（Localized acquired resistance：LAR）］を誘導することが報告されている[33]．筆者らの研究で明らかになった壊死斑形成後の PostTI は，LAR 自体または LAR のシグナルの拡大を想像させるような現象であり非常に興味深い．

8．おわりに

　筆者らは植物ウイルス感染に伴う発熱反応というこれまでまったく注目されていなかった現象について研究を進めてきた．その中で，発熱反応は本書にあるザゼンソウのような特別な発熱植物だけのものではなく，ウイルス感染の結果，タバコでも起こることが明らかになった．すなわち，植物は様々な場面で様々な刺激に反応して発熱しているのかもしれない．また，ウイルス感染に伴う発熱現象を捉えることは，感染を早期に知る新たな手段となりうるのではないかと考えている．つまり，この研究の1つの応用として，圃場などで多くの農作物の中からウイルスなどの病原体に感染した個体を迅速かつ簡易に検出する方法として農業分野への応用も考えられる．今後，解析機器の性能が向上すれば，より詳細な解析が可能になると考えられる．そして，ウイルス感染に伴う発熱の意義も含めた植物の発熱研究の進展を期待したい．

引用文献

1) Van Regenmortel, M. H. V. & Meshi T. 1995. Genus *Tobamovirus. In* Virus Taxonomy (Murphy, F. A. *et al.,* eds.), *Springer-Verlag,* New York, pp. 434-437.
2) Ishikawa, M., Meshi, T. *et al.* 1986. In vitro mutagenesis of the putative replicase genes of tobacco mosaic virus. *Nucl. Acids Res.,* 14: 8291-8305.
3) Meshi, T., Watanabe, Y. *et al.* 1987. Function of the 30kd protein of tobacco mosaic virus: involvement in cell-to-cell movement and dispensability for replication. *EMBO Journal,* 6: 2557-2563.
4) Wolf, S., Doem. C. M. *et al.* 1989. Movement protein of tobacco mosaic virus modifies plasmodesmatal size exclusion limit. *Science,* 246: 377-379.
5) Takamatsu, N., Ishikawa, M. *et al.* 1987. Expression of bacterial chloramphenicol acetyltransferase gene in tobacco plants mediated by TMV-RNA. *EMBO Journal,* 6:

307-311.
6) Phelham, J. 1966. Resistance in tomato to tobacco mosaic virus. *Euphytica,* 15: 258-267.
7) Fraser, R. S. S. & Loughlin, S. A. R. 1980. Resistance to tobacco mosaic virus in tomato: Effect of the *Tm-1* gene on virus multiplication. *Journal of General Virology,* 48: 87-96.
8) Motoyoshi, F. & Oshima, N. 1977. Expression of genetically controlled resistance to tobacco mosaic virus infection in isolated tomato leaf mesophyll protoplasts. *Journal of General Virology,* 34: 499-506.
9) Ishibashi, K., Masuda, K. *et al.* 2007. An inhibitor of viral RNA replication is encoded by a plant resistance gene. *Proceedings of the National Academy of Sciences of the United States of America,* 104: 13833-13838.
10) Cirulli, M. & Alexander, L. J. 1969. Influence of temperature and strain of tobacco mosaic virus on resistance of tomato breeding line derived from *Lycopersicon peruvianum. Phytopathology,* 59: 1287-1297.
11) Pilowski, M., Frankel, R. *et al.* 1981. Studies of the variable reaction of high temperature of F1 hybrid tomato plants resistant to tobacco mosaic virus. *Phytopathology,* 71: 319-323.
12) Motoyoshi, F. & Oshima, N. 1975. Infection with tobacco mosaic virus of leaf mesophyll protoplasts from susceptible and resistant lines of tomato. *Journal of General Virology,* 34: 499-506.
13) Lanfermeijer, F. C., Dijkhuis, J. *et al.* 2003. Cloning and Characterization of the durable tomato mosaic virus resistance gene $Tm\text{-}2^2$ from *Lycopersicon esculentum. Plant Molecular Biology,* 52: 1037-1049.
14) Lanfermeijer, F. C., Warmink, J. *et al.* 2005. The products of the broken *Tm-2* and the durable $Tm\text{-}2^2$ resistance genes from tomato differ in four amino acids. *Journal of Experimental Botany,* 59: 2925-2933.
15) Whitham, S., Dinesh-Kumar, S. P. *et al.* 1994. The product of the tobacco mosaic virus resistance gene *N*: similarity to toll and the interleukin-1 receptor. *Cell,* 78: 1101-1115.
16) Holmes, F. O. 1934. Inheritance of ability to localize tobacco mosaic virus. *Phytopathology,* 24: 845-973.
17) Hatsugai, N., Kuroyanagi, M. *et al.* 2004. A plant vacuolar protease, VPE, mediates virus-induced hypersensitive cell death. *Science,* 305: 855-858.
18) Chaerle, L., Van Caeneghem, W. *et al.* 1999. Presymptomatic visualization of plant-virus interactions by thermography. *Nature Biotechnology,* 17: 813-816.
19) Chaerle, L., Hagenbeek, D. *et al.* 2004. Thermal and chlorophyll-fluorescence imaging distinguish plant-pathogen interactions at an early stage. *Plant & Cell Physiology,* 45: 887-896.
20) Van Der Straeten, D., Chaerle, L. *et al.* 1995. Salicylic acid enhances the activity of the alternative pathway of respiration in tobacco leaves and induces thermogenicity.

Planta, 196: 412-419.
21) Chaerle, L., vande Van, M. *et al.* 2002. Visualisation of early stress responses in plant leaves. *Proceedings of SPIE,* 4710: 417-423.
22) 高橋　翼・磯貝雅道・他. 2008. *N*遺伝子による過敏感反応に伴う発熱反応. 日本植物病理学会報, 74: 49（講要）.
23) Abbink, T. E. M., Tjernberg, P. A. *et al.* 1998. Tobacco mosaic virus helicase domain induces necrosis in Ngene-carrying tobacco in the absence of virus replication. *Molecular Plant-Microbe Interactions,* 11: 1242-1246.
24) Erickson, F. L., Holzberg, S. *et al.* 1999. The helicase domain of the TMV replicase proteins induces the N-mediated defence response in tobacco. *The Plant journal,* 18: 67-75.
25) Gao J.-S., Sasaki, N. *et al.* 2007. The TIR-NBS but not LRR domains of two novel N-like proteins are functionally competent to induce the elicitor p50-dependent hypersensitive response. *Physiological and Molecular Plant Pathology,* 71: 78-87.
26) Takabatake, R., Ando, Y. *et al.* 2007. MAP kinases function downstream of HSP90 and upstream of mitochomdria in TMV resistance gene *N*-mediated hypersensitive cell death. *Plant & Cell Physiology,* 48: 498-510.
27) Padgett, H. S. & Beachy, R.N. 1993. Analysis of a tobacco mosaic virus strain capable of overcome *N*-mediated resistance. *The Plant Cell,* 15: 577-586.
28) Padgett, H. S. Watanabe, Y. *et al.* 1997. Identification if the TMV replicase sequence that activates the N gene-mediated hypersensitive response. *Molecular Plant-Microbe Interactions,* 10: 709-715.
29) 高橋　翼・磯貝雅道・他. 2008. N因子タバコにおける過敏感反応と発熱. 日本植物病理学会報, 74: 245（講要）.
30) 高橋　翼・磯貝雅道・他. 2008. N遺伝子タバコの過敏感反応に伴う発熱における遺伝子発現. 日本植物病理学会東北支部会（講要）.
31) Ikeda, R., Watanabe, E. *et al.* 1993. Nucleotide sequence of tobamovirus Ob which can spread systemically in N gene tobacco. *Journal of General Virology,* 74: 1939-1944.
32) Chivasa, S. & Carr, J. P. 1998. Cyanide restores N gene-mediated resistance to tobacco mosaic virus in transgeneic tobacco expressing salicylic acid hydroxylase. *The Plant Cell,* 10: 1489-1498.
33) Ross, A. F. 1961. Local required resistance to plant virus infection in hypersensitive hosts. *Virology,* 14: 329-339.

第13章

昆虫の休眠越冬の分子機構

楊　平・石黒慎一・鈴木幸一

　食餌となる植物や樹木が繁茂し，しかも気温が発育にとって当然保証されているにもかかわらず，昆虫たちは1年の内長い期間に渡って眠り続ける．この休眠という生理現象は，やがて到来する厳しい生存環境を乗り切るための前提条件として，昆虫生命体が具備しているものである．わが国が原産で高価な野蚕生糸を生み出すヤママユ（通称天蚕）は，9月に食樹であるクヌギやコナラの小枝に産卵し，卵内で幼虫の体が形成されるやいなや孵化することがなく，そのまま翌春まで休眠している．牧草地の大雑草であるエゾノギシギシを食するコガタルリハムシは，6月に新成虫が羽化すると1週間後には摂食を停止し，土中（約10 cmの深さ）で次の年の4月まで10カ月間摂食も生殖もないまま休止し続ける．このように，昆虫の休眠するステージが異なれば，その休眠越冬を調節する分子機構も大きく違ってくる．しかし，分子レベル制御が異なっても，共通の基盤は発育を停止し低エネルギー状態で生命体が厳しい環境条件を乗り越えて眠り続けることである．ここでは，独自に展開してきた昆虫の休眠越冬に関連するタンパク質・遺伝子を取り上げ，休眠越冬の分子機構を解説する．

1．ヤママユ休眠における長期低温受容と覚醒の機構

　休眠する昆虫は，眠り続けた後に，発育や生殖に向かって覚醒しなければならない．この休眠の覚醒のため，長期間の低温（2〜5℃）を刺激として利用している．休眠中の昆虫は，眠りながらにしてその低温を受容し，ホルモンなどの体内情報に変換，伝達することで覚醒へのプログラムを遂行している．つまり，低温という発育にとって好ましくない環境刺激を逆に利用している．ところが，休眠昆虫がどのように低温シグナルを受容・伝達するかはまったく明らかにされていない．

　Grayらは，マイマイガ *Lymantria dispar* の休眠をモデルに，統計学的な処理を用いて昆虫の休眠と温度の関係について提案した[1]．すなわち，高温で活性化される抑制反応と，この抑制要因の低温依存的な除去という2つの想像上の反応制御系によるものである．しかし，これまで休眠関連のタンパク質や遺伝子についていくつかの報告がある．カイコ *Bombyx mori* の胚子休眠では，低

温処理によりソルビトール脱水素酵素（SDH）[2]や，*Samui*遺伝子[3]が誘導されることが明らかになっている．前者では，基質であるソルビトールが休眠中に卵内に蓄積しているので，長期低温で活性化されるSDHによって律速的に減少する．後者の*Samui*は，BAG-domainを持ち，Hsp70と結合することから，BAG-protein familyの一員で細胞内の情報伝達系，特に低温情報の伝達に関わる可能性がある．

一方，シリアニクバエの一種*Sarcophaga crassipalpis*では蛹休眠に入ると同時に*Hsp70*および*Hsp23*の転写が増大し，休眠覚醒と同時に両者の転写産物量は急激に減少する[4]．最近，休眠蛹で特異的に発現する*Hsp70*，*Hsp23*遺伝子の発現をRNAi法でノックダウンしたところ，休眠特性が変化しなかったものの，低温・高温耐性を失ったことが明らかになった[5]．

日本原産のヤママユ*Antheraea yamamai*は，クヌギやコナラなどの葉を食べる．ヤママユの幼虫はカイコに比べて大きく体重で約2倍に成長し，体色は緑色で，その繭糸は優美な淡緑色を呈し，超高級の生糸として珍重されており，繊維のダイヤモンドともよばれる．日本では，江戸時代天明年間（1780年代）以前から野外で飼われていた．このヤママユ卵は秋に産下された後10日で幼虫体が完成し，そのまま翌春まで休眠越冬する．この休眠は内因性で，カイコ同様外見上卵休眠するが，卵内ではほぼ完全に幼虫体が形成されており，この状態で休眠に入ることから前幼虫体休眠（潜幼虫休眠ともいう）の一種である．

このヤママユ越冬休眠は60〜90日間の長期低温処理により覚醒するほか，イミダゾール化合物であるKK-42（図1A）も休眠覚醒効果を発揮する[6]．多くの休眠越冬する生物の共通現象として，長期の低温接触（2〜3カ月）により覚醒するという点があり，KK-42によるヤママユ前幼虫体の休眠覚醒は，長期の低温処理の現象を短縮した反応系（4〜5日で休眠覚醒が完了）として利用できる（図1B）．ヤママユでは，KK-42による休眠覚醒法で実際年2世代飼育が行われており[7]，しかも理論的には4世代飼育も可能である．また，北米地帯の森林大害虫であるマイマイガにも応用できることから[8]，この人工休眠覚醒法には普遍化が期待できる．このように，2〜5℃，90日間の低温が誘起する一連の生化学反応は，KK-42による生化学的応答と同じである．そこで，KK-42をツールとしながら，ヤママユにおける休眠の維持と覚醒の分子機構を解析することで，温度と生命の独特の関連性を理解することが可能になる．

著者らのグループは，図1に示したようなイミダゾール化合物KK-42のアフ

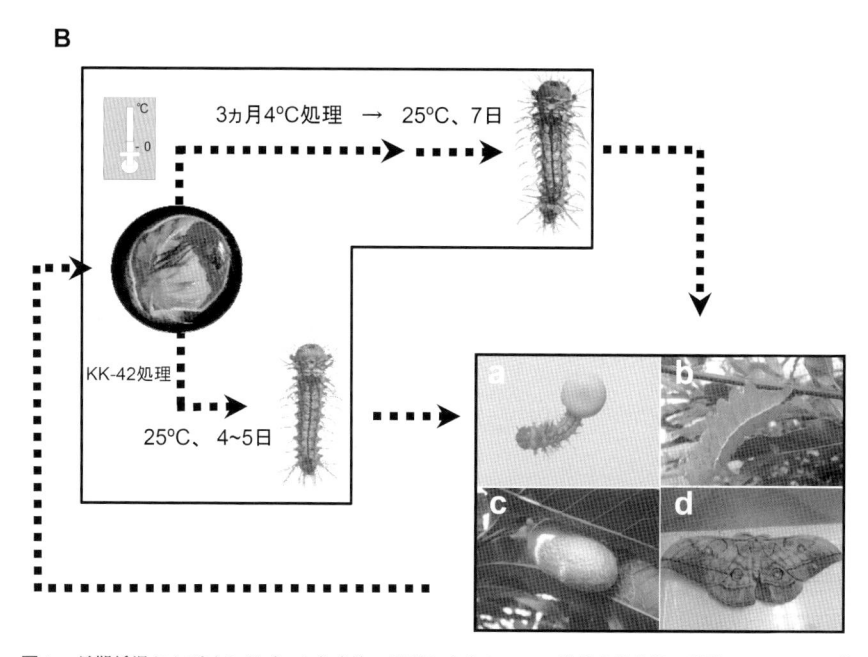

図 1 長期低温およびイミダゾール化合物の処理によるヤママユ前幼虫体休眠の覚醒. A:100%の休眠覚醒率をもたらすイミダゾール化合物 KK-42 の構造. B:長期低温およびイミダゾール化合物による休眠覚醒の処理方法(左図). これらの処理で休眠覚醒した後のライフサイクル(右図). 休眠覚醒した孵化幼虫(a)は幼虫期(b)を経て, 繭(c)の中の蛹で夏眠し, 羽化した成虫(d)が交尾産卵後まもなく卵内で前幼虫体は休眠越冬.

ィニティ樹脂を合成し(図2A), 休眠中のヤママユ前幼虫体から調製した可溶性画分から, KK-42の標的となるタンパク質の同定を試みた. そして, 45 kDa KK-42結合タンパク質(45 kDa KK-42BP)を単離した[9]. このタンパク質の抗体を作製し, 免疫組織化学により休眠中の消化管内の卵黄細胞にポジティブ反応を観察した. 卵黄細胞は, 休眠を開始する時点(産卵約10日前後)で前幼虫体によって飲み込まれており, 休眠中はこの状態が維持されるが, 休眠

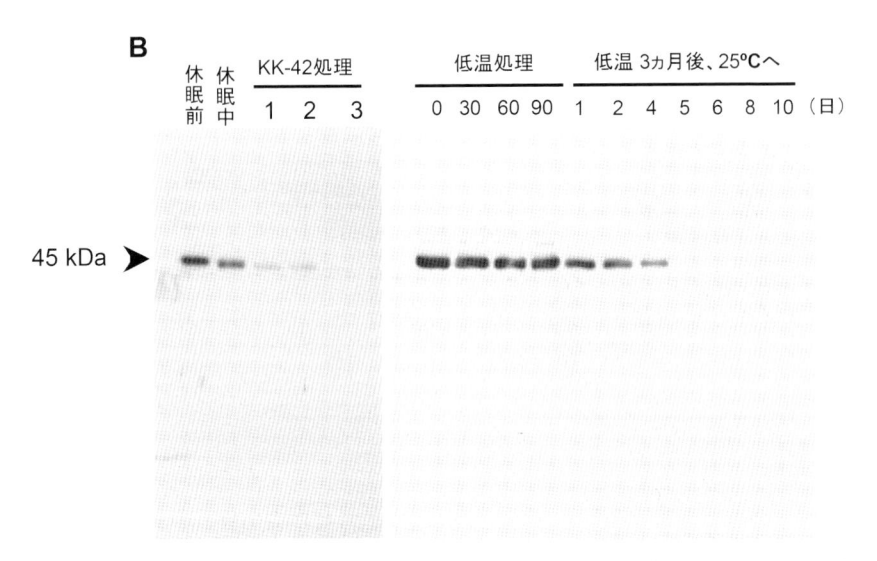

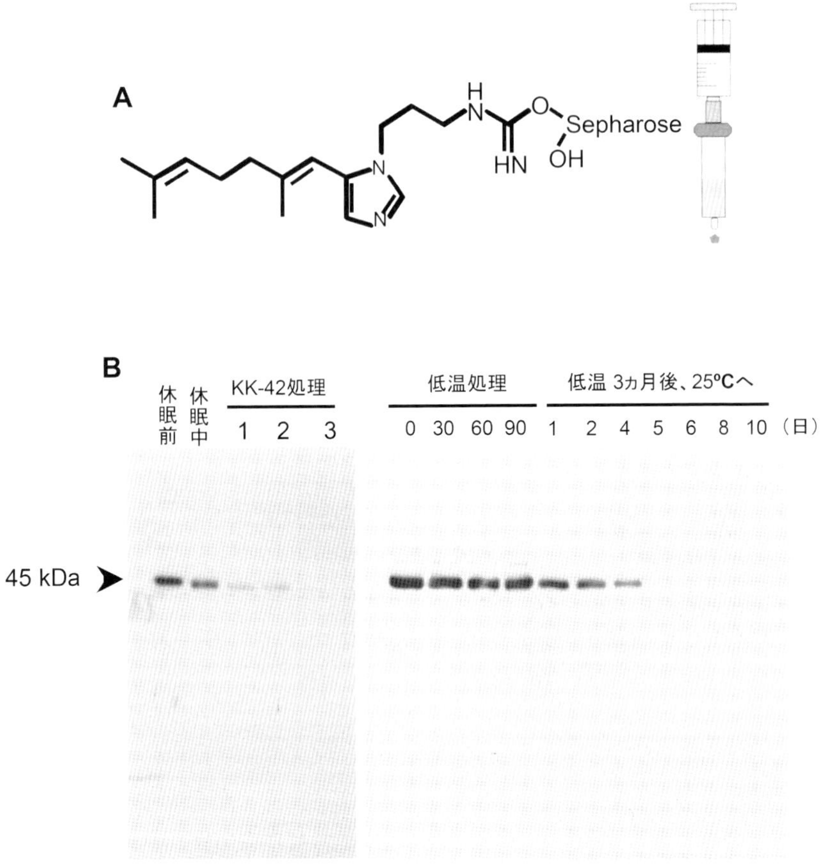

図2 ヤママユ休眠前幼虫体からのイミダゾール化合物結合タンパク質の同定（Shimizu *et al.*, 2002を改変）．A：アフィニティークロマトグラフィーに使用したKK-42誘導体カップリング合成樹脂の構造．B：45 kDa KK-42結合タンパク質におけるKK-42または長期低温処理の影響．

覚醒すると消化管機能が活発になり分解消化される．KK-42の覚醒機構としては，機能停止している消化管に作用すると推論される．そこで，KK-42処理および長期低温処理が45 kDa KK-42BPにおよぼす影響について，ウェスタンブロット分析を用いて調査した．すると，タンパク質は休眠前より存在し，どちらの処理においても休眠覚醒に先だって早い時期に消失することを確認した（図2B）．このタンパク質は昆虫における人工休眠覚醒の関連タンパク質として初めての報告であり，cDNAの塩基配列と推定アミノ酸配列も決定している．KK-42結合タンパク質は，カイコの卵特異的タンパク質（egg-specific protein：

ESP）とは46％の相同性を示した．ESP は，卵形成や胚発生に重要な機能を持つとして注目されている[10]．ESP 以外にも KK-42結合タンパク質は，昆虫や哺乳類のリパーゼと40％前後の相同性を示し，セリン残基を活性中心とする脂質結合のアミノ酸配列（GXSXG）を保存している．また，リパーゼはグリセロールエステルを加水分解して脂肪酸を遊離する酵素として，多くの生物種に普遍的に存在している．このような分子が卵黄タンパク質として休眠前幼虫体の腸内に局在していることに，どのような意味があるのか興味深い．

　45 kDa KK-42BP が in vitro でイミダゾール化合物に結合能力を有するかについて，BIACORE システムを用いて検討した．BIACORE は表面プラズモン共鳴（surface plasmon resonance：SPR）という光学現象を利用して，生体分子間の相互作用をリアルタイムにモニターする装置である．従来法と異なり，分子を標識することなく少量の試料を用いて短時間で相互作用の測定ができる特徴を持っている．著者らは KK-42にアミノ基を付加（独・農業生物資源研究所塩月孝博博士の合成）させ，リガンドとしてセンサーチップ CM5にアミンカップリングを行った．さらに，硫安沈殿，ゲルろ過，そしてイオン交換カラムを用いて，休眠中の前幼虫体から天然型 KK-42BPs を精製した．天然型 KK-42BPs を用いて，KK-42との結合性について BIACORE システムで解析した．その結果，様々な濃度で得られたデータからフィッティングモデルにより解離定数（K_D）値を算出すると，$2.4×10^{-6}$ M であった（未発表）．この K_D は，分子間相互作用を有する値である．

　KK-42BP は，親世代の卵黄形成期において一過的に遺伝子発現し合成されている．そこで，親世代の雌蛹に KK-42BP 遺伝子の特異的 dsRNA を連続3日間注射し，子世代の前幼虫体におけるタンパク質発現量をウェスタンブロット分析で解析した．一般にチョウ目では遺伝子ノックダウンで良い結果が得られないが，KK-42BP の発現量が半分まで減少した個体を確認した．また，遺伝子ノックダウンした前幼虫体に KK-42および長期低温処理（4 ℃，90日間）したところ，どちらの実験区も休眠覚醒率が著しく低下した（未発表）．このように休眠中の前幼虫体は，外部からの生化学的または物理的な刺激に対して KK-42結合タンパク質を介しながら，それを休眠覚醒情報へと変換していると考えられる．特定のタンパク質が休眠覚醒制御に関与するはじめての例である．

　一方，休眠期で特異的に発現する遺伝子を探索することは，ヤママユの休眠の全体像を理解するうえで大きな手がかりが得られる．そこで，休眠前幼虫体

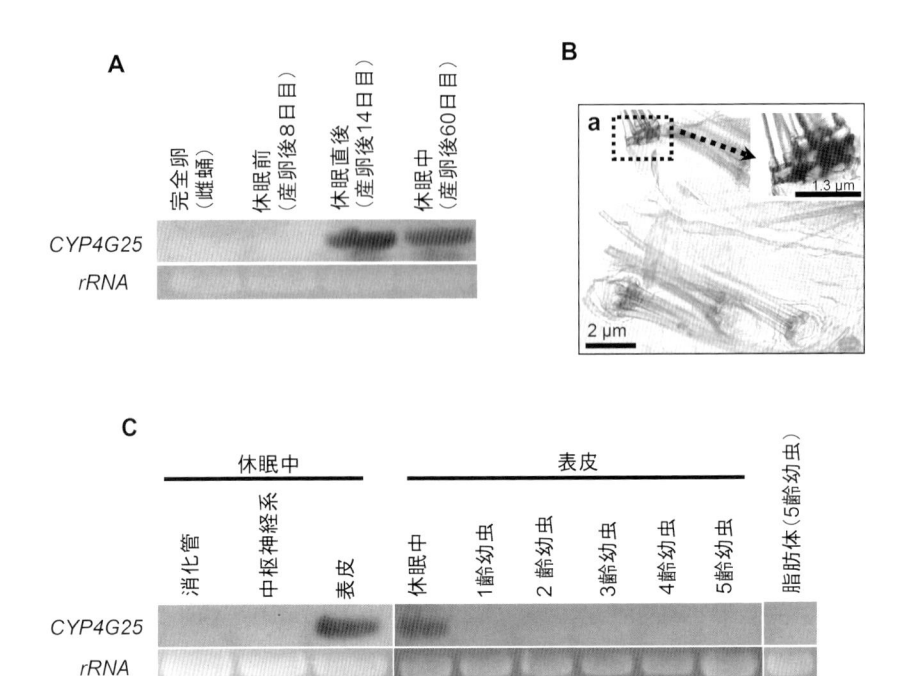

図3 ヤママユ休眠前幼虫体からのP450遺伝子（*CYP4G25*）の同定と発現様式（Yang *et al.*, 2008を改変）．A：休眠前後のステージにおける*CYP4G25*の発現様式．B：*in situ* hybridizationによる*CYP4G25*の組織局在性の観察結果．表皮の剛毛窩にシグナルが認められる．C, Northern blotによる各発育ステージの発現様式と組織局在性．

とKK-42で処理した48時間後の前幼虫体からmRNAを単離し，cDNAサブトラクティブ・ハイブリダイゼーション（subtractive hybridization）法により網羅的に解析したところ，cytochrome P450，RACK1，elongation factorなど重要な遺伝子を同定した．特にP450遺伝子は休眠期において大量発現していることから，完全長cDNAを決定した[11]．推測アミノ酸配列（CYP4G25）を検索したところ，ヨトウガのCYP4G20と高い相同性を示し，C末端にCysを含むヘム鉄結合領域が保存されていることが明らかになった．遺伝子発現のパターンから，卵巣および休眠直前（産卵後8日）ではシグナルは認められず，休眠期（産卵後14日）に入ってから強く発現することを確認した（図3A）．また，ノーザンブロット分析と*in situ* hybridization解析から，表皮の剛毛窩にのみ存在し，幼虫発育期（1〜5齢）では発現していないことがわかった（図3B，C）．数多くのイミダゾール化合物は，P450の活性中心であるヘム鉄に配位す

ることでP450を阻害している[12]．ディプロプテラゴキブリ *Diploptera punctata* では，幼若ホルモン（juvenile hormone：JH）の生合成の最終段階の酵素として P450が作用し，JH量の調節に重要な役割をはたしている[13]．現時点で，CYP4G25の活性中心にKK-42が配位して，休眠覚醒にいたる経路の最初の反応分子であるという確証はない．組換えCYP4G25によるKK-42との結合性の検討とRNAi法による遺伝子ノックダウンが，重要な手がかりになると考えられる．

2．ヤママユ越冬における耐寒の機構

ヤママユは秋口に卵内で完全な前幼虫体を形成し，翌春まで約8カ月休眠越冬を行う．休眠越冬期は異なるフェーズからなり，休眠相→耐寒相→発育相へと進む．昆虫によって，休眠相と耐寒相がオーバーラップするケース，休眠相を終結して耐寒相へと移行するケースがある．休眠中のヤママユ前幼虫体とKK-42で覚醒させた前幼虫体を−15℃に3時間保存し，その後室温に戻し24時間後の生存虫を調べたところ，休眠中の前幼虫体がほぼ100％生存しているのに対して，覚醒前幼虫体の生存率は15％以下であった．休眠前幼虫体を−15℃に24時間保存してもすべての個体が生存している．すなわち，休眠前幼虫体には，厳しい寒さから身を守る耐寒システムが存在することを意味する．以上のことから，休眠相と耐寒相がオーバーラップするヤママユの休眠前幼虫体の低温耐性のメカニズムに着目した．

ヤママユのような非耐凍型昆虫では，過冷却点を低下する方法として，グリセリンや糖などの凍結防御物質の蓄積，氷核物質の排除，不凍タンパク質や熱ショックタンパク質の合成が知られている．ヤママユ休眠前幼虫体で大量発現する遺伝子として，熱ショックタンパク質（heat shock protein：Hsp）とよばれる *hsp70*, *hsp90* 遺伝子を同定した．熱ショックタンパク質は多くの生物において高低温刺激や紫外線，物理的ストレッサーなどで誘導され，分子シャペロンとして働く．

両遺伝子の詳細な発現パターンを検討したところ，*hsp70*, *hsp90* ともに雌蛹の卵巣でシグナルが強くその後低下し，*hsp70* は休眠開始直後にシグナルが増加しKK-42または長期低温による休眠覚醒処理によって消失する．*hsp90* の発現は休眠覚醒処理によって僅かに減少しその後再び増加し，休眠覚醒時で急激に減少することが確認された（図4A）．ヤママユの休眠前幼虫体を−15℃

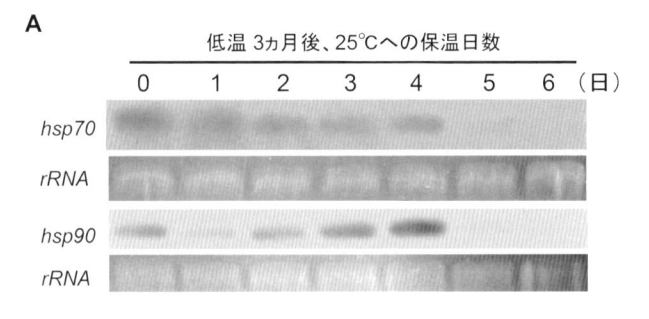

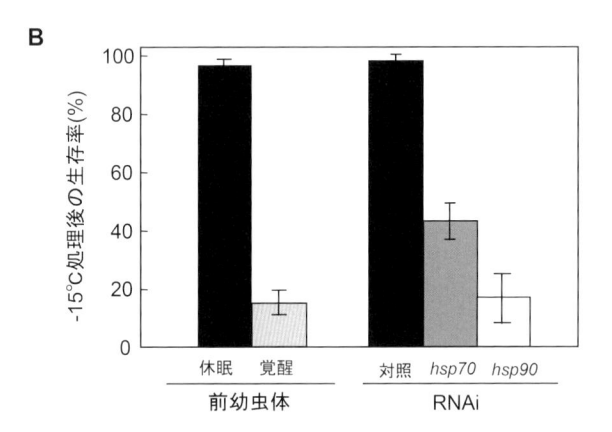

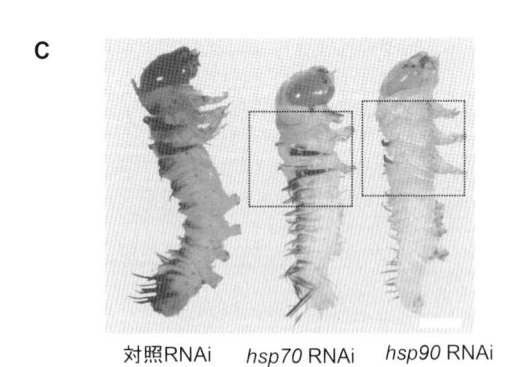

図4 ヤママユ休眠前幼虫体の耐寒性と熱ショックタンパク質の役割．A：長期低温処理後の休眠覚醒に伴う *hsp70* と *hsp90* の発現変動．B：ヤママユ休眠前幼虫体の低温耐性と *hsp70* と *hsp90* のノックダウン前幼虫体における低温耐性．C：低温処理したノックダウン前幼虫の顕微鏡写真．スケールバーは 1 mm．

に 1, 2, 3, 4, 5 時間暴露し，それぞれの Total RNA を抽出して RT-PCR 法で *hsp70*, *hsp90* の発現を解析したところ，どちらも発現量の変動がみられなかった．つまり，*hsp70*, *hsp90* の発現は，低温ストレスで誘導されるものではなく，休眠時にすでに備わっている．休眠過程を構成するこのような *hsp70*, *hsp90* 遺伝子発現は，ヤママユにおいて本当に低温耐性に関与しているだろうか．

　RNAi 法を用いてこれらの遺伝子をノックダウンし，低温耐性との関係について検討した．RT-PCR の結果から，休眠前幼虫体にそれぞれの dsRNA を注射後 2 日までに *hsp70*, *hsp90* の発現を効率良く抑えることができた．しかし，注射後 3 日から *hsp70* の発現がもとのレベルに回復する傾向がみられた．そこで，遺伝子発現を確実に抑制できる dsRNA 注射後 1 日に，ノックダウンした前幼虫体を $-15°C$ に 3 時間暴露しその生存率を調べた．その結果，コントロールでは生存率が 100% に対して *hsp70* のノックダウン前幼虫体では約 43% まで低下した．また，*hsp90* のノックダウン前幼虫体では 17% に生存率が著しく減少した（図 4 B）．これらの死亡個体の外部形態を観察したところ，胸部が膨張し消化管に低温障害が起きたと推測できる（図 4 C，未発表）．ニカメイガ越冬幼虫では，低温でもっとも障害を受ける組織は中腸であると報告されている[14]．

　以上のように，2 種類の熱ショックタンパク質の遺伝子発現がクヌギなどの小枝で休眠越冬するヤママユ前幼虫体の低温耐性に不可欠であることがわかってきた．しかし，これらの熱ショックタンパク質と結合して適切に折りたたまれる前幼虫体内のクライアントタンパク質は何なのか，そして，耐寒の分子応答反応が休眠覚醒のシグナル伝達系にも関与するのか，今後の研究展開が待たれる．

3．コガタルリハムシ休眠における高温耐性

　コガタルリハムシ *Gastrophysa atrocyanea* は 6 月上旬に成虫が羽化すると，雑草のエゾノギシギシ *Rumex obtusifolius* を 1 週間ほど食べ地上で活動した後，交尾も産卵もすることなく土中に潜り（地下約 6〜10 cm），そのまま翌春まで眠り続けている．4 月中旬になると，越冬した成虫が地上に現れ，雑草を食べてはじめて交尾産卵する．このように，1 年の内 10 カ月も成虫ステージで眠り続けるタイプは，遺伝的に確定した休眠であり，その長い休眠越冬期間中に

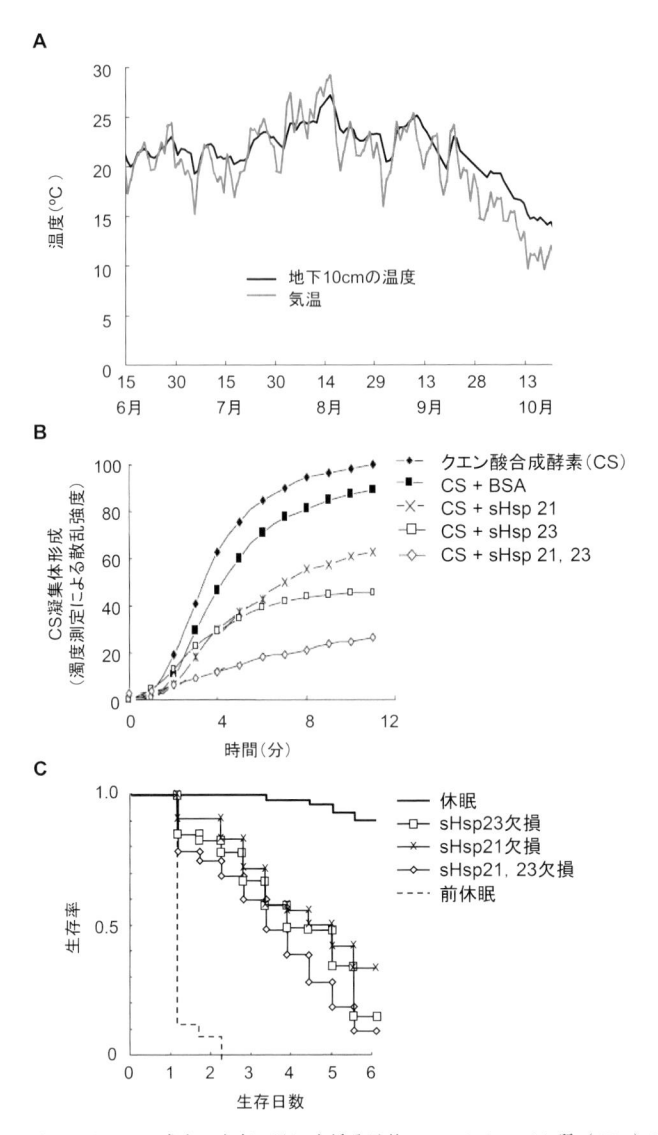

図5 コガタルリハムシ成虫の生存に及ぼす低分子熱ショックタンパク質（sHsp）21と23の効果（Atungulu et al., 2006を改変）．A：コガタルリハムシの生息温度．2007年の野外気温から算出した地下10 cmの温度（黒）と，盛岡地方気象台観測データによる2007年の気温（グレー）．B：クエン酸合成酵素の熱変性におよぼすsHspsの効果．50℃条件下におけるクエン酸合成酵素の凝集を散乱強度から測定し，大腸菌による組換え体sHsp21とsHsp23のシャペロン効果を調べた．C：遺伝子ノックダウンと熱ショック処理によるKaplan-Meier生存曲線．羽化後14日の休眠成虫にsHsp21と23のノックダウンを行い，1週間後に毎日50℃ 12分間の熱ショックを与え生存曲線を調べた．

は夏季の高温と冬季の寒冷に耐える生存システムを有しており，環境変動に適応した見事な生活史戦略を展開している．

コガタルリハムシの生息環境における地上の気温と地下10 cmの土中温度を調査すると，4月下旬から9月下旬までの両方の温度はほぼ一致し（図5A），土中のコガタルリハムシ成虫は休眠中に夏場の高温にさらされる．コガタルリハムシ成虫の休眠期に出現する低分子熱ショックタンパク質（small heat shock proteins：sHsps）を同定できたことから，この時期の高温耐性に対し重要な機能を発揮していると考えた[15]．同定したsHsp21とsHsp23のシャペロン機能を in vitro 実験で調べるために，大腸菌を使って遺伝子組換え体sHsp21とsHsp23を生産した．シャペロンの基質となるタンパク質にはクエン酸合成酵素を用い，50℃の熱変性と塩酸グアニジンによる化学変性を誘導した．その結果，コガタルリハムシのsHsp21とsHsp23はクエン酸合成酵素を熱変性・化学変性から防いでいた（図5B）．sHsp21とsHsp23を等量加えると，それぞれを単独で加えるよりシャペロン機能が上昇した．次に，in vivo 実験として，それぞれの遺伝子を単独にノックダウンした個体と，同時に2つの遺伝子をノックダウンした個体を作り出し，これらの個体に毎日50℃，12分間の熱ショックを与えて生存曲線を調べた．無処理区では羽化直後の休眠に入る前の成虫（前休眠期）は熱ショックで直ちに死亡するものの，休眠に入った成虫では死亡する個体がほとんどみられなかった（図5C）．しかし，休眠成虫においても shsp21 や shsp23 をノックダウンすると生存数は急速に減少し，shsp21 と shsp23 を同時にノックダウンした場合には，その生存率の低下は著しかった．このように，コガタルリハムシの高温耐性はsHsp21とsHsp23の二重のシャペロン効果で支えられている．

2つのsHspの遺伝子発現は休眠中でも夏場に限られており，10月には発現していない．外部刺激による誘導型とは異なり，発生過程で遺伝子発現し，合成される構成型のsHspタンパク質は他の生物種でも認められており，昆虫休眠においても，前述のヤママユと同じように，クライアントタンパク質の同定が重要になる．低温耐性のヤママユでは hsp70 と hsp90 の遺伝子発現で，高温耐性のコガタルリハムシでは sHsp21 と sHsp23 の遺伝子発現により，温度に対する適応機構を進化させたことになる．

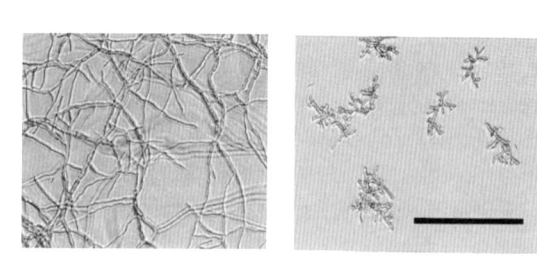

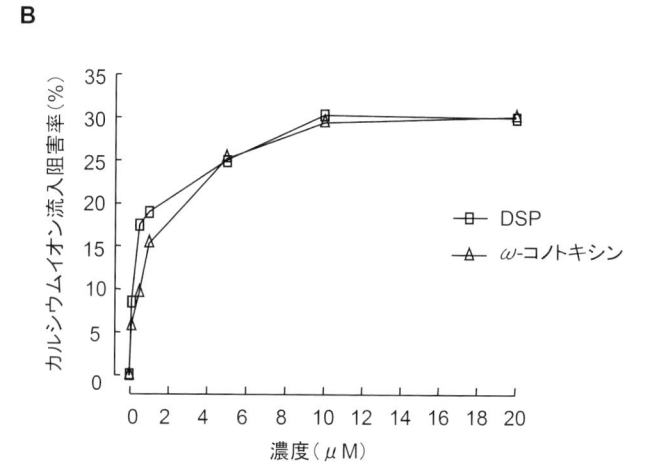

図6 コガタルリハムシ休眠期特異的ペプチド（DSP）の生理活性．A（Sato et al., 2002を改変）：植物病害カビ（*Fusarium solani*）に対する菌糸の生長阻害．カイコバキュロウィルス組換え体DSPを添加した培地と無添加の培地（対照区）．スケールバーは0.25 mm．B（Tanaka et al., 2003を改変）：N型電位依存性のカルシウムチャネルに及ぼすDSPの影響をポジティブコントロールとしてω-コノトキシンを使用して調べた．

4．コガタルリハムシ休眠における抗微生物戦略

　コガタルリハムシの10ヵ月に及ぶ長い休眠越冬の間では，土中環境の温度変動を受け微生物感染の脅威にさらされている．

　成虫の休眠期にのみ特異的に出現し，前休眠期・後休眠期で消失する低分子タンパク質は，システイン6個を含み41アミノ酸残基からなる4 kDaの新規の休眠特異的ペプチド（Diapause-specific peptide：DSP）である[16]．昆虫寄生糸状菌の黒きょう病菌やコナサナギタケ *Paecilomyces farinosus* に対して活性は

ないが[17]，植物病害糸状菌（*Fusarium solani* など）の菌糸の生長を阻害した（図6A）[18]．DSP には抗バクテリア活性は認められないが，10ヵ月にも及ぶ土壌生活において，意外にも植物病害カビに対して生長阻害を示したことから，休眠中に植物病害カビに攻撃されてしまう危険性があるのかもしれない．それを回避するために，生体防御物質として DSP を生産しているのではないかと考えられる．

一方，システインの配置がイモガイの生産する毒成分 ω-コノトキシンと類似している．ω-コノトキシンは N 型依存性カルシウムチャネルブロッカーとして神経遮断剤に利用されている．DSP についても *in vitro* 実験で，N 型依存性カルシウムチャネルブロッカーとしての機能を調べたところ，ω-コノトキシンと同程度のカルシウム流入阻害が確認できた（図6B）[17]．コガタルリハムシは DSP を生産することで自身の神経を遮断し，摂食行動をやめ休眠に入っているのではないかと考えられる．そこで，*in vivo* 実験における DSP の役割を知るため，RNAi による遺伝子ノックダウンを行い，DSP を生産しないコガタルリハムシを作出した．しかし，ノックダウン個体は本来の休眠個体と同じように羽化後1週間で潜土し，呼吸量も無処理の休眠個体と同レベルであり，DSP は休眠行動を直接制御するペプチドではない[18]．

DSP のように休眠期で特異的に出現し抗菌活性を有するペプチドは，DSP 以外では同定されておらず，システインの配置を除いて相同性の高いタンパク質の存在も知られていない．DSP は新規の機能性物質で，立体構造も明らかになっており[19]，長期生命維持機構の解明ならびに昆虫由来の生物薬剤の開発が期待できる．

5．コガタルリハムシの摂食行動を支えるタンパク質

休眠に関連したタンパク質は多くの昆虫で同定されているが，これらのタンパク質が休眠行動の制御機構に結びついているかどうかはいまだに不明であり，休眠との関わりさえ不確かである．コガタルリハムシは羽化後1週間ほどで休眠に入るが，最初の兆候として摂食量が減少し，次に潜土行動を示して土中へと移り，やがて呼吸量も減少しほとんど動かない休眠状態に達する．休眠越冬後の行動はこれとは逆に，呼吸量が増加し土中から地上へと移動し，摂食を再開し生殖を営む．それでは，個体レベルの摂食行動と連動するように，活動期にのみ合成され，休眠期に消失する休眠関連ペプチドやタンパク質は存在す

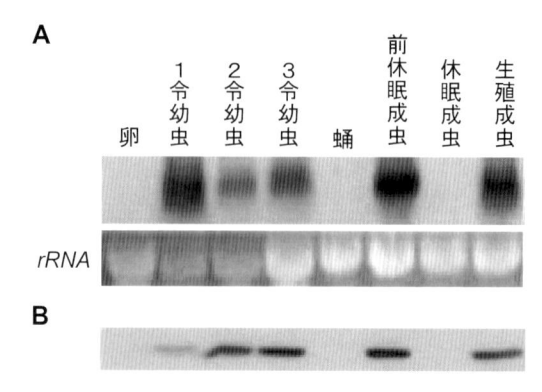

図7 コガタルリハムシ活動期特異的タンパク質（APAP I）の発現（Fujita et al., 2006を改変）．A：各発育ステージにおける遺伝子発現（ノーザンブロット分析）．B：各発育ステージにおけるタンパク質発現（ウエスタンブロット分析）．前休眠成虫，羽化後12時間以内の成虫；休眠成虫，羽化後20日の成虫；生殖成虫，休眠覚醒後7日の成虫．

るのだろうか．

　DSPと同様に前休眠期，休眠期，後休眠期のタンパク質を比較検討したところ，休眠開始時に消失し覚醒時に出現する2つのタンパク質を発見した[20]．このタンパク質は，その全ヌクレオチド配列から，細菌やカビのセルラーゼが属するGlycosyl hydrolase family 48（Family GH48）の活性ドメインと相同性がある新規のタンパク質である．タンパク質は活動期のみに出現することから活動期特異的タンパク質 I, II（Active phase-associated proteins：APAP I, II）と命名した．Family GH48に属するタンパク質は基質ドメインと活性ドメインからなるが，APAPは活性ドメインのみのシングルドメイン構造であり，セルラーゼ活性を測定したところ，endo-β-1, 4-glucanase，total cellulase，cellobiohydrolaseなどのセルラーゼ活性は認められない．次にGHファミリーの上位の分類であるクラン（clan）に着目し，コンピューター解析により，キチナーゼ酵素との類似性が見出されたため，コロイダルキチンを基質としてキチナーゼ活性を測定した．その結果，APAP Iはセラチア菌 Serratia marcescens 由来の酵素の半分ほどではあるがキチナーゼ活性を有していることがわかった．Family GH48に属するタンパク質がキチナーゼ活性を示した初めての知見である．一般的に，キチナーゼ活性は脱皮期における旧外皮の真皮細胞層からの離脱（apolysis）の開始とともに上昇し，脱皮が終わると速やかに消失する[21]．また，体液，消化管，絹糸腺のキチナーゼも同様の変動をする．しかしコガタ

図8 コガタルリハムシ活動期特異的タンパク質（APAP I）が摂食行動と潜土行動におよぼす効果（Fujita *et al.*, 2006を改変）．A：コントロール区で摂食と卵巣発育が盛んなメス成虫（左図）と *apap I* ノックダウンでタンパク質を生産しないで潜土したメス．B：コントロール区と *apap* ノックダウン区の潜土観察．

ルリハムシの場合，各脱皮が終了し摂食活動中に新規のキチナーゼ活性が存在するということは，昆虫の摂食行動において新しい生理的理解が必要となる．

コガタルリハムシの全ステージを通じて *apap I* 遺伝子およびタンパク質の発現パターンをみたところ，幼虫ステージと成虫の前休眠期および後休眠期にシグナルが現れ，摂食活動している時期のみに特異的であった（図7A, B）．*apap I* が摂食時期に発現し休眠誘導とともに消失することから，RNAi法で摂食行動を停止し，休眠様行動を誘起できないかと考えた．休眠期の成虫にあらかじめ *apap I* のdsRNAとコントロールに *lacZ* のdsRNAを注射し，その後休眠覚醒処理を行い，行動を観察した．メス成虫には幼若ホルモンを処理すると休眠から覚め卵巣発育が誘導されるため[22]，注射した成虫にも同様に幼若ホルモン類似体（JHA：ピリプロキシフェン）を処理した．

その結果，休眠覚醒処理後にコントロールの成虫ではAPAP Iの合成が始まったものの，dsRNAを注射した成虫では遺伝子ノックダウンが成功しAPAP Iの合成は起こらなかった．ノックダウン操作は休眠覚醒後の生存にほとんど影響を与えなかったが，成虫の行動で注目すべき効果が認められた．コントロールの成虫は地上に出現して摂食を開始し，外部から確認できるほどメス成虫の卵巣は発達した（図8A）．しかし，ノックダウン成虫では休眠覚醒処理直後，地上で摂食行動を示すものもみられたが，地上の個体はその後激減し，ほとん

どが潜土状態となり，休眠成虫と同じような行動を示した（図8B）．

このように，コガタルリハムシの休眠覚醒は長期低温やJHAの塗布により誘導できることから，長期低温感受→幼若ホルモンの分泌→APAPの合成→摂食行動を制御する経路が介在すると考えられる．今後，APAPの遺伝子転写制御を含めた上流域を解析することで，昆虫の休眠覚醒に関わる長期低温受容メカニズムが明らかになるかもしれない．

6．地球温暖化のモデル生物としてのコガタルリハムシ

コガタルリハムシは牧草地の侵入雑草であるエゾノギシギシに対する寄主特異性が強く，翅が退化し飛べないため行動範囲がきわめて狭い．また，エゾノギシギシの周囲にのみ生息し，潜土するときもエゾノギシギシ直下である．そのために，生息環境に対する適応性が強く種内分化を起こしやすいと考えられる．したがって，同一地域の標高差により発生する生息環境の異なる休眠特性を比較することで，適応を分子レベルで理解することができるかもしれない．

岩手県の盛岡市（海抜126 m）と早坂高原（海抜912 m）の2地域から，コガタルリハムシを採取した．エゾノギシギシは盛岡市内では河川敷や空き地などによく繁茂し，早坂高原では牧草地に生え，コガタルリハムシが生息している．2地点間では気温や地温変化の傾向は変わらないものの，調査した期間全体において早坂高原の温度は盛岡市に比べ約5℃ほど低く（図9A），早坂高原のコガタルリハムシは盛岡市内に比べ夏は涼しく冬はより寒い環境にさらされる．この異なる環境に生息するコガタルリハムシ成虫の休眠特性を同一条件下で調査するために，休眠成虫を25℃ 14L（明）-8D（暗）条件で30日間保存し，その後，15℃ 14L-8D 条件で60日間，さらに5℃ 14L-8D 条件（休眠覚醒条件）に移し60日間保存した．このような一連の処置により休眠は覚醒し，成虫が出土してくるのでその出土状況を解析した．

結果的に，盛岡個体群は1週間にわたり徐々に出土するのに対し，早坂個体群は2日目でほとんどの個体が出土し，休眠覚醒条件（低温）に対する感受性が強く休眠から早く覚める傾向を示した（図9B）．すなわち，コガタルリハムシの休眠特性に地理的変異が生じている．盛岡個体群は環境に適応し，冬の到来を前にして不時発育をおこさないように休眠期間を長くしているが，冬の到来が早く夏場は冷涼な気候に生息している早坂個体群においては，休眠期間が短くてすむ．このような休眠期間（または，休眠深度ともいわれる）と地理

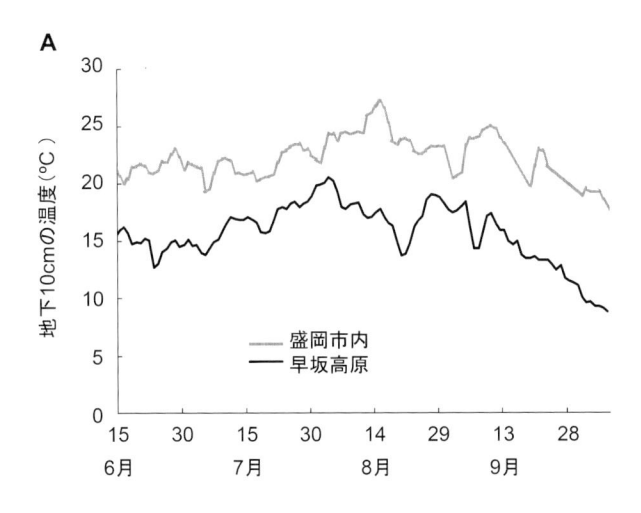

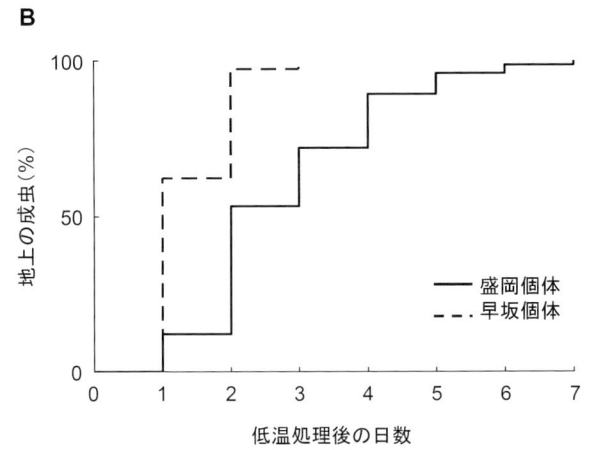

図9 コガタルリハムシ成虫の生息環境と休眠深度．A：2007年に早坂高原で測定した地下10 cmの温度（黒）と，2007年の盛岡市内の野外気温から算出した地下10 cmの温度（グレー）．B：2個体群の休眠成虫を25℃ 14L-8D 条件で30日間保存し，その後，15℃ 14L-8D 条件で60日間，さらに5℃ 14L-8D 条件に移し60日間保存した後，出土率を調査した．出土率は長期低温順化後の成虫を25℃ 14L-8D 条件に移し，7日間の出土数から算出した．

的変異の関係は，ショウジョウバエ成虫休眠における地理的変異でも認められているが[23]，前述のように，有望な休眠関連ペプチド・タンパク質とそれらの遺伝子が同定されているコガタルリハムシのような昆虫は見当たらない．

2007年のIPCC報告によると，22世紀までに日本の温度は2.0〜3.5℃上昇すると予測されている[24]．地球温暖化が現状のまま進んだときに，盛岡市内の気

候はさらに暑くなり，早坂高原の気候は冷涼な気候から現在の盛岡市内に近い気候になると予測される．100年後には，早坂個体群は不時発育を起こし得る環境にさらされるため休眠期間が今よりも長くなり，盛岡個体群はより暑くなる環境に適応し不時発育を起こさないように休眠時間を長くするか，もしくは極端な温暖化が進んだ場合には，世代数が増加することも考えられる．コガタルリハムシ成虫の休眠研究を分子レベルから解析することで，地球温暖化に伴う昆虫の休眠適応モデル，そして地球温暖化に対する生命反応のモデル生物として，新しい生存の知恵を学ぶことができる．

謝辞　本研究の一部は，岩手大学21世紀COEプログラムと生物系産業創出のための異分野融合研究支援事業の研究助成の下で行われた．

引用文献

1) Gray, D. R., Ravlin, F. W. *et al.* 2001. Diapause in the gypsy moth: a model of inhibition and development. *Journal of Insect Physiology,* 47: 173-184.
2) Yaginuma, T., Kobayashi, M. *et al.* 1990. Distinct effects of different low temperatures on the induction of NAD-sorbitol dehydrogenase activity in diapause eggs of the silkworm, *Bombyx mori. Journal of Comparative Physiology,* 160: 277-285.
3) Moribe, Y., Niimi, T. *et al.* 2001. *Samui,* a novel cold-inducible gene, encoding a protein with a BAG domain similar to silencer of death domains (SODD/BAG-4), isolated from Bombyx diapause eggs. *European Journal of Biochemistry,* 268: 3432-3442.
4) Denlinger, D. L., Rinehart, J. P. *et al.* 2001. Stress proteins: a role in insect diapause? IN: Denlinger, D. L., Giebultowicz, J. & Saunders, D. S (eds.), Insect Timing: Circadian Rythmicity to Seasonality. pp. 155-172. Elsevier Science B. V.
5) Rinehart, J. P., Li, A. *et al.* 2007. Up-regulation of heat shock proteins is essential for cold survival during insect diapause. *Proceedings of the National Academy of Sciences of the United States of America,* 104: 11130-11137.
6) Suzuki, K., Minagawa, T., *et al.* 1990. Control mechanism of diapause of the pharate first-instar larvae of the silkmoth, *Antheraea yamamai. Journal of Insect Physiology,* 36: 855-860.
7) Fujisawa, T., Kumagai, T., *et al.* 1992. Improved method of artificial hatching using imidazole derivatives and effect of the injection of 20-hydroxyecdysone on diapause breakdown in pharate first-instar larvae in the wild silkmoth, *Antheraea yamamai. Journal of Sericultural Science of Japan,* 61: 207-214 (in Japanese with English summary).

8) Suzuki, K., Nakamura, T. *et al.* 1993. Termination of diapause in pharate first-instar larvae of the gypsy moth *Lymantria dispar* japonica by an imidazole derivative KK-42. *Journal of Insect Physiology,* 39: 107-110.
9) Shimizu, T., Shiotsuki, T. *et al.* 2002. Identification of an imidazole compound-binding protein from diapausing pharate first instar larvae of the wild silkmoth *Antheraea yamamai. Journal of Insect Biotechnology and Sericology,* 71: 35-42.
10) Sato, Y. & Yamashita, O. 1991. Synthesis and secretion of egg-specific protein from follicle cells of the silkworm, *Bombyx mori. Insect Biochemistry,* 21: 233-238.
11) Yang, P., Tanaka, H. *et al.* 2008. A novel cytochrome P450 gene (CYP4G25) of the silkmoth *Antheraea yamamai*: Cloning and expression pattern in pharate first instar larvae in relation to diapause. *Journal of Insect Physiology,* 54: 636-643.
12) Rogerson, T. D., Wilkinson, C. F. *et al.* 1977. Steric factors in the inhibitory interaction of imidazoles with microsomal enzymes. *Biochemical Pharmacology,* 26: 1039-1042.
13) Helvig, C., Koener, J. F. *et al.* 2004. CYP15A1, the cytochrome P450 that catalyzes epoxidation of methyl farnesoate to juvenile hormone III in cockroach corpora allata. *Proceedings of the National Academy of Sciences of the United States of America,* 101: 4024-4029.
14) Izumi, Y., Sonoda, S. *et al.* 2005. Identification of tissues showing the lowest tolerance to freezing in larvae of the rice stem borer, *Chilo suppressalis* Walker (Lepidoptera: Pyralidae). *Physiological Entomology,* 30: 324-331.
15) Atungulu, E., Tanaka, H. *et al.* 2006. A double chaperone function of the sHsp genes against heat-based environmental adversity in the soil-dwelling leaf beetles. *Journal of Insect Biotechnology and Sericology,* 75: 15-22.
16) Tanaka, H., Sudo, C. *et al.* 1998. A specific peptide during adult diapause of the leaf beetle, *Gastrophysa atrocyanea* Motschulsky (Coleoptera: Chrysomelidae). *Applied Entomology and Zoology,* 33: 535-543.
17) Tanaka, H., Sato, K. *et al.* 2003. Insect diapause-specific peptide from the leaf beetle has consensus with a putative iridovirus peptide. *Peptides,* 24: 1327-1333.
18) Sato, K., Tanaka, H. *et al.* 2002. Baculovirus-mediated production and antifungal activity of a diapause-specific peptide, diapausin, of the adult leaf beetle, *Gastrophysa atrocyanea* (Coleoptera: Chrysomelidae). *Journal of Insect Biotechnology and Sericology,* 71: 69-77.
19) Kouno, T., Mizuguchi, M. *et al.* 2007. The structure of a novel insect peptide explains its Ca^{2+} channel blocking and antifungal activities. *Biochemistry,* 46: 3733-13741.
20) Fujita, K., Shimomura, K. *et al.* 2006. A chitinase structurally related to the glycoside hydrolase family 48 is indispensable for the hormonally induced diapause termination in a beetle. *Biochemical and Biophysical Research Communications,* 345: 502-507.
21) Merzendorfer, H. & Zimoch, L. 2003. Chitin metabolism in insects: structure,

function and regulation of chitin synthases and chitinases. *The Journal of Experimental Biology,* 206: 4393-4412.
22) Ichimori, T., Suzuki, K. *et al.* 1987. Sexual difference in the termination of adult diapause of the leaf beetle, *Gastrophysa atrocyanea* Motschulsky (Coleoptera: Chrysomelidae). *Applied Entomology and Zoology,* 22: 107-109.
23) Schmidt, P. S., Matzkin, L. *et al.* 2005. Geographic variation in diapause incidence, life-history traits and climatic adaptation in *Drosophila melanogaster. Evolution,* 59: 1721-1732.
24) IPCC. 2007. Climate Change 2007: The Physical Science Basis. Contribution of Working Group I to the Fourth Assessment Report of the Intergovernmental Panel on Climate Change [Solomon, S., Qin, D. *et al.,* (eds.)]. Cambridge University Press. 996 pp.

第 V 部

温度応答のシステム生物学

第14章

線虫 C. エレガンスにおける温度情報と化学情報の統合

安達良太・新貝鉚蔵

　生物は生きていくうえでつねに周囲の環境変化にさらされている．中でも気温はつねに変化し続けるため，生物は温度を感知しこれまでの章で述べたように様々な応答を示すことで温度変化に対処する．線虫 C. エレガンスも温度はもちろんのこと化学物質や機械的な刺激などの外部刺激に対して応答し，行動を起こす．線虫は他の動物に比べると単純な神経系を有しており，全神経のネットワークも解明されているため，遺伝子の異常を行動に結びつけさらに神経回路に当てはめて議論することが容易である．近年では，刺激と餌の間に起こる連合学習や，複数の刺激を受容した際の統合などの高次行動に関する研究も多く，行動を神経回路から考えるシステム生物学の試みがなされている．この章では，線虫 C. エレガンスの温度感覚を主眼に置き，他の感覚受容や学習，統合などの行動について述べる．

1．線虫 C.エレガンスとは？

　線虫 C. エレガンス（*Caenorhabditis elegans*，以下線虫と記す）は，体長約1 mm の自活性土壌線虫である．その大きさにもかかわらず，筋肉，神経系，消化管などの動物としての基本的な体制を備えている．基本的に雌雄同体の形で存在するが，稀に雄が出現する（図1）．雌雄同体は959個，雄は1,031個の細胞からなり，発生の初期からの細胞系譜が明らかにされている．このような細胞数の少なさに加え，世代交代の短さ（4回の脱皮の後成虫となり，孵化から産卵開始までに約3日半）や変異体作出の容易さなどから，初期には遺伝学の材料として扱われてきた[1,2]．線虫ゲノムの解読は他の多細胞生物に先駆けて行われ，1998年に完了した[3]．その後2005年にすべてのギャップが埋められ[4]，約100 Mb のゲノム上に約20,000の ORF が存在することが知られている．近年ではこれらのゲノム情報に加え分子生物学的手法の発達が，線虫を高等哺乳類の有用なモデル動物たらしめている．2008年の化学賞を含め，3度，線虫を用いた研究者がノーベル賞を獲得したことからも線虫研究の重要性がうかがわれる[5,6]．

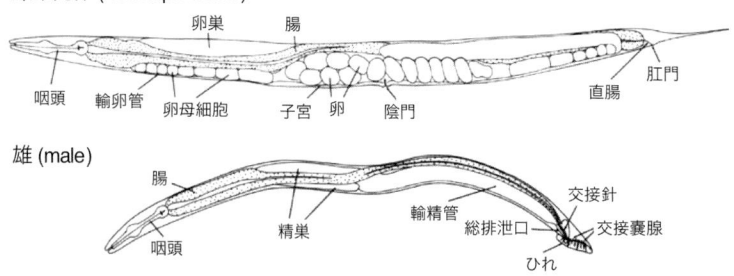

図1 線虫 C. elegans の雌雄同体（上）と雄（下）の模式図（C. ELEGANS II より改変）．主な組織を示す．

web 上には，これらゲノム配列や遺伝子，変異体などの情報（WormBase, http://www.wormbase.org/）や，教科書的な情報（WormBook, http://www.wormbook.org/）が詳細に公開されている．strain も Caenorhabditis Genetics Center（CGC）から容易に取得することができる．このように生物としての単純さに加え，情報の整備が今日モデル動物としての線虫を用いた研究が広く普及していることの要因の1つであろう．

2．線虫の感覚受容

線虫の神経系は302個の神経細胞からなる．細胞同士のシナプス結合，ネットワークは電子顕微鏡を用いた研究によりすべて解明されており[7]，特定の神経細胞で発現する遺伝子の変異体や行動解析の結果を神経回路に当てはめて議論することが容易である．また，各感覚受容に働く神経ネットワークが理解されつつあるため，第15章で述べるようなシミュレーションをも可能とする．感覚神経は咽頭付近の細胞体の集合（nerve ring）から頭部先端の amphid とよばれる構造に向けて樹状突起を伸ばしている（図2）．これらの感覚神経は左右12対の細胞で，味覚，嗅覚，温度感覚などに関与している[8,9]．体の側面には機械的な刺激を受容する神経が cilia を伸ばしている[10]．このように，線虫の神経系は高等哺乳類に比べると単純でありながら，以下に述べるような数々の刺激に応答する．

線虫は化学物質の濃度勾配上では誘引物質の濃度が高い方へ移動し，また，忌避物質の濃度が高い方を避ける．100以上の物質に応答し，イオンやアミノ酸などの味覚は主に amphid を通して外部に露出した神経で感知され，アルコ

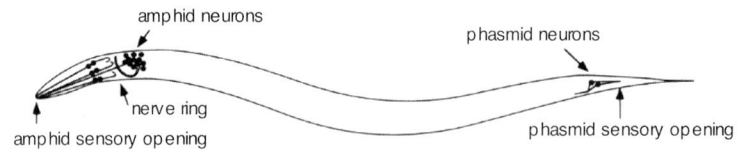

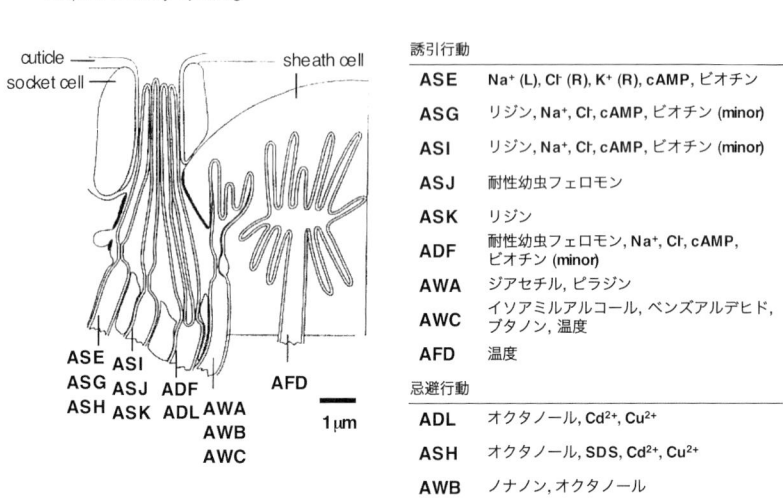

図2 線虫の主な感覚神経と amphid 感覚神経で受容される主な化学物質（C. ELEGANS II; Sengupta 2007より改変）．表中の（L）は左右1対の神経細胞のうち左側を，（R）は右側を示す．（minor）は弱い関与を示すもの．

ール類の嗅覚は主に広がった cilia を持つ AWA，AWB，AWC 神経で感知される（図2）[8,9]．しかしながら，リガンドのわかっている受容体は匂い物質のジアセチルを受容する ODR-10だけである．odr-10 遺伝子は7回膜貫通型の受容体をコードしており，AWA に発現する[11,12]．odr-10 遺伝子を欠損した変異体はジアセチルに対する走性に異常を示す[11]．他にも化学走性異常を示す変異体（che）は数多く単離されているが，受容体の同定にはいたっていない．線虫ゲノム上には数多くの7回膜貫通型受容体が存在しており，化学物質の受容体の候補ではないかと考えられている[13]．また，体への直接的な接触や，飼育に用いる寒天プレートを叩くことによる間接的な機械刺激（タップ刺激）にも応答する[10]．さらに，雌雄同体と雄の交尾や耐性幼虫の形成にもかかわるフェロモン[14,15]や浸透圧[16]，酸素[17]，光[18,19]などに応答することが知られている．これらの感覚応答は，刺激に対する記憶などの経験によって異なる場合が多く，行動遺伝学的解析や神経機能の解析の研究が進んでいる．以下に，本テーマであ

る温度と生命システムの相関学に則した線虫の温度に対する応答について述べる．

3．線虫の温度に対する応答

（1）温度受容

線虫は温度勾配上では飼育時の温度に移動し，その付近で等温線を描くように移動（isothermal track）する[20]．この行動を温度走性行動という．線虫は自分が今いる場所の温度と飼育時の温度を比較して温度勾配上を移動するが，このときの温度勾配を下る（低温側に向かう）行動を好冷性行動，温度勾配を上る（高温側に向かう）行動を好熱性行動とよぶ．レーザーによる細胞の除去実験や変異体を用いた研究から，温度はAFD感覚神経で受容され，その下流に位置する介在神経AIYとAIZが好熱性，好冷性行動を司ると考えられている[21]．これらの行動は餌との連合学習で制御され，餌のある状態で飼育すると線虫は飼育時の温度に移動し，餌のない状態で飼育すると飼育時の温度を避ける[20]．この可塑的な行動は学習や記憶といった神経機能のメカニズムを調べるのに適している．近年では，FRETを利用した蛍光タンパク質による単一細胞のCa^{2+}イメージングが盛んに行われ，神経細胞の活動が測定されている．AFDの細胞内Ca^{2+}濃度は温度上昇に反応して増加し，温度低下に反応して減少する．この応答性は飼育温度依存的で，15℃で飼育した場合は17℃以上で，25℃で飼育した場合は21℃以上でみられる[22]．また，下流の介在神経につながる樹状突起を切断し，温度情報が伝わらないようにしたAFDでも飼育温度依存的にCa^{2+}濃度が増加することから，AFDが飼育温度を記憶していると示唆される．AFDをレーザー除去した線虫やAFDが機能しないとされる変異体*ttx-1*でも好冷性行動を示す（つまり温度を感知する）ことから，AFD以外の温度受容神経の存在が示唆されていた[21]．最近の研究から，嗅覚神経AWCがもう1つの温度受容神経であると考えられている[23,24]．

AFDにおける温度情報の伝達に関連する分子は，変異体の単離，原因遺伝子の解析からわかってきた．グアニル酸シクラーゼであるGCY-8，GCY-18，GCY-23がcGMPを合成し，その下流でcGMPによって開口するCa^{2+}チャネルTAX-2/4がAFDの細胞膜の電位変化を引き起こす．カルシニューリン（TAX-6）とnPKC（TTX-4）はCa^{2+}と結合して温度情報の伝達に抑制的に働くこともわかっている（図3）[25]．

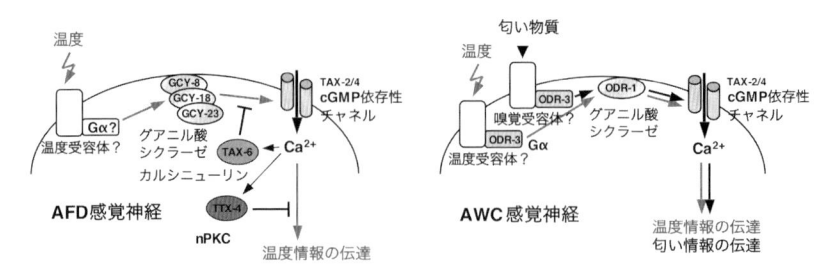

図3　温度受容神経AFD（左）とAWC（右）における温度情報の伝達経路（Mori et al., 2007より改変）．

　AWCにおける嗅覚情報の伝達にかかわる分子が同定されているが，温度情報の伝達にも同じ分子が使用されていると考えられる[24]．三量体Gタンパク質のαサブユニットであるODR-3がグアニル酸シクラーゼのODR-1を活性化し，合成されたcGMPがTAX-4チャネルに働きかける．結果としてCa^{2+}が細胞内に流入してAWCが活動する（図3）．

　情報伝達にかかわる分子が徐々に見つかっているものの，温度を受容する分子はいまだ見つかっていない．哺乳類をはじめとする動物では，第4章で述べたように，TRPチャネルを介して温度を受容するが，線虫ではファミリーに属する分子が見つかっているものの温度受容との関連は示されていない．ここに述べた以外に温度勾配上の移動やisothermal track時の詳しい行動解析もなされている．

（2）温度に対する応答

　通常，線虫は実験室で15℃から25℃の範囲で飼育される．飼育温度によって成虫になるまでの時間が異なり，15℃では約1週間，20℃では3日半，25℃では2日半程かかる．それ以外の温度はストレスとして働き，高温条件は耐性幼虫の形成を促す．また，30℃で数時間処理することで雄の出現率が上昇する．行動の面からは30℃以上の高温は避けることが知られている[26]．一方，低温に対する応答としては，0℃にさらすと死んでしまうが，一度10℃にシフトした後で0℃にさらすと低温耐性が上昇し，生存時間が長くなる．このときに不飽和脂肪酸量が上昇することが報告されており，脂肪酸量と低温耐性の関連が示唆されている[27]．植物においても低温耐性を獲得するために不飽和脂肪酸量を増やし細胞膜の流動性を保つことが知られている[28]ので，動物植物の違いはあれども細胞膜の低温耐性の基本的な機構は共通のものなのかもし

れない.

4. 線虫の行動の可塑性

　生物は生きていくうえで様々な刺激にさらされており，それらの情報を統合処理した結果として行動を起こす．単純な神経系を持つ線虫ですら，前述のように様々な刺激に対して応答し，その応答は飼育時の条件によって異なることが知られている．そのため，神経系における情報の処理過程を調べるためには有用なモデル動物であると考えられる．以下に学習や統合などの神経機能について述べる．

(1) 非連合学習 (順応)

　線虫の順応応答で有名なものはタップ応答である．寒天プレート上で飼育されている線虫はプレートを叩くと今までの進行方向とは逆方向に進むが，この刺激を繰り返すと慣れが生じて応答が弱くなる．このタップ刺激に対する順応にドーパミンがかかわることが報告されている[29]．ドーパミン受容体をコードする dop-1 遺伝子は機械刺激を受容する touch receptor neurons に発現しており，この遺伝子の変異体は野生型に比べてタップ刺激に対する順応が早くなる．touch receptor neurons はドーパミンを産生する神経にシナプスを投射しており，ドーパミンの放出を制御していると考えられる．このドーパミンのフィードバックループによるタップ刺激に対する順応の制御が示唆されている．

　他にも嗅覚順応に関する研究が多くなされており，匂い物質に前もってさらされることで慣れが生じ，それらに対する化学走性が低下することが知られている．代表的なものはジアセチルやベンズアルデヒドなどに対するもので，こういった嗅覚順応には ADP-1 や OSM-9 がかかわっている[30]．これらの分子は嗅覚神経 AWC で受容される誘引物質に対する順応に働いている．

　順応は塩化ナトリウムなどの水溶性物質に対しても起こり，この学習能にかかわるのが三量体Gタンパク質のγサブユニットである GPC-1 である[31]．gpc-1 遺伝子は感覚神経特異的に発現しているが，匂い物質や塩化ナトリウムの感知には必須ではないとされている．しかしながら，興味深いことに変異体は塩化ナトリウムに対する順応に異常を示す．また，上記の ADP-1 や OSM-9 も塩化ナトリウムの順応にかかわることが示されており，順応を起こすシグナル伝達経路は複数あるのではないかと考えられている．

（２）連合学習

餌の有無は動物にとって死活問題である．線虫にとっても例外ではなく，多くの連合学習は餌との間で起こる．飼育温度と餌との間で連合学習が起こることはすでに述べた．この学習行動に異常を示す変異体が単離されている．*aho-2* 変異体は飢餓を経験した後でもそのときの飼育温度に移動する．この原因遺伝子はヒトインスリンホモログをコードしている *ins-1* と同じ遺伝子座に存在していた[32]．そこで，INS-1の下流で働くインスリン受容体（DAF-2），PI3キナーゼ（AGE-1）の変異体を調べることで，インスリンシグナリング経路の飼育温度と餌の連合学習への関与が示唆されている．*hen-1* 変異体も *aho* 変異体と同様，飢餓時の温度を避けなくなる．この変異体は塩化ナトリウムへの順応も低下し，また以下に述べるが２つの刺激の統合にも異常を示すことが知られている[33]．また，神経カルシウムセンサーのホモログである NCS-1が温度学習に関与することが示されている[34]．NCS-1は温度走性に関連する介在神経AIYで機能する．*ncs-1* 遺伝子の欠損変異体では温度学習能が低下しているが，一方 *ncs-1* を過剰発現させると野生型に比べて温度学習が早く，記憶が持続するようになる．

誘引性化学物質と餌との間でも連合学習は起こる．飼育時に餌のない状態で塩化ナトリウムに一定時間さらすと，塩化ナトリウムに対する走性が低下，あるいは忌避するようになる．これは餌がないという状態と塩化ナトリウムの存在を関連づけて学習した結果であると考えられている[35]．この学習行動にも先に述べたインスリンシグナリング経路がかかわっている[36]．

また，餌のない状態で前もって匂い物質であるベンズアルデヒドに線虫をさらすと化学走性が低下するが，餌のある状態でさらした場合，この順応は抑制される[37]．餌の代わりにセロトニン処理をすることで同様の効果が得られるため，餌と匂い物質の連合学習にセロトニンが関与することが示唆されている．他にも，ジアセチルと忌避物質である酢酸を交互に処理することで連合学習が起こり，ジアセチルに対する走性が低下あるいは忌避するようになる．このジアセチルと酢酸の間で起こる連合学習に GLR-1，LRN-1，LRN-2といった分子がかかわることが示されている[38,39]．*glr-1* 変異体は上記の連合学習以外にもジアセチルへの順応にも異常を示す．しかしながら，*lrn-1*，*lrn-2* 変異体は連合学習のみに異常を示すため，連合学習と非連合学習（順応）は部分的に共通の分子を使用していると思われる．*glr-1* 遺伝子は AMPA 型のグルタミン酸受容

体をコードする．グルタミン酸受容体は哺乳類におけるシナプスの可塑性や長期増強（LTP）にかかわることが知られているが，線虫においても学習などの神経機能に働くことがわかった．

一方で，匂い物質ブタノンに対する走性は，餌がある状態で前もってブタノンにさらすと促進される[40]．変異体の単離解析から olrn-1, olrn-2 の２つの遺伝子の関与が示されている．ブタノンを検出する AWC は AWC^{ON} と AWC^{OFF} の２つの細胞からなり（str-2 遺伝子の発現の ON，OFF による），OLRN-1は AWC^{ON} の分化に働くため，AWC^{ON} が学習に機能すると考えられている．

（3）同時に提示された複数の情報の統合

神経ネットワーク内で生じる情報の統合を行動から調べるために，複数の物質を同時に提示して，線虫の走性行動を調べるケースが多い．誘引物質を同時に提示した場合の行動[33,41,42]，誘引物質を含む寒天培地上に別の誘引物質を提示した場合の行動[41,43,44]などが報告されている．HEN-1はLDLモチーフを持つ分泌性のタンパク質をコードしており，前述のように餌と温度の連合学習や塩化ナトリウムに対する順応の他，忌避物質（Cu^{2+}）と誘引物質（ジアセチル）との間の統合に働いている[33]．hen-1 遺伝子は多くの神経で発現しているが，介在神経 AIY と感覚神経 ASE での発現がその機能に重要であると考えられている．

これらのように線虫の学習行動に関与する神経や分子が徐々に明らかになってきている．各々の物質を検出する感覚神経と介在神経（特に AIY）が学習にかかわっているケースが多い．また，ドーパミンやインスリンなどの分泌性タンパク質の関与も報告されており，シナプス間あるいは細胞間での情報の伝達，神経機能の制御などのメカニズムが今後明らかにされていくと思われる．

5．化学情報と温度情報の統合

これまでは飼育時の条件（餌の有無）や異なる種類の化学物質の走性行動に与える影響から，情報の統合という観点について述べた．われわれは水溶性の誘引物質と温度という２つの異なる刺激を用いて以下に記すような実験を行い，温度情報と化学情報の統合の一端を明らかにした[45,46]．

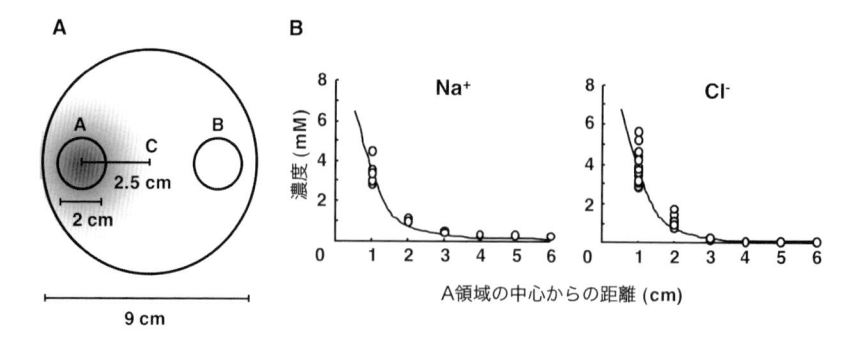

図4 化学走性実験に用いたプレート．A：9 cmプレートの中心（C）に線虫を20〜30個体移し，実験を開始する．酢酸ナトリウムあるいは塩化アンモニウムをあらかじめA領域の中心に滴下して，濃度勾配を形成させる．B：0.5 M酢酸ナトリウムおよび0.5 M塩化アンモニウムを滴下した場合のA領域の中心からの距離とNa^+イオンおよびCl^-イオン濃度．

(1) 野生型線虫の温度依存的な化学走性

過去に，温度の影響を塩化ナトリウムに対する化学走性で調べた例があり，飼育温度と実験温度が等しいときに強い走性を示す結果が得られている[47]．われわれはこの研究を進展させ，温度と化学受容の関係を調べる目的で実験を行った．Na^+イオンとCl^-イオンはそれぞれ線虫に対して誘引物質として働くため，酢酸ナトリウムと塩化アンモニウムを用いて走性実験を行った．寒天プレートのA領域（図4A）の中心に誘引物質を滴下することで，Na^+イオンとCl^-イオンは滴下点から放射状に濃度勾配を形成する（図4B）．このプレートを10℃，15℃，20℃，25℃に保ち，90分間の行動を観察した．

15℃，20℃，25℃の各温度で飼育した野生型線虫N2株の酢酸ナトリウムに対する化学走性を様々な温度で観察した結果，過去の塩化ナトリウムを用いた実験と同様に，飼育温度と実験温度が近いときに強い走性を示した（図5A）．しかし25℃で飼育したN2株は実験温度が10℃，15℃のときにはほとんど走性を示さず，開始点からあまり動いていないことがわかった．同様に，塩化アンモニウムに対する化学走性も，飼育温度と実験温度が同じときに強い走性を示した（図5B）．このときも25℃で飼育したN2株の10℃での走性は弱かったが，15℃以上では強い走性を示し，開始点に残っている割合も少なかった．このことは，塩化アンモニウムと酢酸ナトリウムに対する化学走性への温度の影響が異なることを示している．また，高温から低温にさらすと動きが鈍くなり，10〜15℃の温度差があるとそれが顕著になるのかもしれない．あるいは

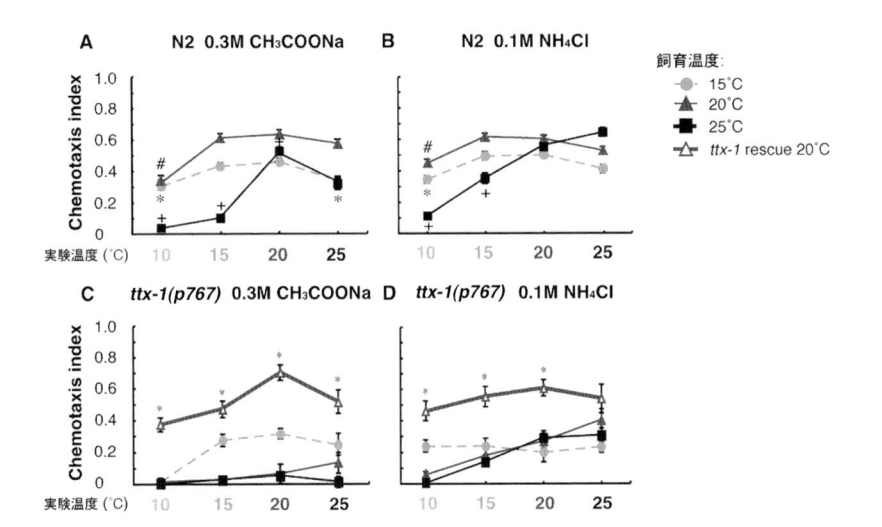

図5 温度に依存した化学走性（Adachi et al., 2008aより改変）．0.3 M酢酸ナトリウム（A，C）と0.1 M塩化アンモニウム（B，D）を用いた．A，B：15℃（●），20℃（▲），25℃（■）で飼育した野生型N2株を10～25℃で実験した時の誘引度（Chemotaxis index）を示す．各温度で飼育したN2株の飼育温度での誘引度との有意差（＊：15℃，＃：20℃，＋：25℃，$p < 0.01$）を示す．C，D：変異 ttx-1(p767) 株の温度に依存した化学走性．△は20℃で飼育したttx-1遺伝子をレスキューした系統の誘引度．変異 ttx-1(p767) 株とレスキュー株の誘引度の有意差（$p < 0.01$）を＊で示す．

25℃で飼育した線虫は特に低温に対して敏感になっている可能性も考えられる．

（2）温度受容神経に異常を示す変異体の温度依存的な化学走性

温度走性にかかわる必要最小限の神経ネットワークが明らかにされている．そこで温度情報の入力に異常をきたした場合の化学情報との統合について調べるために，温度受容神経AFDに異常を持つ変異体 ttx-1 を用いて同様の実験を行った（図5C，D）．ttx-1 遺伝子はホメオドメインを持つ otd/Otx 型の転写因子をコードしており，AFDに発現する．alleleの1つである ttx-1(p767) はAFDのciliaが欠損し，飼育温度に関係なくつねに低温へ移動する好冷性あるいは温度が感知できないかのように振るまう温度無走性の表現型を示す[48, 49]．ttx-1 遺伝子は化学走性にかかわる神経には発現していないため，化学走性は正常であると考えられたが，実際には酢酸ナトリウム，塩化アンモニウムに対してともに野生型N2株に比べて弱い走性を示した．これは，正常な走性行動が化学物質と温度，両方の情報の入力によって表される可能性を示唆している．

また，野生型 *ttx-1* 遺伝子を導入した *ttx-1* 変異体では，酢酸ナトリウム，塩化アンモニウムに対する温度依存的な走性が回復した．これらのことから，AFDが温度情報と化学情報の統合に関与すると考えられる．

野生型 N2 株において，15°C と 20°C で飼育した場合の温度依存的な走性の特徴は似ているが，25°C の場合とは異なっている（図 5 A, B）．一方，*ttx-1* 変異体では 20°C と 25°C で飼育した場合の温度依存的な走性の特徴は似ているが，15°C の場合とは異なっている（図 5 C, D）．20°C で飼育された *ttx-1* 変異体は 25°C で飼育されたときと同様に揺るまうといえる．このことは少なくとも 20°C で飼育された変異体では，AFD の機能がなくなると温度情報が誤って記憶される可能性を示している．しかしながら，部分的に温度依存的な走性も示すため，AFD 以外の温度受容神経（たとえば AWC）がこの行動に働いているのかもしれない．

(3) 神経ネットワーク内における温度情報と化学情報の統合

温度は AFD と AWC で受容される．一方で Na^+ イオンは主に ASEL で，Cl^- イオンは主に ASER で受容される[43]．Mori らによって示された温度走性に関与する神経ネットワーク[21]にこれらの神経を加えたものを図 6 に示す．AFD，ASEL/R，AWC はそれぞれ AIY へとシナプスを出力する．ASER と AFD は互いにシナプス結合を有しているが，ASEL と AFD の間にはない．先に述べたように，線虫の温度依存的な化学走性は酢酸ナトリウムと塩化アンモニウムで異なるが，この違いは ASEL と ASER のシナプス結合の違いによって説明できるかもしれない．ASER で受容される Cl^- イオンの情報は AFD における温度記憶と比較統合されて AIY に送られる．一方，ASEL で受容される Na^+ イオンの情報は AWC に送られるものの，最終的な統合は AIY にて行われると考えられる．

ここに述べた温度情報と化学情報の統合についてより直接的に調べるために，温度勾配と化学物質の濃度勾配を同時に提示した場合の線虫の行動を調べた[46]．寒天プレートの任意の点を温度制御できるシステムを用いて，1 点を線虫の飼育温度と同じ温度に制御して温度勾配を形成させ，中心を挟んだ反対側の点に誘引物質を滴下し濃度勾配を形成させる．それぞれ単独に観察した温度走性，化学走性を図 7 A および B に示す．化学走性と温度走性が同程度の強さを示す化学物質と温度を同時に提示して実験を行うと，時間経過により線虫の走性

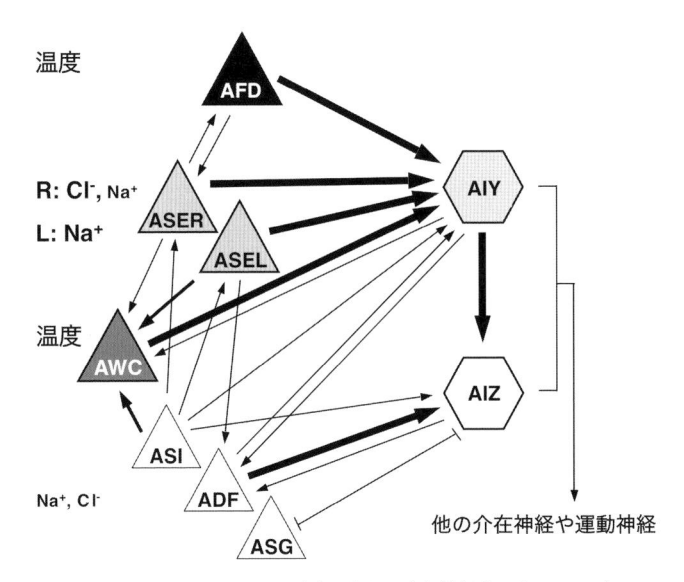

図6　線虫の温度走性と Na$^+$, Cl$^-$ イオンの受容に関わる主な神経ネットワーク（Adachi et al., 2008a より改変）．感覚神経を三角形，介在神経を六角形で示す．矢印はシナプス結合の方向を，├──┤はギャップジャンクションを示し，それぞれの結合の数を線の太さで表す（細：3つ以下，中間：4〜15，太：16以上）．

行動が変化することを見出した．つまり90分間の実験の間，前半は温度側に優先的に誘引され，後半は塩化ナトリウム側に誘引される（図7C）．それぞれの単独提示における実験開始10分の index がほぼ同じであるにもかかわらず温度側に移動することは，温度と塩化ナトリウムという2つの情報を統合処理した結果として現れる行動であると考えられる．この時間に依存した誘引行動は塩化ナトリウムの代わりにイソアミルアルコールを用いた場合にはみられないことから，化学物質によって温度との情報の統合処理に違いがあると考えられる．この違いは上で述べたように神経ネットワークの違いで説明できる．すなわち，AFD（温度）と ASE（塩化ナトリウム）の間にはシナプス結合が存在するため，これらの間で温度記憶と塩化ナトリウムの情報が比較され，早い段階で温度情報が優先されるのではないだろうか．一方イソアミルアルコールは AWC で受容されるが AFD との間にシナプス結合は存在しない．温度は AWC でも受容されるが，イソアミルアルコールを受容した場合と同じ経路で細胞内での情報伝達が起こると考えられているので，温度情報とイソアミルアルコールの情報の統合は主に AIY で起こると思われる．現在，この統合過程に異常

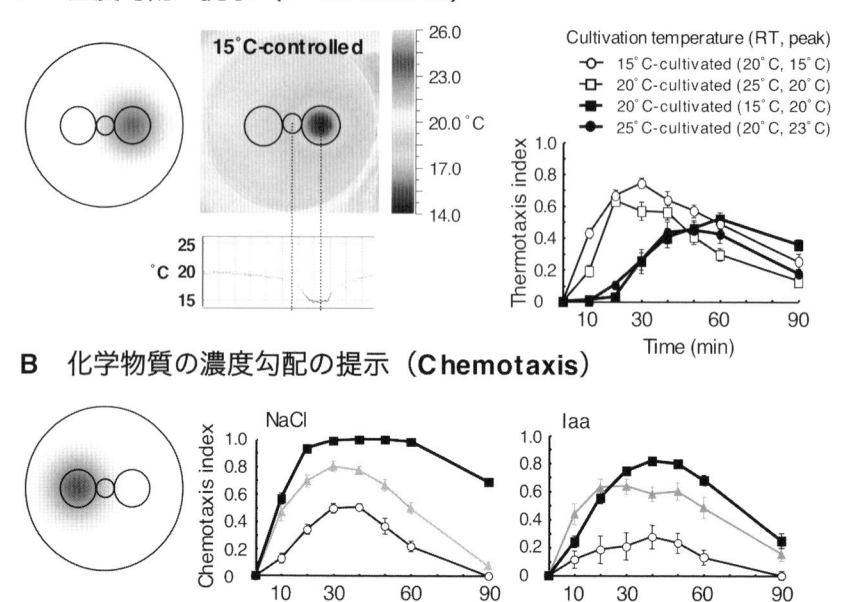

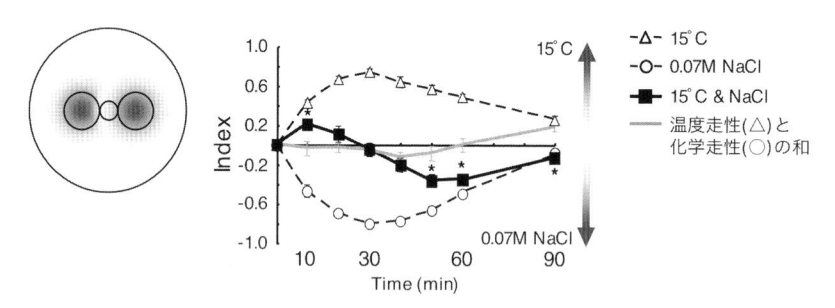

A 温度勾配の提示（Thermotaxis）

B 化学物質の濃度勾配の提示（Chemotaxis）

C 温度勾配と化学物質の濃度勾配の同時提示

図7　線虫の温度走性と化学走性（Adachi *et al.*, 2008b より改変）．A：温度制御装置を用いて図に示す領域を15℃に制御した場合の温度勾配と温度走性．（RT, peak）は室温と制御した温度を示す．B：図に示す領域に塩化ナトリウムあるいはイソアミルアルコールを滴下し，濃度勾配を作成した場合の化学走性．C：温度走性と化学走性が同程度の強さを示す温度勾配と化学物質の濃度勾配を同時提示した場合の時間経過における走性の変化．○は塩化ナトリウム，△は15℃に対する走性を示し，■はそれぞれを同時に提示したときの走性を示す．同時提示の走性が単純に単独提示の差し引きであるならば灰色の線で示した値を示すと考えられるが，実験の前半と後半で実際の同時提示の値と有意差（＊，$p < 0.05$）がみられる．

を示す変異体の単離を行っており，解析を進めることで温度情報と化学情報の統合過程の理解が進むだろう．

6．おわりに

　線虫における行動遺伝学は様々なツールを用いることで多くの発見を生んでいる．中でも線虫は温度と餌との間に連合学習を生じ，飼育温度付近を移動するという独特の応答を示す．2008年に第2の温度受容神経が明らかになったこともあり，学習や統合といった行動とともに温度応答に関する新しい知見は今後も得られるものと思われる．

謝辞　本研究の一部は，岩手大学21世紀COEプログラムと科学研究費補助金（20115004）の研究助成の下で行われた．

引用文献

1）Brenner, S. 1974. The genetics of *Caenorhabditis elegans*. *Genetics*, 77: 71-94.
2）飯野雄一・石井直明 編．2004．線虫 究極のモデル生物．シュプリンガー・フェアラーク東京．
3）The *C. elegans* genome sequencing consortium. 1998. Genome sequence of the nematode *C. elegans*: A platform for investigating biology. *Science*, 282: 2012-2018.
4）Hiller, L. W., Coulson, A. *et al*. 2005. Genomics in *C. elegans*: So many genes, such a little worm. *Genome Research*, 15: 1651-1660.
5）香川弘昭．2003．ヒト研究のモデル生物である線虫の遺伝学，細胞系譜そして計画的細胞死．科学，73: 81-84.
6）杉本亜砂子．2006．ノーベル賞受賞者の業績と人柄：生理学・医学賞 RNA干渉：二本鎖RNAによる新しい遺伝子発現抑制機構の発見．科学，77: 13-15.
7）White, J. G., Southgate, E. *et al*. 1986. The structure of the nervous system of the nematode Caenorhabditis elegans. *Philosophical Transactions of Royal Society of London Series B Biological Sciences*, 314: 1-340.
8）Bargmann, C. I. & Mori, I. 1997. Chemotaxis and thermotaxis. In *C. elegans II*. Edited by Riddle DL, Blumenthal T, Meyer BJ, Priess JR. New York, Cold Spring Harbor Laboratory Press, 717-737.
9）Sengupta, P. 2007. Generation and modulation of chemosensory behaviors in *C. elegans*. *Pflugers Archiv European Journal of Physiology*, 454: 721-734.
10）Bounoutas, A. & Chalfie, M. 2007. Touch sensitivity in *Caenorhabditis elegans*. *Pflugers Archiv European Journal of Physiology*, 454: 691-702.
11）Sengupta, P., Chou, J. C. *et al*. 1996. *odr-10* encodes a seven transmembrane domain olfactory receptor required for responses to the odorant diacetyl. *Cell*, 84: 899-909.

12) Troemel, E. R., Kimmel, B. E. *et al*. 1997. Reprogramming chemotaxis responses: sensory neurons define olfactory preferenced in *C. elegans*. Cell, 91: 161-169.
13) Troemel, E. R., Chou, J. H. *et al*. 1995. Divergent seven transmembrane receptors are candidate chemosensory receptors in *C. elegans*. *Cell*, 83: 207-218.
14) Golden, J. W. & Riddle, D. L. 1984. The *Caenorhabditis elegans* dauer larva: Developmental effects of pheromone, food, and temperature. *Developmental Biology*, 102: 368-378.
15) Emmons, S. W. & Lipton, J. 2003. Genetic basis of male sexual behavior. *Journal of Neurobiology*, 54: 93-110.
16) Culotti, J. G. & Russell, R. L. 1978. Osmotic avoidance defective mutants of the nematode *Caenorhabditis elegans*. *Genetics*, 90: 243-256.
17) Cheung, B. H., Cohen, M. *et al*. 2005. Experience-dependent modulation of *C. elegans* behavior by ambient oxygen. *Current Biology*, 15: 905-917.
18) Edwards, S. L., Charlie, N. K. *et al*. 2008. A novel molecular solution for ultraviolet light detection in *Caenorhabditis elegans*. *PLoS Biology*, 6: e198.
19) Ward, A., Liu, J. *et al*. 2008. Light-sensitive neurons and channels mediate phototaxis in *C. elegans*. *Nature Neuroscience*, 11: 916-922.
20) Hedgecock, E. M. & Russell, R. L. 1975. Normal and mutant thermotaxis in the nematode *Caenorhabditis elegans*. *Proceedings of the National Academy of Sciences of the United States of America*, 72: 4061-4065.
21) Mori, I. & Ohshima, Y. 1995. Neural regulation of thermotaxis in *Caenorhabditis elegans*. *Nature*, 376: 344-348.
22) Clark, D. A., Biron, D. *et al*. 2006. The AFD sensory neurons encode multiple functions underlying thermotactic behavior in *Caenorhabditis elegans*. *The Journal of Neuroscience*, 26: 7444-7451.
23) Biron, D., Wasserman, S. *et al*. 2008. An olfactory neuron responds stochastically to temperature and modulates *Caenorhabditis elegans* thermotactic behavior. *Proceedings of the National Academy of Sciences of the United States of America*, 105: 11002-11007.
24) Kuhara, A., Okumura, M. *et al*. 2008. Temperature sensing by an olfactory neuron in a circuit controlling behavior of *C. elegans*. *Science*, 320: 803-807.
25) Mori, I., Sasakura, H. *et al*. 2007. Worm thermotaxis: a model system for analyzing thermosensation and neural plasticity. *Current Opinion in Neurobiology*, 17: 712-719.
26) Wittenburg, N. & Baumeister, R. 1999. Thermal avoidance in *Caenorhabditis elegans*: An approach to the study of nociception. *Proceedings of the National Academy of Sciences of the United States of America*, 96: 10477-10482.
27) Murray, P., Hayward, S. A. L. *et al*. 2007. An explicit test of the phospholipids saturation hypothesis of acquired cold tolerance in *Caenorhabditis elegans*. *Proceedings of the National Academy of Sciences of the United States of America*, 104: 5489-5494.

28) Iba, K. 2002. Acclimative response to temperature stress in higher plants: Approaches of gene engineering for temperature tolerance. *Annual Review of Plant Biology*, 53: 225-245.
29) Sanyal, S., Wintle, R. F. et al. 2004. Dopamine modulates the plasticity of mechanosensory responses in *Caenorhabditis elegans*. *The EMBO Journal*, 23: 473-482.
30) Colbert, H. A. & Bargmann, C. I. 1995. Odorant-specific adaptation pathways generate olfactory plasticity in *C. elegans*. *Neuron*, 14: 803-812.
31) Jansen, G., Weinkove, D. et al. 2002. The G-protein γ subunit *gpc-1* of the nematode *C. elegans* is involved in taste adaptation. *The EMBO Journal*, 21: 986-994.
32) Kodama, E., Kuhara, A. et al. 2006. Insulin-like signaling and the neural circuit for integrative behavior in *C. elegans*. *Genes & Development*, 20: 2955-2960.
33) Ishihara, T., Iino, Y. et al. 2002. HEN-1, a secretory protein with an LDL receptor motif, regulates sensory integration and learning in *Caenorhabditis elegans*. *Cell*, 109: 639-649.
34) Gomez, M., De Castro, E. et al. 2001. Ca^{2+} signaling via the neuronal calcium sensor-1 regulates associative learning and memory in *C. elegans*. *Neuron*, 30: 241-248.
35) Saeki, S., Yamamoto, M. et al. 2001. Plasticity of chemotaxis revealed by paired presentation of a chemoattractant and starvation in the nematode *Caenorhabditis elegans*. *The Journal of Experimental Biology*, 204: 1757-1764.
36) Tomioka, M., Adachi, T. et al. 2006. The insulin/PI3-kinase pathway regulates salt chemotaxis learning in *Caenorhabditis elegans*. *Neuron*, 51: 613-625.
37) Nuttley, W. M., Atkinson-Leadbeater, K. P. et al. 2002. Serotonin mediates food-odor associative learning in the nematode *Caenorhabditis elegans*. *Proceedings of the National Academy of Sciences of the United States of America*, 99: 12449-12454.
38) Morrison, G. E., Wen, J. Y. et al. 1999. Olfactory associative learning in *Caenorhabditis elegans* is impaired in *lrn-1* and *lrn-2* mutants. *Behavioral Neurosciences*, 113: 358-367.
39) Morrison, G. E. & van der Kooy, D. 2001. A mutation in the AMPA-type glutamate receptor, *glr-1*, blocks olfactory associative and nonassociative learning in *Caenorhabditis elegans*. *Behavioral Neurosciences*, 115: 640-649.
40) Torayama, I., Ishihara, T. et al. 2007. *Caenorhabditis elegans* integrates the signals of butanone and food to enhance chemotaxis to butanone. *The Journal of Neuroscience*, 27: 741-750.
41) Shingai, R., Wakabayashi, T. et al. 2005. Chemotaxis of *Caenorhabditis elegans* during simultaneous presentation of two water-soluble attractants, L-lysine and chloride ions. *Comparative Biochemistry and Physiology Part A*, 142: 308-317.
42) Lin, L., Wakabayashi, T. et al. 2006. *Caenorhabditis elegans* mutants having altered preference of chemotaxis behavior during simultaneous presentation of two chemoattractants. *Bioscience Biotechnology and Biochemistry*, 70: 2754-2758.

43) Pierce-Shimomura, J. T., Faumont, S. *et al.* 2001. The homeobox gene *lim-6* is required for distinct chemosensory representations in *C. elegans*. *Nature*, 410: 694-698.
44) Wes, P. D. & Bargmann, C. I. 2001. *C. elegans* odour discrimination requires asymmetric diversity in olfactory neurons. *Nature*, 410: 698-701.
45) Adachi, R., Wakabayashi, T. *et al.* 2008. Modulation of *Caenorhabditis elegans* chemotaxis by cultivation and assay temperatures. *Neuroscience Research*, 60: 300-306.
46) Adachi, R., Osada, H. *et al.* 2008. Phase-dependent preference of thermosensation and chemosensation during simultaneous presentation assay in *Caenorhabditis elegans*. *BMC Neuroscience*, 9: 106.
47) Dusenbery, D. B., Anderson, G. L. *et al.* 1978. Thermal acclimation more extensive for behavioral parameters than for oxygen consumption in the nematode *Caenorhabditis elegans*. *The Journal of Experimental Zoology*, 206: 191-198.
48) Perkins, L. A., Hedgecock, E. M. *et al.* 1986. Mutant sensory cilia in the nematode *Caenorhabditis elegans*. *Developmental Biology*, 117: 456-487.
49) Satterlee, J. S., Sasakura, H. *et al.* 2001. Specification of thermosensory neuron fate in *C. elegans* requires *ttx-1*, a homolog of *otd/Otx*. *Neuron*, 31: 943-956.

第15章

C. エレガンスにおける温度走性と神経回路のシミュレーション

新貝鉚蔵・松岡知洋

数理生物学またはシステム生物学で使われる方法で，線虫の温度走性のモデルと温度走性に関わる神経回路シミュレーションについて紹介する．線虫は飼育された温度に近い温度領域に集まる性質を持つことが知られている．また，飼育温度に近い温度領域付近では，一定温度の曲線（等温線）に沿って移動することがある．章の前半ではこれらの行動を単純な確率的な規則で動く虫のモデルで説明する．後半では線虫の神経回路モデルの現状と，温度走性と化学走性に関する神経回路のシミュレーションの試みについて述べている．これらの行動と神経回路の働きを結びつけることが，残された課題である．

1. 走性行動

生物は環境からの刺激に応じて行動・形態・成長などを変化させる．これは生物にとっては生存に必須の能力である．動物では，視覚・聴覚・嗅覚を用いて餌を探したり，危険を回避し，より好適な環境を求めて移動する．線虫 C. エレガンス（以下では単に線虫と書く）では，化学走性，温度走性，機械的刺激・高浸透圧条件（4M 程度の高濃度の NaCl や果糖などへの忌避行動[1]）などが知られている．外界からの刺激とそれに対する生物の反応は必ずしも 1 対 1 で結び付いてはいない．順化・連想記憶などの，各個体の過去の履歴にもよる．また，発生・成長の過程での偶然の出来事によっても左右され得る．よりミクロなレベルでは，分子の熱運動に由来する確率的なノイズによる確率的な変動があることも考えられる[2]．生物の分子機構では入力に対する出力は 1 対 1 の決定論的なものとは限らないとする見解もある[3]．化学物質や温度などの刺激の存在下で，生物個体がよりよい条件を求めて移動する際に，どのような行動の仕方があるだろうか？　単細胞生物の化学走性に関しては，次のような分類が行われている[4-6]．1）移動の速さを変える．より良い条件に向かっているときには速く，そうでない場合には遅く．2）方向転換の際の角度を調整して，より良い条件の方向に積極的に向かうような方向転換を行いながら移動する．

3）刺激の強度，あるいは強度の変化を感知して，方向転換の頻度を調節する．よりよい条件に向かっている時に方向転換の頻度を減らし，そうでなければ増やす．しかし，動物の温度に対する行動調節には神経系が主要な役割を担っている．

線虫には巧みな熱応答を行う能力があり，神経細胞およびシナプス結合のすべてが明らかにされている．そこで線虫を用いて，神経回路の働きの面から動物の外界に対する反応性を探ることが研究されてきた．線虫には過去の飼育温度に近い温度領域に集まる傾向があることが知られている．また，飼育温度に近い温度領域付近では，ある一定温度の曲線（等温線：isotherm）に沿って移動する isothermal tracking（等温線追跡）とよばれる行動を行うことがある[7-10]．温度走性の順化，連想記憶に関しては次の事実が知られている．ある温度で，もし餌が豊富にある条件に置かれると，その温度の領域を好むようになる．逆に餌がない条件に置かれると，その温度を嫌うようになる．また，過去の飼育温度と異なる温度領域に餌あり状態で長時間いると，好みの温度が現在いる領域の温度に近くなるようにシフトする．以下に，神経回路の働きを無視して，行動のみに着目して，個々の線虫の行動から導出される集団としての行動について述べる．

2．ランダムウォークを用いた行動モデル—多数の虫の分布

（1）実験事実

線虫の化学走性や温度走性について調べるとき，従来は主として，濃度勾配・温度勾配中で一定時間経過後の集団の分布を調べる方法が多く用いられていた．*in vivo* で個体行動の詳細な追跡が可能になったのは比較的最近のことである．線虫の温度に対する反応には，大きく分けて2つの相反すると思われる説が唱えられていた．1つは，線虫の神経回路中に好冷的（cryophilic）な動因（drive）と好熱的（thermophilic）な動因が存在していて，それらの動因の拮抗関係により好みの温度領域に向かう傾向が現れるという説が提案され，温度感受性ニューロン AFD と対照的な働きをする温度感受性ニューロンが存在する可能性が考えられた[8,9,11]．もう1つは，Ryu and Samuel[12] によれば，線虫は好みの温度よりも高い温度領域にいる場合には，温度が上昇する方向へ向かっているときには温度が低くなる方向に動いているときに比べてターンとターンの間の時間間隔（run duration）が短くなる傾向があり，結果として

好みの温度より高い温度を避ける傾向があるが，好みの温度よりも低い温度領域にいるときにはそのような現象はみられない．

プレート上に一次元の温度勾配を設けて，複数の飼育温度で育てられた線虫について，プレート上での線虫集団の分布の時間変化を調べると[11]，好冷性行動は行動アッセイを開始後すぐに現れるが，好熱性行動は遅れて出現する．線虫の個体行動の観測結果では好熱的な傾向がみられない[12]のに，集団では好熱的な傾向がみられる[11]という従来の実験結果は，一見相反するように思われる．これまで，線虫の個体の温度勾配存在下での行動の変化が，集団レベルでの分布の変化にどのように関係するのか，詳しく検討されたことはあまり無かった．われわれは，Samuelらのグループによる個体レベルでの行動の一連の実験データ[12]をもとにして個体ベースの数値計算用モデルを考案し，それを用いたシミュレーションを行い，集団レベルでの分布をどの程度説明できるかを調べた[13]．モデル構築にあたって神経回路はほとんど考慮せず，観測された個体行動データのみに基づいたモデリングを行った．

(2) 個体モデルの概要

生物個体の行動をモデル化する際の方法に，Brown運動を変形したものや，確率微分方程式を用いることがある．これらの方法によれば，生物個体の軌跡は「至るところで折れ曲がった」非常に不規則な「曲線」となる．また，その曲線の長さは無限大となってしまうため，各個体の「平均速度」は変換式を用いて間接的にしか定義されないことになる．ところが，線虫では個体行動の軌跡の概形を観測することができて，それは大雑把にいって，直線または滑らかな曲線に沿って移動する区間が，大きなターン（急な折れ曲がり）で挟まれているものとしてとらえることができる．移動速度も軌跡のデータから具体的に求められる．そのため，ブラウン運動の変形によるモデル化よりも，ほとんどの時間は直線運動を行っていて時々ターンを行う，というタイプのモデル化のほうがより適切であると考えられる．線虫の行動のうち，undulation（首振り，蛇のようにうねりながらすすむ動き）を無視して，時おり起こる大きなターンのみに注目した．大きなターンではターンとターンの間の時間間隔（run duration）の分布は指数分布であるという観測結果[12,14]をもとにしてモデル化した．Ryu and Samuel[12]ではこの現象の基盤となるPoisson過程にも言及している．これは，run durationの分布が指数分布だとすればターンの回数は

Poisson 過程という確率過程になると考えられるので,ターンを起こすメカニズムの中にターンの回数を Poisson 過程にするような確率的な機構が含まれている可能性があるということを意味する.われわれはまた,単純化して,ターンとターンの間は一定の速度で直進すると仮定した.

1）バイアス無しのランダムウォーク：温度勾配無しの自由行動
　　温度勾配無しの条件下では,ターンの間の時間間隔が指数分布になるようにしたい.そのために,ある短い時間間隔 Δt における線虫の行動・状態の変化のルールを定めておいて,それにしたがって線虫の行動を長時間シミュレートすれば,結果として,ターン間の時間間隔が指数分布になっている,というようなモデルを考案する.このようなモデルを作ることができれば,時々刻々と変化する環境からの情報を取り入れて行動の仕方を変えるモデルへも自然に拡張できる.確率過程の理論によれば,このようなモデルは容易に作ることができる.ある定数 λ を用いて,各時間間隔 Δt において,ターンの起こる確率が $\lambda \Delta t$ となるようにすれば,Δt が十分小さいときには run duration の分布が指数分布に近くなる.このとき,ターンの起こる回数は Poisson 過程に近くなる.線虫の動きはバイアスのないランダムウォークの範疇に入る.

2）バイアスのあるランダムウォーク：温度勾配に対する反応
　　勾配の無い条件下での自由行動のときの λ は定数であるとしたが,温度勾配がある場合には,Clark らの温度勾配とターン頻度の関係を求めたデータ[15]に合わせて,外部環境によって λ が変化するようにした.これによって,数学的には,ターンの起こる回数は非斉次 Poisson 過程とよばれる確率過程になり,線虫の動きはバイアスのあるランダムウォーク（biased random walk）の範疇にはいり,解析的に解くことは難しい.線虫は飼育温度よりも周囲の温度が高いときには,温度が上昇するときと下降するときとでは方向転換の頻度が異なる[12]ので,この性質をモデルに取り入れた.

モデル化の基本的な考え方は以上の通りである.モデルをより現実的なものにするために,以下のようにいくつかの要素を加えた.isothermal tracking（等温線追跡）に関係する生理的メカニズムや分子的メカニズムは特に考慮せ

ず，測定されたデータから等温追跡の開始条件や持続時間の分布[10]を決めて個体モデルに組み込んだ．飼育温度付近に置かれた線虫は，方向転換の結果たまたま等温線に沿うような進行方向を向いたときに等温線追跡を開始する[16]としている．また，観測を行っている間に線虫が等温線追跡を行った時間の割合や，1回の等温線追跡の平均持続時間を実測値[16]に合わせた．さらに，モデルでの等温線追跡の開始条件は，ターンの結果として，新たな進行方向が温度勾配に対してどの角度になった場合に等温追跡を開始するようにしたら，等温追跡を行っている時間の割合が測定結果[10]と同等となるかをあらかじめ計算して，それをモデルに組み込んだ．Luo らの論文[10]への訂正が J. Exp. Biol. 210: 3696に掲載されたが，この発表は Matsuoka らの論文[13]の受理後であるため，そのデータは利用されていない．最後に，線虫は飼育温度付近では等温線追跡を行うが，実際には等温線追跡を行う温度は行動アッセイの周囲温度によって少しずつ変化していく．その変化のメカニズムを，Biron らで提案されている微分方程式[16]をモデルに組み込んだ．

(3) シミュレーション結果と課題

　Ito らの結果[11]のいくつかは好熱的性質を持たない個体モデルのシミュレーションからも得られる．好冷性行動は顕著に現れる（図1A）．行動アッセイ開始時に線虫が置かれた温度が飼育温度よりも低いときには，飼育温度よりも少し低い温度位置に線虫の密度が高く分布する（図1B）．これは実際の線虫で観測される好熱性行動が遅れた時間に出現することに似ている．しかし，前章に述べられたように，実際の線虫は，シミュレーション結果よりもより積極的に高温に向かうようである．

　上述のモデルには未解決のいくつかの課題が残されている．

1) 上述のモデルでは等温線追跡が起きる内部的なメカニズムは考慮されていない．嗅覚性感覚ニューロン AWC が温度変化に対しても反応することが明らかになった[17,18]．等温線追跡の最中には，線虫は方向転換の頻度を下げるはずだが，細胞内カルシウムイオン濃度の変化の様子から知られる AFD ニューロンの働きだけからは，それが上手く説明できるとは限らない．Biron らによれば，等温線追跡の際の方向転換の頻度減少は AWC の働きによってコントロールされている可能性がある[18]．その場合でも，なぜ

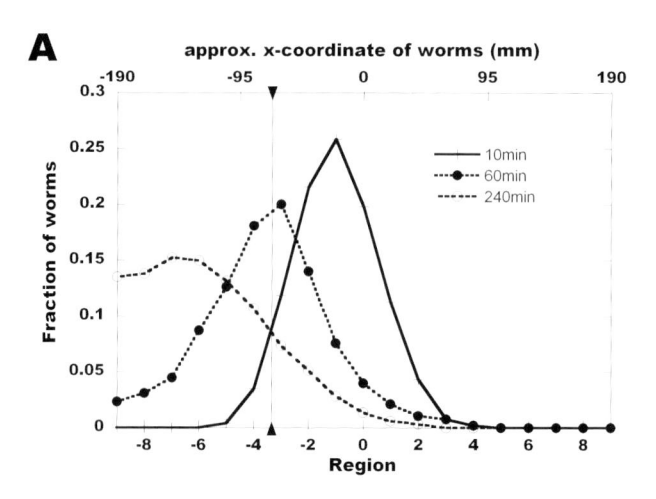

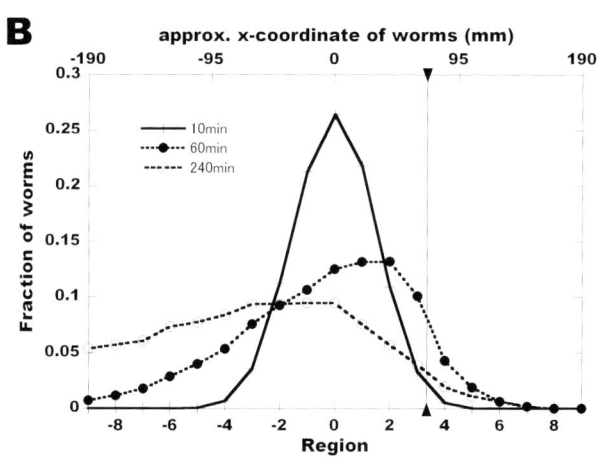

図1 温度勾配中の線虫の分布（Matsuoka *et al*., 2008より改変）．A：低温（17℃，矢頭で示す温度）で育てた虫を，行動アッセイ時の室温（20℃，Region 0）に置いた場合には好冷性行動が顕著に現れる．B：飼育温度（23℃）が行動アッセイ開始時に線虫が置かれた温度よりも高いときには，飼育温度よりも少し低い温度位置に線虫の密度が高く分布するが，その傾向が現れるのは比較的遅い．

AWCの細胞内カルシウム濃度変化が確率的なのか？　など，興味深い問題が残されている．

2）温度走性・化学走性行動の記述には，環境からの刺激に対して時間遅れ無しに直接反応するタイプのランダムウォークモデルでは不十分かもしれ

ない．線虫個体の行動には非常にランダムなフェーズと，準決定論的とみえるフェーズの両方があるなど（これは Stephens らの報告[19] や Biron らの報告[18] とも関連する）単純な biased random walk モデルなどでは十分に記述できない複雑な一面がある．

3）λ の時間変化を定式化するには，環境温度の変化よる影響ばかりでなく，餌の有無による影響も考慮に入れる必要があるかもしれない．

3．神経回路モデル

（1）神経回路モデルの課題

　動物の行動は神経系で制御されているので，前節で述べた行動実験結果と行動モデルの結果も神経系の働きで説明できるはずである．そこで，神経回路モデルを用いた説明を試みてみよう．線虫の神経回路モデルがどのような特徴を持つかを明らかにするために，はじめに神経回路モデルであつかう対象をミクロからマクロに並べて，細胞内のモデル，小規模神経回路，大規模神経回路に分けてみる．勿論，個々のニューロンモデルが単純であれば，境界を分けるニューロン数の値は大きく，逆に複雑であれば小さくなる．100個のニューロンのすべてが互いに双方向性に1つずつのシナプス結合を持つとすると，シナプス結合の総数 N は9,900個である．シナプスが興奮性または抑制性の2通りであるとして，その組み合わせは2の9,900乗（約10の2,990乗）と，想像を絶するような大きな数になる．線虫のニューロン総数は302個，シナプス総数は約5,000を超え，さらに，ギャップ結合数が約500個あり，回路の動作はかなり複雑である．人間の脳のニューロンは数100億個あるいはそれ以上あるといわれているので，これに比べれば線虫の神経系は小規模神経回路であるが，それでも各シナプスの興奮/抑制をすべての場合について調べるなどの包括的な研究を行うことは容易ではない．そこで大規模神経回路で用いられるような簡単化を施すことが考えられる．全体をいくつかの部分回路に分けて各部分回路内のニューロンは同一の性質を持つとする，連続なニューロン場を考える，などである．線虫のニューロン総数は少ないが，個々のニューロンの個性が明瞭であるので，注目する現象に関連した個々のニューロンを他と同一のものに置き換えるべきではない．また，線虫の特徴として大切なことの1つは，（ニューロン数が少ないことにも起因して）多くのニューロンが多機能であること．た

とえば AIY ニューロンは温度感覚情報も化学物質感覚情報も中継する介在ニューロンである．情報経路が重なっているために 2 種類の感覚情報は相互作用しており，2 つの感覚情報回路を切り離すことはできない．

　線虫は，電子顕微鏡による連続切片の再構成により，神経回路の全てのニューロン間結合が既に知られている唯一の動物である．ニューロン間の化学シナプスやギャップ結合（電気シナプス）の結合数だけでなく，シナプス結合位置までもわかっている[20, 21]．White らの論文[21]に記載された内容には，体側に並ぶ運動ニューロンの記載は一部分省かれているが，感覚ニューロンから運動ニューロンに至る神経回路はほぼ完璧に記載されているので，感覚刺激に伴う行動を研究するうえで大きな不都合はないであろう．この基本的な文献をもとに，ニューロン間のシナプス数により閾値を設けて回路の結合状態を調べると，感覚ニューロンの集合であるアンフィド（前章参照）が 1 個の部分回路を形成しており，ほかにもいくつかの部分回路が存在する[22]．

　線虫は神経回路モデルの研究対象として，ほかの動物に比較して次のような利点を持っている．すなわち，雌雄同体のニューロンの総数が 302 個と動物の中で際立って少なく，ニューロン間の結合が明らかにされており，レーザーを用いた神経細胞の破壊や分子遺伝学的手法による神経細胞の機能不全（過剰）化（loss of function, gain of function）を研究に用いることも可能であり，多数の神経系に関する変異種の行動学的データを文献から利用することができる．しかし欠点もあり，ニューロンの細胞体が 1 μm 程度と大変小さいために，電気生理学的方法による電位記録やイオンチャネル電流の測定が難しい．実際，報告されている電気生理学の文献は数編[23-25]であり，各化学シナプスが興奮性であるのか抑制性であるのかはわかっていないことが多い．それでもこれらの研究により，塩（NaCl）に対する感覚ニューロン ASE に電流を注入することにより細胞膜コンダクタンスが非常に低く[23]，一方，介在ニューロン AVA はグルタミン酸およびそのアゴニスト NMDA 投与によってかなり大きなイオン電流が流れる[24]，というように細胞膜コンダクタンスはニューロンの種類や刺激の種類により異なるなど，モデル構築のために重要な事実が明らかとなった．最近，Ca^{2+} 感受性蛍光タンパク質 Cameleon や G-CaMP をニューロンに発現させて細胞内 Ca^{2+} 変化を測定した報告が出ており[26, 27]，神経回路モデル構築に役立つ情報源となっている．現時点でニューロンの電位変化を光学的に測定した報告は無い．このように生理学的に未解決なことが多いので，神経機

能を数理的研究だけで推定することは容易ではないが，上記の利点は線虫をモデルの対象として魅力的なものにしている．

線虫の神経系はこのほか次の特徴を持っている．神経結合全体の1割強はギャップ結合（電気シナプス）であり，残りは化学シナプスである．ギャップ結合のコンダクタンスは化学シナプスのコンダクタンスの約10倍と推定される[28]．結合数と結合1本当たりの重みを考慮すると，神経活動における化学シナプス結合とギャップ結合の寄与は同程度であると推定される．したがって，神経回路モデルにギャップ結合を適切に組み込む必要がある．線虫のニューロンは活動電位を発することのないノンスパイキングニューロンであり[23]，電位依存性ナトリウムチャネルが無いことが遺伝子配列の解析から知られている．したがって，神経回路の数理的研究でよく用いられる積分発火型（integrate-and-fire）モデルやナトリウムチャネルを組み入れたHodgkin-Huxleyモデルなどのスパイキングニューロンをそのまま利用することは適切でない．哺乳類の脳がスパイキングニューロンによるデジタル的制御システムであるのに対して，線虫の神経系はノンスパイキングニューロンによるアナログ的制御システムであるといえる．

（2）温度走性を担う神経回路

前章で解説されているように，主要な温度感受性ニューロンはAFDであると考えられてきた．AFDニューロンは15～25°C程度の範囲の温度に非常に敏感に反応する．カルシウムイメージング法により，飼育温度よりも高い温度ではAFDは温度の上昇に対して反応することが示された[29]．その後，やはりカルシウムイメージング法によって，飼育温度よりも高い温度領域で温度勾配の低い方向に方向転換の頻度を高くすることは，AFDの温度に対する反応のみで行われる可能性が高いことが示された[30,31]．最近になって，AWC嗅覚ニューロンもまた，温度刺激に対しても反応することが明らかになった[17,18]．Ramotらは，温度変化に対するAFDおよびAWAニューロンの膜電位およびイオン電流の変化を測定し，AFDニューロンでは，ある閾温度よりも高い温度においては，温度上昇に反応して一過的な内向きのイオン電流が流れることを明らかにした[32]．しかし，線虫ニューロンの生理学には未知の点が多く，神経回路には未知のパラメータや実験で確かめられていない仮定が多い．さらに，温度走性行動データにも検討を加える必要がある．今後，新しい実験データ

やその理論的分析の積み重ねによる，神経回路の働きに重点を置いた熱応答の研究が必要とされる．

（3）シナプス結合データベース及びシミュレーション環境

モデル構築に必要な線虫のシナプス結合データベースを扱った2つの論文[33, 34]がある．データベースとしては，慶応大学のグループがWhiteらの論文[21]を忠実にデータベース化した（http://www.bio.keio.ac.jp/ccep/）もの[35]が最も包括的で信頼性も高い．また，wormatlas（http://wormatlas.org/）内にシナプス結合数のテーブルがあり，これはChenらの論文[34]の副産物というべきもので信頼性は高い．この他，3つのデータベースが存在する[36-38]．Watts and Strogatz[38]のデータベースには汎用の化学シナプスとギャップ結合を区別せずそれらの和が載せられてある．公開されている汎用の神経回路シミュレーションソフトウエアとしていくつかあるが，代表的な2つを挙げる．NEURON（http://www.neuron.yale.edu/neuron/）は，神経系の電気的，化学的信号の発生と伝達に関するシミュレーションに使われることを目的としている．ニューロンの精密なシミュレーションが得意である．Linux, Windows, Mac OS Xで作動する．GENESIS（http://sourceforge.net/projects/genesis-sim）はLinuxなどのUNIX系OSとMac OS Xで作動する．Cygwinを使うとWindowsでも動くらしい．GENESISは大規模神経回路のシミュレーションが得意なようである．このほかモデリングの研究者が独自のソフトウエアを開発している．

（4）神経回路モデルの例

温度走性を担う神経回路モデルの例は少なく，モデルの展開の多くは今後の研究にゆだねられる．線虫の神経回路では同一のニューロンを複数の情報の流れが経由していることが多いので，温度走性をあつかったものではないがモデル構築に役立つと思われる神経回路モデルの例を紹介する．接触刺激の実験結果[39]を説明する神経回路は，全神経回路の中から独立性の比較的高い部分回路であることが実験的に明らかにされており，回路モデルとしても良く研究されている．Wicksらは部分回路のシナプス結合の興奮性／抑制性を予測した[28]．その後，Iwasakiらは，神経回路の自由度を減らすために，注目する行動に関与するニューロンの回路と，それ以外のニューロンから成る回路とに分けて，前者の各ニューロンをMcCulloch-Pitts確率的表現モデルで表し，後者の動的

平均場と相互作用をする数式で表した[40,41]．これを接触刺激の実験結果[39]を説明する神経回路に適用した．その結果，各シナプスが興奮性か抑制性かを推測する上で，残りの「環境」の回路からの影響が大切であることを示した．Sakataらの報告[42]も，シナプスの興奮/抑制を推測するという点でIwasakiらの報告[40,41]と似ている．このモデルは移動運動に伴う（かつその原因である）首振り運動の神経回路モデルである．このモデルの特徴は，首の筋肉を動かす運動ニューロン，その運動ニューロンに出力を持つ介在ニューロンと，制御情報の流れをシナプス2個さかのぼったニューロンから構成される部分神経回路に対してシミュレーションを行い，かつ各ニューロンは電位依存性イオンチャネルを組み込み，シナプス伝達をシナプス前部の電位に比例させたものにする，というように現実の神経系に一歩近づけようとしている．これらのモデルがどの程度正しいかは実験で検証されるべきである．

　Lockeryのグループは化学走性の実験を主にしたモデルを構築しつつあり，その方法は温度走性モデルにも適用可能な部分を多く含んでいる．化学走性行動の過程をコンピューター解析して，誘引物質の局所濃度が下がる方向に動くときに後退運動の頻度が上がり，その後，局所濃度が上がる方向に動くことを明らかにした．このような状況での後退頻度の上がる状態をピルエット（pirouette：つま先を立てて回る動作）と名づけた[43]．また，4個のニューロンからなる単純な回路で走性行動をある程度説明できることを示した[44]．ニューロンの定式化はIwasakiらのものと同様であるが，Iwasakiらの回路は部分回路以外との相互作用を取り入れている点でより一般的である．温度走性に関しては，20℃で飼育した線虫アッセイプレートに載せて，プレートの温度をステップ状に20℃から3℃上下させると，上昇させた直後に一過性の後退頻度の増加と引き続いて長く続く減少がみられた[45]．逆に，ステップ状に下降させた場合には，一過的な後退頻度の減少に引き続いて緩やかで小さな後退頻度の増加がみられた[45]．これらの実験事実は，神経回路モデルの条件として生かされるべきである．

　本節（1）で述べたように，ギャップ結合を適切にモデルに組み込む必要がある．ギャップ結合で結合されているニューロン同士を同じクラスに分類すると，全ニューロンの92%のニューロンが唯1つクラスの中でつながっている[46]．したがって，神経活動の伝搬には2個以上のギャップ結合が必要なのか，またはギャップ結合を通した神経活動は限られた範囲にしか伝搬しないメカニズム

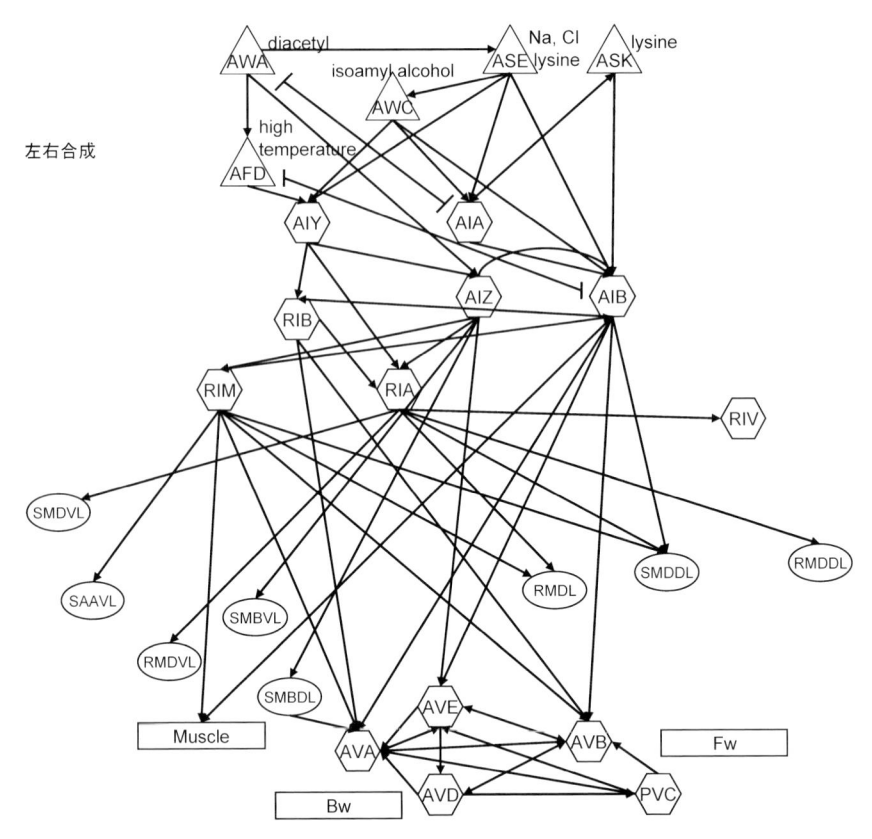

図2 化学感覚，温度感覚から下流の部分神経回路．線虫頭部の神経回路は左右ほぼ対称であるので，左右を1つに合成して描かれている．△：感覚ニューロン，六画形：介在ニューロン，楕円：運動ニューロン．矢印：化学シナプス，├──┤：ギャップ結合．感覚ニューロンの横に書かれた語は夫々が受容する刺激／刺激物質を示す．

があると予想された．

　移動運動時に体側に沿って並ぶ運動ニューロンが体の規則的くねりをもたらす神経回路‐筋肉モデルも，行動を説明する上で不可欠でありいくつかの研究がある[47–49]．

(5) 温度走性を担う神経回路モデルの例

　温度走性に関する神経回路シミュレーションの例を紹介する．図2にある回路図は，本節（3）で述べたデータベースにもとづいて感覚情報が伝達すると考えられる部分回路を描いたものである．移動運動に関する神経回路の実験的

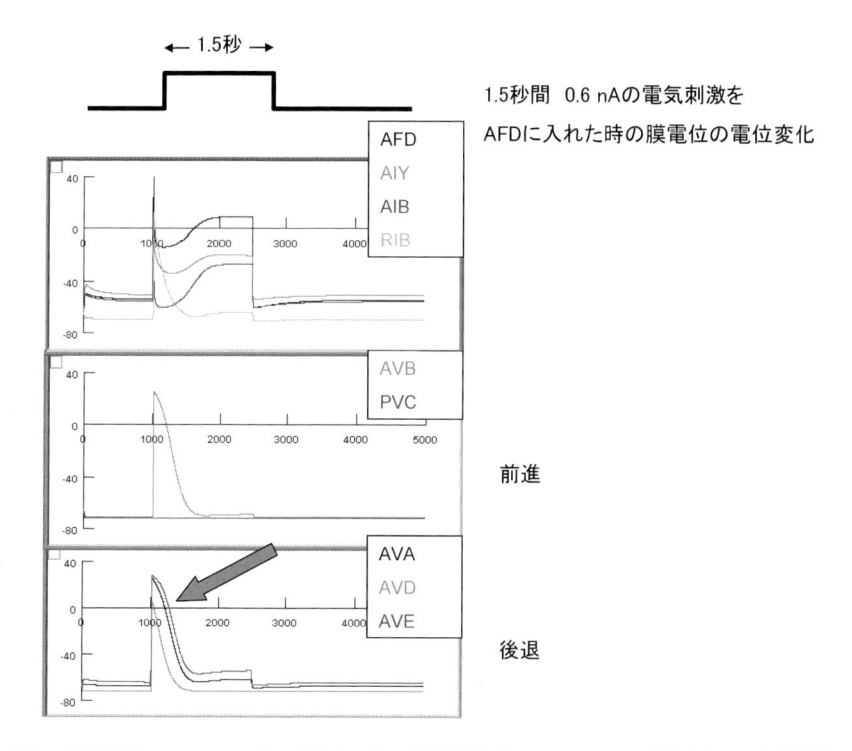

図3 温度感覚ニューロン AFD を刺激した時, 情報伝達下流のニューロンの膜電位変化. 後退運動を支配するコマンドニューロン AVA, AVD, AVE が前進運動のコマンドニューロン AVB, PVC よりも強く興奮している.

研究がなされ, レーザーでニューロンを丹念に 1 個ずつ除去して, その線虫の前進運動／後退運動が除去しない虫に比べてどのように変化したかを調べることにより, 移動運動を担う部分神経回路のニューロン間シナプスの興奮性（正の伝達), 抑制性（負の伝達）が予測された[50-52]. これら 3 つの論文のすべての予測を満たす神経回路はあるであろうか？ 祝田らの予備的研究[53]では, ランダムにシナプスの興奮／抑制を与えて 3 者に共通する性質を求めている. また, 最近の Ca^{2+} イメージングによる細胞内 Ca^{2+} 変化のデータを利用して, 温度走性行動・化学走性行動の神経回路の動作（興奮・抑制の状態変化）をある程度予測することができるようになったので, それらを矛盾なく取り入れた回路を実現する. さらに, 閾値の無いタイプのシナプスと細胞膜上のイオンチャネルを想定して, 温度走性行動を担う神経回路を作成する. そのような神経回路にステップ電位を, 温度感受性感覚ニューロン AFD に入力して, 前進

運動のコマンドニューロン AVB と PVC，及び後退運動のコマンドニューロン AVA，ADV，AVE の電位変化のシミュレーションを図3に示す．この例では，細胞内電位の上昇（温度上昇を想定している）に伴う後退運動のコマンドニューロンの興奮が，前進運動のコマンドニューロンのそれよりも顕著であり，後退運動が引き起されたと解釈できる．このモデルではシナプスの正／負はたまたま基準とする性質を満たしただけで，他の性質を満たすとは限らないし，他の正／負の回路でより高度な基準を満たすかもしれない．この研究は端緒についたばかりであり，線虫のトータルな神経回路網のシミュレーションに向けた研究が望まれる．

謝辞　本研究の一部は，岩手大学21世紀 COE プログラムと科学研究費補助金（20115004）の研究助成の下で行われた．

引用文献
1) Culotti, J. G. & Russell, R. L. 1978. Osmotic avoidance defective mutants of the nematode *Caenorhabditis elegans*. *Genetics*, 90: 243-56.
2) Faisal, A. A., Selen, L. P. & Wolpert, D. M. 2008 Noise in the nervous system. *Nature Reviews Neuroscience*, 9: 292-303.
3) Oosawa, F. 2000. The loose coupling mechanism in molecular machines of living cells. *Genes Cells*, 5: 9-16.
4) Diehn, B., Feinleib, M., Haupt, W., Hidebrand, E., Lenci, F. & Nultch, W. 1977. Terminology of behavioral responses of motile microorganisms. *Photochemistry and photobiology*, 26: 559-560.
5) Dickinson, R. B. & Tranquillo, R. T. 1995. Transport equations and indices for random and biased cell migration based on single cell properties. *SIAM Journal on Applied Mathematics*, 55: 1419-1454.
6) Ionides, E. L., Fang, K. S., Isseroff, R. R. & Oster, G. F. 2004. Stochastic models for cell motion and taxis. *Journal of Mathematical Biology*, 48: 23-37.
7) Hedgecock, E. M. & Russell, R. L. 1975. Normal and mutant thermotaxis in the nematode *Caenorhabditis elegans*. *Proceedings of the National Academy of Sciences of the United States of America*, 72: 4061-4065.
8) Mori, I. & Ohshima, Y. 1995. Neural regulation of thermotaxis in *Caenorhabditis elegans*. *Nature*, 376: 344-348.
9) Mori, I. 1999. Genetics of chemotaxis and thermotaxis in the nematode *Caenorhabditis elegans*. *Annual Review of Genetics*, 33: 399-422.
10) Luo, L., Clark, D. A., Biron, D., Mahadevan, L. & Samuel, A. D. 2006. Sensorimotor control during isothermal tracking in *Caenorhabditis elegans*. *Journal of*

Experimental Biology, 209: 4652-4662. 訂正が *Journal of Experimental Biology*, 2007 Oct; 210 (Pt 20): 3696.

11) Ito, H., Inada, H. & Mori, I. 2006. Quantitative analysis of thermotaxis in the nematode *Caenorhabditis elegans*. *Journal of Neuroscience Methods*, 154: 45-52.

12) Ryu, W. S. & Samuel, A. D. 2002. Thermotaxis in Caenorhabditis elegans analyzed by measuring responses to defined Thermal stimuli. *The Journal of Neuroscience*, 22: 5727-5733.

13) Matsuoka, T., Gomi, S. & Shingai, R. 2008. Simulation of *C. elegans* thermotactic behavior in a linear thermal gradient using a simple phenomenological motility model. *Journal of Theoretical Biology*, 250: 230-243.

14) Shingai, R. 2000. Durations and frequencies of free locomotion in wild type and GABAergic mutants of *Caenorhabditis elegans*. *Neuroscience Research*, 38: 71-83.

15) Clark, D. A., Gabel, C. V., Lee, T. M. & Samuel, A. D. 2007. Short-term adaptation and temporal processing in the cryophilic response of *Caenorhabditis elegans*. *Journal of Neurophysiology*, 97: 1903-1910.

16) Biron, D., Shibuya, M., Gabel, C., Wasserman, S. M., Clark, D. A., Brown, A., Sengupta, P. & Samuel, A. D. 2006. A diacylglycerol kinase modulates long-term thermotactic behavioral plasticity in *C. elegans*. *Nature Neuroscience*, 9: 1499-1505.

17) Kuhara, A., Okumura, M., Kimata, T., Tanizawa, Y., Takano, R., Kimura, K. D., Inada, H., Matsumoto, K. & Mori, I. 2008. Temperature sensing by an olfactory neuron in a circuit controlling behavior of *C. elegans*. *Science*, 320: 803-807.

18) Biron, D., Wasserman, S., Thomas, J. H., Samuel, A. D. & Sengupta, P. 2008. An olfactory neuron responds stochastically to temperature and modulates *Caenorhabditis elegans* thermotactic behavior. *Proceedings of the National Academy of Sciences of the United States of America*, 105: 11002-11007.

19) Stephens, G. J., Johnson-Kerner, B., Bialek, W. & Ryu, W. S. 2008. Dimensionality and dynamics in the behavior of *C. elegans*. *PLoS Computational Biology*, 4: e1000028.

20) Albertson, D. G. & Thomson, J. N. 1976. The pharynx *of Caenorhabditis elegans*. *Philosophical Transactions of The Royal Society London B*, 275: 299-325.

21) White, J. G. Southgate, E. Thomson, J. N. Brenner, S. 1986. The structure of the nervous system of the nematode *Caenorhabditis elegans*. *Philosophical Transactions of The Royal Society London B*, 314: 1-340.

22) 尾又一実. 2001. 線虫 *C. elegans* 神経回路網の構造解析（慶応大学理工学部 CCeP「生命情報システムとしての *C. elegans* 神経系の研究」第5章：53-66）.

23) Goodman, M. B., Hall, D. H., Avery, L. & Lockery, S. R. 1998. Active currents regulate sensitivity and dynamic range in *C. elegans* neurons. *Neuron*, 20: 763-772.

24) Brockie, P. J. et al. 2001. The *C. elegans* glutamate receptor subunit NMR-1 is required for slow NMDA-activated currents that regulate reversal frequency during locomotion. *Neuron*, 31:617-630.

25) O'Hagan, R., Chalfie, M. & Goodman, M. B. 2005. The MEC-4 DEG/ENaC channel

of *Caenorhabditis elegans* touch receptor neurons transduces mechanical signals. *Nature Neuroscience*, 8: 43-50.
26) Chalasani, S. H., Chronis, N., Tsunozaki, M., Gray, J. M., Ramot, D., Goodman, M. B. & Bargmann, C. I. 2007. Dissecting a circuit for olfactory behaviour in *Caenorhabditis elegans*. *Nature*, 450: 63-70.
27) Suzuki, H., Thiele, T. R., Faomont, S., Ezurra, M., Lockery, S. R. & Shafer, R. 2008. Functional asymmetry in *Caenorhabditis elegans* taste neurons and its computational role in chemotaxis. *Naure*, 454: 114-118.
28) Wick, S. R. *et al.* 1996. A dynamic network simulation of the nematode tap withdrawal circuit: predictions concerning synaptic function using behavioral criteria. *The Journal of Neuroscience*, 16: 4017-4031.
29) Kimura, K. D., Miyawaki, A., Matsumoto, K. & Mori, I. 2004. The *C. elegans* thermosensory neuron AFD responds to warming. *Current Biology*, 14: 1291-1295.
30) Clark, D. A., Biron, D., Sengupta, P. & Samuel, A. D. 2006. The AFD sensory neurons encode multiple functions underlying thermotactic behavior in *Caenorhabditis elegans*. *The Journal of Neuroscience*, 26: 7444-7451.
31) Clark, D. A., Gabel, C. V., Gabel, H. & Samuel, A. D. 2007. Temporal activity patterns in thermosensory neurons of freely moving *Caenorhabditis elegans* encode spatial thermal gradients. *The Journal of Neuroscience*, 27: 6083-6090.
32) Ramot, D., MacInnis, B. L. & Goodman, M. B. 2008. Bidirectional temperature-sensing by a single thermosensory neuron in *C. elegans*. *Nature Neuroscience*, 11: 908-15.
33) Kawamura, K. 2005. Analysis of anatomical data in "The Mind of Worm". Keio University. (http://ims.dse.ibaraki.ac.jp/ccep-tool/ からダウンロード可能)
34) Beth, L. C., David, H. H. & Dmitri, B. C. 2006 Wiring optimization can relate neuronal structure and function. *Proceedings of the National Academy of Sciences of the United States of America*, 103: 4723-4728.
35) Oshio, K., Iwasaki, Y., Morita, S., Osana, Y., Gomi, S., Akiyama, E., Omata, K., Oka, K. & Kawamura, K. 2003. Database of Synaptic Connectivity of *C. elegans* for Computation. Technical Report of CCeP, Keio Future, No. 3, Keio University.
36) Achacoso, T. B. & Yamamoto, W. S. 1992. AY's neuroanatomy of *C. elegans* for computation. Boca Raton, FL: CRC Press.
37) Durbin, R. M. 1987. Studies on the development and organisation of the nervous system of *Caenorhabditis elegans*. Ph.D. Thesis, University of Cambridge, United Kingdom. http://elegans.swmed.edu/parts/
38) Watts, D. J. & Strogatz, S. H. 1998. Collective dynamics of 'small-world' networks. *Nature*, 393: 440-442. http://cdg.columbia.edu/cdg/datasets
39) Chalfie, M. *et al.* 1985. The neural circuit for touch sensitivity in *C.elegans*. *The Journal of Neuroscience*, 5: 956-964.
40) Iwasaki, Y. & Gomi, S 2004. Stochastic formulation for a partial neural circuit of *C. elegans*. *Bulletin of mathematical biology*, 66: 727-743.

41) Iwasaki, Y. 2006. Effective modeling of a partial neural network of *C. elegans*: Theory and application. *International Congress Series*, 1291: 125-128.
42) Sakata, K. & Shingai, R. 2004. Neural network model to generate head swing in locomotion of *Caenorhabditis elegans*. *Network*, 15: 199-216.
43) Pierce-Shimomura, J. T., Morse, T. M. & Lockery, S. R. 1999. The fundamental role of pirouettes in *Caenorhabditis elegans* chemotaxis. *The Journal of Neuroscience*, 9: 9557-69.
44) Dunn, N. A., Conery, J. S. & Lockery, S. R. 2007. Circuit motif for spatial orientation behaviors identified by neural network optimization. *Journal of Neurophysiology*, 98: 888-897.
45) Zariwala, H. A., Miller, A. C., Faumont, & S. Lockery, S. R. 2003. Step response analysis of thermotaxis in *Caenorhabditis elegans*. *The Journal of Neuroscience*, 23: 4369-4377.
46) Majewska, A. & Yuste, R. 2001. Topology of gap junction networks in *C. elegans*. *Journal of Theoretical Biology*, 212: 155-167.
47) Suzuki, M., Tsuji, T. & Ohtake, H. 2005. A model of motor control of the nematode *C. elegans* with neuronal circuits. *Artificial Intelligence in Medicine*, 35: 75-86.
48) Karbowski, J., Cronin, C. J., Seah, A., Mendel, J. E., Cleary, D. & Sternberg, P. W. 2006. Conservation rules, their breakdown, and optimality in *Caenorhabditis* sinusoidal locomotion. *Journal of Theoretical Biology*, 242: 652-669.
49) Karbowski, J., Schindelman, G., Cronin, C. J., Seah, A. & Sternberg, P. W. 2008. Systems level circuit model of *C. elegans* undulatory locomotion: mathematical modeling and molecular genetics. *Journal of Computational Neuroscience*, 24: 253-276.
50) Tsalik, E. L. & Hobert, O. 2003. Functional mapping of neurons that control locomotory behavior in *Caenorhabditis elegans*. *Journal of Neurobiology*, 56: 178-197.
51) Wakabayashi, T., Kitagawa, I. & Shingai, R. 2004. Neurons regulating the duration of forward locomotion in *Caenorhabditis elegans*. *Neuroscience Research*, 50: 103-111.
52) Gray, J. M., Hill, J. J. & Bargmann, C. I. 2005. A circuit for navigation in *Caenorhabditis elegans*. *Proceedings of the National Academy of Sciences of the United States of America*, 102: 3184-3191.
53) 祝田尚之・新貝鉚蔵．C. elegans の温度走性と化学走性に関与するニューラルネットワークシナプス極性予測．電子情報通信学会技術報告，107, 542, NC2007-136, pp. 145-149.

第VI部

熱 – 生命システム相関学より得られた生命像と今後の展開

第16章

温度環境に対する生命システムのしたたかさ

河村幸男

　岩手大学21世紀COEプログラムにおいて，熱と生命活動との関係性に焦点が当てられ，熱という物理要素が生命システムの機能維持もしくは進化に関与する機構についての基礎科学的研究が，動物・植物を問わずに集中的に行われてきた．それらの研究の全体を通して見えてきた1つの大きな概念は，温度環境に適応するための生命のしたたかさ，すなわち，生命は種々の温度環境に対し様々な生命システムを頑強に守る機構を有している，ということであった．熱－生命システム相関学の研究には，基礎研究をもとにした応用や研究推進のための基盤技術開発なども含まれるが，本章では，基礎研究で見えてきた熱－生命システム相関学の背後に存在する"温度変化に対する生命のロバストネス"について焦点を当て考察してみたい．

1. 温度変化に対する生命のロバストネス

　近年，あるものの全体やシステム（たとえば，コンピューター・プログラムや金融市場，または生物など）が，様々な撹乱要因に対して安定的に存続できる"頑強さ"のことを"ロバストネス（robustness）"とよんでいる[1]．生物の場合，ある遺伝子が壊れても表現系にほとんど影響がなければ，その生物はその遺伝子が関与する生理現象に対し，遺伝的なロバストネスを有していると言える．ある生物が暮らしているその環境には，その生物が生命活動を継続する上で，特有の様々なストレス，すなわちUVの強弱や土壌の塩濃度，温度の日変化や光周期の年変化などの撹乱要因が存在している．もともとその環境で暮らしている生物は，既に，これらの外的な撹乱要因それぞれに対するロバストネスを有しているからこそ，生命維持が可能となるわけである．とりわけ，温度環境の変化という外的撹乱要因は，生物の身のまわりには常に存在するだけでなく，これまでの歴史的な地球規模の温度環境の変化を考えても，生物の進化に大きな影響をおよぼしてきたことは容易に想像ができる．

　逆に，生物が適応放散の過程で撹乱要因が大きく異なる環境に移るためには，生物はその環境に見合ったロバストネスを進化的に身につけなければならない．

たとえば，生物が海から陸上に上がるためには，乾燥に対する水分維持や重力に対抗できる体の力学的構造など，様々な撹乱要因に対する機構を発達させなければならなかったと推察される．その中でも温度変化に対するロバストネス（以後，温度ロバストネスと省略する）を身につけることは，非常に重要であったと思われる．すなわち，周りが液体状の水で囲まれている場合は，水の大きな比熱により比較的温度変化は少ないが，陸上の場合，地下に潜らない限り生物の周りは比熱容量が比較的小さな空気に囲まれるため，生物は必然的に幅広い温度変化にさらされることとなる．また海水温そのものも，南極のような極地においてもおおよそ−2℃程度までしか下がらず，生体内で凍結が生じる可能性も陸上に比べると著しく低いものと推察される．このようなことを考えると，生物が陸上に進出するためには，より高度な温度適応機構を身につけなければ生存できなかったものと思われる．

例として，1日の温度変化を考えてみよう．温度の日変化は日常的な出来事であるが，その変化幅はかなり大きなものである．岩手大学のある盛岡の場合，月平均的には最低気温と最高気温の差は，おおよそ10℃以内に収まっているが，1日ごとのデータを見ると15℃以上，時には20℃近くの差が出る日もある[2]．生化学的な反応系を考えると，温度差が20℃の影響はかなり大きいものと算出される．たとえば，30℃における反応と10℃の反応は，Q_{10}の法則を考えると4〜9倍程度の速度差が生まれると予想される．この計算は，温度t_1, t_2の時の反応速度をv_1, v_2, とした時のQ_{10}の法則式，

$$Q_{10} = \left(\frac{v_2}{v_1}\right)^{\frac{10}{t_2-t_1}} \tag{1}$$

と，一般的な生化学反応のQ_{10}値が2〜3であることに基づいて行っている[3]．さて，このような温度差が生じる環境の中で，生物はどのような温度ロバストネスで適応しているのだろうか？

（1）内在的温度補償機構

まず生化学的に安定性を生み出す方法から考察してみると，「温度変化が生じても全体のバランスがあうようにあらかじめ調節が行われている（内在的温度補償機構）」，という機構が考えられる．すなわち，システムの要素の温度特性がほとんど同じであれば，温度変化に伴いシステム全体の活性が上下するもの

の，システムの機能障害は免れる可能性が考えられる．たとえば，第8章で紹介された液胞膜におけるpH勾配形成と温度の関係の場合，温度低下とともに水素イオン輸送酵素の活性は低下するが，同時に膜からの水素イオンの流出も低下し，両者における流入と流出の収支バランスが温度変化に対し一定になるように保たれ，その結果，温度変化に対し液胞のpH勾配は安定的に保たれていると予想されている．システムの構成要素が少数であれば，このような調節方法も十分に考えられる．別の例としては，生物時計が挙げられる．現在考えられている生物時計モデルでは，いくつかの遺伝子発現系が互いにネガティブフィードバックにより制御されあうシステムであり，その結果これらの遺伝子発現は周期的な振動を伴うようになる．この生物時計の振動周期は温度変化の影響を受けないことが知られており，生物時計システムそのものの中に温度補償性が組み込まれていると予想され，いくつかのモデルが提唱されている[4-6]．

(2) 生化学的なフィードバック機構

しかし，上記の例のように，システム機能が物流の収支バランスや周期性に関するものであれば内在的な温度補償により調節できるが，代謝系のように化学反応により産物を生み出すことを目的とするシステムであれば，温度変化に伴いシステム全体の活性が上下することは避けられない．さらに，代謝系は代謝産物を介して，いくつかのシステムがつながったさらに大きなシステムを構成するため，調節機能が存在しなければ，それぞれのシステムにおける代謝産物の生産と消費のバランスは狂い，その結果，代謝産物の細胞内における濃度は，温度により異なる可能性もあるだろう．いずれの場合においても，温度変化のたびに代謝産物の濃度バランスが変化する可能性があり，そのような状態が続けば，生命活動は支障をきたすだけでなく，時には脅かされる場合もあり得るであろう．このような事態が生じた場合には，「生化学的なフィードバック機構によりバランスが調節されている」，ということが予想される．たとえば植物では，葉緑体における炭酸固定に関与する酵素が，植物を数分間低温にさらすだけで活性化されることが知られている[7]．この活性化のメカニズムは明らかにされていないが，代謝産物のバランスの崩れなどからのフィードバック情報により，これらの酵素が活性化されることは十分にあり得るだろう．ところで用語としては，生化学的なフィードバック機構も温度補償機構の範囲に入るが[8]，ここでは，システムとして完全に閉じた状態でも機能するものに限り

内在的温度補償機構とし，それぞれ別の制御機構として分けて考察している．

（3） 2種類の馴化機構

　以上の調節機構は，主に一時的な温度変化に対する生理・生化学的なロバストネス機構を考察した場合である．しかし，生理・生化学的なロバストネス機構の限界を超えてしまうような温度変化にさらされた場合はどうであろうか？　また，一時的な温度変化であれば，内在的温度補償機構や生化学的フィードバック機構により対処できるであろうが，季節変化のような長期的な温度変化であれば，それらの機構では対応できない場合もあるであろう．そのような場合，システムの要素を一部分もしくは大部分を遺伝子発現などにより，よりその温度に適した要素に変えてしまう必要があると思われる．すなわち，「遺伝子発現を伴う馴化機構により調節されている」，と考えられる．ところで低温に対する馴化機構を考えた場合，氷点を境にした現象を考慮すると，2種類の制御形態があることが予想される．

　まず氷点以上での単純な温度変化の場合であるが，たとえ馴化が必要な温度になった後であっても，温度補償機構や生化学的フィードバック機構により一時的に対応しながら，馴化機構を作動させることにより対応することが可能であると考えられる．この場合の冷温に対する馴化機構は一種のフィードバック制御となる．一方，温度が氷点下になり体内における細胞外の水が凍結する場合，細胞が置かれている環境は凍結前後で一変する．すなわち，体内で形成された氷晶は細胞から水分を奪い取ることにより脱水ストレスを与え，さらに氷晶成長により機械ストレスを与える．この様な環境下では，細胞は単純な温度変化におけるロバストネスよりはるかに頑強なロバスト性を持たなければ，その生命活動は失われてしまう．たとえば植物では，凍結下において初めて働く細胞膜や葉緑体の安定化機構を有していることが明らかになっている（第6，7章を参照）．また植物・動物ともどもに生命活動の一時的な休止，すなわち越冬休眠を行っていることも知られている（第10，13章を参照）．このような凍結に対する馴化の場合，凍結温度になる前，たとえば秋から初冬にかけて，その馴化をある程度進めていなければならない（第5章を参照）．このような，ある状態になることを別の情報から前もって感知し，そのことに対応する制御のことをフィードフォワード制御という．このように低温馴化機構を考えると，冷温耐性に関するものはフィードバック的に，凍結耐性関するものはフィードフォ

ワード的に遺伝子発現が制御されているものと考えられる（凍結耐性機構にはほかにも，凍結後，フィードバック的に働くものも知られている[9]）．

（4）恒温性機構

さて，上記の方法では，温度変化に対し安定性を保つ機構としては悪くはないが，必ず環境の温度変化の影響を受ける．特に低温下では，代謝活性の低下は避けられないだけでなく，凍結温度下では生命活動を休止せざるを得ない．そのように考えると，「生体内の温度をある一定の範囲内に維持する（いわゆる恒温性）」，という方法が，おそらく最も温度変化に対し強い安定性が得られる機構であろう．しかし，恒温性をある程度保つためには，必ず体内を外気温より高い温度で維持せねばならず，その結果，膨大なエネルギーを用意できる生物に限定される機構となる．これは，体内温度の冷却方法が放熱や発汗などに限定され，外気温より温度を効率よく低くすることが，生物にとって事実上不可能であるためである．一方，生体内を恒温的に保つこと自身，生体に温度ロバストネスを与える方法であるが，恒温を保つ機構自身もシステムとしてロバストネスでなければ，環境の温度変化の中，生体内の温度を一定の範囲に保つことはできない．たとえば，第Ⅰ部で紹介されたザゼンソウにおける温度制御システムは，工学的に普及している温度制御システムであるPID制御法より高い恒温性を作り出す，ロバスト性の高いものであることが明らかになっている．このように恒温性機構とは，ロバストネスな環境を提供すると同時に自身がロバストネスであるという，二重のロバスト性を有する機構となる．

（5）逃避行動

最後に，自由に動くことができるものだけに成り立つ温度ロバストネスもある．すなわち，「より最適な温度環境に逃げる」，という方法である．長距離的な逃避行動であれば，季節的な渡り鳥の移動があり，この場合，移動距離は数千キロにおよぶものである．越冬する生物であれば，逃避距離はずっと短く，身近な土や落ち葉の中，また雪の下などに逃げれば，より安定した温度環境が得られる（第13章や第14章を参照）．

以上の考察をまとめると，生命の温度ロバストネスは，内在的温度補償機構，生化学的フィードバック機構，フィードバック的馴化機構，フィードフォワー

ド的馴化機構，恒温性機構，逃避行動の6つが考えられる．

2．生命ロバストネスの研究

これまで温度ロバストネスを中心に考察を進めてきたが，それ以外にも生物は環境に適応するために種々のロバスト性を身につけてきたと考えられ，これらのロバスト性を明らかにしていくことは，基礎科学的には，たとえば，生命進化を考察する上でも非常に重要なことである．また，応用面からも，生命が進化過程で培ってきた安定的システムであるため，このシステムを自由に制御し取りあつかうことができれば多大な恩恵を受けることが可能になると思われる．一方で，生物内における代謝反応や生理現象は複数の要素からなる複雑システムであるため，その中からある撹乱要因に対するロバスト性を見つけ出し，そのロバストネスを生み出すシステムの全貌を明らかにするには大きな困難が伴うことが予想される．さて，このような生命のロバストネスを明らかにしていくには，どのように研究を進めればよいだろうか？

（1）"正常 - 異常 - 外的撹乱の度合い"の関係性

1つの方向性としては，「外的撹乱要因を与えた場合どの程度の大きさの撹乱まで，対象とする生命活動が安定的に維持されるか？」，を明らかにすることが，生命ロバストネスを解明するための第一歩と考えられる．先にも書いたとおり，もともとある環境で暮らしている生物は，既に，その環境下での撹乱要因に対するロバストネスを有しており，その撹乱要因が存在する中で，その生物は"正常な"生命活動が営まれている．しかし，その外的撹乱要因の度合いがロバスト性の限界を超えた場合，観察している生命活動に"異常"が生じる．一方で，ロバストネスの崩壊は，システムのすべての要素が突然すべて崩壊するものではなく，そのロバストネスを支えているシステムの肝心な要素の中で，最も弱い部分のいくつかが最初に壊れていくものと予想される．すなわち，正常な状態と異常な状態，そして外的撹乱要因の度合いとの関係を理解することにより，ロバストネスを支える肝心な要素が明らかになり，その要素からロバストネスを生み出すシステムが明らかにしていくことが期待できる．

たとえば，生理・生化学的な方法で，植物の生長における温度ロバストネスを明らかにしていくことを考えてみる．一般的に植物の生長速度は，温度を変数にしたグラフにすると指数関数的な挙動を示し，その範囲の中であれば"正

常な"生長と考え，温度ロバストネスが働いていると考える．一方，ある温度以下もしくは以上で（すなわち変曲点において），グラフから予想される成長速度より著しく低下する，もしくは生長そのものが停止する場合，生長に関する温度ロバストネスに"異常"をきたしたと考える．この時，"生長異常"をきたした温度と同じところで，ある酵素の活性の温度特性（すなわち，温度を変数とした酵素活性のグラフ）の変わる変曲点が観察されたり，また他には，その温度を境に酵素そのものが失活しはじめたりすることが，生化学的な実験より示されれば，その酵素が"正常な"温度ロバストネスを支えていた要素である可能性は高い．その酵素が代謝に関係するものであれば，その代謝の産物が細胞もしくはそれ以上のレベルでの生命活動を支えるものであることが考えられ，また，その代謝系の温度ロバストネスが，植物の生長における温度ロバストネスを支えているものと考えられる（他の例としては，第8章や第9章を参照）．

（2）多様性の中での比較

次のステップとして，"正常 – 異常 – 外的撹乱の度合い"の関係性をより明確にするためには，対象とする生物や生命現象に多様性を持たせ，その中で比較する方法が有効である．すなわち，ロバスト性の異なる生物間での比較（温度ロバストネスであれば，温度感受性種と温度耐性種との比較）や，野生株と変異株との比較，また馴化する生物であれば馴化前後での比較を行うことにより，ロバストネスが明らかになることが期待できる（第5～7章や第11章を参照）．たとえば，上記の生長に関する温度ロバストネスの場合，温度 – 生長グラフで変曲点がみられない温度耐性種から得られた酵素であれば，温度感受性種でみられる温度 – 酵素活性グラフにおける変曲点は現れないはずである．また，温度感受性種では，温度耐性種から得られたこの酵素を過剰発現させた変異株において，温度感受性は和らぐことが期待できる．これらの予想は，この酵素が温度ロバストネスの根幹に関与するという仮定の下であり，もし期待と異なる結果が得られた場合は，別の"場所"にロバストネスの根幹を支えるものが存在する，という可能性が高いことになる．この"場所"について考察する場合，生命現象の階層性を考慮しなければならないだろう．

（3）生命現象の階層性とロバストネスの根幹

生命現象は，基本的には階層化して存在していると考えられ，またそれぞれ

の階層には，それぞれのロバストネスが存在するであろう．ロバストネスの階層としては，タンパク質の構造保持や酵素反応系の維持，各オルガネラ機能の維持や細胞一個での生命維持，組織・器官レベルでの機能維持や生物一個体での生命維持，さらには群集もしくは生態系レベルでのその安定性，などが挙げられる．これらの階層化されたロバストネスは，組み合わさっている場合もあれば，そうでない場合もあるであろう．組み合わさったシステムとしては，たとえば，ある個体レベルで観察される生理現象の安定性が，いくつかの組織・器官が組み合わさったシステムによるロバストネスによりもたらされ，またさらに，それぞれの組織・器官の安定性は，それらを作るそれぞれの細胞における分子システムのロバストネスにより安定化されている，そのようなシステムである．この場合，ロバストネスは二重になっており，たとえ分子システムのロバストネスが崩壊したとしても，その上の組織・器官のロバストネスにより補完され，その結果，観察している生理現象は思った以上に影響を受けないことが予想される．

このような例として，第7章で紹介した，植物における細胞膜修復による凍結機械ストレス耐性が考えられる．この凍結機械ストレス耐性は，細胞レベルにおける全凍結耐性の40〜50%を説明ができる機構であった．しかし，この凍結機械ストレスが発揮できないように変異を加えた植物においては，凍結耐性は低下したものの，予想されるものより変動幅が小さかった．現在この一因として，凍結機械ストレス耐性は主に細胞レベルで行われているのではなく，組織・器官レベルにおいて氷晶形成が制御されることにより直接的に氷晶が細胞に接触しないような形で行われているものと予想されている．

おそらく，どの階層で実験・観察を行っても，生命のロバストネスは発見できるであろうが，目的の生命現象のロバストネスを理解するためには，そのロバストネスを主に生み出す基盤がどの階層の生命現象より成り立っているかを解明する必要があるだろう．また，それらを明らかにするための実験的方法は限定されるであろう．たとえば，知りたい現象のロバストネスが，代謝系などの分子レベルのものであれば，システムを構成するそれぞれの要素（酵素など）の特徴（活性など）や要素間の関係性が明らかな場合，コンピューター上でシミュレーションを行うことは（インシリコ解析），その代謝反応系のロバストネスを知るうえで有効かつ強力な手段になるかもしれない．また，分子レベルでのロバストネスが生理現象のロバストネスに直結しているような場合であれば，

多くの遺伝子変異株の中から，その生理現象に異常が生じるものを探し出す方法は有効であろう．しかし，ロバストネスが多重化されているような生理現象の場合，まずは外的撹乱要因の性質や組織・器官の形態学的特徴，さらには両者の関係性などから地道に明らかにしていかなければならないだろう．

（4）生命ロバストネスと進化

　生命ロバストネスの進化を考察するにあたり，トレードオフの概念は忘れてはならないものであろう．たとえば，ある撹乱要因に対してのみに頑強なシステムを作れば作るほど，ほかの撹乱要因に対しては脆弱になることが知られている[1]．生命現象ではないが，近代的な都市においては電力の安定供給を前提に作り出されるライフラインや交通整理などにより，都市機能のロバストネスが生み出されるよう設計されているが，電力供給が一時的にでも停止すると都市機能は一気に麻痺してしまう．このことを避けるためには，電力供給源を多数作り出せば，停電に対してもロバストなシステムは作り出せるが，普段から必要以上に電力資源を必要とする効率の悪いシステムとなる．逆に，効率的にある現象に対し専門化したロバストネスを作り出すためには，他の現象に対し脆弱になることは避けられない．現在のところ，ロバストネスは「ロバスト性 - 脆弱性 - 専門性 - 効率性」の関係におけるトレードオフにより調節されることが予想されている[1]．

　生命のロバストネスにおいても，進化過程においてこの4つの関係性におけるトレードオフにより調節されてきたものと考えられる．この進化におけるトレードオフと生命ロバストネスの関係については依然仮説の域を出るものではないが，この考え方を導入することにより生命現象の理解が深まることが期待できる．1つの例として，農作物の冷温傷害は，この進化のトレードオフにより生じた脆弱性が，人工的な作用により露見した結果である，ととらえられると理解しやすい．植物の冷温傷害，特に致死に至るようなものは基本的に自然界ではほとんど生じない．もし日常的に生じるようなものであれば，それらの種は淘汰されるからである．すなわち，冷温傷害は農地を拡大する過程において，基本的に栽培地が原産地より冷涼な気候のために生じるものであり，たとえば日本では稲作などを北に広げる過程で生じてきた人工的な問題である．第9章で紹介したように，イネの冷温傷害は，特に生殖期の様々な場面で顕れやすいことが知られている．一方，いくつかの野生種のイネでは，栽培種のもの

に比べ冷温に対し格段に強いが，種子の生産性や食味に関しては逆に著しく低いことが知られている．野生種と栽培種の起源的な問題はあるが，生殖期の特徴は当然種子の特徴に反映することから，イネの場合，農業的な価値の高い種子を作る過程で得られた生殖期の形質が，温度ロバストネスの性質とトレードオフの関係にあることも考えられる．このような関係性は，網羅的な遺伝子発現解析などを通して明らかになってくることが期待される．

次に，動物における温度ロバストネスのトレードオフを考察する場合，温度情報処理機構を理解することは重要であろう．たとえば線虫では，より快適な温度環境に逃避するという温度走性により生体内のロバストネスを保つが，この温度走性は温度受容神経を介した温度情報処理により成り立つ．一方，この温度受容神経は化学走性を行うための情報処理にも関与する．さらに温度走性と化学走性がトレードオフの関係になった場合，トレードオフになる前に得た情報をもとに，行動が決定されることが知られている．すなわち，動物においては，行動に由来するロバストネスであれば，異なるロバストネスがトレードオフの状態になっても，情報処理機構により効率的にこの関係を調節できるものと考えられる（第V部を参照）．

最後に，温度ロバストネスの進化を研究するうえで，温度センサー機構を考えることも重要である．すなわち温度ロバストネスを生み出すフィードフォワード的馴化機構や恒温性機構は温度センサーがあってはじめて成り立つ機構である（第3章を参照）．温度ロバストネス機構の全体がわからない場合であっても，温度センサーの分子が特定できれば，温度ロバストネスの進化過程がある程度推定できる可能性がある（第4章を参照）．

3．おわりに

本章は，これで生命の温度ロバストネスについての考察を終えるが，この章を読んだあとに，もう一度，他の章を読み直していただきたい．そうすることにより，生命の温度ロバストネスの概念がより深く理解できるものと思われる．最後に，熱－生命システム相関学においては，ここで紹介した生命の温度ロバストネスを背景とした基礎的な研究以外にも，熱－生命に関する応用に向けた研究，たとえばザゼンソウ発熱システムに基づいたデバイス開発や植物とウイルスとの相互作用による発熱の研究，また温度ロバスト性の鍵となる物質の利用など，おもしろい取り組みが行われてきた（第2章や第12章，第13章を参

照).岩手大学を中心に生み出された熱と生命の関係性の研究は,今後も生命科学の基礎と応用の分野に新しい発見と応用の話題を提供していくことが期待される.

引用文献
1) 北野宏明・竹内　薫.2007.したたかな生命.ダイヤモンド社.
2) http://www.data.jma.go.jp/obd/stats/etrn/index.php
3) 八杉竜一・小関治男・古谷雅樹・日高敏隆.1996.生物学事典第4版.岩波書店.
4) Ruoff, P., Loros, J. J. *et al.* 2005. The relationship between FRQ-protein stability and temperature compensation in the Neurospora circadian clock. *Proceedings of the National Academy of Sciences of the United States of America*, 102: 17681-17686.
5) Gould, P. D., Locke, J. C. *et al.* 2006. The molecular basis of temperature compensation in the Arabidopsis circadian clock. *The Plant Cell*, 18: 1177-1187.
6) Hong, C. I., Conrad, E. D. *et al.* 2007. A proposal for robust temperature compensation of circadian rhythms. *Proceedings of the National Academy of Sciences of the United States of America*, 104: 1195-1200.
7) Holaday, A. S., Martindale, W. *et al.* 1992. Changes in Activities of Enzymes of Carbon Metabolism in Leaves during Exposure of Plants to Low Temperature. *Plant Physiology*, 98: 1105-1114.
8) Ruoff, P., Zakhartsev, M. *et al.* 2007. Temperature compensation through systems biology. *FEBS Journal*, 274: 940-950.
9) Livingston, D. P. & Henson, C. A. 1998. Apoplastic sugars, fructans, fructan exohydrolase, and invertase in winter oat: Responses to second-phase cold hardening. *Plant Physiology*, 116: 403-408.

第17章

様々な温度環境に生きる
生命の理解に向けて

稲葉丈人

　岩手大学21世紀COEプログラムでは，様々な温度環境に生きる生命の温度応答メカニズムの解明やその利用に取り組んできた．プログラムで対象とした生き物は，植物から昆虫，ウイルス，動物まで多種多様である．一見，寄せ集めのようにも思えるが，きわめてバラエティーに富んでおり，本書を読んでいただければいかに様々な生命の温度・熱に対する応答機構の理解が進んだか，おわかりいただけるだろう．今後は，本プログラムで明らかになったことを土台に，個々の研究をさらに深化させると同時に，応用面での可能性を探ることになるだろう．同時に，それらの研究活動を通して新たなる疑問もまた湧き上がってきた．

1．様々な生物の「生き様」を解明する

（1）植物の温度センサー

　やはり，1つの大きな疑問は「植物の温度センシング機構はどうなっているのだろうか」ということである．当プログラムの成果で随所に触れられているが，植物は栄養生長，生殖生長ステージで温度の影響を，しかもそれぞれの植物，現象ごとに異なる温度帯で影響を受ける．春先に花を咲かせるザゼンソウは氷点下でも生殖生長に影響が出ないが，イネのような植物はそれよりはるかに高い温度でも生殖生長が阻害される．このようなことを考えると，各々の植物はそれぞれ自分が命を育むうえで重要な温度帯では，きわめて敏感に温度を感知し，反応しているといえる．果たして，イネとザゼンソウは同じ温度センサーを持っているのだろうか？　それとも，まったく異なるのだろうか？　残念ながら，今のところ植物の温度センシング機構に関する知見は非常に限られており，センサー分子の同定には至っていない．まずは，何らかの植物で「確実に温度センサーである」といえる分子を同定し，それがほかの植物に存在するかどうかを明らかにすることで，将来，こうした疑問に答えられるだろう．

(2) 植物における発熱の意義

　植物における発熱の意義は何だろう？　ザゼンソウの発熱ステージは生殖や器官の分化・発生と密接に結びついている．また，熱の発生はミトコンドリアが関係していると推察される．したがって，発生や生殖，あるいはオルガネラ研究の専門家がザゼンソウの研究に加わることで，発熱の意義の解明が飛躍的に進むかもしれない．また，植物ウイルスが感染する過程においても発熱が観察されている．はたしてこの発熱は，ウイルスに対する防御応答と関係しているのだろうか？　この現象が生理的にどのような意味を持つのか，今後の研究で明らかになっていくだろう．

(3) 温度応答関連遺伝子の分子進化

　生物の温度応答に関わる遺伝子の分子進化に関する研究も，これから発展が期待される分野である．進化の過程で温度センサータンパク質に起こってきた変異や生物種によるレパートリーの違いは，生物の適応進化と関連があるのだろうか？　おそらく，実証的に示した例はほとんどないと思われるので，タンパク質の分子進化と生物の適応進化の関連を調べる研究は今後重要になってくるだろう．本書にも出てきたUCPやAOXといった発熱候補因子の分子進化と発熱機能の獲得との関わりなどが明らかになれば，生物の温度応答機構の理解がより一層深まるに違いない．

(4) 凍結耐性の分子機構

　植物細胞の凍結耐性については，本プログラムで様々な角度から解析されてきた．中でも，低温に応答して細胞内の各所に蓄積するタンパク質の解析は大きく進んだ．細胞膜においては，動物の膜修復因子が植物細胞の凍結耐性にも寄与していることが明らかになってきた．おそらく，今後はこうした因子とそのほかの因子がどのように協調して膜を保護しているのかが明らかになっていくに違いない．また，葉緑体の包膜にも低温誘導性タンパク質が存在することが新たに分かったが，実際の機能はよくわかっていない．代謝産物の輸送に関与しているのだろうか，それとも膜を安定化する作用があるのだろうか？　こうした分子の機能が明らかになれば，自ずと凍結に対する耐性獲得に必要な「細胞内システム」の全体像が見えてくるだろう．

(5) 生物の温度応答シミュレーション

　コンピューター・シミュレーションにより，生物の温度応答を解析することも当プログラムの1つの柱であった．これまでに，線虫の温度走性を再現できるモデルが構築できつつある．しかしながら「個体の場合」と「集団の場合」で，温度に対する応答が異なるようである．これは，バクテリアの温度走性が個体密度に影響を受けるのとよく似ている．この，「個体の場合」と「集団の場合」の違いは何だろう？　個体と集団の温度走性の違いのギャップを埋めるモノが何かわかれば，より正確に温度走性をシミュレーションできるようになるだろう．私個人としては，シミュレーションの「的中率」の向上にも興味がある．つまり「まず未知の結果をシミュレーションし，それから実験を行ったときにどの程度シミュレーションが正しいか」，言い換えれば「再現」ではなく「予測」が可能になるかどうかである．こうした成果が積み重なってくると，コンピューター上に仮想生物を構築することができるようになるかもしれない．

2．様々な生物の「生き様」を利用する

　本プログラムで明らかになってきた成果の中には，今後，応用面で期待される成果も多くある．その1つは，ザゼンソウによる温度制御機構の工学的な利用である．おそらく，実用化するためには，ユニークさだけではなく技術的な優位性を保つ必要がある．改良された制御プログラムが，既存の制御プログラムに対してどの程度の優位性を保てるかが勝負の分かれ目になるのではないだろうか？　「ザゼンアトラクター」が研究者の手を離れて，量産化やマーケティングという，次なる課題に挑戦する日もそう遠くないかもしれない．

　昆虫の休眠特異的ペプチドについても，基礎研究から次のステージに入りつつある．当プログラムではグループの構成上，植物の温度応答が中心になっているが，実は種類という点では，昆虫は地球上で最も繁栄している生物種である．したがって，私たちが今現在，想像もしないようなユニークな温度応答メカニズムを持つ昆虫が存在する可能性も十分ある．

　また，イネの低温発芽性に関係する遺伝子群の解析も，応用面で今後の発展が大いに期待できる．植物のバイオテクノロジーにおいては，よい研究成果が出てもつねに「遺伝子組換え」という壁が立ちはだかる．一方，今回の研究で明らかになりつつある低温発芽性に関連する遺伝子群は交配により他の品種に導入可能なため，遺伝子組換え技術を使うことなく耐冷性品種を作り出せる．

また，人為的に低温発芽性を持つ突然変異体を作出するアプローチも用いており，こうした新品種が圃場での試験を経て私たちの食卓に現れる日が来るに違いない．

　これらの事例のうち，2つの事例が「非モデル生物」から出てきたものであることを大いに強調したい．現在のところ，多くの研究資源・資金はモデル生物に集中し，非モデル生物を対象に質の高い研究を行なうことは容易ではない．一方，モデル生物における研究基盤の整備は，非モデル生物との比較解析を容易にし，そうした生物を対象とする研究に対するハードルがより低くなりつつある．そもそも，「モデル生物」とは私たちが実験を行なうのに都合の良い生物であり，生物資源としての利用価値があるかないかはそれほど考慮されていない．したがって，地球上の生物資源はほとんど利用されずに手付かずで残っているといっても過言ではない．今後は，「少し変った生き物」から私たちの役に立つ技術が続々と出てくるかもしれない．「ザゼンアトラクター」や「休眠特異的ペプチド」がそうした技術の先駆けとなることを期待したい．

3．おわりに

　21世紀COEプログラムの成果を生かし，こうした疑問に答えるため，プログラムの中心的役割をはたした岩手大学農学部附属寒冷バイオシステム研究センターは2008年4月より「寒冷バイオフロンティア研究センター」として拡充され，新しいスタートを切った．また，後続のプログラムにより研究をさらに発展させることも視野に入れている．次にこうした本が出るときに，いったいどんな新たな発見を記載できるのか，私自身，一読者としても楽しみである．

あとがき—生命システムの温度応答反応の先にあるもの—

　ここまでの記述にある通り，生物が生活環を通して，「熱」という物理量，つまり温度に対してどのように反応し，適応しているか，理解いただけたことであろう．さらに，この21世紀COEプログラム「熱‐生命システム相関学拠点創成」において，生物の温度応答反応を，領域横断的に今までにない角度から統合的に研究できたことは大きい．特に，農工連携の先駆け的な研究展開ができたことであろう．21世紀は，生物の時代ともいわれ，工学分野でもいかに生物の巧みを取り込み，それを応用することが命題ともいわれる．ヒトのように動くロボットなどはその象徴であろう．「熱」にまつわる農工連携においてこの研究を基盤として，さらに発展させ，生物の巧みを工学的に応用できれば，21世紀的課題である「環境問題」，「人口問題」，「食糧問題」の解決にも新規な切り口が見いだせるのであろう．

　生命活動における「熱」との相互作用，生物の温度応答反応の巧妙性は，前述の通りであるが，生命活動を営むためには，様々な分子の相互作用が鍵を握っていることも示してきた．このような「鍵分子」の相互作用を媒介するもの多くは，「水」であろう．低温では氷となり，生命活動に対して負の影響がある一方，高温・高圧の熱水鉱床の中では，100℃以上の環境下で生きている生命体が存在するのも事実である．本書が記した「熱」と「生命」の相互作用の場を媒介する「水分子」というものにも，工学的，物理的角度からの研究が融合できれば，「生命とは何か？」ということに対して，新規な回答，応用を示すことができるであろう．

　本書が，今後の生命科学研究，領域横断的研究の道しるべになり，基礎研究，さらには「地球温暖化」などの応用研究への発展の基礎になることを祈ってやまない．

　岩手大学21世紀COEプログラムは，多くの方々からの支援と励ましをいただきながらここまで進めることができた．非常に多忙な状況にもかかわらず，年度ごとに私たちのプロジェクトの進捗状況を評価し，的確な助言をしていただいた外部評価委員の方々，岩渕雅樹先生，鎌田博先生，木場隆夫先生，笹沼恭友先生，篠崎一雄先生，鈴木昭憲先生，塚田稔先生，日向康吉先生，山下興

亜先生，および，山谷知行先生（50音順）に心から感謝したい．鈴木昭憲先生には本書のまえがきも書いていただいた．岩手大学では，藤井克己先生，平山健一先生，齋藤徳美先生，高塚龍之先生，猪内正雄先生，雑賀優先生，江尻愼一郎先生をはじめ，多くの教職員の方々，学生諸君の協力と理解が私たちのプロジェクトを支えてくださったことに感謝したい．また，本プロジェクトのロゴに始まり，ポスターなどデザイン全般を統括いただいた，プレススタジオ・アンカーの岡田昌平氏，智内三知江氏に感謝したい．最後に，本書を出版する機会を与えてくださった東海大学出版会，とりわけ，企画から原稿の取りまとめまでお世話していただいた稲英史氏に厚くお礼申し上げる．

2009年2月　渡辺正夫

専門用語 (50音順)

アクアポリン　aquaporin：真核生物の生体膜に存在する水透過チャネル．

アグロインフィルトレーション　agroinfiltration：外来遺伝子由来の cDNA で形質転換したアグロバクテリウムを植物細胞間隙に注入（インフィルトレーション）し，アグロバクテリウムの遺伝子発現能力を利用して目的の遺伝子を植物組織で一過的に発現させる方法．

アグロバクテリウム　agrobacterium：一般的には土壌細菌の「Agrobacterium tumefaciens」を指す．感染した植物細胞に遺伝子を送り込む性質を持っていることから，遺伝子組み換え植物の作出に用いられる．

アトラクター　attractor：力学系の軌道を可視化したもの．系を支配するダイナミクスの方程式そのものを可視化したものに相当する．

アポリシス　apolysis：昆虫の脱皮の際，もっとも早期に起こる現象の1つで，昆虫が脱皮を行う前に古いクチクラが真皮細胞から離れる現象．ここから脱皮がはじまる．

アミノ酸置換　amino acid substitution：進化の過程で，タンパク質のあるアミノ酸が別の種類のアミノ酸に置き換わること．アミノ酸置換の検出は，相同なタンパク質を比較し，アミノ酸の種類が異なっている箇所を探索する．

RNA 干渉（RNAi）RNA interference：2本鎖 RNA（dsRNA）と相補的な配列を持つ遺伝子の発現が抑制される現象．

RAPD　random amplified polymorphic DNA：無作為に合成したプライマーを用いて PCR を行い，増幅した断片の数や長さの違いを検出する DNA マーカー．

Argonaute：small RNA と標的遺伝子の結合に関わるタンパク質複合体の活性中心に存在する RNA スライサー活性をもつタンパク質．

アンキリンリピートドメイン　ankyrin repeat domain：様々な種類のタンパク質に存在する33アミノ酸残基程のドメイン．タンパク質-タンパク質相互作用に関与する．

アンチマイシン A　antimycin A：複合体 III 阻害剤．Qi サイトに結合し，Qo サイトから ROS（ユビセミキノン）が発生する．

遺伝子欠失　gene deletion：ゲノムから，ある遺伝子配列が失われてしまう現象．

遺伝子重複　gene duplication：ゲノム中で，ある遺伝子配列のコピー数が増える現象．

インシリコ　in silico：コンピューター上でのシミュレーション実験のこと．in vitro は"試験管内"，in vivo は"生体内"を意味するが，これらに対応した表現になる．

AIY ニューロン **AIY interneuron**：線虫のニューロンは 3 文字で表されており，AIY ニューロンは複数の感覚ニューロンから入力を受ける介在ニューロンの 1 種．

AFLP **amplified fragment length polymorphism**：あらかじめ制限酵素処理を行い断片化したゲノムを鋳型に PCR を行い，増幅断片の違いを検出する DNA マーカー．

AFD 感覚神経細胞 **AFD sensory neuron**：線虫頭部に位置する感覚神経細胞．温度を受容する．

AMPA 型グルタミン酸受容体 **AMPA subtype glutamate receptor**：AMPA（α-amino-3-hydroxy-5-methyl-4-isoxazolepropionic acid）が結合して活性化されるイオンチャネル結合型グルタミン酸受容体のサブタイプ．哺乳類では中枢神経系に分布しており，記憶や学習にも関わる．

穎花 **Spikelet**：イネ科植物の花器官で，雄蕊，雌蕊を含む花器部分およびそれを保護する内穎．外穎によって構成される器官．

H∞制御 **H-infinity Control Theory**：ロバスト安定を保証するために，制御対象の不確定な部分を外乱信号として扱い，その影響を抑制する制御理論．

HR **hypersensitive response**：ウイルスなどの病原体の侵入（感染）を受けた植物細胞が示す抵抗反応．一般的に侵入部位は細胞死を起こし，病原体の感染が阻止される．

エキソサイトーシス **exocytosis**：真核細胞一般にみられ，分泌小胞などが細胞膜と融合することで，小胞内の分泌物を放出する現象．

液胞 **vacuole**：植物や酵母に見られる内部が酸性の細胞小器官．液胞膜に囲まれており，成熟した植物細胞では，体積の 8 割前後を占める．

液胞膜 H^+-ATP アーゼ **vacuolar H^+-ATPase, V-ATPase**：液胞内部を酸性に保つために，ATP を加水分解することにより得られるエネルギーを用いて，水素イオン（H^+）を細胞質から液胞内部に輸送する酵素．

液胞膜 H^+-ピロホスファターゼ **vacuolar H^+-PPase, V-PPase**：液胞内部を酸性に保つために，ピロリン酸を加水分解することにより得られるエネルギーを用いて，水素イオン（H^+）を細胞質から液胞内部に輸送する酵素．植物の液胞膜に特異的に存在する．

siRNA：2 本鎖 RNA に由来する small RNA．内在性のものと外来性のものが存在する．

SRK **S-receptor kinase**：アブラナ科植物の自家不和合性における雌ずい側因子で，レセプター型キナーゼをコードしている．

SSR **simple sequence repeat**：マイクロサテライトとも言う．ゲノム上に存在する 2〜5 bp 程度の短い配列が繰り返す領域．

SSLP **simple sequence length polymorphism**：SSR（simple sequence repeat）を含んだ領域を PCR で増幅して PCR 産物の長さの違いを検出する DNA マーカー．

SP11　**S-locus protein 11**：アブラナ科植物の自家不和合性における花粉側因子で，低分子ペプチドをコードしている．

S 複対立遺伝子座　**S-locus**：自家不和合性を制御する遺伝子が座乗している領域．

越冬芽　**overwintering bud**：植物が冬を越すために作る休眠状態を保てる芽．

NMDA　**N-methyl-D-aspartate**：アミノ酸の 1 種．イオンチャネル結合型グルタミン酸受容体のサブタイプの 1 つである NMDA 受容体に結合してそれを特異的に活性化する．

NBS-LRR 型の抵抗性遺伝子　**NBS-LRR class resistance gene**：ヌクレオチド結合部位（NBS）とロイシン繰り返し配列（LRR）の領域を含む抵抗性遺伝子．

エピジェネティクス　**epigenetics**：塩基配列の変化を伴わず，メチル化やヒストン修飾によって遺伝子発現が変化する現象．

FJL　**fracture-jump lesion**：凍結中の植物細胞の電子顕微鏡像において細胞膜の割断面が他の内膜系へ移動したものとして観察される．2 つ以上の膜系が融合した構造体として考えられており，低温馴化後の植物細胞膜において膜傷害が起こる温度域で観察される．

エリシター　**elicitor**：植物の抵抗性反応を誘導する因子．病原体産物由来のものや，植物体自身の産物に由来するものがある．

LOD スコア　**LOD score**：遺伝子型が形質と連鎖している確率を示す指標となる数値を常用対数で示した数値．

エレクトロポレーション　**electroporation**：細胞懸濁液に電気パルスを加えることで細胞膜に孔をあける手法．形質転換の際，DNA の導入などに使用される．

エンドサイトーシス　**endocytosis**：細胞膜の陥入による小胞を介して細胞外の物質を細胞内へ取り込む機構．

auxin response facter：オーキシンに応答して発現が変動する遺伝子の転写調節に関与するタンパク質群．

オーソログ遺伝子　**orthologous gene**：祖先種に存在した 1 つの遺伝子が種分化によって分かれ，異なる生物種に保存されている遺伝子．

雄期　**male stage**：形態的には，大部分の小花から花粉が噴出し，花粉に覆われた肉穂花序が観察される．肉穂花序の熟産生が大きく減衰あるいは消失する発育ステージ．

オミクス解析　**omics analysis**：網羅的な解析のこと．たとえば転写産物の網羅的な解析はトランスクリプトーム解析，タンパク質の場合はプロテオーム解析，代謝産物の場合はメタボローム解析，など．

温度感受性イオンチャネル　**temperature-sensitive ion channel**：温度に反応して，イオン透過性が著しく変化するイオンチャネル．

温度感受性ニューロン　thermosensory neuron：温度感覚ニューロン．線虫ではAFDニューロンとAWCニューロンの2種類が知られている．

温度走性　thermotaxis：線虫の成虫は飼育温度に近い温度領域に向かって移動する．この行動と等温線追跡を含む行動．

塊茎　plant tuber：肥大して塊状となった植物の地下茎で，養分を貯蔵する．冬の低温環境下でも生き残り，春に芽や不定根を出して繁殖するものがある．

カオス　chaos：秩序とあいまいさの両方の特徴を兼ね備えた現象のことであり，一見複雑で不規則だと思われるようなデータの裏に規則性が隠されているような現象を示す．

化学ポテンシャル　chemical potential：1モル当たりのギブスの自由エネルギー．

花序柄　central stalk：肉穂花序と根をつなぐ茎の部分．

可塑性　plasticity：状況によって変化すること．線虫の行動は記憶や学習などによって変化する．

褐色脂肪細胞　brown adipocyte：哺乳動物の発熱担当細胞．UCP1を含むミトコンドリアが多く含まれるため，細胞が褐色に見えることからその名がついた．

活性酸素種（ROS）Reactive oxygen species：広義には，空気中の酸素よりも反応性の高い酸素分子を含む分子全体を指す．ここでは，ミトコンドリアの電子伝達系で生じるスーパーオキサイドアニオン（O_2^-），過酸化水素（H_2O_2）を指している．

カルシウムチャネルブロッカー　calcium channel blocker：膜電位依存性カルシウムチャネルに働き，Caイオンの細胞内流入を抑制する薬物．

カルシニューリン　calcineurin：カルシウム結合タンパク質．脱リン酸化酵素として機能する．

カルビン・ベンソン回路　Calvin-Benson cycle：光合成反応における炭酸固定を司る回路．

過冷却　supercooling：物理学的に，液体がその凝固点以下に冷却されても液相を保っている状態を指す．不純物を含まない水は−38℃まで過冷却することができる．生物の凍結回避機構の1つであり，樹木の木部柔細胞では数ヵ月レベルで過冷却状態を持続する準安定的な深過冷却（deep supercooling）機構が存在する．

灌水土中播種栽培法：1度代掻きした田を落水し，土中に種子を埋没させる栽培法．

機械的ストレス　mechanical stress：細胞の変形によって加わるストレス．

器官外凍結　extraorganfreezing：植物体内における水の凍結様式の1種．越冬芽や花芽で見られる凍結様式．凍結耐性に関係していると考えられる．

ギブス自由エネルギー　Gibbs free energy：熱力学における自由エネルギーで，等温等・圧条件下で系から仕事として取り出すことのできるエネルギー量．

QTL 解析　QTL analysis：量的形質に関わる遺伝子座の染色体上の位置および遺伝子本体を明らかにするための遺伝解析．

休眠　diapause：周期的に訪れる不適な時期（季節や年）に対する反応で，通常ある特定の発育ステージに活動や代謝の抑制が誘導される現象．

休眠深度　diapause intensity：休眠を終了するのに必要な期間の長さあるいは刺激量．

局部壊死斑・壊死斑　local lesion：ウイルスなどの病原体の侵入・感染に対して植物の葉で過敏感反応（HR）が誘導される際に感染部位ならびにその周辺の組織が細胞死を起こすことにより形成される斑状の壊死部位．

局部獲得抵抗性　localized acquired resistance, LAR：病原体の侵入・感染に対してHRが誘導された葉では，感染部位周辺の非感染組織においても抵抗性が誘導される場合がある．これを局部獲得抵抗性と呼ぶ．

グアニル酸シクラーゼ　guanylyl cyclase：GTPからcGMPを合成する酵素．cGMPは細胞内セカンドメッセンジャーとして働く．

グリシンベタイン　glycinebetaine：植物がストレスを受けたときに蓄積する化合物「適合溶質」の1種．

グルタチオン　glutathione：細胞内に存在する抗酸化物質．L-グルタミン酸，L-システイン，グリシンから形成されるトリペプチド．

蛍光共鳴エネルギー移動（FRET）fluorescence resonance energy transfer：ある蛍光分子（ドナー）の蛍光スペクトルと，もう1つの蛍光分子（アクセプター）の励起スペクトルに重なりがあり，かつ2つの分子間距離が近接している場合，共鳴現象によりドナー側からアクセプター側にエネルギー転移が起こり，結果，アクセプターが蛍光を発する現象．

Kセグメント　K-segment：デハイドリンに見られるリジン残基（K）に富んだ領域．

ゲノムインプリンティング　Genome imprinting：特定の遺伝子について父親と母親のどちらから由来したかによって，その遺伝子の発現の有無が決定する現象．

ゲルシフトアッセイ　gel shift assay：特定の塩基配列をもつ核酸断片とタンパク質の結合を調べる実験系．

コイルドコイル構造　coiled coil structure：タンパク質の構造モチーフの1つで，複数のαヘリックスが互いに巻きついた構造をとる．

好熱性　thermophilic：線虫をアッセイプレート上に置いたときに，その場所の温度よりも高温側に移動する性質．

好冷性　cryophilic：線虫をアッセイプレート上に置いたときに，その場所の温度よりも低温側に移動する性質．

呼吸鎖複合体 III respiratory complex III：ユビキノール・チトクロームcオキシドレダクターゼ活性を有する電子伝達系の呼吸鎖複合体の1つ．ヒト細胞では，11個の（ミトコンドリア DNA コード1つを含む）サブユニットから構成される．

呼吸鎖複合体 IV respiratory complex IV：チトクロームcオキシダーゼ活性を有する電子伝達系の呼吸鎖複合体の1つ．ヒト細胞では，13個の（ミトコンドリア DNA コード3つを含む）サブユニットから構成される．

糊粉層 aleurone layer：植物種子において貯蔵物質である糊粉粒を多く含む細胞層．

細胞外凍結 extracellular freezing：植物体内で起こる凍結様式の1種．凍結温度にさらされた細胞では，道管やアポプラスト領域（細胞間隙）に氷晶が形成されることで細胞内から細胞外に水が移動し，細胞は脱水および収縮ストレスを受ける．

細胞間連絡（プラズモデスマタ） plasmodesmata：細胞間を結ぶ通路状の植物細胞特有の構造であり，細胞間のコミュニケーション経路として機能している．植物ウイルスは細胞間連絡を通り隣接細胞へ移行する．

細胞内凍結 intracellular freezing：生物細胞の凍結様式で細胞の内部に氷晶が形成されること．細胞膜や細胞の微細構造が破壊される致死的な傷害．

細胞膜コンダクタンス cell membrane conductance：細胞膜を通して流れるイオン電流の流れやすさ．イオン電流が細胞膜から受ける抵抗の逆数．

サブトラクティブ・ハイブリダイゼーション subtractive hybridization：細胞や組織に発現する遺伝子を濃縮して単離する方法．2つの異なるサンプルから cDNA をそれぞれ合成し両者をハイブリダイゼーションさせる．双方に共通の遺伝子はハイブリッドを形成するのでそれを除去して特異的な遺伝子を濃縮できる．

thermoTRP：transient receptor potential（TRP）遺伝子ファミリーに含まれるイオンチャネルのなかで，温度感受性の性質を持つもの．

シアン耐性呼吸 cyanide-resistant respiration：広義には，チトクロームcオキシダーゼ阻害剤であるシアン（青酸）存在下において生じる酸素呼吸を指す．ここでは，ミトコンドリアのシアン耐性呼吸経路による酸素呼吸を指し，当該経路はシアン耐性呼吸酵素（AOX）の機能的な発現に依存している．

CAPS cleaved amplified polymorphic sequence：PCR で増幅した領域を制限酵素で切断したときに生じる断片の長さの違いによって DNA 変異を検出する DNA マーカー．

自家不和合性 self-incompatibility：顕花植物の両性花において，花粉，雌ずいとも機能的に正常であるにもかかわらず，自己の花粉では受精にいたらず，非自己由来の花粉では受精できる現象．

時系列データ time series data：あるものの状態や動作に関して数値化し，時間順に並べたもの．時間経過とともに観測されたデータのこと．

シトクロム P450 cytochrome P450：生物界に広く存在する一群のヘムタンパク質で，還元型で一酸化炭素と結合して450 nm に極大をもつ特徴的な吸収スペクトルを示す．

シナプス synapse：神経細胞体から伸びる突起が別の神経細胞に接する部分．神経伝達物質を介して情報伝達が行われる．

シナプス結合 synaptic connection：ニューロンを含む細胞同士が接触してシグナル伝達を行う部位がシナプスである．この部位は情報伝達を可能にする特徴的な構造を持っている．

シナプトタグミン synaptotagmin：神経細胞でカルシウムイオン依存的な膜融合の制御タンパク質．

CBF/DREB タンパク質 CBF/DREB protein：植物の低温や乾燥による遺伝子発現を誘導する転写因子ファミリー．

シャペロン chaperone：ほかのタンパク質分子がフォールディング（折りたたみ）によって正しい構造となり，機能を獲得するのを助けるタンパク質．分子シャペロンやタンパク質シャペロンともよばれる．

春化 Vernalization：一定期間の低温条件を経ることによって花芽形成が誘導される現象．

馴化 acclimation：生物が外界の環境変化に応答し，形態学的・生理学的な変化を伴いながら新しい環境に対応する機構．

小分子 RNA small RNA：20～30塩基長程度の小分子 RNA の総称．後成的な遺伝子発現制御機構に関与する．

SNARE 複合体 SNARE complex：膜融合装置．Q-SRNARE と R-SNARE からなり，膜同士の融合を促進する膜タンパク質．

スフィンゴ脂質 sphingolipid：生体膜脂質二重層を構成する脂質の一つ．スフィンゴシンに脂肪酸が酸アミド結合したセラミドを骨格とする．

スペクチノマイシン spectinomycin：放線菌が産生するアミノグリコシド系の抗生物質．

3'-RACE 3'-rapid amplification of cDNA end：cDNA の未知の3' 配列を PCR 法によって増幅する方法．

制御アルゴリズム control algorithm：あるものの運動・動作を制御するための演算方法．

積分発火型 integrate-and-fire：外部からの入力の影響はニューロンの中で細胞内電位として時間的に蓄積 / 減衰（積分）して，その電位がある閾値を越えると興奮（発火）する．そのようなニューロンモデル．

全身獲得抵抗性 Systemic acquired resistance, SAR：病原体の侵入・感染に対して HR が誘導された葉だけではなく，全身的に抵抗性が誘導される現象．

相関次元　correlation dimension：解析対象となるシステムの自由度を示す尺度の1つ.

相転移　phase transition：熱力学的な概念で，物理化学的に均一な状態が他の状態に移行する現象.

相転移（生体膜の）phase transition：液晶相からゲル相への変化など，脂質二重層が起こす状態変化のこと.

草本植物　herbaceous plant：植物の中で主に伸長成長によって生長する系統.

ダイサー　Dicer：small RNA 生成に関与する2本鎖 RNA 切断活性を持つ III 型の RNA 分解酵素．植物には，DCL1 から DCL4 の4種類がみつかっている.

ダイナミクス　dynamics：動力学．力の働く物体の動作・運動を表す.

脱共役活性　uncoupling activity：一般にプロトン勾配（膜電位）の解消は，ATP 合成と「共役する」反応であるが，ATP 合成を伴わずに膜電位が消失することを「脱共役する」という．脱共役が起きることによって ATP 合成に要する化学エネルギーは熱へと放逸されたと考えられる．脱共役している程度を脱共役活性とよんでいる.

脱共役タンパク質　uncoupling protein：ATP 合成と共役せずにプロトン勾配（膜電位）を解消する6回膜貫通型のミトコンドリア内膜タンパク質.

脱水ストレス　dehydration stress：細胞内から水が失われることに起因するストレス.

タペート細胞　Tapetum cell：葯の最内層にある組織で形成中の小胞子・花粉粒に接しており，花粉形成に対する栄養・原料供給に重要な働きを果たしている.

遅延型冷害：生育期間中の低温によって出穂が遅れることによって十分に登熟することが出来なくなる冷害.

長期増強（LTP）long term potentiation：シナプスが高頻度で活性化されることにより起こる伝達効率の上昇.

2D-DIGE 法　2-dimensional fluorescence difference gel electrophoresis analysis：タンパク質蛍光標識ディファレンスゲル二次元電気泳動解析．比較したいタンパク質サンプル群を異なる蛍光色素でそれぞれ標識し，サンプル間におけるタンパク質の発現量の比較を行う解析手法.

低温馴化　cold acclimation：自然界において，夏から冬への移行に伴い，植物が生理機能や細胞の構造を大きく変化させ，その結果高い耐寒能力を獲得すること.

低温ショックタンパク質　cold shock protein：低温により発現が誘導される一群のタンパク質の総称.

抵抗性遺伝子　resistance gene：病原体に対する抵抗性反応を支配する遺伝子．抵抗性遺伝子産物が病原体の非病原性遺伝子産物（エリシター）を認識することで抵抗性反応が誘導される.

DRE/CRT　Dehydration-responsive element/C-repeat：プロモーター上のシス配列．CCGACを共通配列として持つ．DREB1/CBFが結合する．

DRM画分　detergent-resistant plasma membrane fraction：界面活性剤不溶性細胞膜画分．生体膜画分を界面活性剤で処理した場合に得られるスフィンゴ脂質とステロールに富んだ不溶性膜画分を指す．これら脂質と親和性の高い特定の膜タンパク質も含まれている．

DNase I フットプリンティングアッセイ　DNase I footprinting assay：転写因子が結合するDNA上の配列を調べる実験系．

DNA マイクロアレイ　DNA microarray：細胞内の遺伝子発現量を測定するために，多数のDNA断片を基盤上に高密度に配置したもの．

DNA マーカー　DNA marker：品種や系統間のDNA配列の違い（多型）を利用したゲノム，遺伝分析のためのマーカー（目印）．

ディファレンシャルスクリーニング　differential screening：2つ以上の異なるサンプル間で遺伝子の発現を比較することで，特徴的な発現パターンを示す遺伝子をスクリーニングする方法．

適応　adaptation：生物がある環境のもとで生存や生殖のために有利な形質を持っていること．特に進化の過程で獲得され遺伝的に決定された機構を指す．

適応進化　adaptive evolution：生物の形態や生理的な性質が生息する環境に合うように進化の過程で変化すること．

デハイドリン　Dehydrin：グループ2に属するLEAタンパク質のことで，脱水（dehydration）により発現が誘導されることからこのようによばれるようになった．

伝達関数　transfer function：システムの入出力の関係を表す関数．

動因　drive：行動を引起す神経系内の原因．

等温線　isotherm：温度勾配のある行動アッセイプレート上の温度一定の線．

等温線追跡　isothermal tracking：飼育温度に近い温度領域内の，一定温度上を走行する線虫の行動．

凍結　freeze：液相である水から固相である氷に相転移する現象．

凍結脱水　freeze-induced dehydration：細胞外凍結に起因する脱水現象．細胞内外の水の化学ポテンシャルに起因する．

凍結誘導性小胞構造　freeze-induced vesicular structures, FIV：細胞外凍結によって誘導される小胞構造．

等電点電気泳動　isoelectric focusing：タンパク質などをその等電点の違いにより分離する電気泳動法．

トランスクリプトーム解析　transcriptome analysis：細胞内転写産物の網羅的解析．DNA マイクロアレイ解析など．トランスクリプトミクス（transcriptomics）．

トランスポゾンタッキング法　transposon tagging：トランスポゾンの染色体上での転移ならびに挿入能力を利用した遺伝子単離法．

肉穂花序　spadix：サトイモ科に特徴的な花序器官．

熱ショックタンパク質　heat shock protein：熱ショックにより発現が誘導される一群のタンパク質の総称．

倍加半数体，ホモ2倍体　doubled haploid：花粉など減数分裂によりできた半数体を倍加させた，同一の相同染色体を持つ2倍体．

ハイドロフィリン　hydrophilin：植物のLEAタンパク質やその他の生物のストレス応答親水性タンパク質の総称として提案されている名称．

バイナリーベクター　binary vector：大腸菌ならびにアグロバクテリウムの双方で増幅できるプラスミドベクター．一般的には大腸菌で組換えたバイナリーベクターでアグロバクテリウムを形質転換する．

胚のう母細胞　Embro sac mother cell：被子植物の発達中の胚珠内にある細胞で，減数分裂を経ることで胚のう細胞になる．

HYPONASTIC LEAVES1（HYL1）：DCL1のRNA切断部位の決定に関与する2本鎖RNA結合タンパク質．

vanilloid receptor subtype（VR）1：トウガラシの辛味刺激物質であるカプサイシンの受容体として同定されたイオンチャネル．43℃以上の温度や，酸によっても活性化される．

パラミューテション　Paramutation：特定の遺伝子のヘテロ個体において片方の対立遺伝子の発現がもう一方の対立遺伝子によって抑制され，その抑制が後代に遺伝する現象．

PID制御　Proportional-Integral-Derivative control：入力値と目標値との偏差の比例，積分，微分によって出力の制御を行うもので，フィードバック制御の1つ．

ヒスチジンキナーゼ　histidine kinase：多様な環境シグナルをセンシングする膜貫通型の受容体．

ヒストン　histone：染色体を構成するタンパク質群．染色体内では，DNAはヒストンに巻きついて存在している．

非整数ブラウン運動　fractional Brownian motion：通常のブラウン運動は白色ノイズのようなランダムとなるが，それとは異なり，非整数ブラウン運動ではある周波数を持ち，有色ノイズとなる．

表面積制御機構　surface area regulation, SAR：真核細胞が持つ細胞表面積を一定に保つ機構．

表面プラズモン共鳴 surface plasmon resonance, SPR：金属表面にある特定の偏光を照射した場合に，反射光側にみられるエネルギーの損失として観察される．

ピラミッディング pyramiding：複数の有用形質遺伝子を導入し集積することによって，より顕著な，もしくは汎用的な形質を獲得するための育種手法．

ピロリン酸 pyrophosphoric acid：2分子の正リン酸が脱水縮合した化合物．二リン酸（diphosphoric acid）ともいい，PPiと略される．

フィードバック feedback：システム制御の1種であり，システム内部で得られた結果（出力）を入力側に戻すことにより制御する方法．ループ構造を持つ．

フィードフォワード feedforward：システム制御の1種であり，システム外から得られる情報をもとに，システムを制御する方法．

フェノーム解析 phenome analysis：形態や生理学的性質，生化学的性質などの表現型を指標とした網羅的解析．フェノミクス（phenomics）．

仏炎苞 spathe：サトイモ科植物にみられる肉穂花序を包む苞葉．

不飽和化酵素 Δ5 lipid desaturase：細胞膜を構成する飽和脂肪酸を酸化して，5位の炭素に不飽和結合を導入する酵素．

プラスチドシグナル plastid signal：葉緑体などのプラスチドから核へのフィードバック的な情報の流れの総称．

フーリエ変換 Fourier Transform：ある信号波形が与えられたとき，周波数や振幅など，その信号波形の特徴を知ることができる方法．

フリーズフラクチャー法 freeze-fracture technique：電子顕微鏡法の1つ．急速凍結した細胞などを真空中で割断後，白金蒸着し，電顕観察する．膜構造の観察に有効．

プログラム細胞死（アポトーシス）programmed cell death (apoptosis)：細胞内外の環境変化によって受動的に起こる細胞死とは異なり，遺伝子の情報によって生理的に調節された積極的な細胞死．HRで誘導される細胞死はプログラム細胞死であると考えられている．

プロテオーム解析 proteome analysis：細胞内タンパク質の網羅的解析．プロテオミクス（proteomics）．

プロトプラスト protoplast：細胞壁を除いた全細胞内容．細胞壁を有しない動物細胞では細胞とプロトプラストは区別されない．植物の場合，細胞壁分解酵素処理を行うことにより得られる．

分子シャペロン molecular chaperon：タンパク質の3次元折りたたみを補助するタンパク質．

ヘキサゴナルII（HII）相 hexagonal II phase：脂質の存在様式の1種．リン脂質などがア

ルキル鎖を外側に向けたシリンダー状の会合体のこと．

bHLH **basic helix-loop-helix**：転写因子同士が結合して二量体を形成するための構造の1つ．

β酸化 **beta oxidation**：脂肪酸がアセチル CoA にまで分解される経路．

ヘテローシス **heterosis**：雑種強勢のこと．遺伝的に異なる親の間の雑種に現れる優れた形質．

ヘリカーゼ **helicase**：2本鎖核酸を1本鎖に変性させる機能を有する酵素．

ペントースリン酸経路 **pentose phosphate pathway**：核酸合成に必要なペントース（5炭糖）および NADPH の生成に寄与する経路．

ポアループドメイン **pore loop domain**：イオンチャネルのイオンを通す孔を形成するドメイン．

ホスファチジルコリン **phosphatidylcholine**：リン脂質の1種．親水性の頭部に第4級アミンであるコリンが結合している．

マイクロ RNA **miRNA**：ステムループ構造を形成する1本鎖 RNA に由来する small RNA．

マイクロドメイン **microdomain**：生体膜上に存在する特定の膜脂質や膜タンパク質の複合体から形成される微小ドメイン．

マーカーアシスト選抜 **marker assisted selection, MAS**：染色体上の位置が明らかな DNA マーカーを利用して，交雑後代の個体の各ゲノム領域がどのように両親から遺伝したかを正確に知ることにより効果的に選抜を行う技術．

水ポテンシャル **water potential**：純水を基準として比較した水の持つ熱力学的なエネルギー量．植物の水分保持力を表し，水ストレスの指標として使われる．

雌期 **stigma stage**：形態的には，肉穂花序の表面に多くの柱頭が観察される．肉穂花序の表面に花粉は認められない．肉穂花序の恒温性が観察できる発育ステージ．

メタボローム解析 **metaborome analysis**：細胞内代謝産物の網羅的解析．メタボロミクス（metabolomics）．

木本植物 **woody plant**：植物の中で伸長成長と肥大成長を行える系統．

幼若ホルモン **juvenile hormone, JH**：昆虫のアラタ体から放出されるホルモン．脱皮時の変態を抑制する作用，および生殖器官の発育促進作用を示す．

ラメラ相 **lamellar phase**：脂質の存在様式の1つ．脂質二重膜が幾層か重なった構造．

ランダムウォーク **random walk**：一定時間ごとに動く方向をランダムに確率的に選ぶ動き．1回に動く距離が小さい極限がブラウン運動である．

LEA タンパク質 **Late Embryogenesis Abundant protein**：植物種子の胚発生後期に蓄積する親水性タンパク質で，環境ストレスによっても誘導される．細胞中の高分子や膜構造

を脱水から守るために機能していると考えられている.

リポソーム　liposome：脂質人工膜の1種.

両性期　bisexual stage：形態的には，肉穂花序の一部の小花から噴出した花粉が観察される．恒温性の消失が始まる発育ステージ.

量的形質遺伝子座　quantitative trait locus, QTL：複数の遺伝子の複合作用によって調節される形質に関わる遺伝子座.

ルシフェラーゼ　luciferase：生物発光を触媒する酸化酵素の総称で，一般的にルシフェリンの酸素分子による酸化を触媒する.

冷温傷害　chilling injury：氷点以上の凍結しない低温で生じる傷害．熱帯性・亜熱帯性植物の場合，12℃前後程度の温度から生じるものが多い.

連合学習　associative learning：ある刺激や行動を別の刺激と組み合わせて憶えること.

連想記憶　associative memory：2つの記憶が神経系内で関連を持ち，一方の記憶が刺激されると他方の記憶が想起されるような記憶.

ロバストネス，ロバスト性　robustness：あるものの全体やシステム（たとえば，コンピュータプログラムや金融市場，または生物など）が，様々な撹乱要因に対して安定的に存続できる"頑強さ"のこと.

Workman-Reynolds 凍結ポテンシャル　Workman-Reynolds freezing potential：氷と希薄なイオン溶液の間に生じる電気的なポテンシャル.

ワールブルグ効果　the Warburg effect：Ott Heinrich Warburg によって見出されたガン細胞が有する異常なエネルギー代謝を指す．一般に正常細胞のエネルギー（ATP）の多くはミトコンドリアで生成されるが，ガン細胞においては，十分な酸素濃度にもかかわらず，亢進した解糖系によってエネルギーを生成している現象を指す．好気的解糖系（aerobic glycolysis）ともよばれる.

学名索引

A〜C

Adineta ricciae ハナゲヒルガタワムシ　125

Allium ampeloprasum 西洋ネギ　101

Antheraea yamamai ヤママユ　227-235, 237, 244, 245

Aphelenchus avenae ニセネグサレセンチュウ　125

Arabidopsis thaliana シロイヌナズナ　92-96, 98, 101-105, 107-113, 115, 117-120, 122, 124, 127, 128, 130-132, 134, 136-138, 147-157, 160, 161, 173, 184, 186, 193, 202, 204, 210

Artemia ranciscana アルテミア　125

Arum maculatum ククゥーピント　8

Avena sativa オートムギ　95, 97

Bacillus subtilis 枯草菌　50-53, 58, 67-69

Bombyx mori カイコ　227, 228, 230, 238, 244, 245

Brassica juncea カラシ　92

Brassica rapa（syn.*campestris*）ナノハナ　92

Caenorhabditis elegans 線虫　78, 125, 248-281, 293, 297

Chilo suppressalis ニカメイガ　235, 245

Citrus unshiu ウンシュウミカン　120-122, 135

Cryptomeria japonica スギ　128

D〜G

Diploptera punctata ディプロテラゴキブリ　233

Dracunculus vulgaris ドラゴン・リリィー　8, 29

Drosophila melanogaster キイロショウジョウバエ　78, 83, 84, 87, 246

Escherichia coli 大腸菌　20, 22, 32, 54, 55, 57-65, 68-70, 125, 194, 236, 237

Fusarium solani フザリウム属菌　238, 239

Gastrophysa atrocyanea コガタルリハムシ　227, 235-246

Gentiana scabra Bunge. var. *buergeri*（Miq.）Maxim ササリンドウ　192, 195

Gentiana triflora Pall. var. *japonica*（Kuzn.）Hara エゾリンドウ　192, 195

Glycine max ダイズ　12, 120, 128

Gossypium arboreum ワタ　120, 128

H〜N

Haemophilus influenzae インフルエンザ菌　125

Helianthus tuberosus キクイモ　95, 108

Helicodiceros muscivorus デッドホース　8, 30

Hordeum vulgare オオムギ　120, 121, 128, 193

Hylotelephium erythrostictum ベンケイソウ　128

Lymantria dispar マイマイ　227, 228, 245

Medicago sativa アルファルファ　128

Medicago truncatula タルウマゴヤシ　101, 115

Morus bombycis Koidz. クワ　95, 112, 147

Nelumbo nucifera ハス　8

Nicotina tabacum タバコ　25, 101, 121, 212-221, 223, 224, 226

O〜R

Oryza sativa イネ　92, 120, 121, 128, 176, 177, 180, 183, 184, 186, 187, 191, 204-210, 292, 293, 295, 297

Paecilomyces farinosus コナサナギタケ　238

Philodendron selloum ヒトデカズラ　8

Polypedilum vanderplanki ネムリユスリカ　125

Raphanus sativus ダイコン　92
Rumex obtusifolius エゾノギシギシ　227, 235, 242

S

Salmonella typhimurium サルモネラ　65, 66, 69
Sarcophaga crassipalpis シリアカニクバエ　228
Sauromatum guttatum ブゥードゥー・リリィー　8, 31
Secale cereale ライムギ　95, 97, 98, 113, 144-149, 151, 152, 160
Serratia marcescens セラチア菌　240
Shigella sp. 赤痢菌　61
Solanum lycopersicum トマト　14, 17, 118, 120, 121, 128, 194, 200, 212, 213, 214
Solanum tuberosum ジャガイモ　95, 128

Steinernema feltiae 昆虫病原性線虫　125
Symplocarpus renifolius ザゼンソウ　2, 6-22, 24, 27-29, 31, 33-35, 37-48, 223, 288, 293, 295-297
Synechocystis sp. シアノバクテリア　53, 54, 67, 69, 124, 132

T〜Z

Tobacco mosaic virus タバコモザイクウイルス　212, 226
Tomato mosaic virus トマトモザイクウイルス　212, 214
Triticum aestivum コムギ　95, 119, 120, 122, 128, 145, 146, 147, 154
Vigna radiata ヤエナリ　163, 165, 171, 174
Zea mays トウモロコシ　14, 111, 120, 121, 128

和名索引

ア行

アルテミア *Artemia ranciscana*　125
アルファルファ *Medicago sativa*　128
イネ *Oryza sativa*　92, 120, 121, 128, 176, 177, 180, 183, 184, 186, 187, 191, 204-210, 292, 293, 295, 297
インフルエンザ菌 *Haemophilus influenzae*　125
ウンシュウミカン *Citrus unshiu*　120, 121, 122, 135
エゾノギシギシ *Rumex obtusifolius*　227, 235, 242
エゾリンドウ *Gentiana triflora* Pall. var. *japonica*（Kuzn.）Hara　192, 195
オオムギ *Hordeum vulgare*　120, 121, 128, 193
オートムギ *Avena sativa*　95, 97

カ行

カイコ *Bombyx mori*　227, 228, 230, 238, 244, 245
カラシ *Brassica juncea*　92
キイロショウジョウバエ *Drosophila melanogaster*　78, 83, 84, 87, 246
キクイモ *Helianthus tuberosus*　95, 108
ククゥーピント *Arum maculatum*　8
クワ *Morus bombycis* Koidz.　95, 112, 147
コガタルリハムシ *Gastrophysa atrocyanea*　227, 235-246
枯草菌 *Bacillus subtilis*　50-53, 58, 67-69
コナサナギタケ *Paecilomyces farinosus*　238
コムギ *Triticum aestivum*　95, 119, 120, 122, 128, 145-147, 154
昆虫病原性線虫 *Steinernema feltiae*　125

サ行

ササリンドウ *Gentiana scabra* Bunge. var. *buergeri*（Miq.）Maxim　192, 195
ザゼンソウ *Symplocarpus renifolius*　2, 6-8, 10-22, 24, 27-29, 31, 33-35, 37-48, 223, 288, 293, 295-297
サルモネラ *Salmonella typhimurium*　65, 66, 69
シアノバクテリア *Synechocystis* sp.　53, 54, 67, 69, 124, 132
ジャガイモ *Solanum tuberosum*　95, 128
シリアカニクバエ *Sarcophaga crassipalpis*　228
シロイヌナズナ *Arabidopsis thaliana*　92-96, 98, 101-113, 115, 117-120, 122, 124, 127, 128, 130-132, 134, 136-138, 147-157, 160, 161, 173, 184, 186, 193, 202, 204, 210
スギ *Cryptomeria japonica*　128
西洋ネギ *Allium ampeloprasum*　101
赤痢菌 *Shigella* sp.　61
セラチア菌 *Serratia marcescens*　240
線虫 *Caenorhabditis elegans*　78, 125, 248-281, 293, 297

タ行

ダイコン *Raphanus sativus*　92
ダイズ *Glycine max*　12, 120, 128
大腸菌 *Escherichia coli*　20, 22, 32, 54, 55, 57-65, 68, 69, 70, 125, 194, 236, 237
タバコ *Nicotina tabacum*　25, 101, 121, 212-221, 223, 224, 226
タバコモザイクウイルス *Tobacco mosaic virus*　212, 226
タルウマゴヤシ *Medicago truncatula*　101, 115
ディプロテラゴキブリ *Diploptera punctata*　233
デッドホース *Helicodiceros muscivorus*　8, 30

トウモロコシ *Zea mays*　14, 111, 120, 121, 128
ドラゴン・リリィー *Dracunculus vulgaris*　8, 29
トマト *Solanum lycopersicum*　14, 17, 118, 120, 121, 128, 194, 200, 212–214
トマトモザイクウイルス *Tomato mosaic virus*　212, 214

ナ・ハ行

ナノハナ *Brassica rapa*（syn.campestris）　92
ニカメイガ *Chilo suppressalis*　235, 245
ニセネグサレセンチュウ *Aphelenchus avenae*　125
ネムリユスリカ *Polypedilum vanderplanki*　125
ハス *Nelumbo nucifera*　8
ハナゲヒルガタワムシ *Adineta ricciae*　125
ヒトデカズラ *Philodendron selloum*　8
ブゥードゥー・リリィー *Sauromatum guttatum*　8, 31
フザリウム属菌 *Fusarium solani*　238, 239
ベンケイソウ *Hylotelephium erythrostictum*　128

マ～ワ行

マイマイ *Lymantria dispar*　227, 228, 245
ヤエナリ *Vigna radiata*　163, 165, 171, 174
ヤママユ *Antheraea yamamai*　227, 228, 229, 230, 231, 232, 233, 234, 235, 237, 244, 245
ライムギ *Secale cereale*　95, 97, 98, 113, 144, 145, 146, 147, 148, 149, 151, 152, 160
ワタ *Gossypium arboreum*　120, 128

事項索引

ア

アクアポリン　105, 106, 108, 143, 150
アグロインフィルトレーション　215
アグロバクテリウム　216, 217, 218, 219, 220, 221
アトラクター　39, 40, 41, 297, 298
アポリシス apolysis　240
アミノ酸置換　79, 81
RNA 干渉（RNAi）　156, 157, 174, 228, 233, 235, 239, 241, 261
アンキリンリピートドメイン　75, 82
アンチマイシン A　25, 26, 27

イ

遺伝子欠失　80, 81, 195
遺伝子重複　77, 79, 80, 81, 82
インシリコ　291

エ

AIY ニューロン　272
AFD 感覚神経細胞　251, 252, 257-259, 266, 269, 273, 277
AMPA 型グルタミン酸受容体　254
穎花　177
H∞制御　44, 48
エキソサイトーシス　154, 158
液胞　105, 109, 110, 163-166, 168-173, 286
液胞膜 H^+-ATP アーゼ　164, 165, 168-171, 173, 174
液胞膜 H^+-ピロホスファターゼ　164, 165, 168-173
S 複対立遺伝子座　187
越冬芽　91, 142, 192-194, 196, 197, 199, 200
NBS-LRR 型の抵抗性遺伝子　213
エピジェネティクス　183, 187, 190
エリシター　214, 216-223
LOD スコア　205, 208
エレクトロポレーション　155

エンドサイトーシス　108-110, 146-148, 152

オ

オーソログ遺伝子　77, 78, 83, 84
雄期　6
オミクス解析　134
温度感受性イオンチャネル　72, 74
温度感受性ニューロン　266, 273
温度走性　54, 55, 57, 83, 251, 254, 257-260, 265, 266, 270, 273-277, 281, 293, 297

カ

塊茎　192
カオス　34-38, 42, 48
化学ポテンシャル　140, 141, 143, 144, 159, 168
花序柄　6
可塑性　253, 255
褐色脂肪細胞　17, 27, 28
活性酸素種（ROS）　25, 26, 27, 121
カルシウムチャネルブロッカー　239
カルシニューリン　251
カルビン・ベンソン回路　127
過冷却　91, 92, 127, 140-142, 148, 233
灌水土中播種栽培法　207

キ

機械的ストレス　91, 94, 144, 148, 150, 152, 153, 159
器官外凍結　91, 142, 148
ギブス自由エネルギー　140, 141, 143
QTL 解析　205-208
休眠　90, 142, 192, 196, 197, 200, 227-246, 287, 297, 298
休眠深度　242, 243
局部壊死斑・壊死斑　213-224
局部獲得抵抗性　224

ク

グアニル酸シクラーゼ　251, 252
グリシンベタイン　127
グルタチオン　27

ケ

蛍光共鳴エネルギー移動（FRET）　100, 251
K セグメント　120, 121
ゲノムインプリンティング　187, 200
ゲルシフトアッセイ　51, 66

コ

コイルドコイル構造　65, 67
好熱性　251, 267, 269
好冷性　251, 257, 267, 269, 270
呼吸鎖複合体 III　25, 26
呼吸鎖複合体 IV　26
糊粉層　154

サ

細胞外凍結　90, 91, 94, 95, 108, 142-146, 148, 158, 159
細胞間連絡（プラズモデスマータ）　212, 213
細胞内凍結　92, 148
細胞膜コンダクタンス　272
サブトラクティブ・ハイブリダイゼーション　232

シ

シアン耐性呼吸　8-13, 15, 18-20, 22, 24, 25, 221
自家不和合性　187-190
時系列データ　6, 7, 33-41
シトクロム P450 cytochrome P450　232, 245
シナプス　154, 249, 253, 255, 258, 259, 266, 271-278, 281
シナプス結合　249, 258, 259, 266, 271-274
シナプトタグミン　154, 156-158
CBF/DREB タンパク質　117
シャペロン　58-60, 70, 121, 233, 236, 237

春化　187, 188

馴化　90, 92-99, 101-110, 117, 118, 122-124, 126-128, 130-134, 139, 143-157, 287-290, 293
小分子 RNA　small RNA　183, 185, 191

ス

SNARE 複合体　154
スフィンゴ脂質　95, 98-105, 110
スペクチノマイシン　53

セ

制御アルゴリズム　33, 43-46
積分発火型　273
全身獲得抵抗性 systemic acquired resistance, SAR　152

ソ

相関次元　39, 41
相転移　55, 98, 100, 127, 140, 141, 147-150
相転移（生体膜の）phase transition　100, 113, 161
草本植物　142, 145

タ

ダイサー Dicer　184
ダイナミクス　34-39, 41, 42, 102, 126
脱共役活性　17, 20
脱共役タンパク質　17, 28
脱水ストレス　92, 95, 96, 122, 143, 144, 147, 152, 155, 159, 287
タペート細胞　177-180, 188-190, 206

チ

遅延型冷害　205
長期増強（LTP）　255

ツ

2D-DIGE 法　106, 107

テ

低温馴化　90, 92-99, 101-110, 117, 118, 122-124, 126-128, 130-134, 139, 144,

147-157, 287
低温ショックタンパク質　57
抵抗性遺伝子　204, 212-214, 216
DRE/CRT　203
DRM 画分　100-110
DNase I フットプリンティングアッセイ　51
DNA マイクロアレイ　93, 112, 180, 191
DNA マーカー　206-209
ディファレンシャルスクリーニング　128
適応　1-4, 46, 50, 52, 53, 56, 59, 60, 72, 77, 81-85, 90, 92, 124, 139, 148, 200, 202, 204, 205, 207, 237, 242, 244, 284, 285, 289, 296
適応進化　72, 77, 81, 85, 200, 296
デハイドリン　120, 121
伝達関数　44

ト

動因　266
等温線　251, 265, 266, 268, 269
等温線追跡　266, 268, 269
凍結　2, 3, 13, 14, 90-99, 101, 102, 108-110, 117, 118, 121-123, 127, 130, 131, 134, 139-153, 155-159, 163, 202, 203, 233, 285, 287, 288, 291, 296
凍結脱水　91, 92, 96, 109, 127, 130, 143, 144, 146, 147, 150-152, 155, 159
凍結誘導性小胞構造 freeze-induced vesicular structures, FIV　96, 151, 152, 153
等電点電気泳動　192
トランスクリプトーム解析　93, 128
トランスポゾンタッキング法　214

ニ

肉穂花序　6, 7, 10-15, 17, 20, 21, 28, 29, 33-35, 37-41, 47

ネ

熱ショックタンパク質　59, 233-237

ハ

倍加半数体，ホモ2倍体　196, 197
ハイドロフィリン　125

バイナリーベクター　216, 217
胚のう母細胞　177
パラミューテション　187, 200

ヒ

PID 制御　43-46, 48, 288
ヒスチジンキナーゼ　51-55
ヒストン　183, 187, 188
非整数ブラウン運動　37, 38
表面積制御機構　150, 152, 153, 158
表面プラズモン共鳴　231
ピラミッディング　210, 211
ピロリン酸　164

フ

フィードバック　43, 44, 204, 253, 286, 287, 288
フィードフォワード　287, 288, 293
フェノーム解析　94
仏炎苞　6, 7, 11
不飽和化酵素　50, 53
プラスチドシグナル　132, 133
フーリエ変換　34
フリーズフラクチャー法　148
プログラム細胞死（アポトーシス）　214
プロテオーム解析　94, 128, 131
プロトプラスト　95-98, 145-153, 155-157, 163, 213
分子シャペロン　59, 60, 70, 121, 233

ヘ

ヘキサゴナル II（HII）相　95, 127, 147
β 酸化　27, 28
ヘテローシス　200
ヘリカーゼ　214, 216-223
ペントースリン酸経路　27

ホ

ポアループドメイン　82
ホスファチジルコリン　149

マ

マイクロ RNA miRNA　183-186

マイクロドメイン　99-105, 107-110
マーカーアシスト選抜　209, 210

ミ
水ポテンシャル　91, 92

メ
雌期　6, 21
メタボローム解析　131

モ
木本植物　142, 143, 147

ヨ
幼若ホルモン　233, 241, 242

ラ
ラメラ相　127, 147
ランダムウォーク　266, 268, 270

リ
LEAタンパク質　118, 119, 121-126
リポソーム　98, 100, 104, 121
両性期　6
量的形質遺伝子座　205

ル
ルシフェラーゼ　53, 94, 123, 203

レ
冷温傷害　163, 165, 173, 292
連合学習　248, 251, 253-255, 261
連想記憶　265, 266

ロ
ロバストネス　284, 285, 287-293
ロバスト性　44, 46, 287-290, 292, 293

ワ
Workman-Reynolds凍結ポテンシャル　145
ワールブルグ効果　27

A
acclimation　90, 110-113, 115, 116, 134, 137, 160, 161, 210, 264
adaptation　70, 90, 110, 246, 263, 279
adaptive evolution 適応進化　72, 77, 81, 200, 296
AFD sensory neuron　262, 280
AFLP　208
agrobacterium アグロバクテリウム　216-221
agroinfiltration アグロインフィルトレーション　215
AIY interneuron AIYニューロン　272
aleurone layer 糊粉層　154
amino acid substitution アミノ酸置換　79, 81
AMPA subtype glutamate receptor AMPA型グルタミン酸受容体　254
ankyrin repeat domain アンキリンリピートドメイン　75, 82
antimycin A　32
apolysis　240
aquaporin　159, 161
Argonaute　184
associative learning 連合学習　248, 251, 253-255, 261, 263
associative memory 連想記憶　265, 266
attractor　39, 40, 48
auxin response facter　186

B
basic helix-loop-helix bHLH　204
beta oxidation β酸化　27, 28
binary vector バイナリーベクター　216, 217
bisexual stage 両性期　6
brown adipocyte 褐色脂肪細胞　17, 27, 28

C
calcineurin カルシニューリン　251
calcium channel blocker カルシウムチャネルブロッカー　239
Calvin-Benson cycle カルビン・ベンソン回路

127
CAPS 198, 208
CBF/DREB 117, 118, 133, 161, 202, 203
cell membrane conductance 細胞膜コンダクタンス 272
central stalk 花序柄 6
chaos 48
chaperone 245
chemical potential 化学ポテンシャル 140, 141, 143, 144, 159, 168
chilling injury 冷温傷害 163, 165, 173, 292
coiled coil structure コイルドコイル構造 65, 67
cold acclimation 90, 110, 112, 113, 115, 116, 134, 137, 160, 161, 210
cold shock protein 57, 70
control algorithm 制御アルゴリズム 33, 43-46
correlation dimension 相関次元 39, 41
cryophilic 266, 279
cyanide-resistant respiration シアン耐性呼吸 8-13, 15, 18-20, 22, 24, 25, 221
cytochrome P450 232, 245

D

2D-DIGE 106, 107
dehydration stress 脱水ストレス 92, 95, 96, 122, 143, 144, 147, 152, 155, 159, 287
dehydrin 134, 135
diapause 休眠 90, 142, 192, 196, 197, 200, 227-246, 287, 297
diapause intensity 休眠深度 242, 243
Dicer 184
differential screening ディファレンシャルスクリーニング 128
DNA marker DNAマーカー 206-209
DNA microarray DNAマイクロアレイ 93, 112, 180, 191
DNase I footprinting assay DNase I フットプリンティングアッセイ 51
doubled haploid 倍加半数体，ホモ2倍体 196, 197
DRE/CRT 203

drive 266
DRM 100-110
dynamics 48, 114, 115, 162, 279, 280

E

electroporation エレクトロポレーション 155
elicitor 217, 226
embro sac mother cell 胚のう母細胞 177
endocytosis エンドサイトーシス 108-110, 146-148, 152
epigenetics エピジェネティクス 183, 187, 190
exocytosis 162
extracellular freezing 90
extraorganfreezing 細胞外凍結 90, 91, 94, 95, 108, 142-146, 148, 158, 159

F

feedback フィードバック 43, 44, 204, 253, 286-288
feedforward フィードフォワード 287, 288, 293
FJL 96
fourier Transform フーリエ変換 34
fractional Brownian motion 非整数ブラウン運動 37, 38
fracture-jump lesion 96
freeze-induced dehydration 113, 161
freeze 96, 111, 113, 115, 137, 151, 160, 161
freeze-fracture technique フリーズフラクチャー法 148
freeze-induced vesicular structures, FIV 96, 151, 152, 153
FRET 251

G

gel shift assay ゲルシフトアッセイ 51, 66
gene duplication 遺伝子重複 77, 79-82
genome imprinting ゲノムインプリンティング 187, 200
glutathione 32
glycinebetaine 137

guanylyl cyclase グアニル酸シクラーゼ　251, 252

H
H-infinity Control Theory　H∞制御　44, 48
heat shock protein　59, 221, 222, 233, 237, 244
helicase　226
herbaceous plant　159
heterosis　200, 201
hexagonal II phase　146, 161
high performance liquid chromatography, HPLC　194
histidine kinase ヒスチジンキナーゼ　51-55
histone　70
HR　213, 214, 215, 216, 217, 218, 219, 221, 223, 224
hydrophilin　134
hypersensitive response, HR　213-219, 221, 223, 224, 226
HYPONASTIC LEAVES1　184

I
in silico analysis インシリコ　291
integrate-and-fire　273
intracellular freezing　92
isoelectric focusing 等電点電気泳動　192
isotherm　251, 252, 266, 268, 278
isothermal tracking　266, 268, 278

J
juvenile hormone, JH　166, 167, 233, 241, 242, 245

K
K-segment　Kセグメント　120, 121

L
lamellar phase ラメラ相　127, 147
late Embryogenesis Abundant protein　LEA タンパク質　118, 119, 121-126
Δ5 lipid desaturas　50, 52

liposome リポソーム　98, 100, 104, 121
local lesion 局部壊死斑・壊死斑　213-224
localized acquired resistance, LAR　224
LOD score　LOD スコア　205, 208
long term potentiation 長期増強（LTP）　255
luciferase ルシフェラーゼ　53, 94, 123, 203

M
male stage 雄期　6
marker assisted selection, MAS マーカーアシスト選抜　209, 210
mechanical stress　162
metaborome analysis メタボローム解析　131
microdomein マイクロドメイン　99-105, 107-110
miRNA　183-186
molecular chaperon 分子シャペロン　59, 60, 70, 121, 233

N
NBS-LRR class resistance gene　NBS-LRR 型の抵抗性遺伝子　213
NMDA　272, 279

O
omics analysis オミクス解析　134
orthologous gene オーソログ遺伝子　77, 78, 83, 84
overwintering bud 越冬芽　91, 142, 192-194, 196, 197, 199, 200

P
paramutation　200
pentose phosphate pathway ペントースリン酸経路　27
phase transition　100, 113, 161
phosphatidylcholine ホスファチジルコリン　149
plasmodesmata　224
plasticity　262, 263, 279

plastid signal　　138
pore loop domain　ポアループドメイン　　82
programmed cell death（apoptosis）プログラム細胞死（アポトーシス）　　214
Proportional-Integral-Derivative control　PID制御　　43-46, 48, 288
proteome analysis　プロテオーム解析　　94, 128, 131
protoplast　　113, 136, 160-162, 225
pyramiding　ピラミッディング　　210, 211
pyrophosphoric acid　ピロリン酸　　164

Q
QTL analysis　QTL解析　　205-208
quantitative trait locus, QTL　　205-210

R
random walk　　268, 271
RAPD　　208
3'-RACE　　14
reactive oxygen species　　32
resistance gene　　225, 226
respiratory complex III　呼吸鎖複合体 III　　25, 26
respiratory complex IV　呼吸鎖複合体 IV　　26
RNA interference　RNA干渉（RNAi）　　156, 157, 174, 228, 233, 235, 239, 241, 261
robustness　　284

S
S-locus　　187, 189
self-incompatibility　　191
siRNA　　183, 184, 186, 191
small RNA　　183, 185, 191
SNARE complex　SNARE複合体　　154
spadix　　30, 31
spathe　仏炎苞　　6, 7, 11
spectinomycin　スペクチノマイシン　　53
sphingolipid　　101, 115
spikelet　穎花　　177
SP11（S-locus protein 11）　　188-190
SRK（S-receptor kinase）　　188, 189

SSLP　　208
SSR　　208
stigma stage　雌期　　6, 21
subtractive hybridization　　232
supercooling　　91, 137
surface area regulation, SAR　　113, 152, 162
surface plasmon resonance, SPR　　231
synapse　シナプス　　154, 249, 253, 255, 258, 259, 266, 271-278, 281
synaptic connection　シナプス結合　　249, 258, 259, 266, 271-274
synaptotagmin　　162
systemic acquired resistance, SAR　　152

T
tapetum cell　タペート細胞　　177, 179, 180, 188-190, 206
temperature-sensitive ion channel　温度感受性イオンチャネル　　72, 74
thermophilic　　266
thermosensory neuron　　264, 280
thermotaxis　　87, 261, 262, 278, 279, 281
thermo TRP　　74-78, 80, 81, 83-86
time series data　時系列データ　　6, 7, 33-41
transcriptome analysis　トランスクリプトーム　　93, 128
transfer function　伝達関数　　44
transposon tagging　トランスポゾンタッキング法　　214

U
uncoupling activity　脱共役活性　　17, 20
uncoupling protein　　9, 17, 31, 32

V
vacuolar H^+-ATPase, V-ATPase　　164, 165, 168-171, 173, 174
vacuolar H^+-PPase, V-PPase　　164, 165, 168-173
vacuole　　174
vanilloid receptor subtype（VR）1　　74
Vernalization　　187

W

Warburg effect ワールブルグ効果　27
water potential 水ポテンシャル　91, 92
woody plant　110

Workman-Reynolds freezing potential
　　Workman-Reynolds 凍結ポテンシャル
　　145

著者紹介 (50音順)

安達良太（あだち　りょうた）
1972年生．岡山大学大学院自然科学研究科博士課程単位取得退学．博士（理学）．岩手大学21世紀COEプログラム博士研究員．専門は線虫C.エレガンスを用いた神経行動学．

伊藤菊一（いとう　きくかつ）
1963年生．山形大学大学院医学研究科博士課程中退．博士（医学）．岩手大学教授（応用生命科学系，農学部附属寒冷バイオフロンティア研究センター）．専門はザゼンソウを模倣した温度制御アルゴリズムとその生物系発熱制御デバイスへの応用．

伊藤孝徳（いとう　たかのり）
1973年生．岩手大学大学院工学研究科博士課程修了．博士（工学），岩手大学農学部附属寒冷バイオフロンティア研究センター学術研究員．専門は数理工学および制御工学．

石黒慎一（いしぐろ　しんいち）
1975年生．岩手大学大学院連合農学研究科博士課程修了．博士（農学）．生物系産業創出異分野融合研究支援事業博士研究員．専門は昆虫生理学．

稲葉丈人（いなば　たけひと）
1974年生．名古屋大学大学院農学研究科博士課程修了．博士（農学）．岩手大学准教授（21世紀COEプログラム）．専門は植物生理学および分子細胞生物学．

稲葉靖子（いなば　やすこ）
1976年生．東京大学大学院農学生命科学研究科博士課程修了．博士（農学）．岩手大学研究機関研究員．専門は植物生化学および分子細胞生物学．

上村松生（うえむら　まつお）
1956年生．北海道大学大学院理学研究科植物学専攻（低温科学研究所）博士課程修了．理学博士．岩手大学教授（応用生命科学系，農学部附属寒冷バイオフロンティア研究センター）．専門は植物分子生理学および植物環境ストレス応答学．

大川久美子（おおかわ　くみこ）
1973年生．岩手大学大学院農学研究科修士課程修了．修士（農学）．岩手大学21世紀COEプログラム研究員（現，独立行政法人科学技術振興機構（JST）地球規模課題国際協力室調査員）．専門は植物生理学および分子細胞生物学．

長田　洋（おさだ　ひろし）
1963年生．岩手大学大学院工学研究科修士課程修了．博士（工学）．岩手大学准教授（システム理工学系，工学部担当）．専門は磁気応用および計測・制御工学．

恩田義彦（おんだ　よしひこ）
1978年生．岩手大学大学院連合農学研究科博士課程修了．博士（農学）．筑波大学生命環境科学研究科研究員．専門は植物生理学・個体群生態学・集団遺伝学．

金子芙未（かねこ　ふみ）
1984年生．東北大学大学院生命科学研究科博士課程前期．専門は植物生殖遺伝学および低温ストレス研究．

河村幸男（かわむら　ゆきお）
1970年生．北海道大学地球環境科学研究科生態環境科学専攻（低温科学研究所）博士課程修了．博士（地球環境科学）．岩手大学准教授（21世紀COEプログラム）．専門は植物生理学および低温生理学．

齋藤　茂（さいとう　しげる）
1974年生．東京都立大学理学研究科生物科学専攻博士課程修了．博士（理学）．岩手大学21世紀COEプログラム博士研究員．専門は分子進化学および生物の適応進化に関する研究．

斎藤靖史（さいとう　やすし）
1963年生．東北大学大学院農学研究科博士課程修了．博士（農学）．岩手大学准教授（応用生命科学系，農学部附属寒冷バイオフロンティア研究センター）．専門は分子生物学，分子細胞生物学．

新貝鉚蔵（しんがい　りゅうぞう）
1945年生．京都大学大学院理学研究科博士課程単位取得退学．理学博士．岩手大学教授（数理基礎科学系，工学部担当）．専門は神経科学特に線虫神経系の行動制御．

鈴木幸一（すずき　こういち）
1947年生．名古屋大学大学院農学研究科博士課程中退．農学博士．岩手大学教授（応用生命科学系，農学部担当）．専門は昆虫生理学および昆虫バイオテクノロジー．

諏訪部圭太（すわべ　けいた）
1974年生．三重大学大学院生物資源学研究科修士課程修了．博士（学術）．日本学術振興会特別研究員（現，三重大学大学院生物資源学研究科准教授）．専門は分子遺伝学および植物育種学．

高橋　翼（たかはし　つばさ）
1972年生．東京農工大学大学院連合農学研究科博士課程修了．博士（農学）．岩手大学21世紀COEプログラム博士研究員．専門は植物病理学．

堤　賢一（つつみ　けんいち）
1948年生．東北大学大学院農学研究科博士課程修了．農学博士，医学博士．岩手大学教授（応用生命科学系，農学部附属寒冷バイオフロンティア研究センター）．専門は細胞生物学，分子遺伝学．

寺内良平（てらうち　りょうへい）
1960年生．京都大学農学部農学研究科博士課程修了．博士（農学）．（財）岩手生物工学研究センター生命科学研究部部長，岩手大学客員教授．専門は植物遺伝学．

中山克大（なかやま　かつひろ）
1974年生．山形大学大学院農学研究科修士課程修了．修士（農学）．岩手大学21世紀COEプログラム研究員．専門は植物生理学，分子生物学，生化学．

藤岡智明（ふじおか　ともあき）
1983年生．東北大学大学院生命科学研究科博士課程後期．専門は植物生殖遺伝学およびsmall RNA．

藤部貴宏（ふじべ　たかひろ）
1973年生．北海道大学大学院地球環境科学研究科博士後期課程終了．博士（地球環境科学）．北海道大学大学院理学研究科科学研究支援員，岩手大学21世紀COEプログラム博士研究員．専門は植物分子生物学．

松岡知洋（まつおか　ともひろ）
1970年生．東北大学大学院情報科学研究科博士後期課程中退．岩手大学21世紀COEプログラム研究員．専門は数理科学．

松川和重（まつかわ　かずしげ）
1978年生．岩手大学大学院連合農学研究科博士後期課程．専門は細胞生物学．

南　杏鶴（みなみ　あんず）
1977年生．北海道大学地球環境科学研究科生態環境科学専攻（低温科学研究所）博士課程修了．博士（地球環境科学）．岩手大学21世紀COEプログラム博士研究員．専門は植物分子生理学および植物環境応答生理学．

山﨑誠和（やまざき　ともかず）
1976年生．東京大学新領域創成科学研究科先端生命科学専攻博士課程修了．博士（生命科学）．岩手大学21世紀COEプログラム博士研究員．専門は細胞生物学．

楊　平（やん　ぴん）
1968年生．岩手大学連合農学研究科博士課程修了．博士（農学）．岩手大学21世紀COEプログラム博士研究員．専門は昆虫生理学および分子生物学．

吉川信幸（よしかわ　のぶゆき）
1956年生．大阪府立大学大学院農学研究科博士後期課程修了．農学博士．岩手大学教授（応用生命科学系，農学部担当）．専門は植物病理学および植物ウイルス学．

渡辺正夫（わたなべ　まさお）
1965年生．東北大学大学院農学研究科博士課程中退．博士（農学）．東北大学大学院教授，岩手大学客員教授．専門は植物生殖遺伝学および植物の自家不和合性研究．

※記載した所属は2009年3月現在のものです．
　お問い合わせ先：21stCOE@iwate-u.ac.jp

温度と生命システムの相関学

2009年8月5日　第1版第1刷発行

編　者　岩手大学21世紀COEプログラム事業
発行者　大塚　保
発行所　東海大学出版会
　　　　〒257-0003　神奈川県秦野市南矢名3-10-35
　　　　　　　　　東海大学同窓会館内
　　　　TEL 0463-79-3921　FAX 0463-69-5087
　　　　URL http://www.press.tokai.ac.jp
　　　　振替　00100-5-46614
印刷所　港北出版印刷株式会社
製本所　株式会社積信堂

Ⓒ Iwate University 21st Century COE Program,2009　　ISBN978-4-486-01834-6

Ⓡ〈日本複写権センター委託出版物〉
本書の全部または一部を無断で複写複製（コピー）することは，著作権法上の例外を除き，禁じられています．本書から複写複製する場合は日本複写権センターへご連絡の上，許諾を得てください．日本複写権センター（電話 03-3401-2382）